KB194360

처음 보는 회계 용어

초보자도 쉽게 아는 회계원리

재무 제표 회계 상식

모든 지식의 시작은 확실한 용어의 이해에서부터 시작한다.

회계원리의 기본 용어, 계정과목 완벽 해설, 다수의 분개 사례 및 재무제표까지...
회계를 처음 접하는 초보자들을 위해 가장 쉽게 회계의 체계를 잡을 수 있도록 만든 책이다.

| 손원준 지음 |

회계를 하면서 헷갈리는 용어와 유사하거나 상반되는 용어를 비교 설명함으로써 이해를 증진시키고 있으며,
반복적인 설명을 통해 기억하기 쉽게 구성되어 있다.
한마디로 회계용어의 이해에서부터 재무제표 분석에 이르기까지의 모든 내용을 회계와 세무를 비교 설명함으로써
자격증 시험에도 도움 되고, 실무에도 바로 적용할 수 있는 책이다.

K.G.B
지식만들기

이론과 실무가 만나 새로운 지식을 창조하는 곳

머리말

회계의 시작은 정확한 계정과목을 선별해 차·대변에 맞게 적절한 전표 처리가 이루어짐으로써 결과적으로 정확한 재무제표를 완성하는데, 있다고 해도 과언이 아니다.

아무리 프로그램을 사용한다고 해도 분개는 실무자가 직접 판단해서 해야 한다. 따라서 실무자들이 회계업무를 할 때 다음의 순서에 따라 접근하면 좀도 쉽지 않을까 생각해 본다.

1. 차·대변을 구분할 줄 알아야 분개를 한다.

회계의 가장 기본은 차변과 대변을 구분하는 것이다.

차·대변을 구분할 수 있어야 분개를 할 수 있고, 올바른 분개를 해야 장부가 정확하게 작성된다.

2. 계정과목을 선택할 수 있어야 한다.

계정과목은 회계를 하는데, 필수적인 언어다. 이를 통하여 분개가 시작되고, 재무제표가 작성된다.

3. 실무에서 분개는 전표를 통해서 이루어진다.

분개는 회계상 거래를 기록하는 출발점이다. 실무에서는 분개를 전표라는 장부를 이용해서 한다. 따라서 전표 발행 방법을 모르면 회계를 시작할 수 없다.

4. 계정과목과 분개를 이해했으면 기업회계기준을 알아야 한다.

기업회계기준은 회계처리의 기본 원칙, 가이드를 제공한다. 발생주의, 선입선출법, 감가상각 방법, 매출원가 계산 공식 등 이러한 회계기준을 하나하나 익히면 올바른 재무상태표나 손익계산서를 작성할 수 있게 되며, 이것을 해석하고 분석할 수 있게 된다.

5. 회계의 결실은 결산이다.

회계의 마무리는 결산이다. 회계는 1년 단위로 순환하게 되는데, 1년을 마무리하는 절차가 결산이다.

결산하고 재무제표 작성이 되어야 1년간의 모든 업무가 마무리된다.

6. 결산을 했으면 세법을 알아야 한다.

세법도 광범위하게 세무회계라고 해서 회계에 속한다. 재무회계 상 당기순이익을 기초로 세무조정이라는 단계를 거쳐 세금을 징수한다. 따라서 회계의 원리를 알고 재무제표를 작성했다면 세무조정을 통해 세금을 계산하는 방법을 알아야 한다.

7. 완성된 재무제표를 분석한다.

회계의 목적은 회사의 재무상태와 경영성과를 파악해 보다 더 좋은 기업을 만드는 것이다. 따라서 완성된 재무제표의 숫자를 바탕으로 회사의 재무 상황을 분석할 줄 알아야 한다.

모든 지식의 기본은 용어의 의미를 정확히 아는 것이 가장 중요하다는 판단하에 회계 용어해설에 중점을 두어서 서술된 책이다. 반복된 용어해설을 통해 읽으면서 자동으로 회계 용어와 계정과목을 습득할 수 있도록 구성했다. 또한 유사 또는 대조되는 용어의 비교설명을 통해 회계 용어를 정확하게 이해할 수 있도록 했다.

손원준 올림

Contents

제2장 차·대변도 못 가리는 실무자의 회계지식

차
례

제3장 이럴 땐 어떤 계정과목

차
례

제4장 결산에서 재무제표 작성까지

제5장 현금 등 당좌자산의 회계처리

제6장 재고자산의 회계처리

제9장 무형자산의 회계처리

제10장 부채와 자본 회계처리

제11장 수익과 비용의 회계처리

제12장 회계정책의 변경, 회계추정의 변경, 중대한 오류의 수정

제13장 쉽게 하는 재무제표 분석

회계용어 쉽게 찾기

CONTENTS

경리/인사 노무 네이버 1위 카페

<네이버 카페에서 경리쉼터 검색 : https://cafe.naver.com/aclove>

회계를 알아야 실무가 보인다.

기업활동과 회계지식의 중요성

기업은 경영활동을 수행하기 위하여 상품·책상·의자 등을 구입하고, 급여·광고 선전비·교통비 등을 지급한다. 그리고 기업은 투자한 자금을 회수해 주주 등에게 배당이나 이자를 지급하고, 차입한 자금을 갚고, 근로자에게 급여나 상여금을 지급한다. 이같이 기업이 경영활동을 수행하게 되면 상품의 매입, 매출 및 금전의 수입, 지출을 통하여 현금, 상품, 채권, 채무 등이 계속하여 증감 변동하게 된다.

회계(accounting)는 기업의 현금, 예금, 상품 등의 재화나 채권, 채무 등의 증감 변동 사항을 일정한 원리에 의하여 화폐 금액으로 기록, 계산, 정리하여 회계정보 이용자가 유용한 의사결정을 할 수 있도록 경제적 정보를 식별·측정하여 전달하는 과정이다.

회계는 기업의 이해관계자(정보이용자)에게 재무 정보를 제공한다. 즉 회계는 경영활동으로 인해 매일매일 변동하는 현금, 예금, 채권, 채무 등의 현재액(재무 상태)을 파악하고, 일정기간동안의 상품 매매, 급여, 보험료 지급 등으로 인한 수입과 지출에 관한 내용(경영성과)을 기업의 이해관계자에게 제공함으로써 이해관계자가 경제적인 의사결정을 하는데, 도움을 준다.

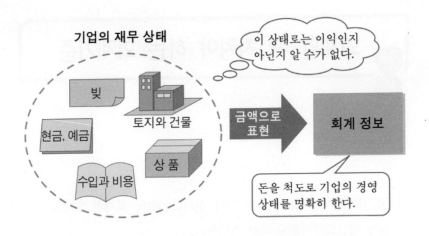

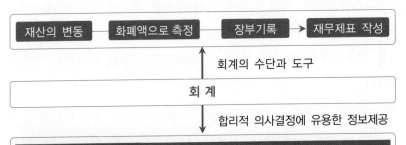

❶ 경영활동의 성과 : <u>일정기간</u>(일반적으로 1년) 동안에 얼마의 이익과 손해를 봤는지 : 손익계산서(<u>동태적 보고서</u>) ⇨ (포괄)손익계산서(국제회계)

❷ 재무상태의 변동 : <u>일정시점</u>의 기업의 자산과 부채 및 자본 상황 : 재무상태표(<u>정태적 보고서</u>) ⇨ 재무상태표(국제회계)

회계할 때 지켜야 하는 회계기준

회계도 일정한 약속된 기준에 따라 처리가 되며, 회계의 법이라고 할 수 있는 기업회계기준에 따라 처리한다.

기업회계기준이란, 특정 기업에 대한 정보를 얻고자 하는 이해관계자들에게 기업에 관한 정보를 공통적 기준에 따라 정확하게 제공하기 위하여 한국회계기준원에서 제정한 일반적으로 인정된 회계처리 기준을 말한다.

이는 동일한 업종에 종사하는 기업들이 장부에 적은 용어나 처리 방식의 차이로 인하여, 이해관계자들이 그 기업에 관한 판단을 잘못하는 것을 사전에 방지하기 위해서 공정하다고 인정되는 통일된 방법으로 회계처리를 해야 한다.

따라서, 기업회계기준은 일반적으로 인정된 회계 원칙을 요약한 것이다. 즉, 기업회계기준은 회계정보의 이용자가 합리적인 의사결정을 할 수 있도록 이용자가 믿을 수 있고 이해하기 쉬우며, 중요한 회계정보가 충분히 제공되도록 하는 역할을 담당한다.

한국회계기준원에서는 기업회계기준으로 일반기업회계기준과 한국 채택 국제회계기준(K-IFRS; Korea International Financial Reporting Standards)을 공표하여 시행하고 있다.

회계기준	적용 대상 기업	근거 법령	적용기준
한국채택국제회계기준	주권상장법인 및 금융회사	주식회사의 외부감사에 관한 법률	중소기업회계기준 적용 대상 기업이 일반기업회계기준이나 한국채택국제회계기준의 적용은 가능하지만, 반대의 경우는 안 된다.
일반기업회계기준	주권상장법인 외의 외부감사대상 주식회사		
중소기업회계기준	외부감사를 받지 않는 주식회사	상법	

가능 / 불가능

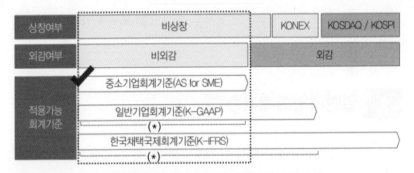

주 지배회사의 연결재무제표 작성을 위해 종속회사가 비외감 또는 비상장이더라도 K-GAAP 또는 K-IFRS를 적용할 수 있도록 허용

위 기준 중 대다수 소규모 회사는 중소기업회계기준에 따라 처리하고 있으며, 회계감사를 받지 않는 관계로 주로 세법 기준에 맞추어 장부를 작성하는 것이 일반화되어 있다.

1 한국채택국제회계기준

국제회계기준(International Financial Reporting Standards : IFRS)은 국제회계기준위원회가 전 세계 국가로부터 회계에 관한 의견을 수렴하여 국제적으로 통일된 회계처리 기준을 제정한 기준서를 말한다.

우리나라에서도 기업에 대한 국제적 공신력 확보 및 회계 투명성을 향상해서 자본시장을 활성화하기 위하여, 상장회사와 자산규모 2조 원 이상인 기업은 2011년부터 한국채택국제회계기준을 적용하고 있다.

국제회계기준을 도입함으로써 회계에 대한 대내외 신뢰성이 향상되고 다국적 기업들이 재무제표를 이중으로 작성하는 부담을 경감시키는 효과가 있다.

2 일반기업회계기준

일반기업회계기준은 '주식회사의 외부 감사에 관한 법률'의 적용 대상 기업 중 한국채택국제회계기준에 따라 회계 처리하지 아니하는 기업의 회계처리에 적용한다. 다만, 중요하지 않은 항목에 대해서는 이 기준을 적용하지 아니할 수 있으며, 이 기준은 '주식회사의 외부감사에 관한 법률'의 적용 대상이 아닌 기업의 회계처리에 준용할 수 있다.

3 중소기업회계기준

중소기업회계기준은 일반기업회계기준이 다소 복잡해 상법에서 요구하는 회계처리를 사실상 하기 어려워 이를 해소하고자 중소기업에만 적용되는 간편한 회계기준을 만든 것이다. 여기서 중소기업은 중소기업기본법상 중소기업을 의미한다.

아무리 중소기업기본법상 중소기업에 해당한다고 하더라도, ① 상장했거나, ② 증권신고서 혹은 ③ 사업보고서 제출 대상 법인이거나, ④ 금융회사이거나, ⑤ 연결 실체에 중소기업이 아닌 회사가 있다면(대기업의 계열사라면) 본 특례를 적용할 수 없다.

중소기업회계기준의 특성을 요약해 보면 다음과 같다.

구 분	주요 특징
적용 대상 및 시기	비외감 중소기업(2014년부터 적용)
재무제표 작성 방식 완화	• 전기와 비교식이 아닌 당기만 작성하는 것을 허용 • 현금흐름표 작성 의무 없음
회계처리 방식을 단순화	유형자산 감가상각방법을 정액법, 정률법, 생산량비례법 중 회사가 선택할 수 있도록 단순하게 규정
법인세법 규정도 일부 허용	유·무형자산 내용연수 및 잔존가치에 대해서 법인세법 준용 가능
회계기준 분량을 최소화	중소기업에 흔히 발생하는 거래유형 중심으로 분량 최소화

부기와 회계는 무엇이 다른가?

1 부기와 회계의 차이점

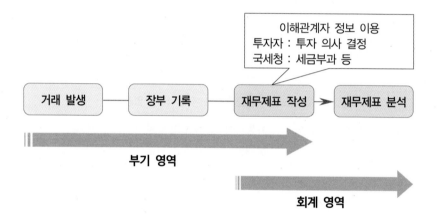

이해관계자 정보 이용
투자자 : 투자 의사 결정
국세청 : 세금부과 등

거래 발생 ── 장부 기록 ── 재무제표 작성 ──▶ 재무제표 분석

부기 영역

회계 영역

부기는 장부 기록을 의미하는 용어로 거래 사실을 일정한 기준을 가지고 요약·정리하여 장부에 기록하는 단순한 기술을 말한다.

즉 거래 사항을 일자별로 차변과 대변으로 구분하여 장부에 기록하는 행위를 말한다.

반면, 회계란 거래를 장부에 기록하는 부기의 차원을 넘어서 회계정보를 필요로 하는 여러 이해관계자에게 해당 정보를 적재적소에 제공함으로써 그들이 합리적인 의사결정을 하도록 도와주는 역할을 한다. 즉, 회계는 부기에 이와 관련된 회계이론을 접목함으로써 한층 범위가 넓고 전문적이라고 할 수 있다.

이해관계자	요구하는 회계정보
주주	배당 가능 이익 및 기업의 수익력, 안전성 등에 대한 정보
사채권자	사채 원금의 상환 능력 및 이자 지급 능력 등에 대한 정보
채권자(금융기관)	채무 상환 능력 및 이자 지급 능력 등에 대한 정보
근로자(노동조합)	기업의 생산성이나 이익과 급여, 상여와의 관계에 관한 정보
거래처	기업에 대한 상품, 원재료, 그 외의 물품이나 서비스의 제공자(공급자)는 매출 대금의 회수 가능성이나 회수 기한 등에 대한 정보
국세청	적정한 과세를 행하기 위한 자료로서의 소득 등에 대한 정보
감독관청	생산물의 가격이나 요금 결정의 기초가 되는 원가 정보, 보조금 교부의 결정을 위한 정보, 교부한 보조금의 용도 등의 정보

2 현금출납장과 전표(단식부기와 복식부기)

단식부기는 가계부나 현금출납장과 같이 현금흐름을 위주로 거래를 수입과 지출 중심으로 나열식으로 기록하는 방법을 말한다.

반면 복식부기는 현금흐름과 관계없이 거래가 발생하면 대차평균의 원리에 따라 차변과 대변에 원인과 결과를 이중으로 기록하는 방법을 말하며, 이를 위해 실무에서 활용되는 양식이 전표다.

예를 들어 월급 100만 원을 지급한 경우 단식부기에서는 다음과 같이 기록된다.

수입	지출	잔액
	월급 1,000,000	(−)1,000,000

반면 복식부기에서는 급여 지급이라는 원인의 결과로 현금이 나간 결과를 다음과 같이 이중으로 기록된다.

차변		대변	
급여	1,000,000	현금	1,000,000

그리고 외상으로 구입한 상품 100만 원이 있는 경우 단식부기에서는 다음과 같이 아무런 기록을 하지 않는다.

수입	지출	잔액
−	−	−

반면 복식부기에서는 상품 외상 매입이라는 원인에 따라 외상 대금을 지급해야 하는 결과가 발생했으므로 다음과 같이 이중으로 기록한다.

차변		대변	
상품	1,000,000	외상매입금	1,000,000

3 만들어 팔까? 사서 팔까?(공업부기와 상업부기)

부기는 제조기업이 사용하는 공업부기와 상품 판매기업이 사용하는 상업부기로 나눈다.

공업부기

공업부기(工業簿記, industrial bookkeeping)는 제조업에서 사용하는 복식부기를 말한다.

제조업에는 영업활동(구매와 판매)과 생산활동이 있다. 영업활동 면에서는 상업부기만으로도 충분하지만, 생산활동 면에서는 제품을 생산하기 위하여 사용한 재료비·노임·경비를 제품별로 집계하는 원가계산이 필요하게 된다. 즉, 제품생산에 들어간 원가계산이 추가로 필요하다. 상업부기에 원가계산을 합친 것이 공업부기이다.

상업부기

상업부기(商業簿記, commercial bookkeeping)는 영업활동(구매와 판매)에서 자산 · 부채 및 자본의 변동을 장부에 분류 · 기록 · 계산 · 정리하여 경영성과 및 재무상태를 명확히 하는 부기 방법이다.

기업부기는 적용 업종에 따라 상업부기 · 공업부기 · 은행부기 · 농업부기 등으로 구분된다. 여러 업종 중에서 상거래 활동은 가장 보편적이고 기초적인 것으로서 부기의 발달 역시 상업부기가 가장 오랜 역사를 지니고 있으므로 부기의 기초라고 할 수 있다.

상업부기에는 단식(單式)과 복식(複式)의 기장법이 있다(현재는 대다수 기업이 복식부기를 사용함).

부기	회계
공업부기 ⟷	관리회계(원가회계)
상업부기 ⟵······⟶	재무회계

4 서로 다른 회계(관리회계, 재무회계, 세무회계)

🧑 외부에 보여주는 재무회계

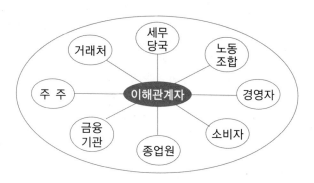

재무회계는 기업의 외부 이해관계자에게 경제적 의사 결정에 유용한 기업의 재무상태와 경영성과 및 현금흐름 등에 관한 회계정보를 식별, 측정, 전달하기 위한 회계이다.

🧑 내부 관리를 위한 관리회계

관리회계란 기업의 경영자에게 기업의 관리에 필요한 회계정보를 제공하여 합리적인 경영 의사 결정을 할 수 있도록 회계자료를 제공하는 회계이다.

관리회계에는 제품의 원가계산을 위한 원가회계가 포함된다.

🧑 세금 납부를 위한 세무회계

세무회계란 기업회계기준에 따라서 측정된 기업이익을 세법의 규정에 따라 과세소득으로 변환·측정하는 과정을 말한다. 또한 광의의 세무회계는 현행 세법상 규정된 모든 세목에 대한 세금 계산을 의미한다. 즉, 법인세 등 각종 세금을 얼마나 내야 하는지를 파악하기 위해 기업회계를 세법상 기준에 맞춰 일부 수정한 것을 말한다.

그리고 기업회계와 세법 규정의 차이를 수정하는 것을 세무조정이라고 한다.

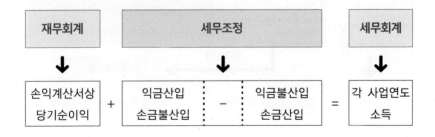

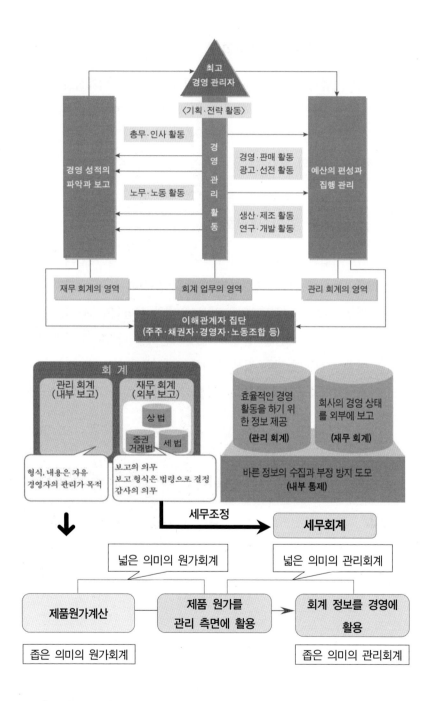

구 분	재무회계	관리회계	세무회계
주된 보고 대상	채권자, 투자자 등의 기업 외부 이해관계자	경영자, 종업원 등의 기업 내부 이해관계자	정부(세무서 등의 과세 당국) 등의 기업 외부 이해관계자
보고 내용	기업의 재무상태, 경영성과, 현금흐름 및 자본변동에 관한 회계정보	기업 경영의 의사 결정에 적합한 회계 정보	과세소득의 산정에 필요한 회계정보
보고 양식	재무제표 및 부속명세서	제한 없음	세무 신고서(소득세 신고서 등의 각종 서식)
보고 형식	기업회계기준에 따른 일정한 기준과 형식	일정한 기준 및 형식 없음	세법에 따른 일정한 기준과 형식
보고 시기	정기 보고(반기 보고, 분기 보고)	수시 보고	각 조세의 정해진 시기 보고
정보 성격	과거 활동에 대한 객관적 회계정보	미래 지향적 예측과 주관적 회계정보가 많음	과거 활동에 대한 과세자료에 관한 회계정보

1년 단위로 돌고 도는 회계

회계는 회계연도 동안 거래의 발생에서부터 재무제표 작성까지, 매 회계기간 반복하게 되는데, 이를 회계의 순환과정이라고 한다. 즉 회계는 1년을 회계단위로 기업의 재무 상태를 파악하고 경영성과를 측정하여 기업의 내·외부 이해관계자에게 보고한다.

회사의 기말 현재 자산, 부채, 자본은 재무상태표에 1년간의 영업성적은 손익계산서라는 재무제표에 계정과목별로 분류해서 표시된다.

회계는 회계단위 기간인 1년을 주기로 재무 상태와 경영성과를 숫자로 나타내는 학문이라고 보면 된다.

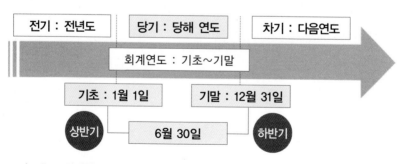

- 기 초 : 회계연도를 시작하는 날
- 기 말 : 회계연도가 끝나는 날
- 전 기 : 직전 회계연도, 당기의 전 회계연도

- 당　기 : 현재 회계연도
- 차　기 : 다음 회계연도, 당기의 다음 회계연도
- 기　중 : 당기 회계연도의 기간 중
- 상반기 : 1월 1일~6월 30일(반기 재무제표의 기간)
- 하반기 : 6월 30일~12월 31일(반기 재무제표의 기간)

실무상 회계는 거래가 발생하면 계정과목을 선별하고 금액을 확정한 후 전표 발행을 시작으로 재무제표 작성을 통해 마무리되는데, 이같이 1년을 단위로 회계는 순환한다.

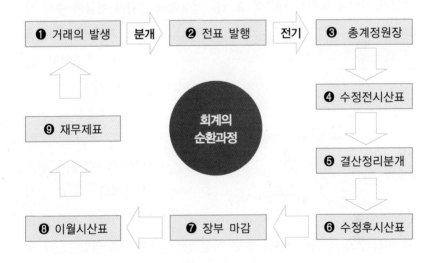

회계처리를 하는 시점(현금주의와 발생주의)

회계에서 인정하는 거래가 발생하면 거래내역을 장부에 적게 되는데, 그 적는 시점은 발생주의 기준을 따르고 있다. 즉 거래나 사건 그리고 환경이 기업에 미치는 재무적 효과를 일상에서와 같이 현금이 수취 되

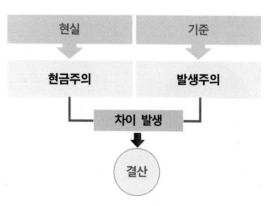

거나, 지급되는 시점을 기준으로 기록하지 않고, 그 거래가 발생한 시점을 기준으로 기록한다.

발생주의 회계는 현금의 수취나 지급과 관계없이 기업의 재무 상황의 변화를 일으키는 거래의 발생 시점에서 기록하므로 영업활동과 관련된 기록과 현금의 유출입과는 보통 일치하지 않는다.

발생주의 회계의 도입 목적은 수익·비용의 대응에 더 합리적 대응을 가져와 그 기간의 경영성과를 더욱 정확히 나타내는 데 있다.

반면 현금주의 회계는 현금을 수취하였을 때 수익(매출)으로 인식하고 현금을 지출하였을 때 비용으로 인식하는 회계처리 제도이다.

발생주의 회계와는 달리 재화나 서비스의 인수나 인도의 시점은 중요하지 않고 현금의 수취와 지급된 시점이 기준이 된다.

현금주의 회계는 현금수입액의 합계에서 현금지출액의 합계를 차감하여 당기의 순이익을 계산하는 방법으로서 이 제도하에서는 수익과 비용을 대응시키지 못한다는 큰 결점을 갖고 있다.

발생주의	현금주의
거래 또는 사건 발생 시점에 기록	**현금의 유·출입 시점에만 회계처리**
현금출납이 없어도 거래발생 시 기록	현금의 출납이 있어야 기록
경제적 실질 가치로 자산·부채 표시	취득원가로 기록 후 가액 불변

현재 우리나라 기업회계기준의 기본적 원칙은 발생주의를 근간으로 하고 있다. 이는 미래의 현금 흐름을 더욱 정확히 예측할 수 있으며, 실질적인 경제적 거래가 발생하는 시점을 기준으로 회계처리를 함으로써 사업 성과를 그때그때 잘 나타내주는 장점이 있기 때문이다.

예를 들어 9월 1일 제품을 외상으로 판매하는 경우 발생주의 회계에서는 제품매출과 해당 제품의 외상매출금을 바로 장부에 적음으로써 제품의 변동 상황이 장부에 바로 나타난다. 반면, 현금주의 회계를 사용하는 경우 9월 1일 판매한 제품에 대해 바로 현금으로 받는 경우 발생주의 회계에서와 같이 해당 제품의 변동 상황을 장부로 바로 알 수 있지만, 외상 판매로 인해 대금을 9월 30일에 받는 때는 이미 제품은 회사에서 사라졌는데 9월 1일~29일까지 해당 제품의 변동 상황을 알 수 없고, 9월 30일이 돼서야 파악할 수 있으므로 인해 기업의 적절한 재무관리(판매 시점과 현금 회수 시점의 차이로 인해 수익비용이 대응되지 못함)가 이루어지지 않는다.

이 같은 발생주의와 현금주의 장부의 차이는 모든 거래가 즉시 현금결제로 이루어진다면 발생하지 않는다. 상대방에게 물품이나 서비스를 제공하고 나서 대가를 나중에 받는 외상거래나 대금을 미리 주거나 나중에 받는 거래로 인해서 둘의 차이가 발생한다. 즉 상품 판매에 대한 대가를 먼저 받거나 나중에 받음으로 인해서 차이가 발생한다.

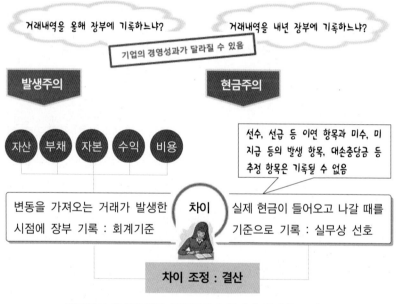

회계에서 발생주의와 현금주의에 차이가 발생하는 경우

- 거래가 먼저 발생하고 나중에 현금거래가 있는 경우 : 이 경우는 미수금, 미지급금 항목이 발생하게 된다.
- 현금거래가 먼저 발생하고, 나중에 사건이 생긴 경우 : 먼저 돈을 주고받았기에 선급금, 선수금 항목이 생기게 된다.
- 배분 : 감가상각의 경우에도 발생주의에 따라 구입한 자산을 일정한 기간동안 금액을 배분하는 과정에 해당한다.

차 · 대변도 못 가리는

실무자의 회계지식

한 페이지 회계 용어 총정리

1 차대변으로 나누어 적는 거래의 이중성

회계에서 모든 거래를 차변과 대변으로 나누어 적게 되면 계정과목은 다를 수 있지만, 차변과 대변 요소의 금액은 항상 일치하게 되는데, 이를 말한다.

2 좌우가 일치하는 대차평균의 원리

아무리 많은 거래가 기재되더라도 계정 전체를 통해서 본다면 차변 금액의 합계와 대변 금액의 합계는 반드시 일치하게 되는데, 이를 말한다(모든 거래의 차변 금액합계와 대변 금액합계가 항상 일치한다). 따라서 차변과 대변의 합계금액이 차이가 나는 경우 장부 작성에 오류가 있는 것이며, 이는 시산표 작성 등을 통해 발견할 수 있다. 하지만 계정과목의 잘못된 선별은 그 오류를 발견하기 힘들다.

특히 중소기업의 경우 탈세를 목적으로 계정과목을 실제와 다르게 선별하는 경우도 다수 있다.

일상적 거래이나
회계상 거래가 아닌 경우

차이점

회계상 거래이나
일상적 거래가 아닌 경우

- 구두계약(약속, 주문)의 체결 및 상품 주문의 접수. 단, 계약금의 지급이 있는 경우는 거래이다.

- 인건비 지급 및 미지급
- 차입금 및 상품판매(단순한 상품 주문만은 거래가 아님) 등
- 도난, 화재, 보유자산 사용 및 파손

↑ 거래는 발생주의에 따라 기록 <u>보조부</u> : 거래를 자세히 기록

분개는 <u>회계상 거래</u>를 차변과 대변으로 나누어 장부에 적는 것
회계상 거래 = ❶ 계정과목의 확정 ❷ 금액의 확정 후 전표 발행

↑ 실무에서 분개는 <u>전표</u>를 사용 ↑

차변은 **분개** 시 왼쪽 의미

대변은 **분개** 시 오른쪽 의미

<u>주요부</u>

재무상태표 및 손익계산서

차변		대변
대차평균의 원리		
❶ 자산의 증가(재무상태표)	거래의 이중성	❷ 자산의 감소(재무상태표)
❸ 부채의 감소(재무상태표)		❹ 부채의 증가(재무상태표)
❺ 자본의 감소(재무상태표)		❻ 자본의 증가(재무상태표)
❼ 비용의 발생(손익계산서)		❽ 수익의 발생(손익계산서)
❶~❽ = 거래의 8요소		

계정의 종류 : 자산, 부채, 자본, 비용, 손익계정
계정과목 : 계정에 속하는 각각의 구성요소로서 거래의 성질을 설명하는 명칭
[예시] 자산계정 ▶ 현금 계정과목 ▶ <u>계정과목별로 집계해둔 실무상 장부는 총계정원장</u>

회계상 모든 거래는 <u>회계기준</u>에 따라 <u>발생주의 기준</u>으로 작성한다.

- 자산(Assets) : 기업이 소유하고 있는 경제적 가치가 있는 모든 돈 · 물건 · 권리 (예 : 현금, 건물, 기계, 재고자산, 특허권, 상표권) ➜ 운용상태
- 부채(Liabilities) : 다른 사람에게 빌려서 나중에 갚아야 할 돈(예 : 미지급금, 단기차입금, 사채) ➜ 타인자본(조달원천)
- 자본(Equity) : 스스로 모은 돈. 자산에서 부채를 뺀 나머지 금액. 기업의 순자산 이라고도 한다(예 : 자본금, 이익잉여금 등). ➜ 자기자본(조달원천)
- 수익(Revenue) : 기업의 영업활동을 통해 발생하는 수입(예 : 매출액, 이자수익)
- 비용(Expense) : 수익을 얻기 위해 소비되는 금액(예 : 매출원가, 판매비와관리 비)
- 순자산 : 자산에서 부채를 뺀 금액
- 복식부기 : 모든 거래를 차변과 대변에 동시에 기록하는 회계 방법
- 발생주의 : 수익과 비용을 발생한 시점에 인식하는 회계의 원리
- 현금주의 : 현금이 수수되는 시점에 수익과 비용을 인식하는 회계의 원리(단순 화된 회계 방법으로, 발생주의에 비해 정확성이 떨어짐)
- 계정과목 : 회계상 거래에 대해 그 거래 성격에 따라 특정 명칭을 사용하자고 약속한 용어
- 분개 : 거래를 장부에 기록하는 행위
- 전표 : 거래를 복식부기의 원리에 따라 분개하기 위해 사용하는 회계장부
- 원장 : 거래를 계정별로 기록하는 장부
- 총계정 원장(= 원장) : 모든 계정의 발생액과 기말잔액을 기록하는 장부
- 보조장부 : 총계정 원장의 내용을 상세히 기록하는 장부(예 : 현금장부, 미수금 원장 등)
- 재무상태표 : 특정 시점의 기업의 자산, 부채, 자본을 나타내는 재무 보고서
- 손익계산서 : 특정 기간 동안 기업의 수익과 비용을 비교하여 순이익 또는 순손 실을 계산하는 재무 보고서
- 현금흐름표 : 특정 기간 동안 기업의 현금 유입과 유출을 나타내는 재무 보고서
- 감가상각비 : 유형자산(예 : 건물, 기계)의 사용에 따라 가치가 감소한 부분을 비용으로 인식하는 비용 배분 과정
- 회계기간 : 기업의 재무상태와 경영성과를 측정하는 기간으로, 보통 1년을 단위 로 한다.

한 페이지 장부구조 총정리

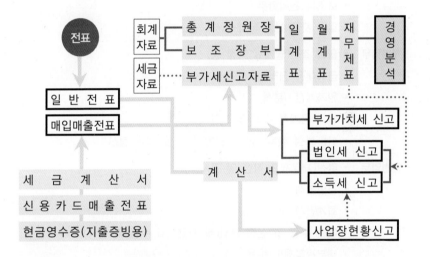

기간별 재무와 관리회계 및 자금 실무업무

구 분	실무내용
일일업무	• 전표분개(계정과목을 알아야 가능 ➜ 최대한 계정과목을 외운다.) • 일계표 작성(전표의 종류와 발행 방법 숙지) • 총계정원장 작성(프로그램에서는 전표 발행을 하면 자동으로 작성)

구 분	실무내용
	• 보조장부 작성(프로그램에서는 전표 발행을 하면 자동으로 작성) • 실제액과 장부상 잔액의 비교(일일 결산을 해서 시제를 일치시킨 다.) • 기타 장부의 작성(상황에 따라 필요한 서식 작성 : 정형화된 형식 이 있는 것이 아니다.) • 금융기관 업무처리 • 보조금 관리업무 • 일일 자금 현황 파악
월별업무	• 월말 결산(월계표 작성 등) • 급여대장 정리 • 원가계산 · 분석 • 월 자금계획 수립 및 집행 • 4대 보험 취득 · 상실, 변동 신고 및 퇴직 정산
연별업무	• 결산(재무제표 작성 및 공시) • 경영분석 • 회계감사 대응 • 예산 수립 및 실적 분석(월 자금계획 수립 및 집행) • 내부관리제도 운용 • 4대 보험 정산 • 성과 평가(예산 대비 실적을 비교하여 회사의 성과를 평가하고 개 선 방안을 모색한다.) • 원가 분석(제품이나 서비스의 원가를 분석하여 수익성 개선 방안 을 제시한다.) • 의사결정 지원 : 경영진의 의사결정을 지원하는 데 필요한 재무 정보를 제공한다.

2 기간별 세무회계 실무업무

구 분	실무내용
일일업무	• 비용 처리를 위한 적격증빙 수취 및 관리(세금계산서 등과 법인카드 관리) • 세무 자문(세무 관련 법규 변경이나 세무 문제 발생 시 관련 부서에 자문을 제공한다.)
월별업무	• 원천징수 세액 신고 · 납부(매달 10일), 중도 퇴직자 연말정산 및 일용근로자 근로내용확인 신고서, 지급명세서 제출 • 사업소득, 인적용역 기타소득에 관한 간이 지급명세서 제출(근로소득은 7월과 1월 제출) • 부가가치세(분기) 등 각종 세금 신고
연별업무	• 연말정산(근로소득세 등) • 법인세 신고 및 세무조정 • 종합소득세(개인사업자) 신고

회계의 최초 시작은 분개에서부터

1 차변과 대변

차변은 장부의 왼쪽, 대변은 장부의 오른쪽을 의미한다.

손익계산서와 재무상태표

장부의 왼쪽	장부의 오른쪽
차 변	대 변

2 모든 거래는 차변과 대변으로 나누어 적는다.

분개는 회계상 거래를 차변과 대변으로 나누어 적는 것을 의미한다.

실제로 실무에서는 전표를 활용해서 분개하며, 수작업이 아닌 회계프로그램을 이용하면 전표를 통해 다른 장부도 연결되어 자동으로 작성된다.

그리고 전표 분개를 시작으로 작성을 시작한 장부는 재무제표를 작성함으로써 끝이 난다.

시작 시점은 연초인 1월 1일이 되고, 재무제표 작성 시점은 연말인 12월 31일로써 일반적으로 1년을 주기로 작성한다.

3 차변과 대변으로 나누는 분개의 법칙

거래를 차변과 대변으로 나누어 기록하는 것을 회계에서는 복식부기라고 하고, 거래를 8개 요소로 나누어 일정한 규칙에 따라 차변과 대변에 기록하도록 하고 있다.

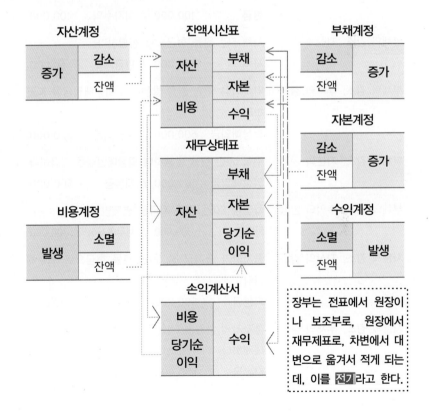

장부는 전표에서 원장이나 보조부로, 원장에서 재무제표로, 차변에서 대변으로 옮겨서 적게 되는데, 이를 전기 라고 한다.

[거래의 8요소 간 회계상 거래의 예시]

거래의 8요소	거래의 예시
자산의 증가, 자산의 감소	상품 50만 원을 구입하고 대금은 현금으로 지급하다. 상품　　　500,000 / 현금　　　500,000
자산의 증가, 부채의 증가	상품 80만 원을 외상으로 매입하다. 상품　　　500,000 / 외상매입금 500,000
자산의 증가, 자본의 증가	현금 5백만 원을 출자하여 개업하다. 상품　　5,000,000 / 자본금　5,000,000
자산의 증가, 수익의 발생	대여금이자 10만 원을 현금으로 받다. 현금　　　100,000 / 이자수익　100,000
부채의 감소, 자산의 감소	사채 5만 원을 현금으로 상환하다. 사채　　　50,000 / 현금　　　50,000
부채의 감소, 부채의 증가	약속어음 50만 원을 발행하여 외상매입금을 지급하다. 외상매입금 500,000 / 지급어음　500,000
부채의 감소, 자본의 증가	주식 50만 원을 발행하여 외상매입금을 지급하다. 외상매입금 500,000 / 자본금　500,000
부채의 감소, 수익의 발생	차입금 30만 원의 지급을 면제받다. 차입금　　300,000 / 채무면제이익 300,000
자본의 감소, 자산의 감소	출자자가 출자금 중 50만 원을 현금으로 회수해 가다. 자본금　　500,000 / 현금　　　500,000
자본의 감소, 부채의 증가	출자자의 차입금 50만 원을 영업상의 차입금으로 대체하다. 자본금　　500,000 / 차입금　500,000

거래의 8요소	거래의 예시
자본의 감소, 자본의 증가	갑의 출자금 80만 원을 을의 출자금으로 대체하다. 자본금(을)　500,000 / 자본금(갑)　500,000
자본의 감소, 수익의 발생	출자자가 출자금 50만 원을 기업에 기증하다. 현금　　　　500,000 / 자산수증이익 500,000
비용의 발생, 자산의 감소	종업원 급료 50만 원을 현금으로 지급하다. 급여　　　　500,000 / 현금　　　　500,000
비용의 발생, 부채의 증가	사채이자 3,000원을 지급기일에 지급하지 못하다. 이자비용　　　3,000 / 미지급금　　　3,000
비용의 발생, 자본의 증가	점원의 급료 50만 원을 출자금으로 대체하다. 급여　　　　500,000 / 자본금　　　500,000
비용의 발생, 수익의 발생	사채이자 20만 원을 대여금 이자와 상계하다. 이자비용　　200,000 / 이자수익　　200,000

4 자산, 부채, 자본, 비용, 수익과 재무제표

자산, 부채, 자본과 재무상태표

남에게 빌린 돈을 부채라고 하고, 내 돈을 자본이라고 한다. 그리고
이를 합산한 금액이 자산이 된다.

이를 일상으로 비유하면 우리 집의 총재산이 자산이 되는 것이고, 은
행 대출 등 남에게 갚아야 하는 채무가 부채, 총재산에서 남에게 갚아
야 하는 부채를 차감한 순자산이 자본이 된다.

예를 들어 내가 현재 가지고 있는 돈이 100만 원인데, 이 중 20만 원
은 동생에게 갚아야 할 돈이라면 자산은 100만 원, 부채는 20만 원,

자본은 80만 원이 된다. 즉 자산 100만 원 = 부채 20만 원 + 자본 80만 원이 된다.

그리고 특정 시점(12월 31일) 현재를 기준으로 회사의 자산, 부채, 자본 금액을 기록해 둔 재무제표가 재무상태표이다. 즉 재무상태표는 일정 시점 회사의 재무상태를 보여주는 재무제표이다.

🧑 비용, 수익과 손익계산서

수익은 회사가 벌어드린 돈을 의미하고, 비용은 해당 수익을 얻기 위해 들어간 경비를 의미한다.

예를 들어 내가 회사 다니면서 매달 받는 월급이 수익이 되고, 월급을 받기 위해 출퇴근 과정에서 지출하는 교통비 및 식대 등이 비용이 된다.

그리고 수익에서 비용을 빼면 당기순이익이 된다. 즉 매달 200만 원의 월급을 받고 회사에 다니면서 교통비 20만 원, 식대 20만 원을 쓴다면 수익은 200만 원이 되고 비용은 40만 원이 되어 당기순이익은 160만 원이 된다.

이 같은 수익과 비용은 특정 시점에만 발생하지 않고, 일정기간동안 실시간으로 발생하는데, 이를 기록해 둔 재무제표가 손익계산서이다. 즉 손익계산서는 일정기간동안 손익의 변동 사항을 보여주는 재무제표이다.

🧑 재무상태표와 손익계산서의 관계

앞서 설명한 바와 같이 재무상태표는 일정 시점 즉 20×1년 12월 31일 현재, 20×2년 12월 31일 현재와 같이 특정일에 가지고 있는 총재산을 나타내는 표이다. 반면 손익계산서는 20×1년 12월 31일 현재 얼마의 총재산을 가지고 있었는데, 20×2년 1월 1일~20×2년 12월 31일까지 열심히 일해 얼마의 재산을 늘렸는지 보여주는 표이다.

예를 들어 20×1년 12월 31일 현재 100만 원의 총재산을 가지고 있었는데, 20×2년 1월 1일~20×2년 12월 31일에 160만 원을 벌어 20×2년 12월 31일에 총재산이 260만 원이 되었다면, 20×1년 12월 31일 현재 100만 원은 기초 재무상태표에 나타나고, 20×2년 1월 1일~20×2년 12월 31일 사이에 돈을 버는 과정은 손익계산서에 나타난다.

그리고 기초 재무상태표에, 손익계산서에 나타난 번 돈을 합산해 20×2년 12월 31일의 재무상태표 즉 기말 재무상태표가 작성된다.

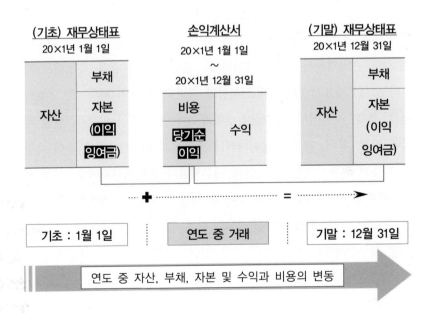

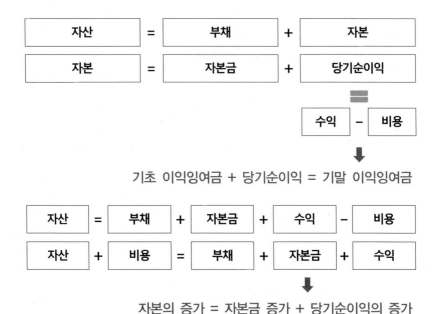

기초 이익잉여금 + 당기순이익 = 기말 이익잉여금

자본의 증가 = 자본금 증가 + 당기순이익의 증가

물이 흘러 호수에 모인다고 가정을 하면 흐르는 물을 측정해서 기록하는 것이 손익계산서(유량의 개념)이고, 호수에 모인 물을 측정해서 기록하는 재무제표가 재무상태표(저량의 개념)라고 보면 된다. 즉 연초의 자산, 부채, 자본에서 1년 동안 수익과 비용의 지출이 발생해, 연말 시점에 자산, 부채, 자본이 늘어나거나 줄어들게 되는데, 연도 중에 수익과 지출의 변동 사항을 기록하는 재무제표가 손익계산서이고, 기초 재무상태표에서 출발해 수익과 비용의 변동 사항을 반영(손익계산서)해 연말(12월 31일) 현재의 자산, 부채, 자본 상황을 나타내는 재무제표가 기말 재무상태표이다. 따라서 연말 결산을 위해서는 손익계산서를 먼저 마감해야 기초 재무상태표에 가감할 손익이 결정되므로, 손익계산서를 먼저 마감한 후 기말 재무상태표를 마감해야 한다.

분개를 위해서는 계정과목이 필수

1 계정과 계정과목 이해

거래가 발생하면 기업의 자산·부채 및 자본에 변동이 생긴다. 이때 자산·부채 및 자본의 증감과 수익·비용의 발생 또는 소멸 등의 내용을 같은 항목별로 기록하기 위하여 설정된 계산단위를 계정(account : a/c)이라고 한다.

그리고 각 거래를 항목별로 기록, 계산하기 위해 각 계정에 부여한 현금, 외상매출금, 상품 등과 같은 구체적인 명칭을 계정과목(title of account)이라고 한다.

계정과목은 회계상 거래가 발생하면 거래의 성격을 한 단어로 요약해둔 명칭이다. 즉 한글의 가나다와 같이 회계에서 가장 기본이 되는 용어라고 보면 된다.

계정과목은 회사에서 일어나는 모든 일을 장부에 기록할 때 시발점이되기 때문이다.

계정과목을 기준으로 장부를 적고, 작성된 장부를 기준으로 재무제표가 만들어진다. 장부의 시발점은 전표가 된다. 따라서 계정과목과 전표의 작성 방법을 모르면 회계 자체를 할 수 없다.

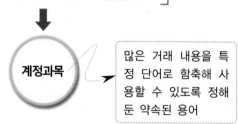

[**거래 내역을 한 단어로 표현할 수 없을까?**]

계정과목

많은 거래 내용을 특정 단어로 함축해 사용할 수 있도록 정해 둔 약속된 용어

계정과목은 크게 자산, 부채, 자본, 비용, 수익계정으로 분류가 된다. 자산, 부채, 자본에 해당하는 계정과목으로 재무상태표를 작성하고, 비용, 수익에 해당하는 계정과목으로 손익계산서가 작성된다.

계정		계정과목
재무상태표 계정	자산계정	현금, 당좌예금, 외상매출금, 받을어음, 대여금, 미수금, 비품, 건물, 토지 등
	부채계정	외상매입금, 지급어음, 차입금, 미지급금 등
	자본계정	자본금, 주식발행초과금, 이익준비금, 미처분 이익잉여금 등
손익계산서 계정	수익계정	매출, 이자수익, 배당금수익, 잡이익 등
	비용계정	매입(매출원가), 급여, 운반비, 보험료, 수선비, 보관비, 잡비, 이자비용 등

2 거래의 발생에서 계정과목 선별과 분개

회계상 거래가 발생하면 계정과목과 금액을 확정한 후 분개(전표 발행)를 하고, 이를 총계정원장과 보조부에 전기한다.

회계프로그램을 사용하는 경우 전표 발행을 하면 총계정원장과 시산표, 재무제표 및 보조부에 자동 기록된다.

이론상으로는 분개를 날짜별로 기록하는 분개장을 사용하나 실무에서는 각각의 거래에 대한 분개 시 전표를 사용한다. 즉 회계상 거래의 기록은 전표 발행을 통해서 시작된다고 보면 된다.

거래	면세 상품 10만 원을 매입하고, 현금결제를 했다.

차변이라 한다. **대변이라 한다.**
(왼쪽)　　　　　　　　　(오른쪽)

거래분개와 결합관계	(차변) 상 품 *100,000* / (대변) 현 금 *100,000*

자산의 증가　　　　　　자산의 감소

전표발행	위의 거래는 이론상으로 분개를 하지만 실무에서는 분개 대신 전표를 발행한다. 부가가치세가 붙지 않는 경우는 일반전표를 발행한다. 만일 해당 상품이 과세 상품의 경우 부가가치세가 발생하므로 매입매출전표를 발행한다.
장부기장	• 총계정원장의 상품과 현금계정에 10만 원 기록 • 보조장부를 작성하는 경우 상품은 재고수불부에, 현금은 현금출납장에 기록한다.
시산표와 재무제표 작성	• 총계정원장의 계정과목을 집계한 시산표를 작성한다. • 시산표의 자산, 부채, 자본에 해당하는 계정과목으로 재무상태표를 작성하고, 비용, 수익에 해당하는 계정과목으로 손익계산서가 작성된다.

전표 발행과 회계장부의 흐름

실무에서 분개는 전표라는 장부를 활용해서 한다. 전표를 수기로 작성하는 회사는 입금전표, 출금전표, 대체전표 3종류의 전표를 많이 사용한다. 반면 회계프로그램을 사용하는 회사는 매입매출전표와 일반전표를 사용해서 입력한다.

전표를 발행한 후 일정 기간별로 한눈에 모든 거래 내용을 파악하기 위해서는 매일 마감 및 월 마감 후 장부를 집계 · 정리 · 분석을 해야 하는데, 이를 위해 전표 내역을 매일 총계정원장에 전기한 후 총계정원장의 계정과목별 내역을 시산표(일계표)에 집계해야 한다. 또한 중요한 사항은 현금출납장 등 보조부를 별도로 만들어 기록 · 관리를 한다.

개별 거래기록	계정과목별로 집계	전체 계정과목 총집계
· 전표 발행 · 분개장 발행 주	· 총계정 원장 집계 · 보조부에 집계	· 시산표(일계표 · 월계표) · 재무제표

주 분개장은 경영활동 과정에서 발생한 거래를 분개하고, 분개한 내용을 일자별과 발생 순서대로 기록하는 장부를 말한다.

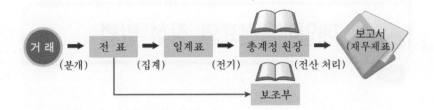

거래	면세 상품 10만 원을 매입하고, 현금결제를 했다.

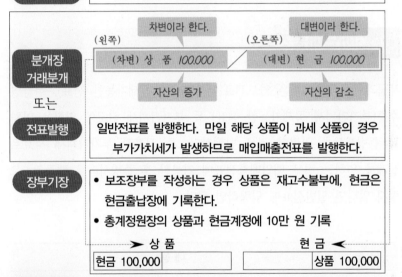

분개장 거래분개 또는 전표발행	차변이라 한다. 대변이라 한다. (왼쪽) (오른쪽) (차변) 상 품 100,000 / (대변) 현 금 100,000 자산의 증가 자산의 감소 일반전표를 발행한다. 만일 해당 상품이 과세 상품의 경우 부가가치세가 발생하므로 매입매출전표를 발행한다.

장부기장	• 보조장부를 작성하는 경우 상품은 재고수불부에, 현금은 현금출납장에 기록한다. • 총계정원장의 상품과 현금계정에 10만 원 기록

➤ 상 품	현 금 ◀
현금 100,000	상품 100,000

시산표와 재무제표 작성	• 총계정원장의 계정과목을 집계한 시산표를 작성한다. • 시산표의 자산, 부채, 자본에 해당하는 계정과목으로 재무상 태표를 작성하고, 비용, 수익에 해당하는 계정과목으로 손익 계산서가 작성된다.

매입매출전표의 작성 방법

1 매입매출전표

세금계산서 발행 혹은 카드전표(부가가치세 공제가능한 전표), 현금영수증(부가가치세 공제가능한 전표) 등 부가가치세 신고에 영향을 미치는 증빙자료를 입력할 경우 발행한다. 즉 전표가 부가가치세 자료로 집계를 원하는 경우 매입매출전표에 기록한 후 증빙처리를 해주고, 그렇지 않다면 일반전표에 입력하면 된다.

유 형		내 용
매출	과세	일반 매출 세금계산서 입력 시 선택한다. **[반영]** • 매출 세금계산서합계표 • 부가세 신고서 1번 세금계산서 발급분
	영세	매출 세금계산서로 영세율 분(LOCAL : 간접수출) 입력 시 선택한다. 특히, 직접 수출되어 세금계산서가 발행되지 않는 경우는 [수출] 코드로 입력하므로 구분에 유의한다.

유 형		내 용
매 출	영세	**[반영]** • 매출 세금계산서합계표 • 내국신용장, 구매확인서 전자 발급 영세율 매출명세서 • 부가세 신고서 5번 영세 세금계산서 발급분
	면세	부가가치세 면세사업자가 발행하는 매출계산서 입력 시 선택한다. **[반영]** • 매출 계산서합계표 • 부가세 신고서 84번 계산서 발급 금액
	건별	세금계산서가 발행되지 않은 과세매출 입력 시 선택한다. (예 : 음식점의 소액 현금매출, 소매 매출로 영수증 또는 금전등록기 영수증 발행 시.) 공급가액란에 부가가치세가 포함된 공급대가를 입력한 후 Enter 키를 치면 공급가액과 부가가치세가 자동 계산되어 입력된다. 환경설정에 따라 입력된 공급가액의 절사 방법(절사, 올림, 반올림)을 선택할 수 있다. **[반영]** • 부가세 신고서 4번 기타
	종합	세금계산서가 발행되지 않은 과세매출 입력 시 선택한다. [건별]과의 차이는 공급가액란에 입력된 공급대가를 그대로 반영, 공급가액과 세액이 구분계산 되지 않는다(부가가치 세액이 자동 계산되지 않음). 따라서 월말 또는 분기 말에 해당 기간의 공급대가를 합계, 공급가액과 부가가치세를 계산한 후 수동으로 수정해 주어야 한다. **[반영]** • 간이과세자 부가세 신고서(1~4번 업종별)

유 형		내 용
매출	수출	외국에 직접 수출하는 경우 선택한다. Local 수출로서 영세율 세금계산서가 발행되는 [영세]와는 구분된다. **[반영]** • 수출실적명세서, 영세율 첨부서류 제출명세서 • 영세율 매출명세서 • 부가세 신고서 6번 영세율 기타
	카과	신용카드에 의한 과세매출 입력 시 선택한다. [카과]로 입력된 자료는 "신용카드매출발행집계표" "과세분"에 자동 반영된다. **[반영]** • 신용카드매출전표발행집계표(과세 매출) • 부가세 신고서 3번 신용카드발행분 • 경감공제액−신용카드매출전표등발행공제계 19번
	카면	신용카드에 의한 면세매출 입력시 선택한다. [카면]로 입력된 자료는 "신용카드매출발행집계표" "면세분"에 자동 반영된다. **[반영]** • 신용카드매출전표발행집계표(면세매출) • 부가세 신고서 80번 면세수입금액
	카영	영세율 적용 대상의 신용카드 매출 → 신용카드발행집계표 과세분에 반영된다. **[반영]** • 신용카드매출전표발행집계표(과세매출) • 영세율 매출명세서 • 부가세 신고서 6번 영세율 기타 • 경감공제액−신용카드매출전표등발행공제계 19번

유 형		내 용
매출	면건	계산서가 발행되지 않은 면세 적용분 입력시 선택한다. **[반영]** • 부가세 신고서 80번 면세수입금액
	전자	전자적 결제 수단으로의 매출(전자화폐 관련 매출) → 전자화폐 결제명세서에 가맹점별로 집계된다. (거래처등록 시 반드시 가맹점 코드 입력이 선행되어야 한다) **[반영]** • 전자화폐 결제명세서
	현과	현금영수증에 의한 과세 매출 입력 시 선택한다. [현과]로 입력된 자료는 "신용카드매출발행집계표" "과세분" 에 자동 반영된다. **[반영]** • 신용카드매출전표발행집계표(과세매출) • 부가세 신고서 3번 현금영수증 발행분 • 경감공제액–신용카드매출전표등발행공제계 19번
	현면	현금영수증에 의한 면세 매출 입력 시 선택한다. [현면]로 입력된 자료는 "신용카드매출발행집계표", "면세분" 에 자동 반영된다. **[반영]** • 신용카드매출전표발행집계표(면세매출) • 부가세 신고서 80번 면세수입금액
	현영	영세율 적용 대상의 현금영수증 매출 → 신용카드발행집계표 과 세분에 반영된다. **[반영]** • 신용카드매출전표발행집계표(과세 매출) • 영세율 매출명세서

유 형		내 용
		• 부가세 신고서 6번 영세율 기타 • 경감공제액−신용카드매출전표등발행공제계 19번
매 입	과세	발급받은 매입 세금계산서 입력 시 선택한다. **[반영]** • 매입 세금계산서합계표 • 부가세 신고서 10번 일반매입 • 고정자산의 경우 11번
	영세	발급받은 영세율 매입 세금계산서 입력 시 선택한다. **[반영]** • 매입 세금계산서합계표 • 부가세 신고서 10번 일반매입
	면세	부가가치세 면세사업자가 발행한 계산서 입력 시 선택한다. (세관장이 발급한 수입 계산서도 여기에 해당한다.) **[반영]** • 매입계산서합계표 • 부가세 신고서 85번 계산서 수취 금액 • 의제 매입의 경우 14 그 밖의 공제매입세액공제(43 의제매입세 액)
	불공	해당 불공제 내역은 부가가치세 신고서의 매입세액공제에 반영 된 세액을 차감하는 매입세액불공제란에 기록된다. 1. 필요적 기재 사항 누락 2. 사업과 관련이 없는 지출 3. 비영업용 소형승용차 구입 및 유지 4. 면세사업 관련분 5. 공통매입세액 안분계산서 분 6. 등록 전 매입세액

유 형		내 용
매입		7. 대손 처분받은 세액 8. 납부(환급)세액 재계산분 **[반영]** • 매입세액불공제내역 • 부가세 신고서 16번 공제받지 못할 매입세액
	수입	재화의 수입 시 세관장이 발행한 수입세금계산서 입력 시 선택한다. 수입 세금계산서 상의 공급가액은 단지 부가가치세 징수를 위한 과세표준일 뿐으로 회계처리 대상은 아니다. 따라서 프로그램에서는 수입세금계산서의 경우 하단 부분 개시, 부가가치세만 표시되도록 하였다. **[반영]** • 매입 세금계산서합계표 • 부가세 신고서 10번 일반매입 • 고정자산의 경우 11번
	금전	현재는 해당 사항 없음
	카과	신용카드에 의한 과세 매입을 입력시 선택한다. **[반영]** • 신용카드수령금액합계표 • 부가세 신고서 14번 그 밖의 공제매입세액(41. 신용 매출전표 수취/일반, 42. 신용 매출전표 수취/고정)
	카면	신용카드에 의한 면세 매입 입력 시 선택한다. **[반영]** • 신용카드수령금액합계표(면세) • 의제 매입의 경우 14 그 밖의 공제매입세액공제(43 의제매입세액)

유 형		내 용
매 입	**카영**	신용카드에 의한 영세 매입 입력 시 선택한다. **[반영]** • 신용카드수령금액합계표(영세) • 부가세 신고서 14번 그 밖의 공제매입세액(41. 신용카드매출전표 수취/일반, 42. 신용카드매출전표 수취/고정)
	면건	계산서가 교부되지 않은 면세 적용 매입 입력 시 선택한다.
	현과	현금영수증에 의한 과세 매입 입력 시 선택한다. **[반영]** • 신용카드수령금액합계표(과세) • 부가세 신고서 14번 그 밖의 공제 매입세액(41. 신용카드매출전표 수취/일반, 42. 신용카드매출전표 수취/고정)
	현면	현금영수증에 의한 면세 매입 입력 시 선택한다. **[반영]** • 신용카드수령금액합계표(면세) • 의제 매입의 경우 14, 그 밖의 공제 매입세액공제(43 의제매입세액)

2 매입매출전표와 일반전표의 비교

프로그램상 일반전표와 매입매출전표의 차이점을 살펴보면 프로그램에 직접 일반전표와 매입매출전표에 똑같은 내용을 한번 입력해 보면 쉽게 알 수 있다.

예를 들어 세금계산서를 받고

자산의 증가		부채의 증가	
상품	××× /	외상매입금	×××
부가가치세대급금	×××		

위와 같이 똑같이 입력 후 세금계산서 합계표를 띄워보면 일반전표에 입력한 내용은 세금계산서합계표에 뜨지 않고, 매입매출전표에 입력한 사항은 뜰 것이다.

결과적으로 매입매출전표에 입력한 사항만 부가가치세 신고서에 반영이 된다.

그럼 나중에 부가가치세 신고를 할 때 세금계산서합계표에 뜨지 않는 것은 부가가치세 신고서에도 반영되지 않는다. 따라서 부가가치세 신고와 관련된 세금계산서, 계산서, 부가가치세 매입세액공제를 받을 수 있는 신용카드매출전표, 현금영수증 등은 무조건 매입매출전표에 입력한다. 다만, 매입매출전표도 일반전표도 모두 회계장부에는 반영된다.

편리하게 부가가치세 신고 관련된 것을 구분하고자 매입매출전표 메뉴가 있는 것이다.

일반전표의 작성(입금전표, 출금전표, 대체전표)

세금계산서를 발행하지 않고 카드전표, 현금영수증 등 부가가치세 신고에 영향을 미치는 증빙자료를 입력하지 않을(매입매출전표 입력 사항을 제외한 거래) 경우 또는 간이영수증 수취(부가가치세 신고 시 영향이 없는 증빙) 시 발행한다.

유 형		내 용
현금전표	출금전표	현금이 나갈 때 발행하는 전표로 분개 시 대변에는 무조건 현금 계정과목이 온다. 따라서 차변 계정과목만 입력한다.
	입금전표	현금이 들어올 때 발행하는 전표로 분개 시 차변에는 무조건 현금 계정과목이 온다. 따라서 대변 계정과목만 입력한다.
대체전표		차변과 대변에 현금계정이 나타나지 않는 경우 발행하는 전표로 전부 현금이 없는 전부 대체거래와 일부 현금이 있는 일부 대체거래로 구분해 볼 수 있다. 현금이 포함된 대체전표의 경우 하나의 전표로 입력이 가능하며, 따라서 현금거래와 대체거래를 굳이 구분, 입력할 필요가 없다. 차) 받을어음　5,000,000　　대) 외상매출금 5,700,000 　　현금　　　　700,000
결산전표		결산과 관련된 거래를 입력할 때 발행하는 전표이다.

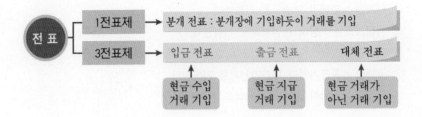

전표
- 1전표제 → 분개 전표 : 분개장에 기입하듯이 거래를 기입
- 3전표제 → 입금 전표 / 출금 전표 / 대체 전표
  - 현금 수입 거래 기입
  - 현금 지급 거래 기입
  - 현금 거래가 아닌 거래 기입

1 입금전표의 작성법

입금전표는 현금이 들어오는 거래를 기록하는 전표이다.

입금전표의 차변은 항상 현금이므로 입금전표 상의 계정과목에는 대변
계정만 적는다.

예를 들어 책상을 제조해서 판매하는 (주)갑은 (주)을에게 책상을 부가
가치세 포함 11만 원을 현금으로 판매했다.

현금	110,000 /	상품	100,000
		부가가치세예수금	10,000

입 금 전 표			담당	이사	사장
작성일자 2000년 00월 00일	작성자 홍길동	주식회사 갑			

계정과목	적 요	금 액
상품	사무용 책상 판매	100,000
부가가치세예수금	사무용 책상 판매 부가가치세	10,000
합 계		110,000

주 위의 입금전표는 종류를 쉽게 구별할 수 있도록 붉은 색으로 인쇄되어 있다.

작성방법

① 일자란 : 판매한 연월일을 기록한다.

② 계정과목란 : 상대 계정과목을 기록한다.

③ 적요란 : 정확하게 알 수 있도록 상세한 거래의 내용을 기입한다.

④ 금액란 : 공급가액과 부가가치세를 기록한다.

⑤ 합계란 : 상기한 금액의 합계액을 기록한다.

2 출금전표의 작성법

출금전표는 현금이 지급되는 거래를 기록하는 전표이다.

출금전표의 대변은 항상 현금이므로 출금전표 상의 계정과목에는 차변
계정만 적는다.

예를 들어 책상 제작 원재료를 구입하면서 부가가치세 포함 11만 원을
현금 지급했다.

원재료	100,000 /	현금	110,000
부가가치세대급금	10,000		

출 금 전 표			담당	이사	사장
작성일자 2000년 00월 00일	작성자 홍길동	주식회사 갑			

계정과목	적 요	금 액
원재료	사무용 책상 판매 제작 원재료 구입	100,000
부가가치세대급금	원재료 구입 부가가치세	10,000
합 계		110,000

주 위의 출금전표는 종류를 쉽게 구별할 수 있도록 청색으로 인쇄되어 있다.

작성방법

① 일자란 : 매입한 연월일을 기록한다.

② 계정과목란 : 상대 계정과목을 기록한다.

③ 적요란 : 정확하게 알 수 있도록 상세한 거래의 내용을 기록한다.

④ 금액란 : 매입가액과 부가가치세를 기록한다.

⑤ 합계란 : 상기한 금액의 합계액을 기록한다.

3 대체전표의 작성법

대체전표는 현금의 수입과 지출 등의 변동이 없는 거래(대체거래)를 기입하는 전표다. 대체거래는 전부 대체거래(=전부 비현금 거래)와 일부 대체거래(=일부 현금거래)로 분류된다.

그리고 상품을 판매하고 일부는 현금으로 받고 일부는 외상으로 하는 등의 거래(일부 현금거래)를 기록하기도 한다.

예를 들어 강사를 초빙해서 2시간 강의료 40만 원 중 사업소득으로 13,200원을 원천징수한 후 통장으로 송금해 주었다.

교육훈련비	400,000	/	보통예금	386,800
			예수금	13,200

대 체 전 표					담당	이사	사장
작성일자	2000년 00월 00일	작성자	홍길동	주식회사 갑			
차 변			대 변				
계정과목	적 요	금 액	계정과목	적 요	금 액		
교육훈련비	외부강사료 지급	400,000	보통예금		386,800		
			예수금		13,200		
합 계		400,000	합 계		400,000		

작성방법

① 차변의 금액과 계정과목란에는 거래를 분개한 내용 중 차변 계정과목과 금액을 기록한다.

② 대변의 금액과 계정과목란에는 거래를 분개한 내용 중 대변 계정과목과 금액을 기록한다.

③ 적요란에는 거래 내용을 간단하게 적는다.

④ 일자란에는 거래 발생 날짜를 적는다.

⑤ 합계란에는 차변과 대변의 합계를 표시하며, 빈칸이 있을 경우는 차후의 분식을 방지하기 위하여 사선을 긋는다.

총계정 원장과 보조부의 작성

주요부	
전 표 분개장	전표 : 거래를 분개하여 기장하기 위해서 분개장 대신 일정한 크기와 형식을 갖춘 용지 분개장 : 모든 거래를 발생 순서대로 분개하여 기입하는 장부
총계정 원 장	분개장에 분개한 것을 전기할 수 있도록 자산, 부채, 자본, 비용, 수익에 속하는 모든 계정이 설정되어 있는 장부로, 재무제표 작성의 기초가 된다.

보조부	
보 조 기입장	특정 거래의 내용을 발생 순서대로 자세하게 기록하기 위한 장부로 전표의 기능을 보조한다(현금출납장, 당좌예금출납장, 매입장, 매출장, 받을어음기입장, 지급어음기입장).
보 조 원 장	특정 계정의 내용을 상품 종류별, 거래처별로 자세하게 기록하기 위한 장부로 총계정원장을 보조한다(상품재고장, 매입처원장, 매출처원장).

회계장부는 기능에 따라 주요부와 보조부로 나누어진다.

1　주요부(전표, 분개장, 총계정 원장)

주요부는 발생한 모든 거래를 기록·계산하는 장부로써 전표, 분개장, 총계정원장이 해당한다.

🙂 전표

거래를 분개하여 기장하기 위해서 분개장 대신 일정한 크기와 형식을 갖춘 용지에 거래의 내용을 기록하여 사용하는데, 이 용지를 전표라 하고 전표에 거래를 분개하여 원장에 기장하는 회계처리를 전표 회계라고 한다.

🙂 분개장

분개장은 경영활동 과정에서 발생한 거래를 분개하고, 분개한 내용을 일자별과 발생 순서대로 기록하는 장부를 말한다. 분개장은 총계정원장의 각 계정계좌에 전기하기 위한 준비 또는 매개 역할을 할 뿐만 아니라, 거래를 최초로 기록하는 장부이므로 원시 장부라고도 하며, 회계의 계산상 기본적인 장부이기 때문에 주요부에 속한다.

🙂 원장(총계정 원장)

원장(총계정 원장)은 분개장의 분개를 계정과목별로 집계하기 위하여 설정된 장부를 말한다. 따라서, 원장은 자산·부채·자본 및 수익·비용에 속하는 계정과목별로 집계되며, 기업의 재무 상태와 경영 성과를

파악하기 위한 재무상태표와 손익계산서 및 기타 재무제표를 작성하는
기초자료가 되기 때문에 분개장과 같이 주요부에 속한다.

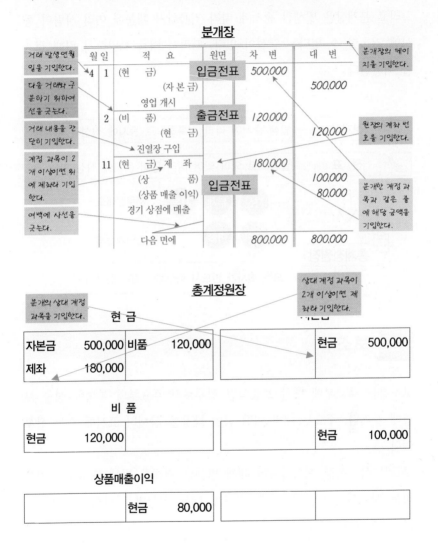

분개장은 발생한 순서에 따라 기록하므로 언제 어떤 계정과목이 증가
또는 감소했는지 알 수 있다. 반면 계정과목별로 얼마나 증가 또는 감

소했고 현재 얼마나 남아있는지는 알 수 없다. 이를 보완하기 위해 사용되는 장부가 총계정 원장이다.

그리고 분개장은 발생한 순서에 따라 기록하기 때문에 여러 사람이 동시에 기록할 수 없다는 단점이 있다. 따라서 이를 보완하기 위해 전표를 이용한다.

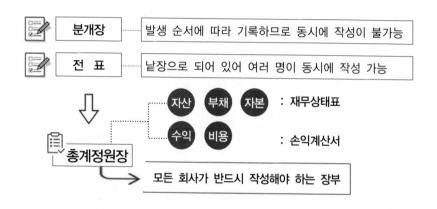

2 보조부

보조부는 주요부에 대한 보충적인 장부로서 주요부의 부족한 점을 보충해 주거나, 주요부 내의 어떤 금액 내용을 상세히 표시해 주는 장부이다.

보조부에는 특정 계정과목에 대해 발생한 거래를 발생 순서대로 기록하는 보조기입장과 특수 계정과목에 대해 성질별로 상세히 기록하는 보조원장이 있다.

보조부는 꼭 필수로 작성하지 않아도 된다. 즉 회사 사정에 맞춰서 임의로 형식을 만들어 작성하는 장부이다. 흔히 서식 사이트에서 다운받아 사용하는 경리 서식을 생각하면 된다.

구 분	종 류
보조기입장	현금출납장(현금의 수입·지출·잔액 기록), 당좌예금출납장(당좌예금·은행예금 등의 거래 내용을 상세히 기록유지(여러 은행별 구분 기재)), 매출장(상품·제품의 매출 거래 내역 기록), 매입장(원재료나 상품의 매입거래 내역기록), 받을어음기입장, 지급어음기입장, 유형자산대장
보조원장	재고수불부(원재료와 제품 및 상품 종류별 입·출고와 재고내역 및 변동 상황 기록), 매출처원장(판매 거래처별 매출금 현황과 외상매출금 증가·감소변동 내역 기록), 매입처원장(구입 거래처별 매입액 현황과 외상매입금 증가·감소변동 내역 기록)

◈ 현금출납장 : 현금의 수입과 지출을 기록하는 장부이다.

◈ 예금기입장 : 회사 예금의 입출금 내역을 기록하는 장부이다.

◈ 어음기입장 : 어음의 거래 내역을 기록하는 장부이다.

가. 받을어음수불부 : 받을어음의 변동을 기록하는 장부이다.

나. 지급어음수불부 : 지급어음의 변동을 기록하는 장부이다.

◈ 재고수불부 : 재고자산의 입고, 출고를 기록하는 장부이다.

◈ 매출장 : 매출 품목, 수량, 단가 등을 기록하는 장부이다.

◈ 매입장 : 매입 품목, 수량, 단가 등을 기록하는 장부이다.

◈ 매출처원장 : 거래처별로 매출채권의 거래처와 그 내역을 기록하는 장부이다.

◈ 매입처원장 : 거래처별로 매입채무 거래처와 그 내역을 기록하는 장부이다.

매출장과 매출처별 원장

매출장은 회사의 판매내역을 기록하는 장부이며, 매출처별 원장은 거래처별 외상 관리대장이다.

구 분	현금 매출	외상 매출
(매출)세금계산서 발행	매출장 기록	매출장 및 매출처원장 기록

매 출 장

일자		유형	코드	계정 과목	적 요	매출처		공급가액	세액	합계
월	일					코 드	매출처명			
8	13	과세	404	제품 매출			(주)이지경리	58,000,000	5,800,000	63,800,000

매출처원장

매출처명 : (주)경리

일자		적 요	차변(증가)	대변(감소)	잔액
월	일				
8	13	외상 매출 대금	63,800,000		63,800,000

매입장과 매입처별 원장

매입장은 회사의 구매내역을 기록하는 장부이며, 매입처별 원장은 거래처별 외상 관리대장이다.

구 분	현금 매출	외상 매출
(매입)세금계산서 발행	매입장 기록	매입장 및 매입처원장 기록

매입장

일자		유형	코드	계정 과목	적요	매입처		공급가액	세액	합계
월	일					코드	매입처명			
7	31	과세	404	제품 매입	매입		(주)이지	10,000,000	1,000,000	11,000,000

매입처원장

매입처명 : (주)이지

일자		적 요	차변(증가)	대변(감소)	잔액
월	일				
7	31	외상 매입대금		11,000,000	11,000,000

시산표에서 재무제표 작성까지

시산표는 복식부기에서 대차평균의 원리에 의해서 원장 전기의 맞고 틀림을 검증해서 재무제표 작성의 준비 자료로 활용하고, 또한 일정 기간의 재무 변동상태를 나타내기 위해서 작성하는 일람표를 말한다.

[시산표 등식]

기말자산 + 총비용 = 기말부채 + 기초자본 + 총수익

시산표(일계표)는 하루 거래내역을 계정과목 순서에 따라 시산표(일계표)라는 한 장의 서식에 집계해 놓은 것이다.

그리고 월계표는 일계표를 월 단위로 집계해 놓은 것으로 형식은 일계표와 차이가 없다.

회사에서 시산표(일계표)를 작성하는 이유는 각 계정과목별로 모든 내역을 한눈에 볼 수 있을 뿐만 아니라 올바르게 기록된 경우 차변과 대변의 금액이 항상 일치한다는 대차평균의 원리를 이용해 총계정원장의 기록에 오류가 없는지도 파악할 수 있다.

⊙ 전표(분개장)에서 총계정원장으로 전기가 정확한가를 검증한다.

⊙ 재무상태표와 손익계산서 작성을 위한 기초자료로 이용한다.

⊙ 일정 기간 동안의 거래총액을 파악할 수 있다.

다만, 시산표도 다음과 같은 오류는 발견할 수 없다.

⊙ 특정 거래를 누락한 경우

⊙ 계정과목을 잘못 사용하거나 대차를 바꾸어 쓴 경우

⊙ 여러 오류가 발생해서 대차에 미치는 효과를 상쇄한 경우

참고로 시산표는 계정과목별 잔액만 나타나는 잔액시산표, 합계만 나타나는 합계시산표, 합계 잔액 모두 나타나는 합계잔액시산표로 이론상 분류하기도 한다.

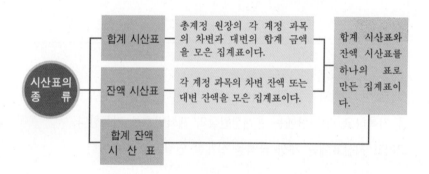

합계시산표

(주)한국   20××년 ××월 ××일   단위 : 원

차 변	원 면	계정과목	대 변

잔액시산표

(주)한국   20××년 ××월 ××일   단위 : 원

차 변	원 면	계정과목	대 변

합계잔액시산표

(주)한국   20××년 ××월 ××일   단위 : 원

차 변		원 면	계정과목	대 변	
잔 액	합 계			합 계	잔 액

시산표의 계정과목란에는 자산·부채·자본·수익·비용의 순으로 계정과목을 기록하고, 원면란에는 총계정원장의 계좌번호를 기록한다.
그리고 시산표에는 계정 금액을 집계한 연월일을 기록한다.

1 손익계산서 계정의 마감

손익계산서의 수익과 비용은 당기의 경영성과를 파악하기 위해 기록하는 것으로, 수익계정의 마감은 우선 손익계정을 임시로 설정해서 수익에 속하는 계정의 잔액은 손익계정의 대변에, 비용에 속하는 계정의 잔액은 손익계산서 차변에 대체하고 마감한 후 손익계정의 차액을 자본금 계정에 대체하고 손익계정을 마감한다.

비용 / 손익 / 수익 대체 구조

비용		손익		수익	
	소멸액	비용	수익	소멸액	
발생액	대체금액	계정에서 대체금액	계정에서 대체금액	대체금액	발생액

자본금 / 상품매출이익

자본금				상품매출이익			
		11/7	690,000	손익	500,000	11/10	500,000
		손익	190,000				

임대료 / 잡이익

임대료				잡이익			
손익	60,000	11/30	60,000	손익	10,000	11/26	10,000

급여 / 보험료

급여				보험료			
11/25	250,000	손익	250,000	11/26	100,000	손익	100,000

통신비 / 잡비

통신비				잡비			
11/25	20,000	손익	20,000	11/26	10,000	손익	10,000

손익

손익			
급여	250,000	상품매출이익	500,000
보험료	100,000	임대료	60,000
통신비	20,000	잡이익	10,000
잡비	10,000		
당기순이익	190,000		
	570,000		570,000

구 분	차변 과목	금 액	대변 과목	금 액
수익 대체분개	상품매출이익	500,000	손익	570,000
	임대료	60,000		
	잡이익	10,000		
비용 대체분개	손익	380,000	급여	250,000
			보험료	100,000
			통신비	20,000
			잡비	10,000
순손익 대체분개	손익	190,000	당기순이익	190,000

현금

180,000	60,000
	차기이월 120,000
180,000	180,000
전기이월 120,000	

당좌예금

150,000	50,000
	차기이월 100,000
150,000	150,000
전기이월 100,000	

단기금융상품

200,000	
	차기이월 200,000
200,000	200,000
전기이월 200,000	

외상매출금

350,000	120,000
	차기이월 230,000
350,000	350,000
전기이월 230,000	

상품

350,000	250,000
	차기이월 100,000
350,000	350,000
전기이월 100,000	

건물

500,000	
	차기이월 500,000
500,000	500,000
전기이월 500,000	

외상매입금

500,000	700,000
차기이월 200,000	
700,000	700,000
	전기이월 200,000

단기차입금

	70,000
차기이월 70,000	
70,000	70,000
	전기이월 70,000

지급어음

400,000	500,000
차기이월 100,000	
500,000	500,000
	전기이월 100,000

자본금

		690,000
차기이월 880,000	손익	190,000
880,000		880,000
		전기이월 880,000

<u>이월시산표</u>

(주)한국　　　　　　20××년 ××월 ××일　　　　　　단위 : 원

차 변	계정과목	대 변
120,000	현　　　　　　　　금	
100,000	당　좌　예　금	
200,000	단 기 금 융 상 품	
230,000	외　상　매　출　금	
100,000	상　　　　　　　품	
500,000	건　　　　　　　물	
	외　상　매　입　금	200,000
	지　급　어　음	70,000
	단 기 차 입 금	100,000
	자　　본　　금	880,000
1,250,000	합　　　　　　　계	1,250,000

3　재무제표의 작성 순서

제조업의 재무제표 작성 순서는 일반적으로 다음과 같다. 물론 상기업의 경우는 제조원가명세서가 생략된다.

① 제조원가명세서

② 손익계산서

③ 재무상태표

이러한 순서로 작성함으로써 제조업의 특성을 반영한 정확하고 일관된 재무제표를 작성할 수 있다. 제조원가명세서의 정보가 손익계산서와 재무상태표에 연계되어 전체적인 재무상태를 정확히 파악할 수 있다.

제조원가명세서를 가장 먼저 작성한다.

① 당기제품제조원가를 계산한다.

② 재료비, 노무비, 경비 등 제조와 관련된 비용을 상세히 기록한다.

③ 기초재공품원가와 기말재공품원가를 고려하여 실제 제조원가를 산출한다.

손익계산서 작성

제조원가명세서 작성 후 손익계산서를 작성한다.

제조원가명세서에서 계산된 당기제품제조원가를 매출원가 계산에 사용한다.

매출액에서 매출원가를 차감하여 매출총이익을 계산한다.

영업이익, 당기순이익 등을 순차적으로 계산한다.

재무상태표 작성

마지막으로 재무상태표를 작성한다.

손익계산서에서 계산된 당기순이익을 이익잉여금에 반영한다.

제조원가명세서와 손익계산서의 정보를 바탕으로 자산, 부채, 자본 항목을 작성한다.

재고자산(원재료, 재공품, 제품 등)의 기말잔액을 반영한다.

[주] 제조원가명세서의 제조원가는 손익계산서의 매출원가에 영향 및 재무상태표의 재고자산 취득원가에 영향을 준다. 반면 손익계산서의 당기순이익은 재무상태표의 이익잉여금에 영향을 미친다. 이같이 재무상태표는 제조원가명세서와 손익계산서에 영향을 받으므로 최종 작성하는 재무제표가 되는 것이며, 제조원가명세서는 손익계산서와 재무상태표에 모두 영향을 미치므로 최초로 작성한다.

손익계산서와 재무상태표의 작성

손익계산서

(주)한국　　　 20××년 ××월 ××일~20××년 ××월 ××일　　　 단위 : 원

과 목	금 액	과 목	금 액
급여	250,000	상품매출이익	500,000
보험료	100,000	임대료	60,000
통신비	20,000	잡이익	10,000
잡비	10,000		
당기순이익	190,000		
	570,000		570,000

재무상태표

(주)한국　　　 20××년 ××월 ××일 현재　　　 단위 : 원

과 목	금 액	과 목	금 액
현　　　　금	120,000	외 상 매 입 금	200,000
당 좌 예 금	100,000	지 급 어 음	70,000
단 기 금 융 상 품	200,000	단 기 차 입 금	100,000
외 상 매 출 금	230,000	자　　　 본　　　 금	880,000
상　　　　품	100,000	(당기순이익 190,000원)	
건　　　　물	500,000		
	1,250,000		1,250,000

5 재무상태표에 의한 당기순이익의 계산

기초 재무상태표

재무상태표

기초자산	기초부채
	기초자본

기초재무상태표 등식 : 기초자산 = 기초부채 + 기초자본

기말 재무상태표(당기순이익 발생 시)

기말 재무상태표

기말자산	기말부채	
	기말자본	기초자본금
		당기순이익

기말재무상태표 등식 : 기말자산 = 기말부채 + 기초자본 + 당기순이익

기말자산 = 기말부채 + 기말자본

기말 재무상태표(당기순손실 발생 시)

기말 재무상태표

기말자산	기말부채	
	기말자본	기초자본금
		당기순이익

기말자본 - 기초자본 = 당기순이익

기초자본 - 기말자본 = 당기순손실

이럴 땐 어떤 계정과목

유동과 비유동, 단기와 장기 구분

유동과 비유동 및 단기와 장기의 구분은 재무제표에 기재된 결산일 다음 날부터 1년을 기준으로 구분한다. 즉 1년 기준에 따라 유동(단기)과 비유동(장기)으로 구분한다.

예를 들어 12월 31일이 결산일의 경우 다음 해 1월 1일부터 1년이다.

1 유동자산과 비유동자산

유동자산이란 기업이 영업활동을 하면서 1년 안에 현금 및 현금화가 가능한 자산을 말하며, 비유동자산이란 기업이 영업활동을 하면서 1년이 지나야만 현금 및 현금화가 가능한 자산을 의미한다.

계정		해 설
유동자산	당좌자산	당좌자산은 판매 과정을 거치지 않고 기업이 원할 경우 즉각적인 현금화가 쉬운 자산을 말한다.
		현금및현금성자산(보통예금, 당좌예금), 단기금융상품(정기예금, 정기적금), 단기매매금융자산(단기매매증권), 매출채권(외상매출금, 받을어음), 단기대여금, 미수금, 미수수익, 선급금, 선급비용, 기타의 당좌자산

계정		해 설
	재고 자산	재고자산은 영업활동 과정에서 판매를 목적으로 보유하는 자산과 생산 중인 자산, 소비될 자산으로 판매 과정을 통하여 현금화할 수 있는 자산을 말한다(재고자산의 외상거래는 매출채권).
		상품, 제품, 반제품, 재공품, 원재료, 저장품, 기타의 재고자산
비 유 동 자 산	투자 자산	투자자산은 기업 본래의 목적과는 무관하게 다른 기업을 지배하거나 통제할 목적 또는 장기간 이익을 얻을 목적으로 취득한 자산을 말한 다.
		장기금융상품, 만기보유금융자산(만기보유증권), 매도가능금융자 산(매도가능증권), 장기대여금, 투자부동산, 보증금
	유형 자산	유형자산은 장기간 영업활동에 사용하기 위해 취득하는 자산을 말 한다.
		토지, 건물, 구축물, 기계장치, 선박, 차량운반구, 건설중인자산, 기 타의 유형자산
	무형 자산	무형자산은 물리적 형태는 없지만, 법률적 권리 또는 경제적 가치 가 있는 자산을 말한다.
		산업재산권, 영업권, 컴퓨터 소프트웨어, 개발비(연구비와 경상개 발비는 판관비로 무형자산이 아님), 프랜차이즈, 광업권, 어업권
	기타 비유 동자 산	투자자산, 유형자산, 무형자산에 속하지 않는 비유동자산을 말한 다.
		장기성매출채권, 장기선급비용, 장기미수수익, 장기선급금, 장기 미수금

주 한국채택국제회계기준(K-IFRS)에서의 단기매매금융자산, 만기보유금융자산,
매도가능금융자산을, 일반기업회계기준에서는 단기매매증권, 만기보유증권, 매도
가능증권이라고 한다.

유동부채와 비유동부채

유동부채란 기업이 영업활동 과정에서 발생한 채무로 1년 안에 갚아야 하는 부채를 말하며, 비유동부채란 1년 이후에 갚아야 하는 부채를 말한다.

여기서 1년이란 재무제표에 기재된 결산일 다음 날부터 1년이다.

예를 들어 12월 31일이 결산일인 경우 다음 해 1월 1일부터 1년이다.

계정	해 설
유동 부채	재무상태표 작성일로부터 1년 또는 정상적인 영업 주기 이내에 상환기일이 도래하는 부채를 말한다.
	매입채무(외상매입금 + 지급어음), 단기차입금, 미지급금, 선수금, 예수금, 미지급비용, 미지급법인세, 미지급배당금, 유동성장기부채, 선수수익, 단기 충당부채, 기타의 유동부채
비유동 부채	상환기일이 재무상태표 작성일로부터 1년 또는 정상적인 영업 주기 이후에 도래하는 부채를 말한다.
	사채, 장기차입금, 장기성매입채무, 장기 충당부채, 이연법인세대, 기타의 비유동부채

단기와 장기

단기는 1년 기준으로 결산일로부터 1년 안에 받거나 갚아야 하는 채권이나 채무에 속하는 계정과목 앞에 붙인다. 반면 장기는 결산일로부터 1년 이후에 받거나 갚아야 하는 채권이나 채무에 속하는 계정과목 앞에 붙인다. 여기서 결산일은 회계연도가 1월 1일부터 12월 31일까지인 경우 12월 31일이 결산일이 되고, 1년 안은 다음 해 1월 1일부터 시작해 1년을 의미한다.

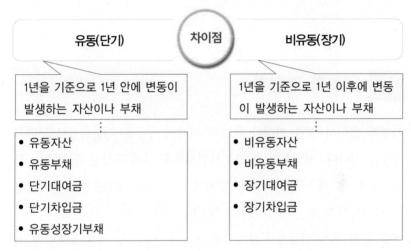

^주 1년은 결산일로부터 1년이다.

영업과 영업외, 평가와 측정 구분

1 영업과 영업외

기업에 있어서 영업 거래와 영업외 거래의 구분은 간단하면서도 매우 중요한 것이다. 영업은 정관이나 사업자등록 상에 표시된 주 업종(= 상품, 제품 등 재고자산 판매)을 말하며, 영업외는 영업활동과 관계없는 즉 재고자산 판매 이외의 거래를 말한다.

예를 들어 본사 건물에서 도매업을 운영하는 회사의 경우 소매상에 상품을 팔면 매출로써 영업수익이 되며, 건물 1층에 커피숍이 입점해서 커피숍으로부터 받는 임대료는 영업외수익이 된다. 반면 본사 건물을 사면서 은행 차입을 한 경우 동 이자비용은 영업외비용이 된다. 물론 여유자금을 은행에 저축한 경우 발생하는 이자는 이자수익으로 영업외수익이 된다.

업종에 따라 영업수익과 영업외수익은 다를 수 있지만, 대다수 재무제표상 재고자산에 속하는 것을 파는 행위가 영업수익이 된다.

서비스를 제공하고 대가를 받는 변호사나 세무사의 경우 수임료와 기장료가 영업수익이 된다. 부동산임대업은 부동산임대가, 부동산매매업은 부동산의 매매가 영업수익이 된다.

영업수익(비용)	차이점	영업외수익(비용)
정관상의 기업 고유 사업목적 범위 내에서 발생하는 수익(비용)		정관상의 기업 고유 사업목적 범위 외에서 발생하는 수익(비용)
• 판매기업의 경우 재무제표상 재고자산 목록상 물품(상품, 제품)의 판매 • 서비스 기업의 경우 서비스를 제공하고 받는 대가		• 판매기업의 경우 재무제표상 재고자산 목록상 외 유형자산의 판매, 배당, 이자, 임대료 • 서비스 기업의 경우 서비스를 제외한 유형자산의 판매, 배당, 이자, 임대료

2 평가와 측정

측정은 재무상태표와 포괄손익계산서에 기록해야 할 재무제표 요소에 숫자를 부여하는 절차 즉 회계상 거래에 대해서 화폐 금액을 부여하는 과정을 말한다. 회계적인 거래나 사건을 양적인 수치를 나타내는 숫자를 활용해 적절한 금액으로 재무제표에 기록하는 것을 말한다.

그리고 측정한 결과가 어떤 기준에 비추어, 얼마나 바람직하냐 하는 가치판단을 하게 될 때, 이를 평가라고 한다.

회계에서 이러한 가치판단의 기준으로 삼는 평가기준의 예로는 역사적원가, 시가(현행원가 또는 대체원가) 즉 공정가치, 실현가능가치 및 현재가치가 있다.

회계상 평가는 재무제표상의 자산, 부채, 자본, 수익과 비용 항목이 회계기준에 따라 적정한 금액으로 계산되어 표시되었다는 의미이다.

계정과목으로는 재고자산평가손실, 재고자산평가이익 등과 같이 평가손실, 평가이익이라는 단어를 붙여 사용한다.

평가이익은 내가 회사를 잘 운영해서 성과가 좋아 가치가 올라가는 것이 아니라 시간의 변화에 따라 가치의 변동을 장부에 반영하다 보면 손익이 자동으로 발생하는 되므로 영업과 관련이 없다고 해서 대다수 재무제표의 영업외이익 항목에 기록한다.

🧑 역사적 원가(취득원가)

역사적 원가란 자산을 취득한 시점에 지급한 현금및현금성자산이나 그 밖의 대가의 공정가치(= 시가)를 말하며 취득원가라고도 한다. 여기서 그 밖의 대가의 공정가치란 자산을 외상으로 매입한 경우나, 현금및현금성자산 이외의 자산을 대가로 지급하고 취득한 경우, 현금을 주고 취득했다면 지급한 현금을 말한다. 한마디로 자산을 취득할 시점에 취득 방식과 관계없이 지급해야 하는 현금의 가치로 장부를 기록하는 것을 말한다.

역사적 원가로 자산을 측정하는 경우는 취득 시점에는 현실적인 가치를 반영하지만(자산취득 시점에서는 일반적으로 역사적 원가 = 공정가치(시가)), 취득 이후 그 자산의 가치가 변동하는 경우 변하는 시가로 기록해야 적절한 가치가 되는데, 재무제표에는 과거의 취득원가로 계속해서 기록되기 때문에 가치의 변화를 장부에 반영해 주지 못한다.

예를 들어 토지를 1억 원에 샀는데, 1년 후 1억 2천, 2년 후 1억 3천만 원이 되어도 장부에는 1억 원으로 기록하는 것을 말한다. 물론 가격이 하락한 경우에도 동일하게 1억 원으로 기록한다.

🧑 시가(현행원가 또는 대체원가)

현행원가란 동일하거나 동등한 경제적 효익을 가진 자산을 현재 시점에서 취득할 경우 지급해야 할 현금및현금성자산의 금액을 말한다. 자산은 동일하거나 동등한 자산을 현재 시점에서 취득할 경우 그 대가로 지불해야 할 현금이나 현금성 자산의 금액으로 평가하고, 부채는 현재 시점에서 그 의무를 이행하는 데 필요한 현금이나 현금성 자산의 할인하지 아니한 금액으로 평가한다.

현행원가란 취득 이후 보유손익을 인식하는 방법으로 동종시장이 존재하는 경우는 측정 시점의 시장가격(= 현행원가)을 사용하며, 동종시장이 존재하지 않는 경우는 유사한 자산의 추정 시장가격(= 대체원가)이나 추정에 의한 재생산 원가를 사용한다.

🧑 실현가능가치

실현가능가치란 자산을 정상적으로 처분하는 경우 수취할 것으로 예상되는 현금및현금성자산을 말한다. 즉, 자산을 현재 시점에서 매각한다고 할 경우 수취할 수 있는 금액을 의미하며, 당해 자산이 현금및현금성 자산으로 전환될 때 전환에 직접 드는 비용을 차감하지 않은 금액이다. 한편, 정상적인 영업 과정의 예상 판매가격에서 예상되는 추가 완성 원가와 판매 비용을 차감한 금액을 순실현가능가치라고 한다.

🧑 현재가치

자산은 미래에 현금유입을 증가시키거나 현금유출을 감소시키는 능력이 있어야 한다. 현재가치란 자산의 미래 경제적 효익을 강조하여 정상적인 영업 과정에서 자산이 창출할 것으로 기대되는 미래의 순현금 유입액을 현재의 할인 가치로 평가하는 것을 말하며, 자산의 본질(정의)에 가장 충실한 평가 방법이다.

구 분	자산	부채
역사적 원가	자산은 취득 당시 지급한 현금 및현금성 자산이나 기타 대가의 공정가치 : 취득원가	부채는 의무를 부담하는 대가로 받은 금액
현행원가 또는 대체원가	자산은 측정 대상인 자산과 동일하거나 거의 유사한 자산을 현재 시점에서 취득할 경우 지급해야 할 금액	부채는 현재 시점에서 의무를 이행하는데, 필요한 현금이나 현금성 자산의 금액으로 할인하지 않은 금액
실현가능가치	자산은 정상적으로 처분하는 경우 수취할 것으로 예상되는 현금이나 현금성 자산의 금액	부채는 정상적인 영업 과정에서 부채를 상환하기 위해 지급될 것으로 예상되는 현금이나 현금성 자산의 금액으로 할인하지 않은 금액
현재가치	자산은 정상적인 영업 과정에서 측정 대상 자산이 창출할 것으로 기대되는 미래 순현금 유입액을 할인한 가치	부채는 정상적인 영업 과정에서 측정 대상 부채를 상환할 때 필요할 것으로 예상되는 미래 순현금유출액을 할인한 가치

재무제표 작성 시 기업들이 가장 보편적으로 채택하는 측정기준은 역사적 원가(= 취득원가)다.

그러나 통상적으로 역사적 원가는 다른 측정기준과 함께 사용된다.

예를 들어 재고자산은 역사적 원가와 순실현가능가치를 비교하여 더 낮은 금액으로 측정하는 저가법을 사용하고, 시장성 있는 유가증권은 공정가치(= 시가)로 측정하며, 퇴직급여충당부채는 현재가치로 측정하기도 한다.

또한 일부 기업은 비화폐성자산에 대한 가격변동 효과를 반영하지 못하는 역사적 원가에 대한 대안으로 현행원가를 사용하기도 한다.

3 인식

인식(認識)은 회계상의 거래를 자산·부채·자본 및 수익·비용 등의 재무제표 항목으로 구분해서 기록하거나 포함하는 과정을 말한다. 인식할 때는 해당 항목에 대해서 계정과목과 금액을 기록해야 하며, 각 계정의 총액으로 재무제표의 항목을 보고해야 한다.

인식은 회계상의 거래를 최초로 인식하는 것뿐만 아니라 이미 인식한 항목에 대한 변화나 제거를 인식하는 것도 포함한 개념이다.

수익과 이익, 비용과 손실 구분

많은 사람이 일상에서 혼동하고 있는 회계용어가 수익과 이익이다. 비슷한 의미로 사용하지만 둘의 의미는 분명히 다르다.

수익은 일정 기간 얼마를 팔아서 얼마를 벌었느냐를 나타내며, 수익을 얻기 위해 얼마를 썼는지가 비용이다.

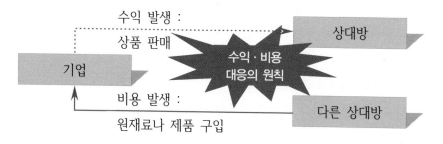

그리고 이익 또는 손실은 일정기간동안 얼마를 벌어서(= 수익) 얼마를 쓰고(= 비용) 얼마나 남았는지가 이익, 얼마를 손해 봤는지가 손실이다. 이를 나타내는 재무제표가 손익계산서다.

따라서 회사의 수익과 비용, 이익과 손실의 종류를 파악하고 이해하기 위해서는 손익계산서를 봐야 한다.

손익계산서에서 이익은 그 유형에 따라 매출총이익, 영업이익, 법인세 차감전순이익, 당기순이익으로 순서에 따라 구분표시 된다.

수익과 비용	차이점	이익과 손실

얼마를 벌어서(= 수익) 얼마를 썼는지(= 비용)

수익 〉비용 = 이익
수익 〈비용 = 손실

↓

손익계산서

매출총이익 = 매출액 − 매출원가
영업이익 = 매출총이익 − 판매비와 관리비
법인세차감전순이익 = 영업이익 + 영업외수익 − 영업외비용
당기순이익 = 법인세차감전순이익 − 법인세비용

	매출액
(−)	매출원가
	매출총이익
(−)	판매비와관리비
	영업이익
(+)	영업외수익 : 금융수익 ✚ 기타수익
(−)	영업외비용 : 금융비용 ✚ 기타비용
	법인세차감전순이익
(−)	법인세비용
	당기순이익

1 수익은 실현주의

발생한 모든 거래를 어느 시점에 수익으로 볼 것인가는 회계에 있어 매우 중요한 기준이다. 실무적으로 발생한 모든 거래를 수익으로 인식한다면 측정이 객관적으로 잘될 것인가? 의 문제 등 여러 가지 복잡한 문제가 나타나므로 "실현주의"를 그 인식의 기준으로 삼고 있다.

실현주의란

첫째, 실현되었거나 실현가능해야 하고

둘째, 가득 되어야 수익으로 인식한다는 것이다.

즉 수익을 인식하기 위해서는 판매 대가로서의 현금 또는 현금 청구권을 얻었거나 생산물이 안정된 가격으로 쉽게 판매될 수 있는 상태에 있어야 한다는 것이고, 수익 창출을 위한 결정적이며 대부분의 노력이 발생해야 한다는 것이다.

이러한 기준을 현실적으로 적용할 때 매우 까다로우므로 개별 회사별로 거래유형에 맞는 인식 기준을 기업회계기준에 맞게 구체적으로 정하는 것이 회계 관리자의 임무이다.

2 비용의 인식 기준 수익·비용의 대응

비용의 인식은 수익이 인식된 시점에 그 수익과 관련한 비용을 인식한다. 이 원칙을 적용할 때는 다음의 기준에 의한다.

❶ 직접대응

매출액에 대한 매출원가와 같이 직접적으로 대응될 수 있는 비용은 수익이 실현되는 시점에 바로 대응되어 인식한다.

❷ 합리적이고 체계적인 방법에 의한 기간배분

감가상각비와 같이 직접적인 인과관계가 없는 비용은 수익활동에 기여한 것으로 판단되는 해당 기간동안에 합리적으로 배분해서 비용처리한다.

❸ 당기에 즉시 인식

판매비와관리비와 같이 발생원가가 미래 경제적 효익의 가능성이 불확실한 경우 발생 즉시 비용으로 인식한다.

구 분	비용 처리
수익에 대응되는 비용	해당 수익이 인식될 때 직접대응 [예] 매출원가
특정 수익에 직접적인 대응이 어려운 비용	• 영업비용은 판매비와 관리비로 즉시 비용 • 영업외비용은 영업외비용 또는 금융비용, 기타비용으로 즉시 비용
직접적인 인과관계가 없는 비용	사용기간(내용연수) 동안 합리적 기준에 따라 배분 [예] 감가상각비

고정되어 있지 않은 계정과목

거래에 따른 계정과목을 사용하다 보면 해당 지출이 특정 계정과목으로 확정되지 않고, 2개 계정과목 중 어떤 계정과목을 사용할지 판단이 안 되는 예가 있다.

이럴 때는 둘 중 하나의 계정과목을 선택해 동일한 거래에 대해 해당 계정과목을 계속 사용한다면 문제가 되지 않는다.

예를 들어 출장비용은 여비교통비 계정을 사용한다. 하지만 출장비 중에 차량비용이나 식사비용이 포함되어 있어 이를 차량유지비 및 복리후생비로 처리해야 할지 그냥 여비교통비로 처리해야 할지 판단을 못하는 경우 하나의 기준을 정해 해당 계정과목을 계속 사용하면 문제가 없다는 의미이다.

또한 차량 수선비용을 차량유지비로 할지? 수선비로 할지에서도 같은 고민에 빠지게 된다. 이 경우에도 동일한 거래에 대해 동일한 계정과목을 일관되게 사용한다면 문제가 되지 않는다. 즉 동일 거래에 대해서 차량유지비 또는 수선비 중 하나의 계정과목을 정해 일관되게 적용한다면 문제가 없는 계정과목의 선별이다.

그리고 세법 기준에 따라 회계처리하는 예로는 직원 복지비용을 복리후생비 처리했는데, 해당 비용이 근로소득세 과세대상에 해당하면 복리후생비가 아닌 급여로 처리해도 된다.

참고로 세금을 회피하기 위해 거래 내역과 전혀 상관없는 계정과목을 사용하는 예도 있는데, 이 경우 국세청에서는 해당 계정과목을 무시하고 과세한다.

구 분	처리 방법
거래에 따른 계정과목이 명확한 경우	명확한 계정과목 사용
거래에 따른 계정과목이 두 개 이상에 해당하는 경우	하나의 계정과목을 선택해 동일한 거래에 대해서는 해당 계정과목을 계속 사용하면 문제가 되지 않는다. 다만 동일한 거래에 대해서 계정과목이 왔다 갔다 하면 문제가 될 수 있다.
임의로 계정과목을 사용하는 경우	장부 및 세무상 문제가 발생할 수 있다.
세법 기준에 따라 계정과목을 정해 분개하는 경우	회계감사를 받지 않는 기업은 문제가 발생하지 않지만, 감사 대상 법인은 문제가 될 수 있다.
세금을 회피하고자 임의로 계정과목을 사용하는 경우	기업업무추진비(= 접대비)의 회피를 위해 복리후생비 처리한다거나, 과세 대상에 포함되지 않기 위해 과세 급여를 복리후생비에 숨겨도 세금은 실질과세의 원칙을 따르므로 계정과목에 상관없이 해당 지출이 과세대상이면 과세한다.

반대 개념의 자산과 부채 계정과목

자산과 부채는 서로 반대 의미이므로 명칭만 다를 뿐 그 성질이 같은 계정과목이 많다.

예를 들어 외상거래를 할 때, 파는 입장에서는 외상매출금이 되고, 사는 입장에서는 외상매입금이 된다. 또한 타인에게 회삿돈을 빌려주면 대여금이 되고, 빌리면 차입금이 된다.

그리고 자산과 부채 모두 1년을 기준으로 유동자산(부채)과 비유동자산(부채)으로 계정과목을 분류한다.

차 변(증가는 차변, 감소는 대변)			대 변(증가는 대변, 감소는 차변)		
계정과목		해설	계정과목		해설
유동자산	당좌예금	당좌거래와 관련한 예금	유동부채	당좌차월	당좌예금 잔액을 초과하여 발행한 수표 금액 (사전약정 체결)
	매출채권 / 외상매출금	재고자산을 판매하고 대금을 나중에 받기로 한 것		매입채무 / 외상매입금	재고자산을 구입하고 대금을 나중에 지급하기로 한 것
	매출채권 / 받을어음	재고자산 대금결제를 어음으로 받은 경우		매입채무 / 지급어음	재고자산 대금결제를 어음으로 한 경우

차 변(증가는 차변, 감소는 대변)		대 변(증가는 대변, 감소는 차변)	
계정과목	해설	계정과목	해설
유동자산 단기대여금	타인에게 빌려준 금액(결산일로부터 1년 이내)	**유동부채** 단기차입금	타인에게 빌린 금액(결산일로부터 1년 이내)
미수금	재고자산을 제외한 유형자산 등을 팔고 대금을 나중에 받기로 한 것	미지급금	재고자산을 제외한 유형자산 등을 사고 그 대금을 나중에 지급하기로 한 것
미수수익	외부에 용역을 제공하고 그 대가를 당기에 받아야 하는데, 아직 받지 못한 수익을 말한다.	선수수익	대금을 받고 용역을 제공해야 하는데, 결산 기말 현재 용역을 제공하지 않은 경우
선급금	자산을 인도받기 전 대금을 미리 지급한 경우	선수금	자산을 인도하기 전 그 대금을 미리 받은 것
대급금	국가나 타인에게 내야 할 금액을 제3자에게 미리 지급한 금액	예수금	국가나 타인에게 줘야 할 금액을 제3자에게 받아서 보관하고 있는 금액
선급비용	아직 제공받지 않은 용역에 대해서 결산일 현재 이미 지급한 비용	미지급비용	이미 제공받은 용역에 대해서 결산일 현재 아직 지급하지 않은 비용
가지급금	대표이사에게 일시적으로 돈을 빌려준 것	가수금	대표이사에게 일시적으로 차입한 돈
부가세대급금	물품 등을 살 때 상대방에게 준 부가가치세	부가세예수금	물품 등을 팔 때 상대방으로부터 받아 둔 부가가치세
선납세금	예금이자에 대한 이자소득세 등 원천징수나 중간예납과 같이 미리 낸 세금	미지급법인세	법인세 미지급액 등과 같이 내야 할 세금을 아직 내지 않은 세금

재무상태표를 구성하는 계정과목

1 자산 계정과목

계정과목		해 설
당 좌 자 산	현금 및 현금 성 자산	• 현금 : 통화, 통화대용증권 • 현금성 자산 : 3개월 내 현금화 가능 • 통화 및 타인발행수표, 보통예금, 당좌예금, 우편환증서, 　기일도래공사채 이자표, 배당금지급통지표, 지점전도금, 　가계수표, 송금환, 자기앞수표, 타인이 발행한 당좌수표
	당좌예금	예금주가 원할 때 언제든지 예금의 일부 또는 전부를 인 출할 수 있는 예금으로 기업 등이 은행을 지급장소로 수 표나 약속어음을 발행하고 그 지급사무를 은행에 위임하 는 예금
	보통예금	입출금이 자유로운 예금(계정과목 : 현금)
	단기금융상품	• 1년 이내 도래하는 금융상품 • 정기예금, 정기적금, 양도성 예금증서(CD), 예금관리계 　좌(CMA), 기업어음(CP), 환매체(RP), 사용이 제한되어 　있는 예금을 말한다.
	정기예금	일정 기간 목돈을 맡겨둔 예금
	정기적금	목돈을 마련할 목적으로 일정기간 일정 금액을 납입

계정과목		해 설
	단기매매증권	• 단기 보유 목적의 시장성 있는 주식 · 채권 • 주식, 국 · 공채, 지방채, 수익증권, MMF 등(1년 이내 유가증권)
	매출채권	• 일반적 상거래(재고자산 판매 미수채권)에서 발생한 외상매출금과 받을어음 : 미수금과 비교, 반대 매출채권 • 일반적 상거래에서 발생하지 않은 미수채권(재고자산 외 판매 미수채권)은 미수금
	외상매출금	상품 또는 제품(재고자산)을 판매하고 대금을 외상으로 한 경우 : 반대 외상매입금(부채)
	받을어음	상품 또는 제품(재고자산)을 판매하고 대금을 어음으로 받은 경우(전자어음도 포함) : 반대 지급어음(부채)
당좌자산	미수금	• 기업의 고유한 사업 이외(재고자산 이외 판매 미수채권)의 사업에서 발생하는 미수채권 : 매출채권과 비교, 반대 : 미지급금(부채) • 근로소득세(환급받을 근로소득세 · 연말정산 환급액 등), 건강보험료환급액, 건물의 처분 후 대금 미수취액, 계약 파기 후 반환받지 못한 계약금, 부가가치세 환급액, 공사대금 미수액(공사미수금)
	단기대여금	상대방에게 차용증을 받고 돈을 빌려준 경우(빌린 경우는 차입금)로서 그 회수가 1년 이내에 가능한 경우(대여 기간 1년 이내, 1년이 넘는 경우 장기대여금) : 반대 단기차입금(부채)
	미수수익	• 기업이 외부에 용역을 제공하고 그 대가를 당기에 받아야 하는데 아직 받지 못한 대가 : 반대 선수수익(부채) • 국 · 공채이자 미수, 국 · 공채의 보유로 인한 기간경과 이자, 사채이자 미수금, 예금 · 적금 미수이자, 임대료

계정과목		해 설
당좌자산		미수금, 정기예금 기간 경과로 발생한 이자, 정기적금 기간 이자로 발생한 이자
	선급금	상품이나 제품 등의 재고자산 및 자산 구입 시 납품에 앞서 미리 지급한 금액(자산에 대한 선급액)
	선급비용	• 아직 제공되지 않은 용역에 대해서 지급된 대가로서 일정 기간동안 특정 서비스를 받을 수 있는 권리 또는 청구권 • 고용보험료 · 광고료 · 보증보험료 · 산재보험료 · 임차료 · 지급이자 기간미경과분(비용에 대한 선급액) • 임차자산 도시가스 설치비용과 인테리어(임차인이 부담 시)비용은 장기 선급비용으로 처리 후 임차기간동안 나누어서 임차료로 대체 처리하거나 유형자산 계상 후 감가상각비 처리) 비용
	부가세대급금	물건이나 용역을 구입할 때 상대방에게 지불하는 부가가치세 부담분(= 선급부가세) : 반대 부가세예수금(부채)
	선납세금	• 세금이 확정되기 전에 미리 낸 세금 • 소득세나 법인세의 중간예납 세액, 원천징수 당한 세액
	가지급금	• 대표이사가 임의로 가져간 금액 • 임직원의 가불이나 출장비 미정산 등 지출 원인이 명확하지 않은 금액 : 반대 가수금(부채)
	이연법인세자산	차감할 일시적 차이, 이월공제가 가능한 세무상 결손금이나 이월공제가 가능한 세액공제 및 소득공제 등으로 인해서 미래의 실제 납부 시점에 경감될 법인세 부담액
	상품	• 도소매업을 영위하는 기업이 판매를 목적으로 외부로부터 매입한 모든 물품 • 공장에서 직접 생산한 물품은 제품

계정과목		해 설
재고자산	제품	제조기업이 판매할 목적으로 제조해서 보유하고 있는 최종 생산품이나 부산물
	미착품	외국에서 상품을 수입해서 수송과정 중에 있는 상품
	적송품	위탁판매 계약에 따라 위탁판매를 위해 판매를 대행하는 회사에 보관 중인 상품
	원재료	제품을 제조하기 위해서 소비되는 재료
	재공품	• 생산과정이나 서비스를 제공하는데, 사용되는 재료비, 노무비, 기타 경비(= 제조간접비)를 집계하는 계정 • 재료비, 노무비, 기타 경비(제조원가) ➡ 재공품(제조원가의 집계 계정) ➡ 제품(완성된 생산물) • 유형자산 제조원가의 집계 계정은 건설중인자산
	반제품	제품이 2개 이상의 공정을 거쳐서 완성되는 경우 1개 또는 수 개의 공정을 종료하였으나 아직 미완성제품의 단계에 있는 중간생산물을 처리하는 계정 완성품은 아니지만 그대로 매각(= 부분품)되든지 또는 다음의 공정에 투입할 수 있는 물품(= 중간제품)을 처리하는 계정과목이다.
	부산물	기업이 판매를 목적으로 생산하는 주요 제품의 생산과정에서 필연적으로 발생하는 불량품으로써, 제품에 비해 그 판매 가치나 중요성이 떨어지나 그대로 또는 가공한 다음 판매하거나 이용할 수 있는 상품
	작업폐물	제품의 제조 과정에서 소비된 재료로부터 발생하는 폐기물로서, 경제적 가치가 있는 것.
	매입부분품	타 기업으로부터 구입한 부분을 가공하지 않고 구입한 상태 그대로 제품 또는 반제품에 부착하는 물품

계정과목		해 설
	저장품	생산과정이나 서비스를 제공하는데, 사용될 소모품, 소모공구기구, 비품 및 수선용 부분품 등의 보관 물품
투자자산	장기성예금	장기적 자금 운용 목적이거나, 보고기간 종료일(일반적으로 12월 31일)로부터 1년 이후에 만기가 도래하는 금융상품
	매도가능증권	유가증권 중 단기매매증권이나 만기보유증권 및 지분법 적용투자주식으로 분류되지 않은 것을 제외한 1년 초과 주식·채권
	만기보유증권	만기가 확정된 채무증권으로서 상환금액이 확정되었거나 확정이 가능한 채무증권을 만기까지 보유할 적극적인 의도와 능력이 있는 증권
	투자부동산	투자 목적으로 소유하고 있는 영업활동에 사용하지 않는 토지와 설비자산 • 영업용 부동산 : 건물, 토지 등 • 비영업용 부동산 : 투자부동산
	보증금	사무실, 공장 등의 임차보증금. 전세권·전신전화가입권(전화 가입 시 낸 보증금)·임차보증금·영업보증금 등 • 월세 계약 시 보증금 : 보증금 • 월세 계약 시 월세 : 임차료
	장기대여금	• 대여기간이 1년을 초과해서 기업의 자금을 대여한 것 • 1년 이내는 단기대여금
	부도어음	받을어음이 부도 난 경우 최종 처리 시까지 부도어음으로 관리
	토지	• 영업(생산)활동에 사용하는 토지 • 공장, 사무소, 주차장, 사택, 운동장 등의 부지 및 개발부담금

계정과목		해 설
유형자산	건물	• 영업(생산)활동에 사용하는 건축물 • 지붕이나 둘레 벽을 갖추고 있는 공장, 사무실, 영업소, 기숙사, 사택, 차고, 창고, 건물 부속 설비, 점포 등과 건물 본체 이외에 이에 부수되는 전기 시설, 배수, 급수, 위생 세면대, 가스설비, 냉난방 보일러, 승강기 및 감리료, 건설 기간 중의 보험료, 건설자금이자, 등록면허세, 취득세
	차량운반구	• 영업(생산)활동에 사용하는 차량과 운반구 • 철도차량, 화물자동차, 승용자동차, 지게차, 중기 및 기타의 육상 운반구
	기계장치	• 영업(생산)활동에 사용하는 기계와 부속 설비 • 가반식 컨베어, 공작기기, 기중기, 디젤파일 햄머, 배사관, 베처, 플랜트, 아스팔트 플랜트, 측량용 카메라, 콘베어(컨베이어)
	구축물	• 토지 위에 정착된 건물 이외의 토목 설비 또는 공작물 • 화단, 가로등, 다리, 정원, 철탑, 포장도로, 가스저장소, 갱도, 건물 취득 시 내부 인테리어 비용(임차인), 교량, 굴뚝, 궤도, 정원설비
	건설중인자산	• 유형자산의 건설을 위한 재료비, 노무비 및 경비 및 도급 금액 • 유형자산을 취득하기 위해서 지출한 계약금 및 중도금도 유동자산 중 당좌자산의 선급금이 아닌 비유동자산 중 유형자산의 "건설중인자산"으로 처리한다.
	비품	• 내용연수가 1년 이상이고 일정 금액 이상의 사무용 비품을 처리하는 계정을 말한다. • 책상, 의자, 에어컨, 캐비닛, 컴퓨터, 팩시밀리, 복사기 • 금액이 소액인 경우는 이를 소모품비로 처리한 후 기말에 남은 것에 대해서는 저장품 계정으로 대체한다.

계정과목		해 설
	소모품	• 쓰는 대로 닳거나 줄어들어 없어지거나 못 쓰게 되는 물품 • 종이, 볼펜, 연필 등의 사무용품이나 일상 소모성 물품이 있다.
무형자산	영업권	합병 · 영업 양수 및 전세권 취득 시 대가를 지급하고 취득한 권리
	산업재산권	특허권 · 실용신안권 · 의장권 · 상표권 등의 무형 권리
	특허권	특허와 관련한 권리를 금전적 가치로 계상한 것으로 부대비용 포함
	상표권	특정 상호가 상표법에 따라 등록된 경우 그 가치
	실용신안권	제품 등을 현재 상태보다 사용하기 편하게 만든 것
	의장권	의장과 관련한 권리
	면허권	면허권 취득과 관련한 비용(건설업 면허 등)
	저작권	저작권법상의 저작권(복제권, 공연권, 저작물, 방송권, 전용권, 전사권, 배포권) 및 저작 인접권(실연, 음반, 방송) 등을 취득하기 위하여 지출
	개발비	특정의 신제품 또는 신기술 개발 단계에서 발생하는 지출 • 개발비는 무형자산으로서 재무상태표에 자산으로 기록된다. • 회사에서 정한 상각기간동안 매년 감가상각비로 비용처리 되어 일정기간동안 상각하여 처리된다. • 개발비는 선택적으로 정하는 것이 아니고 기준이 충족되어야만 가능하다. 1. 자산을 완성할 수 있는 기술적 실현 가능성 2. 사용하거나 판매하려는 기업의 의도

계정과목	해 설
무형자산	3. 사용하거나 판매할 수 있는 기업의 능력 4. 미래 경제적 효익의 내용(산출물, 시장의 존재, 내부적 사용의 유용성 등) 5. 기술적, 금전적 자원의 확보 6. 지출의 신뢰성 있는 구분 측정 • 생산이나 사용 전의 시제품과 모형을 설계, 제작, 시험하는 활동 • 새로운 기술과 관련된 공구, 지그, 주형, 금형 등을 설계하는 활동 • 상업적 생산 목적으로 실현가능한 경제적 규모가 아닌 시험공장을 설계, 건설, 가동하는 활동 • 신규 또는 개선된 재료, 장치, 제품, 공정, 시스템이나 용역에 대하여 최종적으로 선정된 안을 설계, 제작, 시험하는 활동
소프트웨어	• 고가의 소프트웨어 구입비, 개발비 • 기업이 업무 자동화를 위한 업무 시스템의 구축 및 소프트웨어의 개발을 위하여 착수 시점으로부터 시스템의 정상적인 가동 전, 또는 개발된 소프트웨어의 정상적인 운용까지에 발생한 지출

 법인은 가지급금, 가수금 회계처리를 잘해야 한다.

회계는 항상 꼼꼼하고 실수 없이 하는 것이 중요하지만 특히 가수금과 가지급금 등의 미결산 내역은 세무조사에 있어 중요한 영역이다. 미결산 내역을 제대로 처리하지 않은 법인은 회계상 문제가 많다고 판단되어 비정기 조사의 대상이 될 수 있다.

가지급금은 계정과목과 금액이 불분명한 상황에서 임시로 처리되는 것으로 법인 명의 계좌에서 인출되기는 한다. 더불어 가수금은 계정과목 등의 불분명한 상황에서 임시로 처리하는 것으로 법인 명의 계좌에 입금내역은 있는 것을 말한다.

가지급금과 가수금 등의 미결산 내역은 법인이 결산 이전까지 정리하거나 확정 과목으로 대체하는 것이 마땅하다. 이를 처리하지 않을 경우 조세를 회피하고자 하는 수단이 될 수 있기에 세무조사를 실시할 가능성이 상대적으로 높아진다.

발생원인

❶ 대표이사 개인용도 사용/차입

❷ 증빙불비 경비를 비용 처리하지 못한 경우 등

회계처리

❶ 발생 시 (차변) 가지급금　×××／(대변) 현금 ×××

❷ 결산 시 (차변) 단기대여금 ×××／(대변) 가지급금 ×××

세무상 불이익　→ 법인세 증가

❶ 인정이자 익금산입 → 가중평균차입이자율 또는 당좌대출이자율

❷ 지급이자 손금불산입 → 지급이자 × (가지급금/차입금)

정리방안

❶ 급여 인상 ❷ 배당금 수령 ❸ 개인 지분 유상증자 ❹ 개인소유 특허권을 회사에 매각

위의 방법은 결국 돈을 만들어 갚는 것이다.

가지급금/가수금

대표이사 개인용도 사용	자산 가지급금	부채 가수금	회사자금 부족
인정이자 계산		자본	법인에게 별도 이자 지급 불필요

2 부채 계정과목

계정과목		해 설
유동부채	당좌차월	당좌예금 잔액을 초과하여 발행한 수표 금액(사전약정 체결)
	매입채무	일반적 상거래(재고자산 판매 미수채권)에서 발생한 외상매입금과 지급어음. 반대 매출채권(자산)
	외상매입금	상품 또는 제품(재고자산)을 매입하고 대금을 외상으로 한 경우. 반대 외상매출금(자산)
	지급어음	상품 또는 제품을 매입(재고자산)하고 대금을 어음으로 준 경우. 반대 받을어음(자산)
	단기차입금	• 돈을 빌려서 사용한 후 결산일로부터 1년 이내에 상환해야 할 채무. 반대 단기대여금(자산) • 금융기관 차입금, 주주·임원·종업원의 단기차입금, 어음 단기차입금, 당좌차월, 신용카드 현금서비스, 마이너스통장 마이너스 사용액, 대표자 가수금
	미지급금	기업의 고유한 사업 이외(재고자산 이외 판매 미수 채무)의 물품을 구입하고 아직 지급하지 않은 금액. 반대 미수금(자산), 재고자산 미수채무 : 외상매입금
	미지급배당금	주주총회에서 배당선언이 된 배당금으로 아직 지급이 안 된 배당금
	미지급법인세	회계연도 말 현재 당해 회계연도에 부담해야 할 법인세와 소득할 지방소득세 미납부 금액
	미지급비용	• 일정한 계약에 따라 계속 용역을 제공받고 있는 경우에 이미 제공받은 용역에 대해서 결산일 현재 아직 지급하지 않은 비용. 반대 선급비용(자산)

계정과목		해 설
유동부채		• 미지급이자, 미지급사채이자, 미지급급여, 미지급 임차료, 미지급보험료(비용에 대한 미지급액)
	선수금	거래처로부터 상품 또는 제품을 주문받고 제공하기 전에 미리 받은 대금(자산에 대한 선수액)
	선수수익	계약에 따라 대금을 받고 결산 기말 현재 용역을 제공하지 않은 경우(수익에 대한 선수액). 반대 미수수익(자산)
	예수금	부가가치세나 근로소득세, 4대 보험 예수금과 같이 기업이 타인(거래처, 소비자, 임직원)으로부터 일단 금전을 받아서 가지고 있다가 타인을 대신해서 제3자(세무서, 공공기관, 기타 제3자)에게 금전으로 반환해야 할 금액. 즉 대신 내기 위해 잠시 맡아둔 금액
	부가세 예수금	부가가치세예수금은 과세사업자가 제품·상품 등을 판매할 때 상품가격에 추가로 받은 부가가치세를 말한다. 구매자에게 받아두었다가 나중에 부가가치세 신고 때 내야 하는 금액이므로 예수금처리한다. 반대 부가세대급금(자산)
	단기 충당부채	과거 사건이나 거래의 결과에 대한 현재의 의무로서 현시점에는 지출의 시기 또는 금액이 불확실하지만, 그 의무를 이행하기 위해서 자원이 유출될 가능성이 매우 크고, 또한 당해 금액을 신뢰성 있게 추정할 수 있는 "충당부채" 중 재무상태표 일로부터 1년 이내에 소멸될 것으로 추정되는 금액
	유동성 장기부채	비유동부채 중 1년 이내에 상환될 부채를 말한다.
	가수금	입금자가 불분명한 금액, 그 밖에도 함께 정리할 사항이나 금액이 있으므로 미리 처리할 수 없는 경우 등 정확한 계정과목명이 확정될 때까지 임시로 처리해 둔 계정과목

계정과목	해 설
이연법인세부채	세무조정 상의 일시적 차이로 인하여 미래에 부담하게 될 법인세 부담액이다.
장기차입금	금융기관 등으로부터 돈을 빌려오고 사용 후 1년이 지나서 갚아도 되는 돈
외화 장기차입금	외화로 빌린 차입금
사채	주식회사가 거액의 자금을 조달하기 위해서 일정액을 표시하는 채권을 발행해서 다수 인으로부터 조달한 금액으로 1년 이후에 상환기일이 도래하는 회사채 금액
신주인수권부사채	유가증권의 소유자가 일정한 조건으로 신주인수권을 행사할 수 있는 권리가 부여된 사채
전환사채	유가증권의 소유자가 일정한 조건으로 전환권을 행사할 수 있는 사채로서, 권리를 행사하면 보통주로 전환되는 사채
퇴직급여충당부채	회사가 회계연도 말 현재 퇴직금제도 및 확정급여형 퇴직연금제도에 의해 퇴직급여를 지급해야 하는 경우 종업원이 일시에 퇴직할 때 지급해야 할 퇴직금에 상당하는 금액
제품보증충당부채	제품보증충당부채는 판매 후 품질 등을 보증하는 경우 그 의무를 이행하기 위해 발생하게 될 것으로 추정되는 충당부채 금액

(위 표의 왼쪽 세로 항목: 비유동부채)

3 자본 계정과목

 개인회사의 자본금과 인출금

계정과목	해 설
자본금	자본의 증감변화를 자본금 계정에서 처리한다. 자본의 출자, 추가 출자, 당기순이익의 발생은 자본금 계정 대변에, 출자금을 인출하거나 당기순손실이 발생하면 이 계정 차변에 기입한다. 자본금 계정의 잔액은 대변에 발생하며, 이는 자본금의 현재액을 나타낸다.
인출금	기업주가 개인적으로 기업의 자금을 인출하면 인출금 계정 차변에 기입하고, 반환한 인출액이나 추가 출자액은 그 대변에 기입한다. 그리고 인출금 계정은 기말 결산일에 계정 잔액을 자본금 계정에 대체한다.

법인의 자본

자본은 기업이 소유하고 있는 자산 총액에서 부채 총액을 차감한 잔액으로 정의하며, 소유주 지분 또는 순자산이라고도 한다.

주주가 원천적으로 불입한 자본은 자본금과 자본잉여금으로 분리되어 계상되며, 자본금은 법정자본금으로서 액면가를 말한다. 자본잉여금은 액면가 이상의 불입금액으로 주주가 자본금을 납입했을 때 발생하는 잉여금이다.

자본금은 원칙적으로 회사가 발행한 주식 수에 1주의 액면금액을 곱한 금액이며, 자본금 납입을 받으면 자본금 계정의 대변에 기입한다.

자본금 = 발행 주식 수 × 1주의 액면금액

계정과목	해 설
자본금	보통주자본금, 우선주자본금
자본잉여금	주식발행초과금, 감자차익, 자기주식처분이익, 기타자본잉여금
자본조정	주식할인발행차금, 배당건설이자, 자기주식, 미교부주식배당금
기타포괄손익누계액	매도가능금융자산평가손익, 해외사업환산손익
이익잉여금	이익준비금, 기타법정적립금, 임의적립금, 미처분이익잉여금

계정		해 설
자본금	보통주자본금	보통주 발행에 의한 자본금을 말한다. 회사가 발행한 주식의 총 액면금액을 말한다.
	우선주자본금	우선주 발행에 의한 자본금을 말한다. 우선주는 보통주에 대해서 배당이나 기업이 해산할 경우 잔여재산의 분배 등에서 우선권을 갖는 주식을 말한다.
자본잉여금	주식발행초과금	주식발행가액이 액면가액을 초과하는 금액
	감자차익	자본감소의 경우에 그 자본금의 감소금액이 주식의 소각, 주금의 반환에 든 금액과 결손의 보전에 충당한 금액을 초과한 때에 그 초과 금액
	자기주식처분이익	자기주식의 처분 시 처분가액이 취득원가를 초과하는 경우
이익잉여금	이익준비금	상법 규정에 따라 금전(현금) 배당액의 10% 이상을 50%에 달할 때까지 적립한 금액
	기타법정적립금	상법 이외의 법에 의한 적립금(재무구조개선적립금)
	임의적립금	회사 임의의 목적에 의해 적립된 금액

계정		해 설
	미처분이익잉여금 (또는 미처리결손 금)	미처분이익잉여금은 기업이 영업활동을 한 결과 얻게 된 순이익금 중에서 임원의 상여금이나 주식 배당 등의 형태로 처분되지 않은 부분
자본 조정	주식할인발행차금	주식을 액면가액 이하로 발행하는 경우 액면가액 과 발행가액의 차이
	주식매수선택권	회사의 임직원 또는 기타 외부인이 행사가격으로 주식을 매입하거나 보상기준 가격과 행사가격의 차액을 현금 등으로 받을 수 있는 권리
	출자전환채무	채무자가 채무를 갚기 위해 채권자에게 지분증권 을 발행하는 출자전환에 합의하였으나 출자전환 이 즉시 이행되지 않는 경우 출자전환을 합의한 시점에 발행될 주식의 공정가액을 자본조정의 '출자전환채무'로 대체하고 조정 대상 채무와의 차액은 채무조정이익으로 처리
	감자차손	자본금의 감소 금액이 주식의 소각, 주금의 반환 에 드는 금액에 미달하는 금액
	자기주식처분손실	자기주식을 처분하는 경우 발생하는 손실로서 자 기주식처분이익을 차감한 금액
	배당건설이자	회사는 그 목적인 사업의 성질에 의해서 회사의 성립 후 2년 이상 그 영업의 전부를 개시하기가 불능하다고 인정한 때에는 정관으로 일정한 주식 에 대해서 그 개업 전 일정한 기간 내에 일정한 이 자(이율은 연 5%를 초과하지 못함)를 그 주주에 게 배당할 수 있음을 정할 수 있으며, 배당금액은 개업 후 연 6% 이상의 이익을 배당하는 경우는 그 6%를 초과한 금액과 동액 이상을 상각해야 한다.

계정	해 설
미교부주식배당금	이익잉여금처분계산서상의 주식배당액
신주청약증거금	청약에 의한 주식발행 시 계약금으로 받은 금액
기 타 포괄적 손 익 매도가능증권평가손익	매도가능금융자산평가손익은 평가 시점의 공정가액에서 처분 전 장부가액을 차감한 금액으로 기록하며 이때 발생한 평가손익은 기타포괄손익누계액으로 분류한다.
해외사업환산손익	영업·재무 활동이 본점과 독립적으로 운영되는 해외지점, 해외사업소 또는 해외 소재 지분법 적용 대상 회사의 외화자산·부채를 당해 자산·부채는 재무상태표일 현재의 환율을, 자본은 발생 당시의 환율을 적용하며, 손익항목은 거래 발생 당시의 환율이나 당해 회계연도의 평균환율을 적용해서 일괄 환산함에 따라 발생하는 환산손익
현금흐름위험회피 파생상품평가손익	파생상품이 현금흐름 위험회피회계에 해당하는 경우 당해 파생상품을 공정가액으로 평가함에 따라 발생하는 평가손익

반대 개념의 수익 비용 계정과목

기타수익과 금융수익, 기타비용과 금융비용은 서로 반대되는 개념으로 서로 계정과목의 의미가 상반되는 계정과목이 존재한다.

따라서 상호 비교해서 암기하면 계정과목을 습득하는데, 도움이 되리라 본다.

계정과목	해 설	계정과목	해 설
이자수익	금융상품(예금), 대여금, 채권에서 발생하는 이자	이자비용	대출, 차입금, 채무에서 발생하는 이자
외환차익	환율변동으로 인하여 발생하는 이익 금액	외환차손	환율변동으로 인하여 발생하는 손실금액
외화환산이익	외화를 원화로 환전하지 않고 결산일의 환율을 적용한 결과 발생하는 이익	외화환산손실	외화를 원화로 환전하지 않고 결산일의 환율을 적용한 결과 발생하는 손실
단기매매증권처분이익	단기투자 목적의 시장성 있는 유가증권을 장부가 이상으로 처분했을 때 발생하는 이익 금액	단기매매증권처분손실	단기투자 목적의 시장성 있는 유가증권을 장부가 이하로 처분하였을 때 발생하는 손실 금액

계정과목	해 설	계정과목	해 설
단기매매 증권평가 이익	결산일에 단기투자 목적의 시장성 있는 유가증권의 공정가액(시가)이 장부가보다 클 경우 그 차이에 해당하는 금액	단기매매 증권평가 손실	결산일에 단기투자 목적의 시장성 있는 유가증권의 공정가액이 장부가액보다 작은 경우 그 차이에 해당하는 금액
유형자산 처분이익	유형자산을 장부가 이상으로 처분했을 때 발생하는 이익 금액	유형자산 처분손실	유형자산을 장부가 이하로 처분했을 때 발생하는 손실 금액
잡이익	영업활동 이외에서 발생하는 이익으로 그 금액이 적은 경우 그 금액	잡손실	영업활동 이외에서 발생하는 손실로 그 금액이 적은 경우 그 금액

손익계산서를 구성하는 계정과목

1 매출총손익(매출액과 매출원가)

계정과목	해 설
매출액	상품을 분할상품계정(3분법 이상)에 의해 처리할 경우, 상품의 판매금액. 매출액은 상(제)품의 매출 또는 용역의 제공에 따른 수입금액으로서 반제품, 부산품, 작업폐물 등을 포함한 총매출액에서 매출환입액, 에누리액 및 매출할인을 공제한 순매출액을 말한다.
	상품매출　도·소매업 매출
	제품매출　제조업 매출
	공사수입금　건설업 매출
	기타매출　기타매출

매출에누리, 매출환입, 매출할인의 차이점

매출에누리와 매출환입은 그 성격이 유사하나 매출에누리는 반송되지 않고 상호협의 하에 매출 금액에서 일정액을 차감해 주는 경우를 말하며, 매출환입은 반송이 되어서 매출 금액에서 차감한 경우를 말한다.

그리고 매출할인은 외상 매출 후 약정기일보다 외상 대금을 일찍 줌으로 인해서 감사의 뜻으로 받을 금액에서 일정액을 차감하고 받는 경우를 말한다.

계정과목		해 설
	구 분	**내 용**
매출 차감	매출 에누리	매출에누리는 고객에게 물품을 판매한 후 그 물품의 수량 부족이나 불량품 발생 등으로 인해서 판매 대금을 감액해 주는 것을 말한다. 예를 들어 100개의 물건을 팔았는데 2개가 불량품인 경우 동 불량품을 정상가액에서 차감해 주는 경우를 말한다.
	매출환입	매출환입은 주문한 물품과 다른 물품의 인도 또는 불량품 발생 등으로 인해서 판매 물품이 거래처로부터 반송된 경우 그 금액을 말한다.
	매출할인	매출할인은 매출 대금을 그 지급기일 이전에 회수함으로써 회수기일까지의 일수에 따라 일정한 금액을 할인해 주는 것을 말한다. 즉 미리 외상 대금을 받음으로 인해 받을 금액에서 일정액을 차감해 주는 것을 말한다.
매출원가		매출원가는 매출을 실현하기 위한 생산이나 구매과정에서 발생한 재화와 용역의 소비액 및 기타 경비를 말한다. 판매업에서 매출원가는 기초상품 재고액과 당기 상품 매입액의 합계액에서 기말상품 재고액을 차감해서 산출되며, 제조업에서는 기초제품 재고액과 당기제품제조원가의 합계액에서 기말제품 재고액을 차감해서 산출된다.
	상품매출원가	기초상품 + 당기 상품 매입액 – 기말상품 재고액
	제품매출원가	기초제품 + 당기 제품 제조원가 – 기말제품 재고액
	매입	매입 즉시 매출원가로 처리하는 경우

계정과목	해 설	
매출원가 차감	**구 분**	**내 용**
	매입에누리	매입에누리는 물품을 구입한 후 그 물품의 수량 부족이나 불량품 발생 등으로 인해서 구매 대금을 감액받는 것을 말한다.
	매입환출	매입환출이란 주문한 상품과 다른 물품의 인도 등으로 인해서 구매 물품을 거래처로 반송한 경우 그 금액을 말한다.
	매입할인	매입할인은 매입 대금을 그 지급기일 이전에 지급함으로써 지급기일까지의 일수에 따라 일정한 금액을 할인받는 것을 말한다.

2 영업손익

영업손익= 매출총손익 - 판매비와 관리비

계정과목	해 설
급여	• 직원에게 노무 제공의 대가로 지급하는 금액
임원 급여	• 임원 등의 급여(소기업은 구분할 필요 없이 급여에 포함)
상여금	• 직원 상여금 지급 규정에 따라 추가로 지급하는 금액
제수당	• 기본급 외 제 수당(소기업은 구분할 필요 없이 급료에 포함)
잡금	• 임시직원 및 일용직 근로자 급료 및 임금
복리후생비	• 급여와 별도로 임직원의 복리후생을 위해 지급하는 금액

계정과목	해 설
	• 식대, 차대, 4대 보험 중 회사 부담금, 직원 경조사비, 회식비, 생수·음료수 대금, 야유회 경비, 피복비, 구내식당 운영비
여비교통비	• 직무와 관련한 출장 시 버스요금, 택시요금, 시내 출장비, 숙박비 등으로 사용한 금액
접대비(=기업 업무추진비)	• 사업상 거래처와 관련해서 지출하는 비용 • 거래처 접대비, 거래처 선물대, 거래처 경조사비 등
통신비	• 전화, 우편, 핸드폰 등의 사용 대가로 지출하는 비용 • 전화요금, 핸드폰 요금, 정보통신 요금, 각종 우편요금 등
수도광열비	• 수도, 전기, 가스 등을 사용 대가로 지출하는 비용 • 수도 요금, 가스요금, 난방비용 등
전력비	• 사무실 전기요금
세금과공과	• 국가, 지방자치단체의 세금과 사업상 관련 단체의 회비로 지급하는 금액 • 재산세, 인지대, 등록면허세, 지방소득세, 환경개선부담금, 수입증지 등
감가상각비	• 유형자산(건물, 비품, 차량 등)의 가치감소분
임차료	• 부동산 등 유형자산을 빌려 쓰고 그 대가로 지급하는 금액 • 사무실 임차료, 공장 임차료, 정수기 임차료, 복사기 임차료
수선비	• 건물, 차량운반구, 기계장치 등 유형자산의 수리비로 지급하는 금액 • 사무실 수리비, 비품 수리비, 차량 수리비 등
보험료	• 위험 상황에 대비해 보험 가입 후 보험사에 납부하는 금액 • 건물화재보험료, 자동차 보험료 등
차량유지비	• 업무용 차량의 운행 과정에서 발생하는 비용 • 유류대, 주차 요금, 통행료, 자동차 수리비, 검사비 등

계정과목	해 설
연구개발비	• 신기술의 개발 및 도입과 관련하여 지출하는 경상적인 비용
운반비	• 상품매출 시 발송비로 지급하는 금액 • 택배 요금, 퀵서비스 요금 등
교육훈련비	직원 교육 및 업무훈련과 관련하여 지급한 금액
도서인쇄비	신문대, 도서 구입비, 서식 인쇄비, 복사 요금, 사진 현상비, 명함, 고무인 제작비, 명판대
회의비	업무 회의와 관련하여 지출하는 각종 비용
포장비	상품 등의 포장과 관련한 지출 비용
사무용품비	문구류 구입 대금, 서식 구입비 등
소모품비	각종 위생용 소모품, 철물 및 전기용품, 기타 소모품
대손상각비	외상매출금, 미수금 등의 회수가 불가능한 금액
지급수수료	• 인적용역을 사용한 대가로 지급하는 대가 • 기장 수수료, 송금, 각종 증명발급, 추심, 신용보증, 보증보험 수수료, 홈페이지 유지비, 전기 가스 점검 및 환경측정 수수료, 신용조회 수수료
보관료	물품 등의 보관 대가로 지급하는 비용
광고선전비	• 상품 판매의 촉진을 위해 TV, 신문 매체 광고 시 지급하는 금액 • TV, 신문, 잡지광고비, 홈페이지 제작비, 등록비 등 광고비용
판매촉진비	판매촉진과 관련하여 지출하는 비용
수출제비용	수출과 관련한 제비용을 통합해서 처리하는 계정과목
판매수수료	판매와 관련하여 지급한 수수료
무형자산상각비	무형자산의 가치감소분에 대해서 상각한 금액

계정과목	해 설
견본비	견본품 등의 구입과 관련한 비용
잡비	오폐수 처리비, 세탁비, 소액 교통사고 배상금, 방화관리비, 청소용역비 등 기타 달리 분류되지 않는 각종 비용

3 법인세 비용 차감 전 순손익

법인세 비용 차감 전 순손익
= (영업손익 + 기타수익 + 금융수익) − (기타 비용 + 금융비용)

 기타수익과 금융수익

계정과목	해 설
이자수익	• 제3자에게 돈을 빌려주고 그 대가로 받는 이자 금액 • 예금 및 적금이자, 대여금 이자수익 등
배당금수익	소유주식에 대해서 회사로부터 받는 배당금
외환차익	환율변동에 따른 환율 차이로 인해 발생하는 이익 금액
외화환산이익	외화를 원화로 환전하지 않고 결산일의 환율을 적용한 결과 발생하는 이익
수수료 수익	용역(서비스)의 제공으로 받는 수수료 금액
단기매매증권처분이익	단기투자 목적의 시장성 있는 유가증권을 장부가액 이상으로 처분했을 때 발생하는 이익 금액
단기매매증권평가이익	결산일에 단기투자 목적의 시장성 있는 유가증권의 공정가(시가)가 장부가보다 클 경우 그 차이에 해당하는 금액

계정과목	해 설
유형자산처분이익	유형자산을 장부가 이상으로 처분했을 때 발생하는 이익 금액
투자자산처분이익	투자자산처분 시 발생하는 이익
잡이익	영업활동 이외에서 발생하는 이익으로 그 금액이 작은 경우 그 금액
자산수증이익	주주나 임직원, 제3자로부터 무상으로 받은 금액
채무면제이익	주주나 임직원, 제3자로부터 면제받은 채무 금액
보험차익	보험 피해 금액 보다 보상받은 금액이 큰 경우 그 큰 금액

기타비용과 금융비용

계정과목	해 설
이자비용	• 타인자본(부채)을 이용한 대가로 지급하는 이자 금액 • 지급이자, 어음할인료 등
외환차손	환율변동으로 인하여 발생하는 손실 금액
외화환산손실	외화를 원화로 환전하지 않고 결산일의 환율을 적용한 결과 발생하는 손실
기부금	교회 및 사찰 헌금, 학교 기부금, 불우이웃돕기 성금 등
단기매매증권처분손실	단기투자 목적의 시장성 있는 유가증권을 장부가 이하로 처분하였을 때 발생하는 손실 금액
단기매매증권평가손실	결산일에 단기투자 목적의 시장성 있는 유가증권의 공정가액이 장부가액보다 작은 경우 그 차이에 해당하는 금액
재고자산평가손실	재고자산의 평가 결과 발생한 손실 금액

계정과목	해 설
재고자산감모손실	재고자산의 장부 수량보다 실제 수량이 작은 경우 차이에 해당하는 금액
유형자산처분손실	유형자산을 장부가 이하로 처분했을 때 발생하는 손실 금액
투자자산처분손실	투자자산의 처분 시 발생하는 손실
잡손실	분실 금액, 기타 달리 분류되지 않는 영업외비용

 외환차손과 외환차익, 외화환산손실과 외화환산이익의 차이점

외환차손과 외환차익은 실제로 외화를 원화로 환전했을 때 장부 금액과 비교해서 손해 나거나 이익이 났을 때 사용하는 계정과목이다. 반면, 외화환산손실과 외화환산이익은 외화를 원화로 환전하지 않고 결산일의 환율을 적용해서 계산한 결과 차이가 나는 금액을 말한다.

자산과 비교하면 외환차손과 외환차익은 처분의 개념이고 외화환산손실과 외화환산이익은 평가의 개념으로 생각하면 된다.

 환율의 경제학과 재무제표 분석

환율이 높다는 건 우리나라 돈의 가치가 상대적으로 달러의 가치보다 낮은 것이니 수입할 때, 우리나라 돈을 많이 주고 사와야 한다.

수출 시 환율이 높아지면 이익이 늘어나고, 수입하는 원재료의 원가 상승의 원인이 된다. 자원을 많이 수입해야 하는 우리나라는 물가 상승으로 인플레이션이 발생한다.

환율이 높아지면 자금이 해외로 유출되면서 환율이 더 상승한다. 해외로의 자금이탈과 고물가를 잡기 위해 중앙은행은 금리를 인상하고 금리가 높으니, 은행으로 돈이 몰린다. 시중자금의 유동성이 줄어든다. 높아진 금리로 기업은 자금조달이 어려워 투자가 위축

되며 고용이 감소하고, 소비자는 대출금리가 상승해 소비가 줄고 다시 물가가 하락하며 경기침체로 빠질 수 있다. 따라서 환율상승 기에는 기업의 원가 부담이 상승하고 투자가 위축되는 점을 고려해 기업의 재무제표를 봐야 한다.

3 당기순손익

당기 순손익 = 법인세 비용 차감 전 순손익 − 법인세비용

- 법인세 등 : 법인세, 법인세 지방소득세, 법인세 중간예납 세액
- 소득세 등 : 종합소득세, 종합소득세 지방소득세, 소득세 중간예납 세액

제조원가를 구성하는 계정과목

계정과목		해 설
재료비	원재료비	제조 및 공사 현장에 투입된 재료비
	부재료비	부재료비
노무비	급여	급여
	임금	생산 현장 또는 공사 현장 인건비
	상여금	설날, 추석, 휴가, 연말 상여금 등
	제수당	제 수당(소기업의 경우 임금에 포함)
	잡금	일용노무자 및 임시 직원의 임금
	퇴직급여	퇴직금
	복리후생비	직원 식대, 차대, 4대 보험 회사 부담금, 경조사비, 회식비, 피복비 등
	여비교통비	생산 현장 직원의 출장비
	기업업무추진비	생산과 관련한 기업업무추진비
경비	통신비	현장 전화비, 팩스 요금 등
	가스 수도료	생산 현장의 수도 요금, 난방비 등
	전력비	전기요금
	세금과공과	공장 건물의 재산세, 토지 세금 등

계정과목		해 설
경비	감가상각비	기계장치, 공장 건물 등의 감가상각비
	지급임차료	공장 임차료, 기계장치 리스료 등
	수선비	기계장치 수선, 공장수선 경비
	보험료	화물자동차의 자동차 보험료, 공장의 화재보험료
	차량유지비	화물차의 유류대, 수리비, 통행료, 계량비, 주차요금
	연구개발비	신기술 및 신제품개발을 위하여 투입하는 비용
	운반비	제품의 운반과 관련한 운임
	교육훈련비	생산직 근로자의 교육훈련을 위하여 지출하는 비용
	도서인쇄비	생산 현장의 신문 대금, 도서구입비, 복사비 등
	회의비	생산 현장 회의와 관련하여 지출하는 비용
	포장비	제품포장비용
	사무용품비	생산 현장의 사무용품비
	소모품비	생산 현장의 각종 소모품비
	지급수수료	생산 현장의 측정수수료 등
	보관료	제품 등의 보관과 관련하여 지출하는 비용
	외주가공비	하도급과 관련한 임가공료
	시험비	시험비
	기밀비	생산 현장 판공비 등
	잡비	기타 달리 분류되지 않는 비용
	하자보수비	하자보수와 관련하여 지출하는 비용
	장비임차료	중기 등의 임차와 관련하여 지출하는 비용
	유류대	유류대

주의해야 할 계정과목 사례

1 상품(재고자산)을 파는 경우

구 분	계정과목	
대가를 받는 방식	**구 분**	**계정과목**
	돈, 화폐	현금 및 현금등가물
	계좌이체(은행)	보통예금
	어음	받을어음 ↔ 지급어음
	신용카드	외상매출금 ↔ 외상매입금
대가의 지급 시기	**구 분**	**계정과목**
	먼저 주는 경우	선급금 ↔ 선수금
	즉시 주는 경우	매출 ↔ 매입
	외상으로 하는 경우	재고자산에 대한 외상 : 외상매출금 (매출채권) ↔ 외상매입금(매입채무) 재고자산을 제외한 외상 : 미수금 ↔ 미지급금

2 대여, 차입거래

구 분	계정과목		
빌려준 경우	**구 분**		**계정과목**
	자금	원금	대여금
		이자	이자수익
		원천징수 세액	선납세금
	부동산	원금	임대보증금(부채)
		월세	임대료수익
		원천징수 세액	부가가치세예수금
빌린 경우	**구 분**		**계정과목**
	자금	원금	차입금
		이자	이자비용
		원천징수 세액	(원천징수)예수금
	부동산	원금	임차보증금(자산)
		월세	임차료
		원천징수 세액	부가가치세대급금

3 제조원가 집계

구 분	계정과목
제조업	재공품(재료비, 노무비, 경비가 모두 재공품 계정에 집계)
건 설	건설중인자산

4 신경 써야 할 계정과목

구 분	해 설	
매출거래	**외상매출금(자산)**	**미수금(자산)**
	일반적인 상거래 : 재고자산(상품)매출	일반적인 상거래 : 이외의 판매(매각)거래
매입거래	**외상매입금(부채)**	**미지급금(부채)**
	일반적인 상거래 : 재고자산(상품)매입	일반적인 상거래 : 이외의 구입(지출)거래
계약금	**선급금(자산)**	**선수금(부채)**
	상품 구입 시 계약금을 미리 지급한 경우	상품 판매 시 계약금을 미리 받은 경우
불분명한 거래	내역을 알 수 없는 지출(가지급금)/입금(가수금)액은 가지급금(지출), 가수금(입금) 임시계정으로 분개하고, 내역이 확인되면 규명된 계정과목으로 상계한다.	
대표이사 개인용도 사용	**인출금**	**가지급금**
	개인기업의 사장이 개인용도로 사용한 지출액	법인기업의 대표이사가 개인용도로 사용한 지출액
상품의 운반비	**상품 매출시 운반비**	**상품 매입시 운반비**
	매출시 발행한 운반비는 비용 처리	상품매입 시 발생한 운반비는 취득원가에 가산하여 자산(상품)처리

이럴 땐 어떤 계정과목 《 149

구 분	해 설		
임대차 계약 관련	임차보증금(보증금, 자산)		임대보증금(임차료, 부채)
	타인에게 사무실, 집을 빌림		타인에게 사무실, 집을 빌려 줌
차량 관련 지출	차량운반구(자산)	세금과공과(비용)	차량유지비(비용)
	자동차 구입시 취득세 등 부대비용은 자산처리	매년 부과되는 자동차 유지 관련 세금은 비용처리	자동차 유지와 관련 주유비, 보험료 지출은 비용처리
4대 보험료	건강보험	국민연금	고용보험, 산재보험
	복리후생비	세금과공과	보험료
전력비	전기요금 = 전력비		

숫자 조작이 가능한 계정과목

1 매출채권 과대계상

가공의 매출채권을 계상하거나 불량채권에 대한 대손충당금(또는 대손상각)을 과소계상 할 수 있다. 즉, 구입자가 주문을 하지 않은 상품에 대해 밀어내기식으로 매출하거나 상품을 인도 시점에 매출로 인식해야 함에도 주문 시점에 매출로 인식함으로써 매출을 조기에 실현시키는 방법을 사용한다.

매출채권회전율이 과소한 경우(4회 이하) 또는 과거에 비해 낮아지는 추세의 경우 매출채권을 과대계상 하였을 가능성이 크다.

기업의 실무자에게 직접 질문해서 평균 매출채권 회수(매출 시점에서 현금이 수취되는 시점까지의 기간)까지의 소요기간을 질문한다.

2 재고자산 과대계상

재고자산이 당좌자산으로 변화하는 속도를 보여주는 재고자산회전율이 과소(4회 이하)일 경우 매출채권의 경우와 마찬가지로 재고자산이 과대계상 되었을 가능성이 있다. 때에 따라서 직접 기업을 방문, 재고자산의 상태를 직접 관찰토록 한다.

재고자산이 과대계상 된 경우가 아니더라도 재고자산회전율이 낮다는 것은 그만큼 현금화되지 않은 재고자산이 많다는 것을 의미하므로 결코 좋은 현상이라 볼 수 없다.

3 재고자산 처리 방식의 변경

일반적으로 재고자산과 매출액이 과거의 추세에 비해 현저히 변화되었다면 회계처리 방식의 변화에 따라 매출액과 재고자산이 조작되었을 가능성이 있다.

선입선출법, 후입선출법 등 재고자산의 처리는 곧 원가와 매출액, 재고자산계정에 영향을 미치므로 기업에 따라 매출액을 높이기 위해 시장 상황의 변화에 따라 재고 처리를 달리할 수 있다.

기초 재고자산의 처리를 선입선출법(FIFO, First In First Out) 또는 후입선출법 (LIFO, Last In First Out)에서 중도에 다른 방식으로 변경하였을 경우 주석을 통해 확인할 수 있다. 없는 경우 명백한 분식회계이다.

4 인수 시점의 조작(FOB Shipping Point)

외국으로부터 물품을 도입할 경우 재고 확인을 입고 시점, 선적 시점, 운송 시점 등 시점을 달리함에 따라 재고자산의 계정이 달라진다.

재고자산계정에 대한 주석과 주기를 확인해 보고, 없을 경우 실무자에게 질문을 통해 확인한다.

5 감가상각비 과소계상(고정자산 과대계상)

손익 조작, 절세의 목적으로 감가상각비를 미계상 또는 과소계상해서 고정자산과 당기순이익을 과대계상 할 수 있다.

손익계산서의 '판매비와 관리비' 및 제조원가명세서의 '경비'란에 감가상각비가 계상되었는가? 확인하고 과거의 추세와 비교한다.

6 부채 과소계상

부채를 과소계상(부외부채) 해서 경영 실적을 조작할 수 있다. 부외부채는 정기적인 감사를 통하지 않고서는 발견하기가 매우 어렵다.
일반적으로 퇴직급여충당금을 과소계상 하는 경우가 많은데 세무상 퇴직급여충당금만큼을 부채로 계상하는 경우가 많다.

「세무조정계산서」상의 '퇴직급여충당금조정명세서'의 퇴직금추계액과 재무상태표 상의 퇴직급여충당금 잔액을 비교한다.

7 당기순이익 조작

당기순이익의 조작은 매출채권 과대, 재고자산 과대, 감가상각비 과소, 부채 과소계상 등의 조작을 통해 이루어질 가능성이 크다.

금융기관의 차입금이 있는 경우 미지급비용을 계상하지 않아 당기순이익을 과대계상 했을 가능성이 있다.

해마다 당기순이익이 일정 규모로 유지되는 경우도 조작되었을 가능성이 크다.

8 유동 계정과 비유동 계정의 분류

대부분 기업은 유동비율을 높이기 위해 비유동자산을 유동자산으로, 유동부채는 비유동부채로 분류하려는 경향을 가지고 있다(유동성 선호).

결산서의 각 계정 잔액 명세서 중 유동자산의 '예금명세'와 비유동부채의 '장기차입금 명세'를 자세히 검토하고, 계정분류가 올바른가를 탐지한다.

9 가지급금과 가수금

가지급금과 가수금은 재무제표상에 나타날 수 없어 다른 적절한 과목으로 계상되어야 한다. 만약 가지급금과 가수금 액수가 커 독립적으로 재무제표상에 나타난다면 다음과 같은 상황을 의심해야 한다.

가지급금이 나타난 경우	가수금이 나타난 경우
• 경비지출 또는 투자를 불투명하게 처리했음 • 대표자가 회사돈을 마음대로 가져감	• 사채 조달, 사용 • 매출액 과소 표시(외형 누락) • 가공 부채 계상

가지급금과 가수금이 재무제표상에 나타날 경우 세무조사 시 많은 문제점이 노출되어 조세부담이 커질 수 있다.

10 특수관계자 대여금

특수관계자에 대한 대여금은 관계회사 대여금, 주주·임원·종업원대여금, 가지급금 등의 과목으로 계상되거나 단순히 대여금으로 계상될 수 있다.

특수관계자 대여금은 계상 후 기업이 다른 용도로 사용하거나 금융기관에서 차입 후 특수관계자에게 대여해줄 수가 있으므로 주의가 필요하다.

참고로 세법에서는 특수관계자에 대한 대여금에 대해서 세법에서 정한 적정이자를 받지 않는 경우 가지급금으로 적정이자와 실제이자의 차이를 상여로 봐 근로소득세를 징수한다.

가지급금과 가수금, 인출금

1 가지급금

임직원의 업무상 필요에 의한 지출, 출장비 등 이미 지출은 이루어졌으나 계정과목이나 금액이 확정되지 아니한 경우에 처리하는 임시계정이지만 실무상으로는 법인 대표이사의 개인적 지출이나 지출 내역이 명확하지 않은 지출을 처리할 때 사용한다.

가지급금은 회계상 중요성보다 세무상 불이익으로 인해 세법상 그 중요성이 더 크고 관리가 필요한 계정과목이다.

따라서 세무사에게 기장 대리를 맡기는 경우 세무사무소에서 계산한 결산서가 나오면 가지급금을 특히 눈여겨봐야 한다. 세무사는 회사에서 가져다준 증빙자료에 따라 입력한 후 보내 준 거래 및 증빙자료가 없다면 실제 현금 잔액과의 차액은 모두 가지급금으로 처리해 버리는 것이 관행이다. 이 경우 가지급금으로 인해 실제보다 많은 세금을 납부하게 된다.

① 가지급금은 임시계정이므로 연말까지 정리되지 않으면 단기대여금 계정으로 처리(단기대여금/가지급금)해야 한다.

② 회사가 특수관계자에게 업무와 무관하게 지급한 경우 세무조정 과정에서 가지급금에 대한 인정이자가 계산된다.

③ 연말까지 정리되어야 하는 임시계정이므로 가급적 사용을 안 하는 것이 좋으며, 가지급금이나 단기대여금은 임직원별, 부서별로 잔액을 정확하게 유지관리해야 한다.

④ 가지급금에 해당하는 거래내역(적요)은 급여 가불, 사장님 가불, 임원 가불 등이 있다.

2 가수금

가수금은 가지급금과 반대되는 계정으로 운영자금 부족 등으로 잠시 대표이사나 주주, 임직원으로부터 자금을 빌리는 경우, 원인불명의 자금이 입금되어 그 내역을 알 수 없을 때 임시로 처리하는 임시계정이다.

이 역시 가지급금과 마찬가지로 가능한 한 빨리 용도를 알아내 원래 계정으로 정산해 주어야 한다.

① 가지급금의 상대 계정으로 이런 임시계정은 연말까지 정리되지 않으면 단기차입금으로 대체(가수금/단기차입금)해 준다.

② 보통 운영자금의 부족 시 발생하고 자금을 내놓은 사람이 이자를 받지 않는 것이 일반적이다. 다만 가수금이 많은 경우 국세청으로부터 매출 누락으로 인한 가수금으로 의심받을 수 있으므로 조속히 정리해야 한다.

③ 가지급금과 가수금이 동일인에게서 발생한 경우라면 서로 상계해야 한다.

구 분	해 설	
지출내역을 알 수 없는 거래	내역을 알 수 없는 지출/입금액은 가지급금(지출), 가수금(입금) 등 임시계정으로 분개하고, 내역이 확인되면 규명된 계정과목과 상계한다.	
	가지급금(자산)	**가수금(부채)**
	임직원의 업무상 필요에 의한 지출, 출장비 등 이미 지출은 이루어졌으나 처리 계정과목이나 금액이 확정되지 아니한 경우에 처리하는 임시계정으로서 미결산계정의 일종이다.	운영자금 부족 등으로 잠시 대표이사, 주주나 임직원으로부터 자금을 빌리는 경우, 원인불명의 자금이 입금되어 그 내역을 알 수 없을 때 임시로 처리하는 임시계정이다.
대표이사(사장) 개인용도 지출액	**인출금(자본 차감)**	**가지급금(자산)**
	개인기업의 사장이 개인용도로 사용한 지출액	법인기업의 대표이사 개인용도로 사용한 지출액

상품과 제품

기업이 스스로 원재료를 구입한 후 물건을 만들어 판매하는 제조업의 경우는 제품으로 표기하고, 완성된 제품을 사서 파는 도소매업 경우는 상품으로 표기한다. 즉 제조업을 위주로 하는 기업은 재무제표상 제품으로 표기하고, 유통 또는 도매업을 위주로 하는 기업은 상품으로 표기한다.

상품	차이점	제품
• 회사 본업과 직접적인 관련 • 판매기업의 재고자산		• 회사 본업과 직접적인 관련 • 제조기업의 재고자산
• 판매기업(도소매업)의 경우 판매를 목적으로 구입한 재화나 용역		• 제조업의 경우 판매를 목적으로 생산한 재화 • 생산과정 중에 투입된 원재료, 노무비, 제조경비(제조간접비)는 재공품 계정에 집계 후 완성되면 제품계정으로 대체된다.

상품계정을 제외한 대다수의 재고자산 계정과목은 제조업에서 사용하는 계정과목이다. 예를 들어 휴대폰 공장에서 제조공정을 통해 휴대폰을 생산하면 제품이 된다. 만들어진 제품은 중간 유통 상인에게 팔린다. 그리고 그 중간 유통 상인은 배송비와 수고비를 적절히 받고 전국 소매상들에게 판다. 이때 중간 유통 상인과 소매상들은 이 휴대폰을 팔고 살 때 제품이 아닌 상품으로써 재무제표에 적는다.

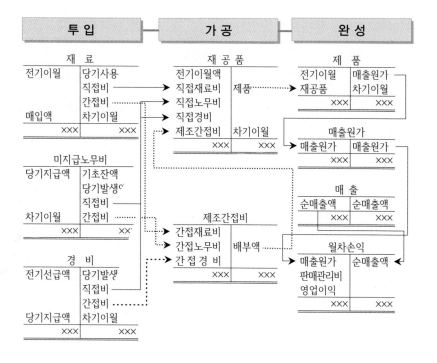

위의 표에서 보는 바와 같이 모든 원가는 재공품에 집계된 후 완성이 되면 제품계정으로 대체되는 흐름을 볼 수 있다.

금융자산과 금융부채

금융자산은 현금, 소유 지분에 대한 증서 및 현금(또는 다른 금융자산)을 수취하거나, 유리한 조건으로 금융자산을 교환할 수 있는 계약상의 권리를 말한다. 반면 금융부채란 현금(또는 다른 금융자산)을 지급하거나 불리한 조건으로 금융자산을 교환해야 하는 계약상의 의무를 말한다.

K-IFRS에서는 자산을 금융자산과 금융부채로 분류하기도 하는데, 이에 해당하는 계정과목을 분류해 보면 다음과 같다.

차 변(증가는 차변, 감소는 대변)		대 변(증가는 대변, 감소는 차변)	
자산 계정과목		부채 계정과목	
금융자산	현금 및 현금성 자산	금융부채	
	당좌예금		
	보통예금		금융보증부채
	기타제예금		사채
	정기예금		전환사채, 신주인수권부사채 및 상환우선주
	정기적금		

차 변(증가는 차변, 감소는 대변)		대 변(증가는 대변, 감소는 차변)	
자산 계정과목		부채 계정과목	
	단기매매증권		
	(장단기)매출채권		(장단기)매입채무
	(장단기)대여금		(장단기)차입금
	미수금		미지급금
	미수수익		미지급비용
	대손충당금		
	금융리스채권		금융리스부채
	파생상품		금융보증계약 및 보증금
비금융자산	선급금	비금융부채	선수금
	선급비용		선수수익
	재고자산		예수금
	유형자산		미지급법인세
	무형자산		퇴직급여충당부채
	리스자산		충당부채
	투자부동산		우발채무
	관계기업·공동기업투자(지분법)		보고기간 후 사건
	이연법인세자산		이연법인세부채

매출채권(매입채무)과 기타채권(기타채무)

매출채권은 기업의 주된 영업활동(상품, 제품의 판매)을 통해서 발생한 채권으로 외상매출금, 받을어음이 있다. 반면 기타 채권은 기업의 영업활동 이외의 활동 즉 자산의 매각 등으로 발생한 미수금이나 대여금, 미수수익 등의 수취채권을 말한다.

매입채무는 기업의 주된 영업활동(상품, 제품의 구매)을 통해서 발생한 채무로 외상매입금, 지급어음이 있다.

그리고 기타 채무는 기업의 영업활동 이외의 활동에서 발생한 채무로써 미지급금이나 차입금 등이 있다.

1 매출채권과 매입채무(일반적 상거래 수취채권)

구 분	해 설
매출채권	기업의 주된 영업활동[주]을 통해서 발생한 채권 [예시] 외상매출금과 받을어음
매입채무	기업의 주된 영업활동을 통해서 발생한 채무 [예시] 외상매입금과 지급어음

[주] 상품이나 제품의 판매 등 재고자산과 관련한 거래

구 분	해 설
미수금과 미지급금	기업의 주된 영업활동 이외의 거래(재고자산 이외 판매 미수채권)에서 발생하는 채권은 미수금, 채무는 미지급금 계정에 기록한다.
선급금과 선수금	상품이나 원재료(자산) 등을 매입하거나 매출할 목적으로 인도가 이루어지기 전(일종의 계약금)에 대금의 일부를 지급한 경우 선급금, 수취한 경우는 선수금 계정에 기록한다. 이는 재화의 인도가 이루어지는 시점에 상품, 제품, 원재료 등 적절한 계정으로 대체한다.
미수수익과 미지급비용	수익을 발생시키는 용역의 제공이 최종적으로 완료되지는 않았지만, 용역의 제공이 진행되어 결산 시점에서 당기에 속한 수익은 미수수익(미수이자, 미수 임대료), 이미 발생한 비용 중 아직 지급기일이 도래되지는 않았지만, 당기에 속하는 비용은 미지급비용(미지급이자, 미지급급여) 계정에 기록한다. 발생주의에 따라서 일정기간동안의 수익과 비용의 수불 기일이 도래하지 않아 현금의 수입과 지출이 없더라도 결산기에 당기분에 해당하는 손익을 반영하는 것이다.
선급비용과 선수수익	일정기간동안 용역을 제공받기로 하고 미리 돈을 선지급한 경우 선급비용(선급이자, 선급보험료, 선급임차료), 기업이 일정 기간 지속해서 용역을 제공하기로 약정하고 수취한 수익은 선수수익(선수이자, 선수 임차료) 계정에 기록한다. 발생주의에 따라서 미경과된 비용과 수익을 정확히 계산하여 미경과된 비용과 수익을 선급비용과 선수수익으로 회계처리한다.
예수금	원천징수한 근로소득세, 4대 사회보험료, 판매분 부가가치세 등 제3자에게 지급할 금액을 미리 받아서 일시적으로 보관하는 채무를 말한다.

외상매출(입)금과 미수금(미지급금)

외상매출금(외상매입금)과 미수금(미지급금)의 차이는 기업의 고유업무 관련성(제조업의 경우 제조, 판매기업의 경우 상품 판매, 서비스 업종의 경우 용역제공이 고유업무임)이다. 즉 기업 고유업무(상품, 제품의 판매)와 관련된 외상거래는 외상매출금(외상매입금), 이와 관련이 없는 외상거래는 미수금(미지급금)으로 처리한다.

예를 들어 제품을 직접 제조해서 제품으로 파는 회사의 경우 제품이나 원재료 등 재고자산과 관련된 외상거래는 부대비용을 포함해서 외상매출금(구입 시에는 운반비를 원가에 가산해서 외상매입금 : 제조원가)으로 처리한다. 반면 도소매업의 경우 구입한 상품을 외상으로 파는 경우 외상매출금으로 처리한다.

결론은 회사의 재고자산으로 계상된 자산을 외상으로 판매하는 경우 외상매출금 계정을 사용한다.

반면 미수금은 재고자산을 제외한 비품 등의 유형자산을 판매하고 못받은 금액이나 세금 환급액의 미수액을 말한다.

부대비용 중 제조와 관련된 운반비는 제조원가에 가산하면 되고(외상의 경우 외상매입금) 완성된 제품을 판매하고 외상으로 한 경우 외상매출금으로 처리한다.

재고자산과 관련 없이(제조원가와 관련된 운반비가 아닌 경우) 업무 과정에서 발생하는 운반비는 판매비와 관리비 중 운반비 계정과목으로 처리한다. 그리고 해당 운반비의 미지급액은 미지급금 처리한다.

외상매출금(외상매입금)	차이점	미수금(미지급금)
• 외상매출금은 제품, 상품을 판매하고 돈을 나중에 받는 경우 • 재고자산인 상품이나 제품, 서비스를 판매하고 외상으로 함		• 상품이나 제품, 서비스 이외의 것을 판매하고 외상으로 함 • 유형자산 판매, 세금 환급액 등 매출 이외의 외상거래
• 판매기업의 경우 재무제표상 재고자산 목록상 물품(상품, 제품)의 외상 판매 • 서비스 기업의 경우 서비스의 외상 제공		• 판매기업의 경우 재무제표상 재고자산 목록 외 유형자산의 판매, 세금 환급액의 미수 • 서비스 기업의 경우 서비스 외 유형자산의 판매, 세금 환급액의 미수

미수금과 미수수익

미수금은 기업이 보유하고 있는 재고자산 이외 유형자산, 유가증권 등과 관련한 미수채권을 외상으로 판매하고 이에 대한 대가로 금전을 수취할 수 있는 권리가 확정된 경우 사용하는 계정과목이다.

반면 미수수익은 비록 용역은 제공했지만, 계약상 대가를 받기로 한 날이 도래하지 않았을 때, 이미 제공한 용역 분에 대해서 처리하는 계정과목이다. 이는 용역의 제공이 당기에서 시작해 차기까지 계속되는 경우 당기 용역제공 분에 대해서 인식한다.

예를 들어 7월 1일에 1년 만기 정기예금에 가입하면서, 만기에 이자를 받는 조건으로 한 경우 12월 31일 결산 시에 7월 1일부터 12월 31일까지의 당기 이자분과 다음 연도 1월 1일~6월 30일 이자분을 안분계산해 당기 이자수익을 미수수익으로 처리한다.

7월 1일부터 12월 31일까지의 기간 경과 분에 대한 이자에 대해서는 비록 금융기관으로부터 이자를 받을 시점은 아니지만, 이미 기간 경과에 따른 수익은 확정적으로 발생하였으므로 이를 계산해서 이자수익(미수수익/이자수익)으로 계상(올해 발생한 부분)하는 것이다.

7월	8월	9월	10월	11월	12월	1월	2월	3월	4월	5월	6월
당해연도 이자 6만 원						내년도 이자 6만 원					

시기	거래내용	차변		대변	
당기	7월 1일~12월 31일분 이자 미수취액	미수수익	60,000	이자수익	60,000
차기	1년분 이자 수취	보통예금	120,000	미수수익	60,000
				이자수익	60,000

반면 타인에게 매월 말일에 이자를 받는 조건으로 11월에 자금을 대여한 경우, 11월 말에는 이자를 받았으나 12월분 이자에 대해서는 12월 31일 현재 아직 받지 못했지만, 기간 경과에 따른 12월분 이자를 받을 권리는 이미 성립했고 또한, 그 회수 시점도 도래했으므로 미수수익/이자수익(못 받은 12월분)으로 전표처리를 한다.

계정과목	본업과 직접 관련된 상거래에서 발생	현재 혹은 이미 준 것	나중에 받을 것
매출채권	O	재화/용역	현금
미수금/미수수익	X	재화/용역	현금
선급금/선급비용	O/X	현금	재화/용역

미수금	차이점	미수수익

- 이미 발생하였고
- 지급기일이 도래함
- 재화를 판매하고 못 받은 돈 : 못 받은 돈만큼 계상

- 이미 발생하였고
- 지급기일이 도래하지 않음
- 일정기간동안 계속 발생하는 수익 중 못 받은 부분 : 올해 발생한 부분만 계상

공통점 : 기업의 일상적인 상거래 이외의 거래에서 발생
- 미수금은 이미 재화나 서비스를 상대방에게 제공한 후, 받을 금액을 합리적으로 추정할 수 있거나, 확정된 상태
- 미수수익은 용역제공에 따른 수익이 기간에 비례해서 발생. 이자나 임대료와 같이 일정기간동안 용역을 제공하고 진행 정도(기간경과 분에 대한 수익인식)에 따라 수익을 인식
- 미수금은 재화를 공급하고 거래 상대방에게서 금전을 수취할 계약상 권리를 나타내는 채권인, 반면 미수수익은 회계상으로는 당기에 속하는 수익이지만 이자나 임대료처럼 차기에 회수할 예정인 것을 말한다.

선수금과 선수수익

선수금은 일반적 상거래인 상품이나 제품을 인도하기 전 또는 용역을 제공하기 전에 미리 받은 금액을 말한다.

선수수익은 이자수익, 임대료 수익과 같이 계약에 따라 대금을 받고 일정 기간 지속해서 용역을 제공하기로 약정하고 수취한 금액 중 결산기말 현재 용역을 제공하지 않고 차기 이후에 제공되는 용역 금액을 말한다.

이는 선급비용에 대응되는 개념이다.

선수수익은 부채이긴 하지만 금전을 통해 갚지 않고 지속적인 용역의 제공을 통해 갚는 부채라는 게 특징이다.

계약부채와 선수금

계약부채는 기업이 고객에게 상품이나 제품, 용역을 이전하기 전에 고객에게서 받은 대가(= 선수금) 또는 지급받을 권리가 있는 대가(= 수취채권)로서, 고객에게 상품이나 제품, 용역을 이전해야 하는 기업의 의무를 말한다.

취소불능계약에서는 선수금을 받지 않고 수취채권만 발생하는데, 이때도 계약부채가 인식되므로 선수금보다 계약부채가 더 넓은 개념이라고 볼 수 있다.

선수금	차이점	선수수익

- 물건을 주기 전에 미리 받은 계약금
- 상품이나 용역을 받거나 계약파기로 돌려주는 경우 소멸
- 회사 본업과 직접적인 관련

- 일정기간동안 계속 인식되는 수익 중 올해 인식한 비용을 제외한 다음 연도 수익
- 회사 본업과 직접적인 관련 없음

공통점 : 미리 받은 대가

선수금은 제품이나 상품을 판매하는 주된 영업활동에서 발생하는 반면, 선수수익은 주된 영업활동 이외의 거래에서 발생하는 부채로 일정기간동안 지속적으로 제공한다.

예를 들어 10월 1일 1년분 임대료 12만 원을 받은 경우

10월	11월	12월	1월	2월	3월	4월	5월	6월	7월	8월	9월
당기분(3만 원)			차기(다음 연도) 분(9만 원)								
12만 원 × 3/12			12만 원 × 9/12								

시기	거래내용	차변		대변	
당기 중	10월 1일 1년분 임대료 12만 원 수취	현금	120,000	임대료수익	120,000
당기 말	9개월분 이자 선수취	임대료수익	90,000	선수수익	90,000
차기 초	재수정(재대체)분개	선수수익	90,000	임대료수익	90,000

미지급금과 미지급비용

미지급금은 기업의 일상적인 상거래(제품이나 상품 판매) 이외의 거래나 계약 등에 의하여 이미 지불할 것이 확정된 채무 중 아직 지급하지 않은 것으로서, 재무상태표 결산일로부터 1년 이내에 상환하기로 되어 있는 채무를 말한다. 반면 미지급비용은 일정한 계약에 따라 지속적으로 용역을 제공받고 있는 경우에 이미 제공받은 용역에 대해서 결산일 현재 아직 지급기일이 도래하지 않은 비용을 말한다. 이에는 미지급된 이자와 임금, 미지급 임차료 등을 말한다. 미지급비용은 선급비용과 반대다.

예를 들어 금융기관에 8월 1일 1년 만기, 3개월마다 이자를 지급하는 조건으로 대출을 받은 경우 10월 말일에 3개월분 이자를 지급하였고, 12월 31일 결산 시에 11월 1일부터 12월 31일까지의 기간 경과 분에 대한 2개월분 이자에 대해서는 비록 금융기관에 이자를 지급할 시점은 아니지만, 이미 기간 경과에 따른 비용은 발생하였으므로 이를 계산해서 비용(이자비용)과 부채(미지급비용)로 계상한다.

| | 미지급금 | 차이점 | 미지급비용 |

- 이미 발생하였고
- 지급기일이 도래함

- 이미 발생하였고
- 지급기일이 도래하지 않음

공통점 : 기업의 일반적인 상거래 이외의 거래나 계약 등에 의하여 이미 발생한 것으로 지급해야 하는 채무

지급 시기가 지났으나 아직 도래하지 않았느냐에 따라 지급시기가 지난 경우는 미지급금, 지나지 않은 경우는 미지급비용. 즉 미지급금이 특정 계약에 의해 이미 채무라는 것이 확정되어 있지만, 지급이 되지 않은 것인데 반해, 미지급비용은 이미 채무는 발생했지만, 지급시기가 아직 도래하지 않는 채무를 말한다.

미지급금과 미지급비용의 구분은 일반적으로 미지급금은 자산에 대한 미지급을, 미지급비용은 비용에 대한 미지급액을 말한다.

10월	11월	12월	1월	2월	3월	4월	5월	6월	7월	8월	9월
당기지급 3만 원			차기 지급 9만 원								

시기	거래내용	차변		대변	
당기 중	12개분 이자 12만 원을 미지급한 경우	이자비용	120,000	미지급비용	120,000
당기 말	3개월분 이자 지급	미지급비용	30,000	보통예금	30,000
차기 초	재수정(재대체)분개	미지급비용	90,000	보통예금	90,000

선급금과 선급비용

선급금은 상품 또는 원자재를 매입하거나 제품의 외주가공을 위해 금액을 먼저 지급한 것을 말한다. 즉 일종의 계약금으로 결산일까지 아직 물건을 안 받은 경우 재무제표에 생기는 계정과목이다.

선급금은 일반적인 상거래로 발생하며, 상품이나 재고자산 등을 청구할 권리이다.

선급비용은 일정기간동안 용역을 제공받기로 하고 미리 돈을 선지급했는데, 아직 용역을 제공받지 않아서 비용으로 인식하지 않은 부분이다. 주로 보험료, 임대료, 용역 비용 등에서 나타나며 대가를 지급했으나 기말 시점에 아직 계약기간이 모두 지나지 않아 미경과 계약기간이 남아 있는 경우 선급비용으로 회계처리를 한다.

예를 들어 회사 운반용 트럭을 10월 1일에 구매하면서 1년치 차량보험료 120만 원을 납부하였다면 당해 기간에 해당하는 차량보험료는 3개월분 30만 원(10월 1일~12월 31일)에 해당하며, 나머지 9개월분 90만 원은 다음 연도의 보험료로 계상한다.

10월 1일에 (차) 보험료 120만 원 (대) 보통예금 120만 원으로 먼저 회계처리를 한 후 12월 31일 결산분개를 통하여 (차) 선급비용 90만 원 (대) 보험료 90만 원 회계처리 하면 결과적으로 당해연도에는 (차) 보험료 30만 원, 선급비용 90만 원 (대) 보통예금 120만 원이라는 회계처리가 되는 것이다.

예를 들어 10월 1일 1년분 보험료 12만 원을 지급한 경우

10월	11월	12월	1월	2월	3월	4월	5월	6월	7월	8월	9월
당기분(3만 원)			차기(다음 연도)분(9만 원)								
12만 원 × 3/12			12만 원 × 9/12								

시기	거래내용	차변		대변	
당기 중	10월 1일 1년분 보험료 12만 원 지급	보험료	120,000	보통예금	120,000
당기 말	9개월분 보험료 선지급	선급비용	90,000	보험료	90,000
차기 초	재수정(재대체)분개	보험료	90,000	선급비용	90,000

선급금	차이점	선급비용

- 물건을 사기 위해 물건을 받기 전에 미리 지급한 계약금
- 재화나 용역을 수령하거나 계약 파기로 돌려받는 경우 소멸
- 회사 본업과 직접적인 관련

- 일정기간동안 계속 인식되는 비용 중 올해 인식한 비용을 제외한 나머지 부분
- 회사 본업과 직접적인 관련 없음

공통점 : 미리 지급한 대가
선급금은 제품이나 상품을 판매하는 주된 영업활동에서 발생하는 반면, 선급비용은 주된 영업활동 이외의 거래에서 발생하는 비용에 대한 선급액으로써 일정기간동안 지속해서 용역을 제공받는다.

비품 계정은 회사 내에서 원활한 관리 활동을 하기 위해 1년 이상 사용되는 기구 및 도구를 처리하는 계정으로서 책상, 의자, 컴퓨터, 캐비닛, 복사기, 프린터기, 냉장고, 에어컨, 온풍기, 시계, 커튼, 블라인드, 전화기 등이 이에 속한다.

반면 소모품이란 쓰는 대로 닳거나 줄어들어 없어지거나 못 쓰게 되는 사무용품, 약품, 유류, 재료, 의류, 청소용품, 팩스나 복사기 프린터 등의 부품교체비, 열쇠, 건전지 등 비교적 금액이 적은 소모성 물품을 말한다.

그리고 소모품을 사는데, 드는 비용을 소모품비라고 한다.

비품과 소모품은 사실상 그 구분이 모호하므로 중소기업에서는 세법 규정을 따라 구입 금액이 100만 원 미만이거나 사용기간이 1년 미만의 경우는 소모품으로, 100만 원 이상이거나 사용기간이 1년 이상의 경우는 비품으로 처리한다.

소모품비와 유사한 계정으로는 사무용품비가 있다. 사무용품비는 회사 내에서 사무를 보는데, 쓰이는 소모성 물품만을 한정한다. 장부·서식 구입비, 필기구, 풀, 자, 칼, 복사지, 전표 용지, 등 사무용품 구입비를 말한다.

소모품비와 사무용품비를 별도로 구분하여 계정처리를 하는 회사도 있으나 대부분 회사는 그 구분 기준이 실익이 없으므로 소모품비로 통합해 하나의 계정으로 처리하는 회사가 많다.

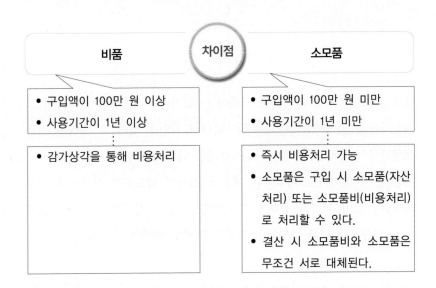

비품	차이점	소모품
• 구입액이 100만 원 이상 • 사용기간이 1년 이상		• 구입액이 100만 원 미만 • 사용기간이 1년 미만
• 감가상각을 통해 비용처리		• 즉시 비용처리 가능 • 소모품은 구입 시 소모품(자산처리) 또는 소모품비(비용처리)로 처리할 수 있다. • 결산 시 소모품비와 소모품은 무조건 서로 대체된다.

복사지를 10만 원에 구입 후 결산일에 2만 원이 남은 경우

구 분	거래내용	차변		대변	
소모품비 처리	구입시점	소모품비 부가세대급금	100,000 10,000	현금	110,000
	결산시점	소모품	20,000	소모품비	20,000
소모품 처리	구입시점	소모품 부가세대급금	100,000 10,000	현금	110,000
	결산시점	소모품비	80,000	소모품	80,000

마이너스 예수금 미지급금 발생

재무상태표상 특정 계정과목 금액이 (-)값이라는 건 너무 과다하게 그 계정과목을 없애버렸다는 뜻이다. 따라서 원인을 찾아 그 자리에 어떤 계정과목이 올지를 생각해서 수정분개를 해주어야 한다.

예를 들어 마이너스 예수금은 예수금 계정이 과도하게 상계되어 실제보다 더 많이 차감된 상태를 의미한다. 이는 회계처리 과정에서 오류가 발생했거나 다른 계정과의 혼동으로 인해 발생할 수 있다.

1 마이너스 예수금(미지급금)의 해결 방법

마이너스 예수금을 해결하기 위해서는 다음과 같은 방법을 사용할 수 있다.

🧑 원인 파악

먼저 마이너스 예수금이 발생한 원인을 정확히 파악해야 한다. 이는 회계 기록을 면밀히 검토하여 어떤 거래에서 오류가 발생했는지 확인하는 과정이다.

🧑 수정분개

원인을 파악한 후에는 적절한 수정분개를 통해 예수금 계정을 바로잡아야 한다. 일반적으로 예수금 계정을 대변에 기입하여 마이너스 금액을 상쇄한다.

2 마이너스 예수금(미지급금)의 수정분개

실제로 내가 미리 돈을 지급한 경우나 받아야 할 금액을 못 받은 상태라면, 예수금이 아닌 선급금이나 미수금 계정으로 처리하는 것이 적절하다.

차변에는 원인에 따라 적절한 계정을 기입하는데, 그 예를 살펴보면 다음과 같다.

❶ 미수금으로 처리하는 경우

미수금	100	예수금	100

❷ 선급금으로 처리해야 할 경우

마이너스 예수금이라는 것은 장부상 예수금이 있지도 않은데, 통장에서 과다하게 예금이 인출되면서 너무 과다하게 예수금이 상계되었다는 것이다. 왜 돈이 빠져나갔는지 원인을 생각해 보니 돈을 미리 줬다는 것이다. 그렇다면 예수금을 다시 살리고 선급금(자산)이 인식되어야 한다.

선급금	100	예수금	100

❸ 현금 과소계상의 경우

예수금이 과다하게 상계되었으므로 예수금을 다시 대변에 살리고 그럼 차변에는 무엇이 올지가 문제다. 일반전표 처리에서 예수금을 대변에 썼어야 했는데 현금을 써서 현금이 과다하게 유출된 것이라면 예수금을 살리고 동시에 현금도 살려야 한다.

현금	100	예수금	100

❹ 다른 부채 항목과 혼동된 경우

외상매입금을 없애는 대신 예수금만 없애버린 결과라면 외상매입금을 없애고 예수금은 다시 살린다.

외상매입금(미지급금)	100	예수금	100

당기순이익과 (미처분)이익잉여금

1 당기순이익

당기순이익은 기업이 일정기간동안 얻은 모든 수익에서 지출한 모든 비용을 공제한 후 순수하게 남은 몫을 말한다. 즉 기업이 한 사업연도(보통 1년) 동안 얼마나 돈을 벌었는지를 나타내는 수치다. 매출액과 함께 회사의 경영상태를 나타내는 대표적인 지표로 주식투자의 판단자료로도 널리 사용되며, 주주의 몫이다.

당기(20×3년)를 기준으로 작년은 전기(20×2년), 내년은 차기(20×4년)가 된다. 즉 당기순이익은 올해(20×3년)의 순이익만을 의미하는 것이다.

반면 이익잉여금은 당기 이전부터 당기까지 발생한 순이익을 합한 금액이다.

당기순이익은 재무제표 중에 손익계산서에 나타난다. 하지만 당기순이익의 최종 종착지는 바로 이익잉여금이다. 이익잉여금은 재무상태표 중 자본에 속해 있는 계정이다. 이렇게 자본의 이익잉여금으로 옮겨지면 손익계산서의 당기순이익은 '0'이 된다. 즉 손익계산서의 당기순이익은 재무상태표의 이익잉여금으로 옮겨지고 차기로 넘어가면서 수익

'0', 비용 '0'으로 기초의 당기순익은 '0'이 된다.

그리고 차기 20×4년 1월 1일~12월 31일 동안 발생한 순이익은 차기 20×4년 기준 재무제표에서는 당기순이익이 된다.

또한 손익계산서를 마감한 후 재무상태표를 마감하는 이유도 손익계산서의 당기순이익이 최종 재무상태표의 자본인 이익잉여금에 합산되기 때문이다. 즉 당기순이익을 확정한 후 이익잉여금을 확정해야 하기 때문이다.

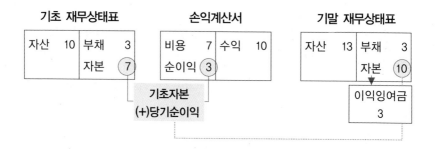

[주] 내 돈인 자본이 연초에 7원 있었는데, 연중에 열심히 돈을 벌어 수익 10원에서 비용 7원을 뺀 당기의 이익이 3원이라면, 연말의 내 돈은 연초 7원에 당기에 영업해서 번 돈 3원을 합산한 10원이 된다.

결산 시 재무제표 마감에서 손익계산서를 마감한 후 재무상태표를 마감하는 이유는 최초 내 자본에서 얼마를 벌었는지를 먼저 알아야 연말의 자본을 파악할 수 있기 때문이다.

2 이익잉여금

이익잉여금은 매년 벌어들인 당기순이익을 차곡차곡 모아 둔 금액이다. 물론 주주에게 배당하거나, 회사에서 새로운 사업을 하고자 할 때

빼서 사용하기도 하므로, 회사가 최초 설립한 후부터 당기까지의 당기
순이익의 합과 같은 금액이 아닐 수도 있다.

이익잉여금도 당기순이익과 함께 주주의 몫이다. 하지만 당기순이익은
1년 동안 벌어들인 이익을 모아 둔 것인데 반해, 이익잉여금은 매년
벌어들인 당기순이익을 모아 둔 것이다.

반대로 당기순이익이 아니라 매년 당기순손실이 발생해 적자가 나는
회사는 이익잉여금은 차츰 줄어들고, 나중에는 이익잉여금도 마이너스
상태인 결손금이 발생한다.

3 미처분이익잉여금

이익잉여금은 처분된 이익잉여금과 처분되지 않은 미처분이익잉여금으
로 다시 분류된다.

이 중 미처분이익잉여금이란 기업이 영업활동을 통해 발생한 이익 중
배당이나 상여 등 사외유출을 시키지 않고 사내에 보유하고 있는 이익
금으로써 이익잉여금처분계산서상의 미처분이익잉여금을 말한다.

기업이 경영활동을 수행하여 벌어들인 이익은 궁극적으로 자본 항목
중 이익잉여금의 미처분이익잉여금 속으로 흘러 들어간다.

재무상태표상 기록된 미처분이익잉여금은 이사회의 결의에 따라서 이
익잉여금처분계산서(안)를 만들어 다음 해 3~4월경에 개최되는 주주총
회에 제출하여 승인받아야 미처분이익잉여금이 처분된 이익잉여금으로
확정되어 바뀌게 된다.

미처분이익잉여금이 쌓인다는 것은 회사의 가치가 상승하는 것을 의미
한다. 회사를 평가하는 방법은 다양하지만, 회사의 순자산 가치가 상

승하게 되면 회사의 가치가 올라간다. 즉 법인의 경우 주식의 가치가 상승한다. 회사의 주가가 오르는 것이다. 주가가 오르는 것이 무엇이 문제일까?

- 비상장 회사의 경우에도 회사의 가치가 상승하게 되면, 주식을 제3자에게 양도할 때 고액의 양도소득세가 발생한다. 특히 자식이나 일가에게 회사를 증여하거나, 사후에 자식에게 상속할 때 미처분이익잉여금이 많은 경우 고액의 증여세나 상속세가 발생한다.
- 이익잉여금을 한꺼번에 처리 시 배당소득의 증가로 누진세율을 적용하는 종합소득세 부담이 증가한다.
- 청산하기 위해 기업자산 정리 시 의제배당으로 주주별 배당소득세 부담이 증가한다.
- 장부상 가공 이익, 즉 흔히 이야기하는 분식회계로 인한 잉여금으로 의심을 받아서 세무조사를 받게 될 가능성이 증가한다.

세금과 세금과공과, 잡손실

비용이 아닌 세금	비용처리가 가능한 세금 (세금과공과)	비용처리가 불가능한 세금 (잡손실)
• 원천세 • 부가가치세 • 법인세 • 종합소득세	• 등록면허세, 교육세, 취득세 ^주 • 재산세, 자동차세 • 주민세 사업소분/종업원분 • 각종 부담금(폐기물처리, 환경개선, 교통 유발 등) • 각종 조합비, 협회비 및 회비 • 사계약 위반으로 인한 지체상금, 위약금, 손해배상금, 연체료 • 안전협회비, 인지대, 상공회의소 회비, 업무와 관련된 조합비 협회비, 대한적십자사회비	• 법령 위반/불이행에 의한 각종 가산세 및 과태료 : 교통위반 벌과금, 폐수배출부담금, 장애인고용부담금 • 업무와 무관한 동창회비, 협회비

^주 등록세와 취득세

법인설립을 위해 지출한 세액 및 등기 수수료 등은 당해 비용으로 인정되지만, 나중에 증자할 때 납부하는 등록세는 비용으로 인정 안 된다.

건물과 같은 자산을 구매하면서 발생하는 취득세는 '세금과공과' 계정에 넣는 것보다 '건물' 계정으로 하는 것이 좋다. 즉 취득세를 건물 원가에 포함한다.

잡비와 잡손실

금액이 소액이고 자주 발생하지 않는 비용으로 영업활동과 관련한 비용은 잡비로 처리하고, 영업활동과 관련 없이 발생하는 비용은 잡손실로 처리한다. 즉 잡비는 판매와관리비에 해당하는 계정과목이고 잡손실은 영업외비용에 해당하는 계정과목이다.

그러므로 비용이 계정을 구분하기가 곤란하거나 금액적으로 이름을 구분하여 분류할 필요성이 없기는 하지만 영업 과정에서 발생한 것이라면 잡비로 계상하고, 일반적인 영업 과정에서 발생한 것이 아니면 잡손실로 처리한다.

실무적으로 잡비는 잘 사용하지 않는 계정과목이다.

구 분	차이점	예 시
잡비	영업활동과 관련한 비용 (판매비와 관리비)	업무용 차량 교통사고 변상금, 방범비, 업무 관련 손해배상금
잡손실	영업활동과 관련 없이 발생하는 비용(영업외비용)	가산금, 가산세, 계약 위반 배상금, 도난 손실, 보상금 지급, 원인불명 현금부족액

외주용역비와 지급수수료

외주용역비와 지급수수료는 모두 외부의 사람을 사용하는 대가로 지급하는 비용이지만, 그 성격과 회계처리 방식에 차이가 있다.

외주용역비는 주로 어떤 유형의 생산물을 만드는 과정에서 외부 인력을 사용하고 그 대가를 지급하는 비용이고, 지급수수료는 외부 전문가의 전문적인 지식이나 기술 즉 무형의 지식을 이용하는 대가로 지급하는 인적 용역비라고 보면 된다.

실무상 제품의 생산이나 건설과 같이 회사 자체적으로 특정 생산물을 만들지 않는 회사의 경우 둘을 구분할 필요 없이 인적용역에 대한 대가는 일반적으로 지급수수료를 사용한다.

1 외주용역비

외주용역비는 기업이 특정 작업이나 서비스를 외부 업체나 개인(용역 업체)에 위탁하여 처리할 때 지불하는 비용을 말한다. 주로 기업의 핵심 업무가 아닌 부분을 외부 전문 업체에 맡길 때 발생한다.

외주용역비는 통상적으로 일정기간동안 지속되거나 프로젝트 단위로 발생하며, 외주 업체가 제공하는 서비스의 대가로 지급한다. 이는 주로 서비스 제공자의 인건비, 재료비, 기타비용을 포함하는 금액이다.

특징	예시
❶ 업무의 일부 또는 전부를 외부에 위탁 : 제품생산의 일부 공정, 시스템 개발, 디자인 작업 등 회사의 주요 업무와 직접적으로 관련된 부분을 외부에 맡기는 경우가 많다. ❷ 구체적인 결과물 : 외부 업체로부터 구체적인 결과물(제품, 보고서 등)을 얻게 된다. ❸ 제조원가 또는 판매비와관리비로 계상 : 외주용역비는 일반적으로 제조원가(제품을 만드는 데 드는 비용) 또는 판매비와관리비(제품을 판매하고, 회사를 운영하는데, 드는 비용)로 계상된다.	❶ 자동차 부품 제조를 외부 업체에 위탁하고 지급하는 비용 ❷ IT회사가 소프트웨어 개발의 일부를 외주 개발사에 위탁하는 경우 ❸ 제조업체가 제품의 일부 공정을 외부 업체에 맡기는 경우 ❹ 건설업체가 특정 공정(예 : 설비, 배관)을 외부 전문가나 팀에 의뢰하는 경우.

2 지급수수료

외부 전문가 또는 기관에 자문, 중개, 대리 등의 서비스를 제공받고 지급하는 비용이다.

지급수수료는 특정 서비스에 대한 대가로서 일회성으로 발생하는 경우가 많다. 이는 주로 중개, 자문, 대행 등 특수한 서비스를 제공한 대가로 지급되며, 용역이나 제품과는 다른 성격을 가진다.

특징	예시
❶ 전문적인 지식서비스 이용 : 법률 자문, 회계감사, 보험 중개 등 전문적인 지식이나 기술이 필요한 서비스를 이용하는 경우 발생한다.	❶ 법률 자문, 회계 자문 등의 전문가에게 지급하는 자문 수수료 ❷ 회계감사를 받고 지급하는 감사 수수료

특징	예시
❷ 무형의 서비스 : 구체적인 결과물보다는 전문지식 서비스 자체에 대한 대가를 지급한다. ❸ 판매비와관리비로 계상 : 대부분은 판매비와관리비로 계상된다.	❸ 보험계약을 중개하고 지급하는 보험 중개수수료 ❹ 세무 기장 등을 받고 지급하는 수수료 ❺ 금융기관에 지급하는 송금수수료, 대출 중개 수수료 ❻ 광고 대행사에 지급하는 광고 대행 수수료 ❼ 부동산 중개업자에게 지급하는 중개수수료

3 외주용역비와 지급수수료의 비교

구분	외주용역비	지급수수료
의미	기업의 일부 업무나 과정을 외부에 맡겨 처리하는 데 따른 비용. 회사의 주요 생산 업무와 직접적으로 관련된 비용	특정한 서비스(중개, 자문, 대행 등)에 대해 일회성 또는 특정 서비스에 대해 지급하는 비용. 회사의 경영활동을 지원하기 위한 비용
대상과 빈도	외주용역비는 프로젝트나 특정 업무와 관련하여 장기간 지속적으로 발생할 수 있다. 제품생산, 시스템 개발 등 회사의 주요 업무	특정 서비스에 대해 일시적으로 발생하는 경우가 많다. 법률 자문, 회계감사 등 전문 서비스
결과물	구체적인 결과물(제품, 보고서 등)	무형의 서비스
비용의 성격	인건비, 재료비 등 실제 용역 제공에 대한 대가를 포함하는 경우가 많다. : 제조원가 또는 판매비와관리비	주로 서비스 제공에 대한 대가로 발생 : 판매비와관리비

조심해야 할 세무 관련 계정과목

1. 가수금과 가지급금 남용

대표이사나 회사 내부의 자금 흐름을 숨기기 위해 이를 과도하게 사용하면 국세청의 의심을 받을 가능성이 높다. 특히 가지급금은 업무와 무관한 항목으로 인정되면 대표자의 상여로 간주되며, 세금을 추징당할 위험이 있다.

2. 장기간 미회수/미지급 항목

장기간 잔액이 남아 있는 외상매출금, 미수금, 미지급금은 과세당국의 집중 점검 대상이 될 수 있다.

회수가 어려울 것으로 판단되면 빠르게 대손충당금을 설정하거나 대손 처리할 준비를 해야 한다.

소송 기록, 독촉장 등 채권 회수를 위한 모든 노력을 서류로 남겨두면 세무조사 시 중요한 역할을 한다.

3. 예수금 과다 잔액

원천징수 후 납부가 지연되거나 과도하게 미납된 예수금을 방치하면 세무상 불이익을 받을 수 있다.

예수금은 사용 목적에 따라 적절히 급여 예수금, 부가가치세 예수금, 지방세 예수금 등으로 별도로 관리한다.

혼동되는 거래는 정확히 파악하여 적절한 계정(예 : 선수금, 미지급금)으로 대체한다.

매월 또는 분기 단위로 예수금을 점검하며, 누락된 납부 항목이 있는지 확인한다.

예수금 잔액이 지속적으로 남아 있다면 반드시 원인을 파악하여 관련 기관에 즉시 납부한다.

결산에서 재무제표 작성까지

가결산은 어떻게 하나요?

가결산은 사업장의 연말 세무 관리를 위한 필수적인 작업으로 사업장의 현재 상황을 주기적으로 파악해야 한다는 점이 강조된다.

연말에 세무 관련으로 세금 문제를 미리 인식하고 대비하는 것이 중요하며, 이를 통해 불필요한 가산세와 기타 문제를 예방할 수 있다.

가결산 보고서에는 사업장의 매출, 인원 유지, 비용 부족 여부 등 중요한 정보가 담겨 있어, 이를 통해 사후 관리와 절세 포인트를 지속해서 확인해야 한다.

마지막으로, 사업장에서는 세액공제 및 감면 조건을 유지하고 있는지 자주 점검해야 하며, 이는 비용 관리와 함께 필수적인 절차로 언급된다.

1 가결산의 목적과 필요한 이유

❶ 가결산의 주요 목적은 연간 순이익을 예측하고 누락된 비용을 점검하여 법인세 신고를 효율적으로 하기 위함이다.

❷ 법인 가결산은 개인사업자의 가결산과 유사하지만, 법인세와 이를 개인화할 때 발생하는 소득세를 동시에 고려해야 하므로 더 많은 주의

가 필요하다.

가. 법인 가결산에서 당해연도 예상 순이익 파악은 과세표준 산정의 필수 요소다.

나. 기대치와 가결산의 예상 순이익을 비교함으로써 누락된 비용이나 적격 증빙을 확인하여 추가 비용 반영의 기회를 얻는다.

다. 인건비 신고 누락이 있다면 원천세 수정신고 등을 통해 법인 비용으로 반영할 수 있는 기회가 있다.

라. 비용 증빙 관리의 중요성은 미수취 증빙으로 인해 가산세가 발생할 수 있으며, 자금 사용의 불명확성(가지급금 처리)이 대표 이사에게 세금 부담을 주는 결과를 초래할 수 있다.

마. 법인 소득이 높은 경우, 임직원 상여 지급이나 퇴직연금 추가 불입을 통해 순이익을 조정하는 전략을 고려할 수 있다.

❸ 가결산은 기업의 부채비율 관리를 통해 신용 등급에 큰 영향을 미치며, 부채비율을 낮추기 위해서는 자본금 증대가 필요하다.

❹ 가결산은 가수금과 가지급금 관리를 촉진한다.

더불어 외상매출금 및 외상매입금 관리로, 직원의 횡령과 같은 문제를 발견할 수 있으며, 행정적인 세부 사항을 정확하게 정리하는 것이 중요하다.

❺ 가결산은 매출 관리에 필수적이며, 연초에 설정한 매출 목표 달성을 위해 필요한 자금을 확보하기 위해 중요하다.

매출이 목표에 미치지 못할 경우, 마케팅 전략을 조정하여 매출 증대를 도모할 수 있다.

❻ 개인사업자는 성실신고 확인 제도가 있어 기준 금액을 초과하면 법인 전환 시 제한이 따르므로, 사전에 관리가 필요하다.

❼ 외부감사 대상이 되는 기준 금액을 사전에 파악하여 미리 대응해야 하며, 이를 위해 가결산이 필요하다.

가결산은 모든 세무사가 제공하지는 않으며, 특히 작은 업체에서는 필요성에 대한 인식이 낮을 수 있다.

2 가결산으로 비용 부족분을 파악하라

가결산의 핵심은 부족한 비용을 명확히 파악하는 것이며, 많은 사업장에서 실제 지출된 비용이 제대로 신고되지 않는 경우가 많다.

인건비를 줄여 신고하는 경우 이에 따라 비용처리가 덜 되고 세금이 증가하는 문제를 겪는다.

국세청은 업종별 소득률을 기준으로 비용 부족을 판단하며, 매출이 일정 수준 이상일 경우 평균 소득률에 비해 비용이 적게 처리되면 문제가 될 수 있다.

임차료가 누락되는 사례도 흔하며, 이는 간이과세자나 개인으로부터 임차하는 경우 발생하는 문제다. 이 경우 임차료를 계좌 이체하는 방법을 통해 경비 처리한다.

창업 초기 비용 처리 또한 깜빡하기 쉬운 부분으로, 계약서나 지급 내역이 있을 경우 반드시 비용으로 인식해야 한다.

인건비를 줄여서 신고하면 경비가 부족하다.

일부 사업자는 인건비를 신고할 때, 4대 보험 부담을 줄이기 위해 실제 지급액보다 적게 신고하는 경우가 많은데, 이는 비용처리가 줄어드는 결과를 낳아 결국 세금을 증가시키는 요인이 된다.

🧑 창업비용은 철저히 비용처리 한다.

사업 초기에는 주방 설비, 인테리어, 조리 기구 비품 등의 초기 투자 비용이 발생하는데, 세금계산서 등을 받지 않아 부가가치세 매입세액 공제를 받지 못하는 경우와 현금으로 결제하는 일이 많아 정확한 비용 관리가 안 되는 경우가 많다.

이런 결제 방식에서도 세금계산서는 사업자등록번호 대신 주민등록번호로 받고, 계약서나 지급 내역이 있다면 비용처리가 가능하므로, 이를 방지하려면 사업 초기부터 철저한 증빙 관리가 필요하다.

따라서 기장대리 시 이러한 내역을 적극적으로 전달하여 비용처리를 요청한다.

특히 권리금과 인테리어비용은 그 금액이 많으므로, 누락하지 않도록 주의해야 한다.

🧑 인건비를 정상적으로 신고하자

신용불량자 직원, 외국인 노동자 등으로 인해 인건비 신고를 누락하는 경우가 잦다.

또한 인건비 상승으로 인해 가족 구성원들이 함께 일하는 경우도 많아지고 있으며, 이를 정확하게 측정할 필요성이 있다.

가족 인건비를 가짜로 많이 넣어도 문제지만 소규모 사업장의 경우 가족에게 지급된 인건비를 적극적으로 반영하려는 노력이 필요하며, 이를 정상적으로 처리하지 않으면 세금 부담이 증가한다.

뿐만 아니라, 배우자와 함께 장사를 하고 있다면 배우자에게 인건비를 정상적으로 지급하는 것이 중요하며, 이는 법적으로도 문제가 없다.

정확한 인건비 처리를 통해 세금을 줄일 수 있다.

👩 임차료를 정확히 신고하자

많은 사업자는 월세가 비용 처리될 것이라고 자연스럽게 생각하지만, 실제로는 누락되는 경우가 많다. 특히 건물주가 간이과세자이거나 사업자등록을 안 한 개인사업자의 경우 세금계산서가 누락될 수 있다. 임대차 계약서와 계좌이체 내역이 있으면 세법에서 비용처리를 인정하므로, 이러한 정보를 숙지하는 것이 중요하다.

👩 상대방에게 세금계산서 등 증빙을 철저히 받자

상대방이 세금계산서를 미발행해 줌으로 인해 원재료나 상품의 누락이 빈번하게 발생한다.

거래명세표로도 비용처리가 가능하지만, 가산세의 위험이 있고 세무대리인이 파악하기 어려운 경우가 많다. 따라서, 상대방의 증빙 발행이 누락된 경우 즉시 상대방에게 세금계산서 발행을 요청해야 한다.

3 채권 및 가지급금 관리

❶ 거래처별 채권의 회수 가능 여부를 점검하고, 회수 불가능한 채권에 대해서는 세법상 비용처리 요건을 충족하는지 점검 후 대손 처리를 통해 비용에 반영한다.

❷ 가지급금은 법인이 대표자에게 돈을 빌려준 것으로 간주되어 인정이자가 발생하고, 이와 동시에 상여처분되어 법인 소득의 증가와 대표

이사 개인 근로소득의 증가로 이어진다.

❸ 법인의 차입금 중 가지급금에 대한 이자비용은 법인세 계산 시 인정받지 못해(업무무관 차입금이자 손금불산입), 가지급금이 많을수록 법인세 부담이 증가하게 된다.

❹ 가지급금 관리는 정책 자금 대출이나 은행 심사에 영향을 미칠 수 있으므로, 체계적인 관리가 필요하다.

❺ 재무 비율은 대출 심사에 중대한 영향이 있으며, 부채비율이 300% 이상일 경우 신규 대출에 문제가 생길 수 있으므로 주의가 필요하다.

4 세액공제 및 세액감면 제도 활용

통합고용세액공제는 상시근로자 수 증가에 따라 큰 금액이 공제되는 대표적인 공제제도이다.

고용증대세액공제와 중소기업 사회보험료 공제가 통합되어 통합고용세액공제가 시행되고 있다.

5 배당 정책 점검

법인 가결산 시 배당 가능 이익을 미리 예상하여 배당금 지급 여부를 점검하는 것이 중요하다.

배당소득의 경우 분리과세가 가능해 소득이 높을수록 절세 효과가 더욱 커질 수 있으며, 배당금 지급 시 주주 별로 2천만 원 이하로 설정하는 것이 좋다. 따라서 배당을 모아 두었다가 한 번에 하는 경우 종합소득에 포함되어 고액의 세금을 낼 수 있으므로 적절한 배당을 하는 것이 좋다.

법인의 주식 가치 확인은 증여 시 절세 전략 수립에 필수적이며, 주식 가치가 낮을수록 세금 부담이 줄어드니 이점을 고려해 적절한 시기에 증여가 이루어지는 것이 좋다.

결산할 때 점검할 사항

결산할 때는 다음과 같은 점검 사항을 구체적으로 확인해야 한다.

1 재무제표의 정합성 검증

재무상태표와 손익계산서의 등식이 맞는지 확인한다. 예를 들어, 자산 = 부채 + 자본, 이익잉여금 = 전기 누적 이익잉여금 + 당기순이익 등이 맞는지 확인한다.

2 현금 및 예금 잔고 확인

현금과 예금 잔고 금액이 재무제표와 일치하는지 확인한다.
현금 시재는 계좌에 입금하고 0원으로 만들어준다.

3 재고자산 확인

실제 재고자산의 수량이 수불부와 일치하는지? 여부를 확인한다. 일치하지 않는 수량의 가치만큼은 재고자산감모손실로 비용 처리해 준다.

또한, 순실현가능가치를 검토한 후 재고자산평가손실을 반영해 준다.

4 고정자산 관리

고정자산 중에 못쓰게 된 자산이 있는지 확인하고, 이를 제거한다.
고정자산 관리대장에서 남은 고정자산의 잔존가치 합계가 재무상태표
상 유형자산, 무형자산 금액과 일치하는지 확인한다.

5 투자자산 평가

투자자산의 가치가 취득 당시의 가치와 여전히 동일한지 평가한다.
예를 들어, 자회사 투자 지분의 가치가 계속 손실을 내고 있어, 취득
당시 가치가 안 되는 회사로 평가된다면 그 차액만큼 평가손실로 인식
해 준다.

6 유동/비유동 구분

유동자산과 비유동자산을 구분하여, 결산일로부터 1년 이내에 회수할
수 있는 자산은 유동자산, 1년 이내에 갚아야 하는 부채는 유동부채로
분류한다. 1년 이상이라면 비유동자산, 비유동부채로 분류한다.

7 가지급금, 가수금 정리

출처를 제대로 모르는 자산 또는 부채인 가지급금, 가수금이 재무제표

에 있는 것을 확인하고, 이를 제거한다. 이는 회계감사뿐만 아니라 세무적으로도 큰 불이익을 받을 수 있기 때문이다.

8 외상매출금, 미수금, 선급금, 선급비용 분석

외상매출금, 미수금, 선급금, 선급비용은 모두 일종의 채권이다. 이를 분석하여, 못 받을 돈이 있는지 확인 후 대손충당금을 설정한다.

9 계약서, 세금계산서, 거래명세서 준비

거래처와 실제로 이루어진 거래가 맞는지, 계약에 따라 정상적으로 진행된 거래가 맞는지 확인한다. 중요한 거래에 대해서는 계약서를 반드시 구비하고, 세금계산서와 거래명세서상 금액이 장부에 기록된 금액과 일치하는지 다시 확인한다.

10 손익계산서, 재무상태표 증감 분석

손익계산서와 재무상태표 계정별로 금액이 얼마나 늘거나 줄었는지, 월/분기/연 단위로 비교한다. 금액이 심하게 증가하거나 감소해서 튀어 보이는 계정이 있으면 그 원인을 확인한다. 이 과정에서 계정이 잘못 기표 된 오류를 발견하는 경우가 많으므로, 결산에 문제가 없는지 최종적인 셀프체크를 해볼 수 있다.

결산 과정에서 유의해야 할 사항

❶ 부가가치세와 원천세 신고 시 세금계산서 및 공급가액의 누락 여부를 반드시 확인해야 하며, 외국에서 수입한 물품의 경우 부가가치세 신고 시 관련 내용을 반드시 검토해야 한다.

❷ 재무제표 작성 시, 계정과목의 수가 많을수록 결산의 난이도가 증가 하며, 직원 급여와 같은 인건비의 분류가 정확해야 재무제표의 정확성을 유지할 수 있다.

❸ 각 계정의 입력 사항이 정확해야 하며, 특정 계정과목의 누락을 최소화하기 위해, 결산 시 기초재고와 매입, 판매 내역을 장부에 정확히 반영해야 한다.

❹ 재무제표를 작성 후에도 외부감사 기준에 대한 검토가 필수적이며, 감사 기준에 부합하지 않는 경우 법적제재가 있을 수 있으므로 주의해야 한다.

❺ 특히 자본 항목의 출자나 배당의 변동 사항도 정기적으로 확인해야 하며, 이러한 사항들의 누락이 향후 법인세 관련 문제를 유발할 수 있다.

부가세 및 원천세 신고의 중요성과 주의 사항

첫째, 부가가치세 및 원천세 신고 시 세금계산서의 정확한 반영을 확인해야 하며, 특히 수입세금계산서는 외국에서 발생하는 거래의 세무처리에 주의해야 한다.

그리고 수입하는 과정에서 발생할 수 있는 운송료와 개별소비세의 포함 여부를 고려하여 실제 회계처리 금액과 지급 금액이 다를 수 있음을 인지해야 한다.

또한, 부가가치세 신고 시 공급가액을 누락하고 부가가치세만 입력하는 경우가 발생할 수 있고, 이는 재무제표 작성 시 누락으로 이어질 수 있음을 유의해야 한다.

나아가, 해외에서 상품을 매입하고 국내에서 판매하는 경우 매출이 발생할 수 있으므로 신용카드 전표 등의 매입 세금계산서 누락을 방지하기 위한 철저한 점검이 필요하다.

마지막으로, 원천세 신고 시 급여 내용 등을 포함하여 누락한 사항이 없는지를 반드시 확인하는 과정이 필요하다.

급여 회계처리와 결산 과정의 복잡성

결산 작업은 계정과목이 많을수록 난이도가 높아지며, 이는 수익, 비용 및 자산, 부채, 자본 계정과목에도 적용된다.

손익계산서에서 직원 급여와 같은 항목은 다양한 방식으로 표기될 수 있으며, 적절한 회계처리 과정에서 원가 명세서로 전송이 필요하다.

급여를 처리할 때, 공장 직원이나 임원 구분을 통해 자동으로 원가 또는 판매와 관리비로 분류될 수 있지만, 초기 단계에서는 금액이 올바른지 확인하는 것이 중요하다.

급여대장과 손익계산서의 전표 총액을 비교해야 하며, 임원 급여와 직원 급여, 상여 등이 혼합되어 있을 때는 파악이 어려운 문제가 발생한다.

결산단계에서는 사업소득세 및 기타소득세를 포함해 모든 신고된 인건비가 누락 없이 반영되는지를 중점적으로 확인해야 한다.

3 수익과 비용 정리의 중요성

결산 과정에서 수익과 비용의 확인 및 정리는 실무에서 매우 중요한 작업이다.

광고비와 같은 특정 비용 항목은 매출에 미치는 영향을 분석하기 위해 세부적으로 기록할 필요가 있다.

운반비와 같은 회사의 필수 비용은 별도로 기재하여 재무제표의 신뢰성을 높일 수 있다.

확인 작업을 통해 계정과목을 정리함으로써 상거래에서 발생하는 비용 처리의 정확성을 높이는 것이 중요하다.

적격 증빙이 없는 비용은 부가가치세 신고 시 문제가 될 수 있으며, 이에 대한 정확한 처리가 요구된다.

4 원가 명세서 작성의 필요성과 주의점

매출에 대응되는 원가는 상품, 제품, 공사원가로 나뉘며, 상품의 경우

원가 명세서가 필요하지 않지만, 제품은 원가 명세서 작성이 필요하다. 제품 원가는 원재료, 인건비, 외주 가공비를 포함하며, 손익계산서에서 간단하게 표현하면 이해에 어려움이 있으므로 원가 명세서가 필요하다.

원가 확인을 위해 기초재고, 단기 매입을 고려한 총합에서 기말재고를 제외하여 팔린 원가를 계산하는 방식이 사용된다.

결산 과정에서 재무제표입력 시 주의해야 할 점은 재고 및 원가의 정확한 확인과 처리를 통해 실수를 줄여야 한다.

5 재무상태표 마감 전 체크포인트

재무상태표 마감 전에 확인해야 할 몇 가지 사항이 있으며, 특히 자산 부채 계정의 상태를 점검해야 한다.

부가가치세, 미지급 세금, 미수금, 가지급금, 가수금과 같은 항목들은 반드시 명확히 정리되어야 하며, 회계상에 남아 있어서는 안 된다.

결산자료를 마감할 때, 허위 정보나 오해를 초래할 수 있는 계정의 사용을 피해야 하고, 세법상의 규정을 고려해야 한다.

합계잔액시산표와 같은 서식을 활용하여 차변과 대변의 금액을 확인하고 필요시 조정하여 명확한 재무 상태를 유지해야 한다.

6 자본 항목 확인의 중요성

자본 항목은 재무상태표의 중요한 내용으로, 반드시 확인해야 하며, 출자, 감자, 투자 등의 활동을 놓치면 투자자가 실망할 수 있다.

출자나 감자, 배당이 없더라도 주주 간의 주식 이동 현황을 확인하는 것이 필수적이며, 이를 소홀히 하면 법인세 신고 시 문제가 발생할 수 있다.

주식변동 상황을 제출하지 않을 경우 가산세가 부과되므로, 정확한 자본 기록이 중요하다.

작업 효율 때문에 계정과목을 건너뛰는 경우가 발생할 수 있으며, 모든 거래처 원장을 철저히 확인하는 것이 필요하다.

7 재무제표 검토의 필수 사항

재무제표 작성 후, 회사의 요구사항이 관련된 재무 비율을 파악하는 것이 중요하다.

특히 부채비율은 타인 자본에 대한 의존도를 나타내며, 높은 부채비율은 대출 심사에 불리하게 작용할 수 있다. 그러므로 이를 줄여야 한다.

유동비율은 회사의 현금화 능력을 판단하는 지표로, 높을수록 대출 심사에서 유리하다.

유동자산과 유동부채를 고려하여 유동비율을 정확히 계산하는 것이 필요하며, 특정 상황에 따라 부채 항목의 분류를 조정함으로써 유동비율을 개선할 수 있다.

따라서, 재무제표 작성 후에는 동일 영업을 진행했는지 확인하고, 과거의 패턴과 일치하는지를 검토해야 한다.

8 　외부감사 기준과 회계처리의 중요성

외부감사는 회계기준에 맞춰 기업의 재무제표가 작성되었는지를 확인하는 작업으로, 세법 기준에 맞게 처리한 사항이 회계기준에 적절치 않으면 감사보고서에서 "재무제표는 회계기준에 맞게 작성되지 않았습니다."라는 의견 거절이 나올 수 있다.

결산 과정에서 효율성을 높이기 위해서는 재무제표를 작성하는 목적에 적합하게 처리해야 하며, 목적에 맞춘 결산은 완벽하지 않더라도 유용한 정보를 제공해야 한다.

세법 기준과 회계기준 간의 차이로 인해, 비용 자산 분류의 적정성을 확인해야 하며, 감사 기준에 맞지 않은 처리는 문제가 될 수 있다.

최종적으로, 감사 기준을 준수하기 위해 회계처리를 신중히 해야 하며, 기본적인 업무처리를 통해 팀원들과 협력하여 외부감사에 효과적으로 대처할 수 있다.

9 　투자자와 금융기관의 요구사항

투자자는 회사의 운영 상태에 대해 궁금해하며, 회사가 투자자에게 긍정적으로 보이기 위해 자본 항목을 정확하게 기재해야 한다.

거래처의 요구사항을 수용하여 손익 결산과 자본 항목을 제대로 기재함으로써, 투자자와의 관계를 원활하게 유지할 수 있다.

금융기관은 대출 연장이나 신규 대출을 위해 회사의 재무제표를 요구하며, 이는 회사 운영에 큰 영향을 미친다.

금융기관은 회사의 신용도를 판단하기 위해 이익, 부채비율, 유동비율 등을 중점적으로 살펴본다.

회사는 금융기관에 유리한 방식으로 회계처리를 통해 자금을 효율적으로 융통할 수 있도록 해야 한다.

10 세금계산서 처리와 회계처리 방법

국고보조금은 영업외수익으로 관리되며, 특정 비용 보전을 위해 받은 보조금은 비용과 상계하여 처리해야 한다. 이렇게 하면 영업에서 손실이 나더라도 국고보조금으로 인해 당기순이익이 발생할 수 있다.

보조금을 판매관리비와 상계하면 판매관리비가 줄어들어 영업이익이 발생하는 구조가 형성된다.

선수금을 결산 시 처리할 때는 실제 매출 발생 시점을 지켜야 한다. 하지만 매출 인식 시기를 앞당겨 포함하는 것이 회사에 유리하게 작용할 수 있다는 점도 고려해야 한다.

부채비율을 줄이기 위해 대여금을 은행에 보고하는 방식이 있으며, 이를 통해 회사의 자금 융통에도 도움이 될 수 있다.

회계처리는 완벽해야 할 필요는 없으며, 중요한 항목에 집중하여 효율적으로 진행하고 필요한 정보를 충실히 제공하는 것이 중요하다.

결산 흐름과 결산 정리 사항

거래 발생 분개 후 총계정원장에 전기			
거 래	5월 30일 외상매출금 100만 원이 입금되었다.		
분 개	(차변) 보통예금 1,000,000		(대변) 외상매출금 1,000,000
총계 정원 장에 전기	보통예금		외상매출금
	5/30 외상매출금 1,000,000		5/30 보통예금 1,000,000

시산표(일계표, 월계표) 작성	각종 보조장부 작성

재무제표 작성

결산 정리 사항	결산 정리 사항이 아닌 항목
❶ 재고자산(상품계정 등)의 정리 실지재고조사법에 의한 매출원가 계산 재고자산감모손실 및 평가손실 계산 ❷ 단기매매금융자산의 평가 ❸ 매출채권 등 대손충당금 설정(대손액 추산) ❹ 유형자산의 감가상각 및 재평가, 무형 자산의 상각 ❺ 외화자산 및 부채의 평가 ❻ 충당부채의 설정(제품보증충당부채 등) ❼ 자산의 손상차손 및 손상차손환입 ❽ 법인세 추산액(미지급법인세 계상 등) ❾ 소모품 결산 정리 ❿ 임시 가계정 정리(현금과부족, 가지급 금, 가수금, 미결산 등) ⓫ 제 예금의 이자수익 등 가. 요구불예금 현금합산 나. 금융상품의 초단기 · 단기 · 장기 구분 다. 사용 제한 여부 확인 라 미수이자 계상 ⓬ 차입금 이자비용 가. 유동성장기부채 대체 여부 나. 미지급이자 계상	❶ 계속기록법에 의한 매출원가 계산 ❷ 선급금, 선수금, 미수금, 미지급 금 ❸ 은행계정조정표 작성 ❹ 기중에 실제 대손액 처리(매출채 권이 회수불능되어 대손충당금과 상계 등) ❺ 자산을 처분하여 처분손익 인식 (설비자산 처분손익 인식 등) ❻ 잉여금처분(배당금의 지급 등) ❼ 충당부채의 지급 ❽ 소모품 구입

결산 시 결산분개와 마감분개

❶ 매출, 매입 전표 입력 완료(수입금액 확정)

· 매출 : 수입금액에 대한 검사 및 신용카드 금액, 현금 수입금액 확인

· 매입 : 가공매입이나 위장매입이 있는지 확인

❷ 부가가치세 신고서 입력

· 전자신고 시 확인증 수수할 것

· 부가가치세 대급금, 예수금 정리

❸ 급여자료입력

· 4대 보험의 적정한 산정 여부

· 근로소득세 지급 내역과 통장의 내역 확인(법인인 경우)

❹ 통장 정리(법인)

❺ 자산과 부채 과목 정리

· 자산 : 외상매출금, 미수금, 미수수익, 재고자산, 선급금 정리

· 부채 : 외상매입금, 미지급금, 미지급비용, 선수금 정리

❻ 어음, 입금표 등 입력

❼ 일반전표 입력

❽ 보험료, 대출금이자, 차량 할부금이자, 증빙이 없는 비용(임대료 등)입력

❾ 합계잔액시산표에서 계정별 원장 확인

❿ 거래처 원장에서 자산, 부채 거래처별 잔액 확인

⓫ 고정자산 등록(회사등록 전년도에서 이월 후, 당해 취득 분 입력, 내용연수, 감가상각방법 선택)

⓬ 미상각분 감가상각 계산해서 유형자산 명세 출력

⓭ 결산자료 입력 : 대손충당금, 감가상각비 입력, 제조업과 건설업은 제조(공사)원가를 이어준다.

⓮ 현금 및 예금 정리 : 가지급금 등 추가

⓯ 합계잔액시산표에서 가지급금과 가수금의 적절한 대체 및 기타 활동

· 제조원가명세서 ➡ 손익계산서 ➡ 이익잉여금처분계산서 ➡ 재무상태표 ➡ 합계잔액시산표 순서로 작성

제조원가명세서-손익계산서-이익잉여금처분계산서-재무상태표-합계잔액시산표 순서로 결산해야 하는 이유를 살펴보면 다음과 같다.

순서	결산 서류	이유 및 연계 관계
① 제조원가명세서	제품 제조에 투입된 원가(직접 재료비, 노무비, 경비)를 계산	제품 제조에 투입된 원가(재료비, 노무비, 경비 등)를 상세히 계산해 손익계산서의 매출원가 항목으로 연결된다. 손익계산서의 매출원가 항목으로 직접 연결되며, 판매한 제품의 제조원가 계산은 기업 성과 분석의 가장 기초가 된다.
② 손익계산서	매출, 매출원가, 판관비, 영업이익, 당기순이익 등을 계산	제조원가명세서의 매출원가 자료를 바탕으로, 기업의 수익과 비용(매출, 매출원가, 판관비 등)에서 당기순이익을 계산한다.

순서	결산 서류	이유 및 연계 관계
		제조원가명세서의 매출원가 데이터를 가져와 수익과 비용을 집계한 후, 기업의 경영 성과 및 당기순이익 산출. 그 결과를 이익잉여금처분계산서에 반영한다.
③ 이익잉여금 처분계산서	손익계산서의 당기순이익을 반영해 이익의 처분(배당/적립) 작성	손익계산서에서 확정된 당기순이익을 기초로 이익의 처분(배당, 적립 등) 내역을 결정·배분한다. 당기순이익을 미처분이익잉여금으로 연결하고 잉여금의 사용처(배당, 임의 적립 등)를 명확히 기록한다.
④ 재무상태표	자산, 부채, 자본 상태를 최종 집계	손익계산서의 당기순이익, 이익잉여금 처분 결과를 반영하여 자산·부채·자본 항목의 변화를 최종적으로 집계한다. 손익계산서의 당기순이익, 이익잉여금처분계산서의 결과를 자본에 반영하며, 일정 시점의 회사의 재무상태를 정확히 나타낸다.
⑤ 합계잔액시산표	모든 계정과목의 잔액 합계를 검증하고, 결산자료의 오류 여부를 확인	모든 계정의 잔액을 점검·합산하여 결산자료의 정확성을 최종 검증, 오류가 없는지 확인한다. 재무제표 오류를 최종 점검하고, 모든 계정의 결산 데이터를 재확인하여 결산 작업의 완결성을 보장한다.

상호 유기적인 재무제표

[손익계산서]
- I. 매출액
- II. 매출원가
  - 기초 제품재고액
  - ●당기제품제조원가
  - 기말 제품재고액
- III. 매출총이익
- IV. 판매관리비
- V. 영업이익
- VI. 영업외수익(비용)
- VII. 법인세차감전이익
- VIII. 법인세비용
- IX. 당기순이익

[재무상태표]
- 자산
  - I. 유동자산
    - 현금
    - ●재고자산
  - II. 비유동자산
    - 유형자산
- 부채
  - I. 유동부채
  - II. 비유동부채
- 자본
  - I. 자본금
  - II. 자본잉여금
  - III. 이익잉여금

[제조원가명세서]
- I. 직접재료비
- II. 직접노무비
- III. 제조간접비
- **IV. 당기총제조원가**
- V. 기초재공품재고액
- VI. 합계
- VII. 기말재공품재고액
- **VIII. 당기제품제조원가**

[이익잉여금처분계산서]
- I. 미처분 이익잉여금
  - 전기이월미처분이익잉여금
  - 당기순이익
- II.임의적립금 등 이입액
- III.이익잉여금처분액
- IV.차기이월이익잉여금

[현금흐름표]
- I. 영업활동 현금흐름
- II. 투자활동 현금흐름
- III. 재무활동 현금흐름
- IV. 현금의 증감
  - (I +II+III)
- V. 기초현금
- VI. 기말현금 ●

- 재무제표 출력 후 검토
- 표준재무제표 작성 : 결산이 모두 끝나면 세무조정 단계로 들어간다.

1 프로그램을 활용한 결산

⊙ 현금을 제일 나중에 맞춘다. 그 외엔 상관이 없다. 합계시산표를 확인한다.

⊚ 1년 동안 경비 사항(전표 입력)

⊚ 재고자산 증가·감소 확인 ➡ 재고자산감모손실(원가성이 있으면 매출원가 포함)

⊚ 외상 채권·채무 확인 ➡ 외상매출금, 외상매입금 회수·지급

⊚ 어음 회수지급 확인(받을어음·지급어음)

어음할인, 배서양도 대손금 확인(부도, 파산 등 대손상각비)

⊚ 차입금(차입금 내역 확인) ➡ 이자비용 확인, 부채증명서와 일치

⊚ 법인통장(보통예금·당좌예금 확인) ➡ 예치금 명세서와 일치

⊚ 유형자산(취득 감가상각 처분 등) ➡ 고정자산대장과 일치

⊚ 예수금 : 급여(급여대장) ➡ 4대 보험과 일치

: 부가세예수금, 부가세대급금 ➡ 부가가치세 신고한 것과 일치

⊚ 매출 확인(부가세 신고서)

⊚ 채무면제이익, 자산수증이익, 보험차익 확인

⊚ 이자수익(선납 세금) 확인

⊚ 매출원가(제조원가) 확인 ➡ 원재료 확인

⊚ 세금과공과 확인 ➡ 제세공과금

⊚ 영수증, 세금계산서, 계산서, 카드, 현금영수증 ➡ 경비 확인

⊚ 증여·출자금은 거의 변동 사항 없다.

더존 프로그램의 결산은 크게 두 개의 단계를 거쳐서 이루어진다.

결산자료의 입력 ➡ 재무제표의 마감

결산자료의 입력은 자동결산과 수동결산 두 가지로 나뉜다. 즉 프로그램상에 금액만 입력하면 자동으로 결산분개를 해주는 자동결산 항목과 프로그램 사용자가 직접 결산분개를 하고 입력해야 하는 수동결산 항목이 있다. 자동결산 항목과 수동결산 항목은 각각 다음과 같다. 순서

는 수동결산 후 자동결산을 한다.

수동결산 항목

결산 정리 사항에 대한 결산 대체분개 전표를 작성, 일반전표 입력메뉴에서 입력하여 결산하는 방법이다.

수동결산 항목은 사용자가 관련된 결산분개를 수동으로 일반전표상에 직접 입력해야 한다.

❶ 선급비용의 계상

❷ 선수수익의 계상

❸ 미지급비용의 계상

❹ 미수수익의 계상

❺ 소모품 미사용액의 정리

❻ 외화자산부채의 환산

❼ 유가증권(단기매매, 매도가능, 만기보유)의 평가

❽ 가지급금, 가수금의 정리

❾ 부가세예수금과 부가세대급금의 정리

자동결산 항목

프로그램에서 결산 흐름에 맞추어 화면에 표시되는 결산 정리 항목에 해당 금액만 입력하면 자동으로 분개 되어 결산이 완료되는 방법으로, 결산자료입력 메뉴에서 작업한다.

자동결산 항목은'결산/재무제표'에서 "결산자료입력" 화면을 열어서 각 해당하는 금액을 입력하신 후 "F7" key 또는 "추가"의 툴바를 클릭하면 '일반전표에 결산분개를 추가할까요?" 하는 메시지가 나올 때 "Y(Yes)"를 클릭하면 자동으로 일반전표에 결산 관련 분개를 추가하게 된다.

❶ 재고자산의 기말재고액

❷ 유형자산의 감가상각비

❸ 퇴직급여충당금전입액과 단체급여충당금전입액

❹ 매출(수취)채권에 대한 대손상각

❺ 무형자산의 감가상각액

❻ 준비금 환입액 및 전입액

❼ 법인세(소득세) 등

위의 순서에 따라 결산자료의 입력이 완료되면 다음은 각 재무제표를 마감하게 되는데 여기에서 마감이란 곧 각 재무제표를 조회하여 열어보고(확인) 닫아주는 것이다. 즉 사용자가 재무제표를 열어서 확인하는 순간 프로그램상에서 계산하여 처리하게 되는 것이다. 재무제표는 반드시 다음의 순서에 따라 확인해야 제대로 반영이 된다.

제조원가명세서 ➡ 손익계산서 ➡ 이익잉여금처분계산서 ➡ 재무상태표의 순서대로 각 재무제표를 열어서 확인하면 결산에 대한 모든 관계가 종료된다. 다만, 1년에 대한 결산이 아니고 6월까지의 결산의 경우 6월의 일반전표에 결산자료를 입력하고 각 재무제표도 6월 말로 열어서 확인해야 한다. 그리고 모든 것을 7월에 이월해야 계속되는 거래에 문제가 없다.

선급비용, 미지급비용, 미수수익, 선수수익 계상(기간별 수익·비용 안분)

구분		차변	대변	
비용	이연	선급비용	비용 계정과목	미경과액
	예상	비용 계정과목	미지급비용	
수익	이연	수익 계정과목	선수수익	미경과액
	예상	미수수익	수익 계정과목	
소모품	비용처리법	소모품	소모품비	미사용액
	자산처리법	소모품비	소모품	
선급비용(자산처리법)		비용 계정과목	선급비용	경과액
선수수익(부채처리법)		선수수익	수익 계정과목	경과액

❶ 수익의 이연(선수수익)

당기에 받은 수익 중 차기에 해당하는 것을 선수수익으로 처리한다.

❷ 비용의 이연(선급비용)

당기에 지불한 비용 중 차기에 속한 비용을 선급비용으로 처리한다.

❸ 수익의 예상(미수수익)

❹ 비용의 예상(미지급비용)

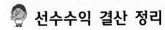 **선수수익 결산 정리**

이미 받은 수익 중에서 차기 이후에 해당하는 수익분까지 수입이 먼저
이루어진 경우이다. 따라서 손익계산서에는 해당 수익을 줄여주고, 재
무상태표에는 이 금액만큼 선수수익이라는 부채를 기록한다(결산 시점
을 기준으로 미리 받은 이자(수익의 선불 조건)).

이자수익	××× / 선수수익	×××

예를 들어 10월 1일 1년분 이자 12만 원을 받은 경우

10월	11월	12월	1월	2월	3월	4월	5월	6월	7월	8월	9월
당기분(3만 원) 12만 원 × 3/12			차기(다음 연도) 분 (9만 원) 12만 원 × 9/12								

시기	거래내용	차변		대변	
당기중	10월 1일 1년분 이자 12만 원 수취	현금	120,000	이자수익	120,000
당기말	9개월분 이자 <u>선수취</u>	이자수익	90,000	선수수익	90,000
차기초	재수정(재대체)분개	선수수익	90,000	이자수익	90,000

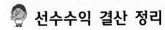 **선급비용 결산 정리**

이미 지급한 비용 중에서 차기 이후에 해당하는 비용 분까지 지급이
먼저 이루어진 경우이다. 따라서 손익계산서에는 해당 비용을 줄여주
고, 재무상태표에는 이 금액만큼 선급비용이라는 자산을 기록한다(결산
시점에 미리 지급한 이자(비용의 선불 조건)).

선급비용	××× / 이자비용	×××

예를 들어 10월 1일 1년분 임차료 12만 원을 지급한 경우

10월	11월	12월	1월	2월	3월	4월	5월	6월	7월	8월	9월
당기분(3만 원) 12만 원 × 3/12			차기(다음 연도) 분 (9만 원) 12만 원 × 9/12								

시기	거래내용	차변		대변	
당기중	10월 1일 1년분 임차료 12만 원 지급	임차료	120,000	현금	120,000
당기말	9개월분 임차료 선지급	선급비용	90,000	임차료	90,000
차기초	재수정(재대체)분개	임차료	90,000	선급비용	90,000

미수수익 결산 정리

수익이 발생하였으나 결산 시점일 현재까지 수입이 이루어지지 않은 경우이다. 따라서 손익계산서 대변에 해당 수익을 기록하고, 재무상태표에는 미수수익이라는 자산을 기록한다(결산 시점에 아직 받지 않은 이자, 임대료 등(수익의 후불 조건)).

미수수익	××× / 이자수익	×××

예를 들어 1월 1일 3개월분 임대료 3만 원을 받은 경우

1월	2월	3월	4월	5월	6월	7월	8월	9월	10월	11월	12월
당기 수입 3만원			당기 미수취분 9만원								

시기	거래내용	차변		대변	
당기중	1월 1일 3개분 임대료 3만 원을 받은 경우	현금	30,000	임대료	30,000
당기말	9개월분 임대료 <u>미수취</u>	미수수익	90,000	임대료	90,000
차기초	재수정(재대체)분개	임대료	90,000	미수수익	90,000

미지급비용 결산 정리

비용이 발생하였으나 결산 시점일 현재까지 지급이 이루어지지 않은 경우이다. 따라서 손익계산서 차변에 해당 비용을 기록하고, 재무상태표에는 미지급비용이라는 부채를 기록한다(결산 시점에 아직 지급하지 않은 이자(비용의 후불 조건)).

이자비용	××× / 미지급비용	×××

예를 들어 1월 1일 3개월분 이자 3만 원을 지급한 경우

1월	2월	3월	4월	5월	6월	7월	8월	9월	10월	11월	12월
당기 지출 3만원			당기 미지급분 9만원								

시기	거래내용	차변		대변	
당기중	1월 1일 3개분 이자 3만 원을 지급한 경우	이자비용	30,000	현금	30,000
당기말	9개월분 이자비용 <u>미지급</u>	이자비용	90,000	미지급비용	90,000
차기초	재수정(재대체)분개	미지급비용	90,000	이자비용	90,000

결산 항목	정리자료	차변	대변
상품재고액 수정	기초 상품재고액 100원	매 입 100	이 월 상 품 100
	기말 상품재고액 200원	이 월 상 품 200	매 입 200
단기매매 증권평가	기말 장부가액 150원	단기매매증권 50 평가손실	단기매매증권 50
	기말 결산일 현재 100원		
	기말 장부가액 150원	단기매매증권 30	단기매매증권 30 평가이익
	기말 결산일 현재 180원		
매출채권 대손추산	기말 매출채권 잔액 700원	대손상각비 20	대손충당금 20
	전기 대손충당금 잔액 50원		
	대손추산율 10%		
가지급금과 가수금의 정리	가지급금 잔액 180원	여비교통비 180	가지급금 180
	여비교통비 지급 누락		
	가수금잔액 130원	가수금 130	외상매출금 130
	외상매출금 회수 누락		
인출금 정리	인출금 500원 자본금에 대체	인출금 500	자본금 500
현금과부족 정리	현금과부족 차변잔액 80원 원인불명	잡손실 80	현금과부족 80
	현금과부족 대변 잔액 50원 원인불명	현금과부족 50	잡이익 50
유형자산 감가상각	정액법 : 취득가액 1,000원	감가상각비 100	감 가 상 각 100 누 계 액
	내용연수 10년		
	정율법 : 취득가액 1,000원	감가상각비 50	감 가 상 각 50 누 계 액
	상각율(감가율) 5%		

결산 항목	정리자료	차변	대변
무형자산 감가상각	특허권 500원 5년간 상각	무형자산 100 상각비	특허권 100

3 소모품 미사용액의 정리

소모품 구입 시 자산으로 처리한 경우와 비용으로 처리한 경우 둘 다 미사용 소모품에 대한 정리 분개를 해야 한다.

❶ 소모품 구입 시 자산으로 처리한 경우의 분개

(구입 시)

소모품	××× / 현금	×××

(결산수정분개)

소모품비	××× / 소모품(사용액)	×××

❷ 소모품 구입 시 비용으로 처리한 경우의 분개

(구입 시)

소모품비	××× / 현금	×××

(결산수정분개)

소모품(미사용액)	××× / 소모품비	×××

4 유가증권 평가

회사가 타 회사 주식을 보유하고 있고 외부감사를 받는 법인만 해당한다. 보유하고 있는 주식을 시장가격으로 조정하는 작업이다.

만일 우리 회사가 A 회사 상장주식을 100주(취득가 주당 10,000원)
보유하고 있다면 주식에 대한 장부가는 1백만 원인데, 기말 시점에서
주식가격을 보았더니 주당 12,000원인 경우

| 매도가능금융자산 | 200,000 | 매도가능금융자산평가이익 | 200,000 |

주 100주 × 2,000원 = 200,000원

정리자료	차변		대변	
기말 장부가액 150원	단기매매금융자산평가손실		단기매매금융자산	50
기말 결산일 현재 100원	50			
기말장부가액 150원	단기매매금융자산	30	단기매매금융자산평가이익	
기말 결산일 현재 180원			30	

5 가지급금 및 가수금 정리

회계처리 시 현금 입출 목적이 확실하지 않은 부분에 대해 가지급금이
나 가수금으로 처리한 내용이 장부상에 있을 수 있다.
가지급금과 가수금은 그대로 두면 안 되고 사유를 확인하여 적절한 계
정으로 대체한다.

정리자료	차변		대변	
가지급금 잔액 180원	여비교통비	180	가지급금	180
여비교통비 지급 누락				
가수금 잔액 130원	가수금	130	외상매출금	130
외상매출금 회수 누락				

반면 가지급금이나 가수금이 대표이사나 주주가 인출, 납입한 금액이 확실하다면 대여금이나 차입금으로 대체한다.

단기대여금	×××	가지급금	×××
가수금	×××	단기차입금	×××

6 부가가치세 상계

부가세예수금과 부가세대급금을 서로 상계시켜 준다.

보통 분기별로도 하는데, 기말에는 반드시 정리를 해줘야 한다.

금액이 당연히 다르므로 큰 쪽의 계정에 잔액이 남게 된다.

❶ 부가세예수금이 많은 경우

부가세예수금	200,000	부가세대급금	100,000
		미지급세금	100,000

❷ 부가세대급금이 많은 경우

부가세예수금	100,000	부가세대급금	200,000
미수금	100,000		

^주 두 계정 잔액 중 작은 쪽의 금액을 써주면 부가세예수금이나 대급금 둘 중 한 개의 계정 잔액은 '0'이 된다.

부가세 예수금과 대급금의 차액을 미지급금이나 미수금으로 대체할 수도 있는데 실무적으로는 그냥 둔다.

부가세예수금	×××	부가세대급금	×××

7 외화자산·부채의 환산

기말에 화폐성 외화자산(외화현금, 외화예금, 외화채권, 외화보증금, 외화대여금, 외화매출채권)과 부채(외화채무, 외화차입금, 외화사채)를 적절한 환율로 평가하였을 때의 원화 금액과 장부상에 기록되어 있는 금액과의 사이에 발생하는 차액을 재무제표에 반영한다.

외화자산 · 부채 [주]	×××	외화환산이익	×××

[주] 외화외상매출금, 외화예금 등

외화환산손실	×××	외화자산 · 부채 [주]	×××

과목 환율	외화자산 (= 받을 돈)		외화부채 (= 갚은 돈)	
	차변	대변	차변	대변
상 승	외화자산	외화환산이익	외화환산손실	외화부채
하 락	외화환산손실	외화자산	외화부채	외화환산이익

8 원가 확정

원가에 사용된 원재료의 금액을 원재료비와 상계하여 비용 처리하면 원재료의 금액은 감소하고, 원재료비 금액은 증가하게 된다.

원재료비	×××	원재료	×××

하지만 이 원재료비 또한 원가에 포함되어야 하므로 원재료비를 다시 재공품과 상계 처리한다.

재공품	×××	원재료비	×××

원가에 사용된 노무비, 경비 또한 원가에 포함되어야 하므로, 재공품으로 상계 처리한다.

사용된 계정과목별로 모두 추가한다.

재공품	×××	노무비(급여, 복리후생비 등)	×××
		경비	×××

지금까지 당기 총제조 비용(원재료비, 노무비, 경비)을 모두 재공품으로 상계 처리한다.

이 재공품은 제품을 만들기 위해서 사용된 비용이므로 제품으로 상계 처리한다.

제품	×××	재공품	×××

당기 총제조비용과 당기 완성품 제조원가를 합한 금액이 당기에 사용된 매출원가다.

매출원가를 차변에 입력하여 매출원가를 증가시키고 사용된 제품의 금액은 대변에 입력하여 감소시킨다.

9 재고자산감모손실(재고자산 실사에 의한 손실)

보통 상품 판매를 하는 회사들은 재고가 있고 이 재고의 확인을 위해 12월 31일에 재고자산 실사를 한다.

평소에 장부나 회계시스템에 재고 입/출고를 기록하지만, 기말에는 재고조사를 통해 실제로 얼마 남았는지? 맞춰 본다.

전기에 100개의 재고가 있는 상태에서 기중에 100개의 재고를 구매했고, 1년간 아무런 재고 변동이 없다면 기말에 재고 역시 200개이다.

반면 기중에 재고자산 150개를 판매했다면 기말재고는 50개(기초 100 + 당기 매입 100 - 판매 150)일 것이다. 여기서 기말재고라고 표현되는 부분이 재무상태표에 작성 시 재고자산으로 표시된다.

만일 장부상 재고가 50개였는데, 실사를 해보니 45개라면 장부 기록이 잘못되었거나 5개가 없어진 것이다.

5개는 장부상 기재가 잘못되지 않았는지 확인해 보고, 장부상 기재가 잘못된 것이 아니라면 분실한 것으로 보아야 한다.

재고자산 원가가 개당 1만 원이라면 아래와 같이 표기한다.

| 재고자산감모손실 | 50,000 | 상품(재고자산) | 50,000 |

단, 무조건 재고자산감모손실로 잡으면 안 되고 장부와 실제 거래를 대조하여 장부 누락 여부, 오기 여부를 확인한 후 소명이 안 될 경우만 반영해야 한다.

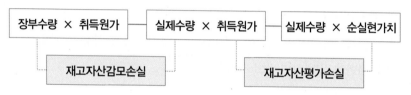

구분			결산 처리
재고자산 감모손실	없는 경우		제시된 기말재고액 입력
	있는 경우	정상적	실제 재고액 입력(분개 없음)
		비 정상적	실제 재고액 입력 재고자산감모손실 / 해당 재고자산(타계정대체)
재고자산평가손실			장부 재고액 입력 재고자산평가손실(매출원가) / 재고자산평가충당금

국제회계기준인 IFRS를 적용받는 법인의 경우 기말재고자산 평가를 하는 것이며, IFRS를 적용받지 않는 개인사업자 등의 일반 중소기업자

들은 기말재고자산 평가를 하지 않는다.

재고자산 계정의 위험과 중요성을 고려하여 감사 범위를 결정하게 되나, 일반적으로 감사인의 판단으로 표본 추출한 리스트를 실사한다. 재고 수량뿐만 아니라 재고관리 방법 또한 중요하게 검토하는 대상이니 참고하기를 바란다.

10 ▎ 매출원가 계상

상품 판매를 하는 회사의 경우 해당한다. 상품매출에 대응되는 매출원가를 계상하는 것이다.

매출원가 공식을 사용하면 된다.

매출원가 = 기초상품 재고액 + 순매입액 - 기말상품 재고액

매출원가	×××	상품	×××

11 ▎ 장기차입금의 유동성 대체

회사가 은행에서 차입할 때 상환해야 하는 만기가 결산일로부터 1년 이내일 경우 단기차입금(유동부채)으로 분류하고 만기가 1년 이상인 경우 장기차입금(비유동부채)으로 분류한다.

만일 회사가 A 은행에서 3년 만기, 2억을 대출했을 경우 장기차입금으로 기록했던 것이, 올해 결산 기말 기준, 만기가 1년 이내로 남았으면 유동성 대체(비유동부채 → 유동부채)를 해주어야 한다.

장기차입금	200,000,000	유동성장기부채	200,000,000

^주 둘 다 부채이지만 장기차입금을 유동부채인 유동성장기부채로 대체

감가상각비 계상

장부상 유/무형자산이 있는 경우 감가상각비를 계상해 주어야 한다. 회계감사를 안 받는 회사는 감가상각비를 계상하지 않아도 문제는 없다. 다만 세법상 감면을 받는 회사는 반드시 계상해야 한다.

보통 회계프로그램에 고정자산을 등록하면 월별 또는 연도별 감가상각 해야 할 금액을 보여준다.

<유형자산>

만일 공기구비품 취득원가가 1,000만 원이고, 이번 연도 감가상각비가 200만 원이라면 다음과 같다.

감가상각비	2,000,000	감가상각누계액	2,000,000

정리자료	차변		대변	
정액법 : 취득가액 1,000원	감가상각비	100	감가상각누계액	100
내용연수 10년				
정율법 : 취득가액 1,000원	감가상각비	50	감가상각누계액	50
상각율(감가율) 5%				

<무형자산>

만일 SW 취득원가가 1,000만 원이고, 감가상각비가 200만 원이라면 다음과 같다.

무형자산상각비	2,000,000	소프트웨어	2,000,000

정리자료	차변		대변	
특허권 500원 5년간 상각	무형자산상각비	100	특허권	100

13 연차수당 결산분개

🧑 올해 연차 사용 여부 확인/정리(회계)

다음으로 작년(20×1년)에 설정한 올해분(20×2년) 연차를 정리해야 한다.
작년 20×1년 12월 31일 분개 다음과 같이 했다면

급여	500,000 /	미지급비용	500,000

➡ 20×1년 연차수당 분 인식

이 상태에서 20×2년에 연차 사용분과 미사용분(연차수당 지급분)을 구
분한다.

위 연차수당 분이 50만 원이고 80%의 연차를 사용했을 경우

<20×2년 12월 31일 20×2년 연차 사용분>

미지급비용	400,000 /	급여	400,000

➡ 20×2년 연차수당 분 비용/부채 차감

<20×2년 12월 31일 20×2년 연차 미사용분>

분개 없음

<20×3년 1월 31일 연차수당 지급시>

미지급비용	100,000	보통예금	100,000

➡ 20×2년 연차 미사용분 수당 지급

이러면 20×1년 말 연차 관련 비용, 부채는 다 정리가 된다.

내년 연차를 인식(회계)

우선 결산 시 내년에 지급되는 연차를 금액으로 계산하여 비용 및 부
채로 인식해야 한다.

이때 금액은 직원들이 내년에 연차를 한 번도 가지 않은 것으로 가정
하고 계산한다.

개인별 통상임금을 계산한다. 계산된 개인별 통상임금에 개인별 연차
개수를 곱하면 연차수당이 산출된다.

전체 직원 합계액으로 분개한다. 만일 내년에 전체 직원이 사용가능한
연차가 160개, 통상임금이 1만 원이면 160일 × 1만 원 = 160만 원이
회사에서 인식할 부채가 된다.

<20×2년 12월 31일>

급여	1,600,000	미지급비용	1,600,000

➡ 20×3년 연차수당 분 인식

14 대손충당금 결산분개

대손예상액 > 대손충당금 잔액

정리자료	차변	대변
기말매출채권 잔액 700원	대손상각비^주　　　　20	대손충당금　　　　20
전기 대손충당금 잔액 50원	^주 (700원 X 10%) − 50원	
대손추산율 10%		

대손예상액 < 대손충당금 잔액(대손상각 화면에 (-)로 표시되는 경우)

➡ 환입시키는 분개를 일반전표 입력(12/31)

대손충당금	×××　 /	대손충당금환입	×××

15 퇴직급여충당부채 설정

매년 말에 퇴직급여충당부채를 설정하려면 그 금액을 측정할 수 있어야 한다. 측정은 퇴직급여추계액으로 설정하는데, 이는 해당 사업연도 종료일 현재 재직하는 임원 또는 사용인 전원이 퇴직할 경우 퇴직금으로 지급돼야 할 금액을 추정해 계산한 금액이다. 연말에 모든 종업원이 동시에 퇴직할 일은 거의 발생하지 않겠지만, 일단 기업회계기준에서는 퇴직급여추계액 전액을 퇴직급여충당부채로 설정하도록 하고 있다.

구 분	퇴직급여충당부채
퇴직금 추정액 〉 현재 설정된 퇴직급여충당부채	퇴직급여충당부채를 추가로 계상
퇴직금 추정액 〈 현재 설정된 퇴직급여충당부채	퇴직급여충당부채를 환입

❶ 퇴직급여충당부채 설정 : 당기에 적립할 퇴직금을 입력한다.

[일반전표 입력]

퇴직급여	×××	퇴직급여충당부채	×××

또는 환입 시

퇴직급여충당부채	×××	퇴직급여	×××

❷ 퇴직연금 적립

당기에 은행이나 보험에 적립할 금액을 입력한다.

[일반전표 입력]

퇴직연금운용자산(DB형)	×××	보통예금	×××

퇴직급여(DC형)	×××	보통예금	×××

퇴직금을 산출하기 위해 연간 임금 총액(DC형)과 평균임금(DB형)의 개념을 사용하고 있다.

그 취지는 동일하나 산출 기준(기간·임금 포함 범위)은 다르므로 퇴직금 계산 시 유의해야 한다.

퇴직금과 DB형 퇴직연금은 평균임금

평균임금은 산정 사유가 발생한 날 이전 3개월 동안에 근로자에게 지급된 임금의 총액을 그 기간의 일수로 나눈 금액을 말하며, 법정 퇴직금은 30일분 이상의 평균임금 × 계속근로연수로 계산한다. 이 경우 일시적·돌발적 사유로 인하여 지급됨으로써 그 지급 사유 발생이 불확정적인 임금은 평균임금 계산 시 제외한다.

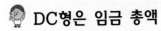

DC형은 임금 총액

연간 임금총액은 사용자가 근로의 대가로 근로자에게 지급하는 일체의 금품 중 명칭 불문, 근로의 대가, 사용자가 근로자에게 지급 조건을 충족하는 경우를 말한다.

포함되는 항목	제외되는 항목
• 기본급, 직무·직책수당 등 정기적·일률적으로 지급하는 고정급 임금 • 시간외근무수당, 연차유급휴가근로수당 등 실제 근로 여부에 따라 지급금액이 변동되는 수당 • 생산장려수당, 위험수당 등 근무 성적과 관계없이 매월 일정 금액을 일률적으로 지급하는 수당 • 그 외 근로의 대가로 취업규칙 등에 사용자에게 지급의무가 있는 임금 항목	• 인센티브, 경영성과급 등 기업이윤에 따라 일시적·불확정적으로 지급되는 성과급 • 결혼축의금, 조의금 등 복리후생적으로 보조하거나 혜택으로 부여하는 금품 • 출장비, 업무추진비 등 실비변상으로 지급되는 금품 • 임시로 지급된 임금·수당과 통화 외의 것으로 지급된 임금

퇴직연금의 결산분개

구 분	DC형	DB형	비고
지급시 회계 처리	퇴직급여 100 보통예금 100	퇴직연금운용자산 100 보통예금 100	DC형은 지급액이 모두 비용 처리가 되고, DB형은 퇴직연금운용자산으로 처리한다.
퇴사시 회계 처리	회계처리 없음.	퇴직급여충당부채 100 퇴직연금운용자산 100	DC형은 불입하면 퇴직금 지급 의무를 다한 것이고, DB형은 근로기준법상의 퇴직금을 지급해야 한다.

구 분	DC형	DB형	비고
결산시 회계 처리	퇴직급여 100 미지급비용 100	퇴직급여 100 퇴직급여충당부채 100	DC형의 경우 미납액을 미지급 비용으로 회계처리하며, DB형 은 퇴직금추계액이 퇴직급여 충당부채로 계상되어야 한다.

16 현금과부족 계정 정리

장부상 현금과 실제 현금 보유 잔액이 다를 경우 정리를 해줘야 한다. 혹시 발생하고 이유도 모르는 경우는 잡손실로 처리하고 보유 현금과 맞춰준다.

정리자료	차변		대변	
현금과부족 차변 잔액 80원 원인불명	잡손실	80	현금과부족	80
현금과부족 대변 잔액 50원 원인불명	현금과부족	50	잡이익	50

17 법인세비용 계상

외감법인의 경우 발생 기준에 따라 법인세를 당기에 반영해 줘야 한다. 만일 20×1년 결산을 한다고 하면 법인세비용은 20×2년 3월 말에 확정·납부하게 되나 20×1년 실적으로 인한 법인세이므로 해당 연도에 표시해 주어야 한다. 단, 법인세는 세무조정 등 복잡한 절차를 거쳐야 하므로 외감법인이 아닌 곳에서는 납부 기준으로 법인세를 반영해도 된다.

<外감법인 : 20×1년 12월 31일 발생 시점>

법인세비용	×××	미지급법인세	×××

<비外감법인 : 20×2년 3월 31일 납부 시점>

법인세비용	×××	보통예금	×××

18 당기순이익(손익)의 이익잉여금 대체

회계의 구조상 당기순이익(당해연도 1년 동안 발생한 순이익)이 발생한 만큼 회사가 보유하고 있는 회계상 잉여금이 늘어나게 된다. 따라서 순이익이 발생한 만큼 이익잉여금(회사의 순이익 합계)으로 대체(개인기업의 경우 자본금에 대체) 하고 또한 이익잉여금을 미처분이익잉여금으로 대체하는 분개가 결산분개로써 장부에 들어가게 된다.

회계프로그램에서 결산분개를 누르면 자동으로 마감을 해준다.

당기순이익(손익) → 이익잉여금 → 미처분이익잉여금으로 대체

19 개인사업자의 인출금 결산 정리

개인회사의 사장님이 회사 매장 내의 상품이나 현금 등을 개인용도로 사용하는 경우, 그 사용 금액만큼 자본금이 감소한다. 이러한 개인적 사용이 빈번할 경우 매번 자본금을 감소시켜 차변에 기록하면 그만큼 자본금계정이 복잡해진다는 단점이 있다.

그러므로 자본금에 대한 평가계정인 '인출금' 계정을 설정하여 기록했다가 결산 시 일괄하여 자본금계정에서 차감 대체한다.

정리자료	차변		대변	
기업주가 현금을 개인적으로 사용시	인출금	80	현금	80
기업의 상품을 개인적으로 사용하는 경우	인출금	50	매입(원가)	50
기말 결산 시 인출금 정리	자본금	130	인출금	130

20 결산 마감분개

마감분개 순서
수익계정의 마감
비용계정의 마감
집합손익 계정의 마감
이익이나 손실을 이익잉여금으로 대체

회계의 5요소 중 자산, 부채, 자본은 기업의 경제적 자원과 그 자원의 재무 조달을 보여주는 요소이다. 이들 요소는 한 회계기간에 끝나는 회계 요소가 아니다.

예를 들어, A 기업의 20X1년 12월 31일(회계기간 20X1년 1월 1일부터 20X1년 12월 31일까지), 즉 기말의 자산이 100,000원이고 부채가 30,000, 자본이 70,000이라고 하자. 한 회계기간이 종료되고 20X2년 1월 1일이 도래했을 때

A 기업의 자산은 0인가?

부채는 0인가?

자본은 0인가?

회사를 폐업하지 않는 이상 자산, 부채, 자본은 남아있다.

20X2년 1월 1일 A 기업의 자산은 100,000원, 부채는 30,000원이며 이 기업의 자본은 70,000원이다.

반면 수익과 비용은 기업의 일정 기간 즉 1년간의 경영성과(1년 동안 벌어준 돈)를 보여주는 것이다. 한 회계기간인 1년 동안 수익이 100,000원이고 비용이 50,000원이라고 하면 1년간 이익은 50,000원으로, 해당 회계기간에 50,000원의 이익이 증가해서 50,000원의 총자산이 증가한 것이다. 이는 재무상태표의 이익잉여금에 합산되어 나타난다.

그리고 다음 연도에는 새로운 수익과 비용을 계산하기 위해 다음 회계기간이 시작되었을 때 수익 0원 비용 0원으로 만들고 시작한다. 이를 마감분개라고 한다. 즉 새로운 회계기간에 수익과 비용은 0으로 시작해서 그 회계기간 동안의 경영성과를 보여준다.

구 분		
20×1년	재무상태표	자산 100,000원 = 부채 30,000원 + 자본 70,000원
	손익계산서	수익 100,000원 − 비용 50,000원 = 이익 50,000원
20×2년	재무상태표	자산 150,000원 = 부채 30,000원 + 자본 70,000원 + 20×1년 이익 50,000
	손익계산서	수익 ?원 − 비용 ?원 = 이익 ?원 결산 마감분개 후 수익 0원, 비용 0원으로 시작

수익계정과 비용계정의 마감이란 수익계정과 비용계정을 모두 제거하여 0으로 만드는 것이다.

예를 들어, 용역수익이 10만 원이고 급여가 3만 원이라고 가정하면 기중에 분개에서는 다음과 같이 기록한다.

현금	100,000 / 용역매출	100,000

급여	30,000 / 현금	30,000

현금계정은 자산 항목이므로 마감을 하지 않는다. 용역수익은 수익계정이므로 대변에 기록되어 있는데 마감 즉 용역수익을 0으로 만들기 위해 대변에 있는 용역수익을 차변으로 제거한다.

용역매출	100,000	?	?

위와 같이 분개하면 대변에 나타나는 분개가 없으므로 복식부기의 원리에 맞지 않는다. 따라서 임시로 집합손익이라는 계정과목
을 대변에 기록한다.

용역매출	100,000	집합손익	100,000

수익계정과 마찬가지로 급여라는 비용 계정과목도 마감 즉 0으로 제거한다. 이를 위해서 차변에 기록되어 있는 급여계정을 대변으로 제거한다.

?	?	급여	30,000

위와 같이 분개하면 역시 차변에 계정과목이 기록되지 않는다. 따라서 차변에 임시로 집합손익이라는 계정과목을 기입한다.

집합손익	30,000	급여	30,000

위의 분개를 다시 정리하면

현금	100,000	용역매출	100,000

급여	30,000	현금	30,000

용역매출	100,000	집합손익	100,000

집합손익	30,000	급여	30,000

이제 용역수익은 0이고 급여도 0이다.

그러나 집합손익계정의 대변 합계 10만 원 차변합계 3만 원으로 대변에 잔액이 7만 원이 남는다. 집합손익계정도 임시계정이므로 대변에

남아있는 집합손익 7만 원을 차변으로 제거한다.

집합손익	70,000	?	?

대변에는 어떤 회계 요소가 기록될까?

용역수익 10만 원이 발생하고, 급여가 3만 원이 지급되어 이 기업의 경영성과 7만 원은 기업이 벌어들인 돈, 즉 자본 항목 중 이익잉여금이다. 그러므로 다음과 같이 분개한다.

집합손익	70,000	자본(이익잉영금)	70,000

손익계산서 계정과목은 위와 같은 복잡한 절차를 거치게 되지만, 재무상태표 계정과목은 총계정원장 상의 잔액을 그대로 옮겨 적기만 하면 되므로, 손익계산서의 계정들처럼 별도의 다른 계정과목에 숫자를 모으는 절차가 필요 없다.

따라서 총계정원장 상에서 잔액을 "차기이월"로 기재하여 차변과 대변을 일치시켜 올해를 마감하고, 내년에 사용할 깨끗한 새 장부에 계정과목별 이름을 견출지에 만들어 붙인 다음 맨 위 줄에 동 잔액을 "전기이월"란에 기재해 놓으면 다음 연도에 새로운 장부가 된다.

그런데 결산 마감분개는 실무적으로는 필요가 없다.

회계프로그램에서는 결산 마감이라는 메뉴 버튼을 몇 번 클릭하면 자동으로 마감분개가 이루어지기 때문이다.

그러나 그 원리는 알아둘 필요가 있다.

재무제표의 뜻과 종류

1 재무제표의 뜻

재무제표는 기업이 일정한 영업 기간에 발생한 경영성과와 재무상태를 명확히 하기 위해서 일반적으로 인정된 회계 원칙에 따라 기록, 계산, 정리하고, 그 결과로 얻은 회계 정보를 기업의 이해관계자에게 제공하기 위하여 일정한 양식으로 작성하는 보고서(financial statements)를 말한다.

재무제표의 목적은 기업의 회계 정보이용자에게 경제적 의사결정에 유용한 기업의 재무상태, 경영성과, 재무상태 변동, 현금흐름에 관한 정보를 제공하는 데 있다.

재무제표의 형식은 회계 정보 이용자에게 과거와 현재의 재무상태 및 경영성과를 파악할 수 있도록 당해 연도분과 직전 연도분을 비교하는 형식으로 작성하도록 규정하고 있다.

재무제표의 양식은 보고식을 원칙으로 하지만 재무상태표는 계정식으로 할 수도 있다.

중소기업회계기준과 한국채택국제회계기준의 재무제표 구성항목의 명칭은 약간의 차이가 있다.

보고식	계정식

재무상태표
제1기 20×2.1.1.~20×2.12.31
제2기 20×3.1.1.~20×3.12.31

(단위 : 백만원)

자산	제 61 기 1분기말	제 60 기말
유동자산	2,406,136	1,831,399
현금및현금성자산	440,233	210,756
금융기관예치금	1,350,000	1,550,000
미수금및기타채권	614,690	69,826
기타유동자산	1,213	817
비유동자산	7,855,548	7,877,300
기타금융자산	175,764	189,309
장기미수금및기타채권	1,605	505
종속기업투자	758,789	758,789
관계기업투자	6,034,875	6,034,875
기타비유동자산	2,105	2,775
유형자산	40,882	41,321
투자부동산	823,680	828,833
무형자산	16,854	19,888
사용권자산	994	1,005
자산총계	10,261,684	9,708,699
부채		
유동부채	601,625	179,868
미지급금및기타채무	550,793	139,698
당기법인세부채	36,361	33,721
기타유동부채	13,891	5,833
유동리스부채	580	616
비유동부채	135,495	118,574
파생상품부채	38,982	38,982
장기미지급금및기타채무	8,462	8,357
순확정급여부채	1,884	260
이연법인세부채	81,782	66,510
기타비유동부채	3,964	4,069
리스부채	421	396
부채총계	737,120	298,442
자본		
자본금	801,613	801,613
자본잉여금	2,413,576	2,413,576
기타자본항목	(1,569,515)	(1,569,515)
기타포괄손익누계액	27,997	23,965
이익잉여금	7,850,893	7,740,618
자본총계	9,524,564	9,410,257
자본과부채총계	10,261,684	9,708,699

재무상태표
제1기 20×2.1.1.~20×2.12.31
제2기 20×3.1.1.~20×3.12.31

계정과목	금액	계정과목	금액
유동자산	9417	유동부채	346-
당좌자산	9350	매입채무	234
현금 및 현금성 자산	1160	미지급금	990
단기금융상품	7000	선수금	306
만기보유증권	0	예수금	38
매출채권	3613	미지급법인세	477
(대손충당금)	(19)	선수수익	12
미수금	1127	예수보증금	1400
(대손충당금)	(602)		
미수수익	222	비유동부채	1881
선급비용	24	퇴직급여충당부채	715
이연법인세자산	77	(퇴직연금운용자산)	(524)
재고자산	66	임대보증금	1536
상품	55	이연법인세부채	354
원재료	3	부채총계	5342
저장품			
		자본금	6318
비유동자산	6868	보통주자본금	6318
투자자산	3		
장기금융상품	3	이익잉여금	4625
유형자산	6859	이익준비금	2666
토지	1	미처분이익잉여여분	1939
건물	20	당기순이익	1933
(감가상각누계액)	(15)		
구축물	255	자본총계	10943
(감가상각누계액)	(255)		
기계장치	1664		
(감가상각누계액)	(1593)		
(국고보조금)	(13)		
차량운반구	517		
(감가상각누계액)	(436)		
기타유형자산	2406		
(감가상각누계액)	(2213)		
무형자산	5		
기타무형자산	5		
기타비유동자산	0.6		
보증금	0.6		
자산총계	16286	부채와자본총계	16286

재무상태표(국제회계기준)	손익계산서(국제회계기준)

최소한의 내용 - 재무상태표

자 산	부 채
유형자산	충당부채
투자부동산	금융부채
무형자산	매입채무 및 기타채무
금융자산	당기 법인세와 관련된 부채
지분법에 따라 회계처리하는 투자자산	이연법인세부채
생물자산	매각예정으로 분류된 처분자산집단에 포함된 부채
재고자산	**자 본**
매출채권 및 기타채권	지배기업의 소유주에게 귀속되는 자본금
현금및현금성자산	자본에 표시된 소수주주지분
당기 법인세와 관련한 자산	
이연법인세자산	
매각예정으로 분류된 비유동자산	

최소한의 내용 - 포괄손익계산서

단일 포괄손익계산서	두 개의 보고서(별개의 손익계산서+포괄손익계산서)
	별개의 손익계산서
(+) 수익	
(-) 금융원가	
(±) 지분법익	
(±) 법인세비용	좌동(수익~당기순손익)
세후 중단영업손익	
당기순손익 → 소수주주지분 / 지배기업의 소유주지분	
(±) 성격별로 구성되는 각 기타포괄손익	**포괄손익계산서**
총포괄손익 → 소수주주지분 / 지배기업의 소유주지분	당기순손익 → 소수주주지분 / 지배기업의 소유주지분 (±) 성격별로 구성되는 각 기타포괄손익 총포괄손익 → 소수주주지분 / 지배기업의 소유주지분

[재무상태표]	[손익계산서]

[재무상태표]

자산
I. 유동자산
II. 비유동자산 > 1년 안에 현금화
부채(남에게 빌려서 조달)
I. 유동부채
II. 비유동부채 > 1년 안에 상환
자본(주식발행으로 조달)
I. 자본금
II. 자본잉여금
III. 이익잉여금

[손익계산서]

I. 매출액
II. 매출원가
III. 매출총이익 > 생산활동 성과
IV. 판매관리비
V. 영업이익 > 영업활동 성과
VI. 영업외수익(비용)
VII. 법인세차감전이익
VIII. 법인세비용
IX. 당기순이익 > 전체 활동성과

2 재무제표의 종류

현행 기업회계기준서의 재무제표는 개별재무제표를 주 재무제표로 하고 있지만, 한국채택국제회계기준은 연결재무제표를 주 재무제표로 규정하고 있다.

구 분	종 류
중소기업 회계기준	대차대조표, 손익계산서, 자본변동표 또는 이익잉여금 처분계산서(또는 결손금처리계산서)
일반기업 회계기준	재무상태표, 손익계산서, 현금흐름표, 자본변동표, 주석
한국 채택 국제회계기준	재무상태표. (포괄)손익계산서, 자본변동표, 현금흐름표, 주석, 그 밖의 보고서와 설명 자료 ※ 외감법도 이와 같음
상 법	대차대조표, 손익계산서, 자본변동표 또는 이익잉여금 처분계산서(또는 결손금처리계산서)

구 분	종 류
법인세법	재무상태표, (포괄)손익계산서, 이익잉여금처분계산서(또는 결손금처리 계산서), 현금흐름표, 세무조정계산서

주 재무상태표 = 대차대조표

재무상태표
기업의 **일정 시점**의 자산, 부채, 자본의 재무 상태를 나타내는 결산 보고서

손익계산서
기업의 **일정기간동안**의 수익, 비용 등 경영성과를 나타내는 결산 보고서

재무제표

자본변동표
기업의 **일정기간동안**의 자본의 크기와 그 변동에 관한 포괄적인 정보를 제공하는 결산 보고서

현금흐름표
기업의 **일정기간동안**의 현금흐름(유입과 유출)을 나타내는 결산 보고서

주석
재무제표상의 해당 과목 또는 금액에 대하여 그 쪽수의 밑(난외)이나 별지에 동일한 기호나 번호를 사용하여 그 내용을 보충 설명하는 것

3 개별 재무제표, 별도 재무제표, 연결 재무제표

종속회사가 없는 기업들은 개별재무제표만 작성하면 되고, 종속회사가 있는 기업들은 연결재무제표와 별도 재무제표 두 가지 종류의 재무제표를 작성하면 된다.

연결재무제표를 작성함으로써 종속회사 또는 관계회사와 관련된 이익의 영향까지 알 수 있으니, 종속회사 또는 관계회사로 인한 이익을 전부 배제하고 모회사만의 실적을 나타내는 재무제표가 필요하다는 것이 한국채택국제회계기준의 기본 입장이다. 이것이 별도 재무제표다.

연결재무제표

종속기업을 보유하는 지배기업은 연결재무제표를 작성하며, 연결재무제표란 지배기업과 그 종속기업의 자산, 부채, 자본, 수익, 비용, 현금흐름을 하나의 경제적 실체로 표시하는 연결 실체의 재무제표이다.

별도 재무제표

종속기업을 보유하는 지배기업은 본인의 재무제표인 별도 재무제표를 작성한다. 별도 재무제표를 작성할 때, 종속기업, 공동기업, 관계기업에 대한 투자자산은 [1] 원가법 [2] 공정가치법(K-IFRS 제1109호 금융상품) [3] 지분법(제1028호 관계기업과 공동기업에 대한 투자) 중 하나의 방법으로 처리한다.

개별재무제표

종속기업을 보유하지 않는 회사는 본인의 재무제표인 개별재무제표를 작성한다. 하나의 회사만 운영하는 대다수 회사가 일반적으로 작성하는 재무제표이다.

구 분	해 설
연결재무제표	지배회사와 종속회사를 하나의 회사로 간주해서 작성한 재무제표를 말한다. 즉 종속회사를 지배회사의 하나의 사업부 또는 지점으로 보고, 둘 이상의 회사의 재무제표를 합산해서 한 회사의 재무제표로 작성한 것이다. 종속회사가 있는 지배회사의 경우 연결재무제표와 지배회사 자체의 개별재무제표도 작성해야 한다.
별도재무제표	지배회사가 종속회사나 관계회사가 벌어들인 이익(지분법 이익)을 반영하지 않은 방식을 말한다. 지배회사가 작성하는 개별재무제표로써 지배회사가 종속회사나 관계회사의 지분을 표시할 때 지분법이 아닌 원가법이나 공정가치로 평가하는 방법을 의미한다.
개별재무제표	애초에 종속회사가 없는 등의 사유로 연결재무제표를 작성하지 않는 개별 회사가 작성하는 재무제표를 말한다.

4 재무제표의 상호관계

[영업활동]
구매. 생산. 판매

[재무활동]
부채 및 자기자본조달

[투자활동]
생산 설비투자 등

[재무제표]
① 재무상태표
② 손익계산서
③ 이익잉여금처분계산서
④ 현금흐름표 등

[재무제표의 상호관계]

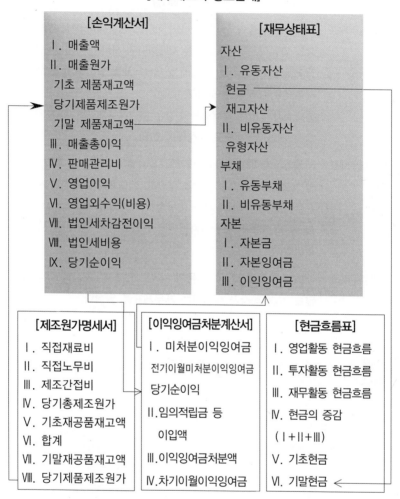

[손익계산서]

Ⅰ. 매출액
Ⅱ. 매출원가
  기초 제품재고액
  당기제품제조원가
  기말 제품재고액
Ⅲ. 매출총이익
Ⅳ. 판매관리비
Ⅴ. 영업이익
Ⅵ. 영업외수익(비용)
Ⅶ. 법인세차감전이익
Ⅷ. 법인세비용
Ⅸ. 당기순이익

[재무상태표]

자산
 Ⅰ. 유동자산
  현금
  재고자산
 Ⅱ. 비유동자산
  유형자산
부채
 Ⅰ. 유동부채
 Ⅱ. 비유동부채
자본
 Ⅰ. 자본금
 Ⅱ. 자본잉여금
 Ⅲ. 이익잉여금

[제조원가명세서]

Ⅰ. 직접재료비
Ⅱ. 직접노무비
Ⅲ. 제조간접비
Ⅳ. 당기총제조원가
Ⅴ. 기초재공품재고액
Ⅵ. 합계
Ⅶ. 기말재공품재고액
Ⅷ. 당기제품제조원가

[이익잉여금처분계산서]

Ⅰ. 미처분이익잉여금
  전기이월미처분이익잉여금
  당기순이익
Ⅱ.임의적립금 등
  이입액
Ⅲ.이익잉여금처분액
Ⅳ.차기이월이익잉여금

[현금흐름표]

Ⅰ. 영업활동 현금흐름
Ⅱ. 투자활동 현금흐름
Ⅲ. 재무활동 현금흐름
Ⅳ. 현금의 증감
  (Ⅰ+Ⅱ+Ⅲ)
Ⅴ. 기초현금
Ⅵ. 기말현금

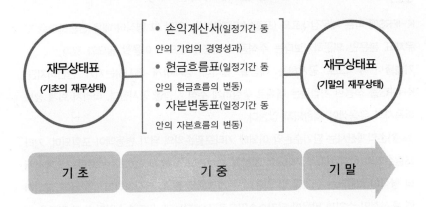

[재무제표의 상호 연관성]

재무상태표
(기초의 재무상태)

- 손익계산서(일정기간 동안의 기업의 경영성과)
- 현금흐름표(일정기간 동안의 현금흐름의 변동)
- 자본변동표(일정기간 동안의 자본흐름의 변동)

재무상태표
(기말의 재무상태)

기 초   기 중   기 말

5 재무제표를 조회할 수 있는 사이트

구 분	볼 수 있는 정보
전자공시시스템 다트(dart.fss.or.kr)	• 운영기관 : 금융감독원 • 조회 가능 기업 : 상장법인(비상장법인 중 외부감사법인 포함)
중소기업 현황정보 시스템(sminfo.mss.go.kr)	• 주관기관 : 중소기업청 • 운영기관 : 한국기업데이터 • 조회 가능 기업 : 대한민국 중소기업
공공기관경영정보공개시스템, 알리오(ALIO) (www.alio.go.kr)	• 운영기관 : 기획재정부 • 운영목적 : 공공기관의 경영투명성 및 국민감시기능을 강화하기 위함 • 조회 가능 기관 : 기획재정부장관이 매년 지정하는 공공기관

K-IFRS 재무제표를 볼 때 유의할 사항

K-IFRS에 따른 재무상태표와 (포괄)손익계산서는 일단 그 형식이 매우 단순하므로 재무제표 본문만 의존하기보다는 주석공시 내용을 반드시 이용할 필요가 있다.

기업들이 주석으로 공시하는 내용을 얼마나 상세하게 제시하는지가 관건이지만, K-IFRS를 적용한 기업들은 대체로 충실하게 주석 사항을 공시한다. 따라서 회계 정보 이용자의 유용성이 제한되지 않는다.

(포괄)손익계산서는 당기순손익 이외에 기타포괄손익의 당기 변동액이 포함되며, 기타포괄손익의 잔액은 재무상태표의 자본에 표시된다. 이렇게 작성하는 (포괄)손익계산서의 형식이 처음에는 생소할 수 있으나, 논리적으로 볼 때 타당하다고 판단된다. 왜냐하면 통상적인 수익과 비용이 당기순손익으로 집계되는데, 당기순손익의 누적 잔액은 재무상태표의 이익잉여금으로 표시된다. 마찬가지로 기업의 순자산에 변동(단, 자본거래로 인한 변동은 제외)을 가져왔지만, 당기순손익을 구성하지 못하는 금액도 그 잔액만 재무상태표에 표시할 것이 아니라 당기 변동액을 (포괄)손익계산서를 통해서 제공해 주는 것이 바람직할 것이다. 또한 차제에 기업의 성과를 당기순손익이 아니라 총 포괄손익까지 확대하는 것으로 그 개념을 전환하는 것도 고려해 볼 만하다.

K-IFRS에서는 (포괄)손익계산서의 영업손익 구분표시가 의무 사항은 아니지만, K-IFRS의 적용 기업들은 영업손익을 구분표시하고 있다.

그러나 영업손익을 구성하는 항목들은 기업마다 차이가 있을 수 있다. 종전 기업회계기준에 따라 손익계산서를 작성할 때 영업외수익 · 비용으로 구분되던 항목 중 일부가 K-IFRS를 적용할 경우 기업의 재량에 따라 영업손익에 포함될 수 있으며, K-IFRS 적용 기업의 영업손익도 그 구성내용이 기업마다 다소 상이함을 알 수 있다. 따라서 회계 정보이용자는 기업들이 영업손익을 단순 비교하기보다는 영업손익을 구성하는 개별 항목에 대해서도 주의 깊게 살펴볼 필요가 있다.

회사의 재무상태와 재무상태표

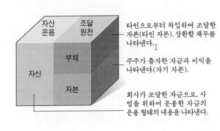

타인으로부터 차입하여 조달한 자본(타인 자본), 상환할 채무를 나타낸다.

주주가 출자한 자금과 이익을 나타낸다(자기 자본).

회사가 조달한 자금으로, 사업을 위하여 운용한 자금의 운용 형태의 내용을 나타낸다.

재무상태표는 <u>회계연도 말 현재</u> 기업의 재무 상태를 총괄적으로 표시하는 보고서이다. 재무상태표는 자본이 어떻게 모아졌고(= 조달 원천), 그 자금이 어떻게 사용되었는가(= 자산 운용)를 대조하여 표시함으로써 기업의 재무상태를 명확히 하는 기능을 한다.

재무상태표의 형식에는 계정식과 보고식이 있으며, 기업회계기준에서는 두 형식을 모두 허용하고 있으나 일반적으로 자산·부채·자본을 동시에 파악할 수 있는 계정식을 주로 사용하고 있다.

계정식 재무상태표는 '자산 = 부채 + 자본'의 재무상태표 등식에 따라 차변에 자산 항목을, 대변에 부채 및 자본 항목을 표시하여 대·차 합계가 일치하도록 기재하는 형식이다.

재무상태표

자 산	부채, 자본
재산의 형태(자금의 운영 측면)	자금의 원천(자금의 조달 측면)

그러나 보고식 재무상태표는 대·차변을 구분하지 않고, 먼저 자산 항목을 기재하고, 이어서 부채(= 타인자본) 및 자본(= 자기자본) 항목을 순차적으로 기재하는 형식이다.

이때에도 자산 합계와 부채 및 자본 합계는 일치해야 한다.

재무상태표를 작성할 때는 작성 연월일과 회사의 명칭을 기재해야 하며, 금액은 원, 천 원 또는 백만 원 등의 금액 단위를 우측 상단에 기재하고, 전년도와 비교하는 형식으로 보고한다.

1 재무상태표의 자산

기업이 경영 활동을 수행하기 위해서는 현금·상품·건물·비품 등의 재화가 필요하다. 또한, 상품을 외상으로 매출한 경우는 그 대금을 청구할 수 있는 권리(외상매출금)와 현금을 다른 사람에게 빌려주었으면 그것을 되돌려받을 청구권(대여금) 등의 채권이 발생한다.

이같이 기업이 경영 활동을 수행하기 위하여 소유하고 있는 재화와 다른 사람으로부터 받을 채권을 회계에서는 자산(assets)이라고 하며, 자산은 흔히 우리 집 재산을 생각하면 된다. 재산은 크게 은행에 넣어둔 예금과 같이 1년 안에 현금화가 가능한 유동자산과 현금화하는데, 1년 이상 걸리는 비유동자산으로 나눌 수 있다.

2 재무상태표의 부채

기업이 상품을 외상으로 매입한 경우 그 대금을 지급할 채무(외상매입금)와 은행으로부터 자금을 빌린 경우 이를 상환해야 하는 채무(차입금)가 발생한다.

이 같은 각종 채무를 회계에서는 부채(liabilities)라고 한다. 즉 가계에서의 카드론이나 단기간 신용대출, 부동산 담보 대출 등을 의미한다고 보면 된다. 회사도 1년 안에 갚아야 하는 부채를 유동부채, 1년 이후에 갚아도 되는 부채를 비유동부채로 분류한다.

3 재무상태표의 자본

자본(capital)은 기업의 출자자(개인기업은 사장, 주식회사는 주주)가 출자한 금액과 영업활동을 통하여 증가된 부분(= 잉여금)을 포함한다. 회계에서는 기업 소유의 자산 총액에서 채권자에게 갚을 부채 총액을 차감한 순자산을 자본이라고 한다.

재무상태표

일정 시점을 의미한다.

2024년 12월 31일   ㈜지식만들기

자산		부채	
유동자산		**유동부채**	
현금(돈)	250,000	외상매입금	400,000
예금(돈)	200,000	차입금	300,000
상품(판매 물건 : 재고자산)	500,000	**비유동부채**	
비유동자산		장기차입금	800,000
투자부동산(투자자산)	500,000	**자본**	
건물(보유 물건 : 유형자산)	500,000	자본금	450,000
특허권(권리 : 무형자산)	200,000	잉여금	200,000
합계	2,150,000	합계	2,150,000

대차평균의 원리에 의해 차대변은 항상 금액의 합이 일치해야 한다.

기업은 계속하여 경영활동을 수행한다. 기업의 경영활동에 의하여 자산·부채·자본은 증감·변화한다.

그 결과, 기말자본이 기초자본보다 많으면 그 차액은 순이익(또는 당기순이익)이 되며, 반대로 기말자본이 기초자본보다 적으면 그 차액은 순손실(또는 당기 순손실)이 된다.

4 재무상태표의 형식

중소기업회계기준에서는 재무상태표의 형식을 제시하고, 그 항목을 상세하게 예를 들어 보여 주고 있으나 K-IFRS 상으로는 재무상태표의 형식을 제시하지 않고 포함될 최소한의 항목만을 대분류 수준에서 언급하고 있다.

중소기업회계기준	차이	국제회계기준
재무상태표의 형식을 제시하고 그 항목을 상세하게 예를 들어 보여 줌		재무상태표의 형식을 제시하지 않고 포함될 최소한의 항목만을 대분류 수준에서 언급

5 계정과목의 배열 방법

계정과목을 재무상태표에 배열하는 기준으로 중소기업회계기준은 유동성/비유동성 구분법과 유동성 순서에 따른 표시 방법의 두 가지 방법을 함께 고려해서 재무제표를 표시하도록 하고 있으나 K-IFRS에서는 유동성/비유동성 구분법과 유동성 순서에 따른 표시 방법을 각각 구분해서 두 가지의 다른 재무상태표 작성 방법에 따라 작성하도록 하고 있다.

중소기업회계기준	차이	국제회계기준
유동성/비유동성 구분법과 유동성 순서에 따른 표시 방법의 두 가지 방법을 함께 고려해서 작성		유동성/비유동성 구분법과 유동성 순서에 따른 표시 방법을 각각 구분해서 두 가지의 다른 방법으로 작성

한국채택국제회계기준 상 재무상태표 구분표시 방법

1. 원칙

유동성/비유동성 구분법 : 영업주기 내에 재화와 용역을 제공하는 경우

유동성/비유동성 구분법은 유동자산과 비유동자산, 유동부채와 비유동부채로 구분하여 표시하는 것인데, 이러한 유동 항목과 비유동 항목으로 구분해서 표시하는 경우라면 굳이 유동자산/유동부채를 비유동자산/비유동부채보다 앞에 표시하지 않아도 된다. 실제로 IFRS 재무상태표를 보면 일부 기업들은 비유동자산을 유동자산보다 앞에 표시하고 있다. 이 경우 이연법인세자산(부채)은 비유동자산(부채)으로 분류한다.

2. 예외

❶ 유동성배열법 : 유동성/비유동성 구분법보다 신뢰성 있고 더욱 목적 적합한 정보를 제공하는 경우 : 금융업

유동성배열법은 재무상태표의 계정과목 배열을 유동성이 높은 것부터 차례로 열거하는 방법을 말한다. 따라서 유동 항목으로부터 비유동 항목으로 환금성이 빠른 것부터 먼저 재무상태표에 기입한다.

❷ 혼합표시 방법의 허용 : 혼합표시가 신뢰성 있고, 더욱 목적 적합한 정보를 제공하는 경우 유동성/비유동성 구분법과 유동성배열법을 혼합해서 사용할 수 있다. 즉, 자산·부채 일부는 유동성/비유동성 구분법으로 나머지는 유동성 순

서에 따른 표시 방법으로 표시하는 것이 허용된다. : 기업이 다양한 업종을 영위하는 경우 필요하다.

일반기업회계기준

유동성/비유동성 구분법 및 유동성배열법(K-IFRS : 유동성/비유동성 구분법과 유동성배열법 중 선택)

6 자산의 정확한 가치평가

일상에서 우리는 본인의 재산을 객관적으로 인정받기 위해 공시지가나 감정평가액을 이용한다.

이같이 회계에서도 기업재산의 가치를 객관적으로 인정받기 위한 제도적 약속이 필요하며, 이와 관련한 제 방법이 자산평가다.

자산평가는 자산의 진정한 가치를 계산해서 정확한 금액을 장부에 기록함으로써 이해관계자가 합리적 의사결정에 유용한 정보로 활용이 가능하게 하기 위한 것이다. 따라서 궁극적으로 회계에서 자산을 평가하는 이유는 회계장부에 정확한 자산의 가액을 기록하기 위함이다.

자산평가를 하는 데 있어서 회계에서는 전통적으로 취득원가(역사적원가)주의를 채택하고 있으며, 일부 자산에 대해서는 공정가치 또는 저가기준으로 자산을 평가하고 있다.

그리고 자산의 평가는 주로 회계연도 말 재무제표의 작성 시점에 실시하는 데, 최초 가액과 기말가액의 차이를 평가이익 또는 평가손실이라고 해서 영업외이익이나 영업외손실로 반영한다.

구 분	측정방법
단기매매금융자산 등 유가증권	공정가치로 평가
대여금과 수취채권(받을어음 등)	대손충당금으로 인식
금융부채	상각후원가로 평가
재고자산	공정가치로 평가
투자부동산	원가모형 또는 공정가치모형
유형자산	원가모형 또는 재평가모형
무형자산	원가모형 또는 재평가모형

원가법(취득원가, 일반적 자산)

원가법은 자산을 최초 취득할 당시에 지불한 현금 또는 현금등가물로 기록하는 것을 말한다. 흔히 회계처리라고 하면 취득원가에 의한 회계처리를 말한다.

예를 들어 (주)지식이 (주)만들기로부터 100만 원의 현금을 주고 제품을 구입했다고 하면 구입한 ㈜지식은

재고자산(제품)	1,000,000 / 현금	1,000,000

와 같이 회계처리를 한다.

그리고 보유기간 중 동제품의 원가가 상승해 110만 원이 되더라도 그 가치의 증가분을 인식해 110만 원으로 장부에 적지는 않다가 동 자산을 120만 원에 (주)만들기에 팔았다면 ㈜지식은

현금	1,200,000 / 재고자산(제품)	1,000,000
	제품매출이익	200,000

의 회계처리를 한다. 즉, 자산을 처분할 때까지 취득원가주의는 동 자산에 대한 손실과 이익을 인식하지 않는다.

원가 모형(투자부동산, 유형자산, 무형자산)

원가 모형은 유형자산을 취득원가 - 감가상각누계액 - 손상차손누계액 = 장부가액으로 처리하는 방법을 말한다.

 ## 공정가치(단기매매금융자산 등 유가증권)

공정가치는 일반적으로 시가를 말하는 것으로 합리적인 판단력과 거래 의사가 있는 독립된 당사자 간의 거래에서 자산이 매각 또는 구입되거나 부채가 결제 또는 이전될 수 있는 교환가치를 말한다. 해당 자산에 대한 시장가격이 존재하면 이 시장가격은 당해 자산에 대한 공정가치가 된다. 예를 들어 상장주식의 경우 해당 주식의 시가가 공정가치가 된다.

공정가액법은 주로 유가증권의 평가 시 사용하는 방법으로 자산을 최초 취득 시에는 취득원가로 기록하고, 취득 후에는 유가증권의 시가 변동 시 시가를 장부가액으로 기록하는 방법을 말한다.

예를 들어 (주)지식만들기가 단기매매목적의 유가증권을 100만 원에 취득하였다면

단기매매금융자산	1,000,000	현금	1,000,000

의 회계처리를 한다.

그리고 기말에 유가증권의 시가가 110만 원으로 상승하였다면 취득원가주의하에서는 10만 원의 가치증가분(110만 원 - 100만 원)을 인식하는 회계처리를 하지 않으나 공정가액법에서는

단기매매금융자산	100,000	단기매매금융자산평가이익	100,000

의 회계처리를 하고 110만 원을 기말 현재 장부상 단기매매금융자산의 가액으로 본다.

공정가치 모형(투자부동산)

공정가치 모형은 공정가치를 신뢰성 있게 측정할 수 없는 경우를 제외하고, 공정가치로 투자부동산을 평가하는 방법을 말한다.

상각후가치(금융부채)

상각후가치는 유효이자율을 이용해서 당해 자산 또는 부채에 대한 현재의 가액으로 측정한 가치를 말한다.

재평가 모형(유형자산, 무형자산)

재평가 금액 - 감가상각누계액 - 손상차손누계액 = 장부가액으로 처리하는 방법을 말한다.

재평가 모형이란 취득일 이후 재평가일의 공정가치로 해당 자산 금액을 수정하고 당해 공정가치에서 재평가일 이후의 감가상각누계액과 손상차손누계액을 차감한 금액을 장부가액으로 공시하는 방법이다.

재평가는 매 보고기간말마다 수행해야 하는 것은 아니며, 보고기간 말에 자산의 장부가액이 공정가치와 중요하게 차이가 나지 않도록 주기적으로 수행해야 하며, 재평가의 빈도는 재평가되는 유형자산의 공정가치 변동에 따라 달라진다. 공정가치 변동이 빈번하고 그 금액이 중요하다면 매년 재평가할 필요가 있으나 공정가치의 변동이 중요하지 않아서 빈번한 재평가가 필요하지 않은 경우는 3년이나 5년마다 재평가할 수 있다. 또한 유형자산 별로 선택적 재평가를 하거나 재무제표에서 서로 다른 기준일의 평가금액이 혼재된 재무보고를 하는 것을 방지하기 위해서 동일한 분류 내의 유형자산은 동시에 재평가한다.

그러나 재평가가 단기간에 수행되며, 계속해서 갱신된다면 동일한 분류에 속하는 자산을 순차적으로 재평가할 수 있다.

유형자산을 공정가치로 재평가하는 경우는 공정가치와 장부가액의 차액을 평가손익에 반영하면 된다.

구 분		수익 인식
재평가이익	최초 평가	재평가잉여금(기타포괄이익)으로 자본에 가산
재평가손실	최초 평가	재평가손실로 당기손실로 처리

재평가 모형을 이용해서 유형자산을 측정한 경우 자산의 순장부가액을 재평가 금액으로 수정하는 방법은 다음과 같다.

구 분	수익인식
비례수정법	재평가 후 자산의 장부가액이 재평가 금액과 일치하도록 감가상각누계액과 총장부금액을 비례적으로 수정하는 방법
전액제거법	총장부금액에서 기존의 감가상각누계액 전부를 제거해서 자산의 순장부가액이 재평가금액이 되도록 수정하는 방법

(주)이지는 2××1년 1월 1일 1억원인 건물(내용연수 5년, 정액법)을 취

득하였으며, 각 회계연도 말 현재 재평가한 건물의 공정가치는 다음과
같다.

❶ 2××1년 12월 31일 : 5천만 원

❷ 2××2년 12월 31일 : 8천만 원

(주)이지는 총장부금액에서 기존의 감가상각누계액의 전부를 제거해서
자산의 순장부가액이 재평가금액이 되도록 수정하는 방법을 사용해서
재평가를 회계처리 한다.

1. 취득 시 회계처리

건물	100,000,000	현금	100,000,000

2. 2××1년 12월 31일

감가상각비	20,000,000	감가상각누계액	20,000,000
재평가손실(당기손익)	30,000,000	건물	50,000,000
감가상각누계액	20,000,000		

㈜ 감가상각비 = 1억 원 ÷ 5년 = 2천만 원

㈜ 재평가손실 = (1억 원 - 2천만 원) - 5천만 원 = 3천만 원

3. 2××2년 12월 31일

감가상각비	12,500,000	감가상각누계액	12,500,000
감가상각누계액	12,500,000	재평가이익(당기손익)	22,500,000
건물	30,000,000	재평가잉여금(자본)	20,000,000

㈜ 감가상각비 = 5천만 원 ÷ 4년 = 1,250만 원

㈜ 재평가이익 = 8천만 원 - (5,000만 원 - 1,250만 원) = 4,250만 원

   4,250만 원 - 1,250만 원(감가상각누계액) = 3,000만 원

㈜ 전기 인식 재평가손실 중 감가상각 후 잔액 = 3천만 원 - (3천만 원 ÷ 4년)

   = 2,250만 원

㈜ 재평가이익 중 전기 재평가손실 인식분을 차감한 금액

   = 4,250만 원 - 2,250만 원 = 2,000만 원

7 자산가치의 변화

🧑 자산손상

자산손상은 자산 시가의 급격한 하락이나 내외부적인 원인에 의해 자산의 장부금액만큼 회수가 불가능한 경우 장부금액이 회수 가능 금액보다 크게 표시되지 않게 하려고 손상차손을 인식한다. 즉, 회수가능금액이 150원인데 장부가액이 200원인 경우 장부가액을 200원으로 표시 하지 않고 회수가능금액 150원으로 맞추기 위한 것이다.

매 보고기간 말 손상을 시사하는 징후가 있는지를 검토해서 그러한 징후가 있으면 회수가능액을 추정해야 한다. 하지만 손상을 시사하는 징후가 없으면 회수가능액을 추정할 필요가 없다.

> **자산손상**
>
> ❶ 자산의 실제 가치가 기록된 장부금액보다 낮아지게 되는 것
> ❷ 기록되어 있는 자산 금액을 실제 가치로 낮추고 그 차이만큼을 비용으로 기록

🧑 자산재평가

자산재평가란 기업자산이 물가 상승 등의 요인으로 장부가액과 현실

가액이 크게 차이가 생길 때 자산을 재평가해서 장부가액을 현실화하는 것을 말한다. 예를 들어 장부가액이 150원인 유형자산이 현실적으로 200원인 경우 자산재평가를 해서 200원을 장부가액으로 잡는 경우를 말한다.

자산재평가

❶ 기업의 선택에 의해 자산취득 이후에 공정가치로 자산을 다시 평가해서 기록하는 것
❷ 기업이 반드시 해야 하는 것은 아님
❸ 일반적으로 우리나라는 토지에 대한 자산재평가는 선호하지만, 기계장치의 재평가는 선호하지 않음
➜ 재평가는 기업의 선택사항
➜ 증가 : 기타포괄이익
➜ 감소 : 당기비용

자 산
재 평 가

150원

재평가해 자산가치의
변동분 반영

200원

🥸 감가상각

구입한 자산을 사용함에 따라 진부화, 생산능력의 감소, 마모 등의 원인으로 그 가치가 지속해서 감소하게 되는데, 이를 가치가 감해진다고 해서 감가라고 한다.

예를 들어 올해 초에 1억 원에 구입한 건물을 20년간 사용할 수 있다

고 가정하자

그러면 이 건물은 특수한 원인(시세 변동)으로 가격변동이 없다면 건물의 노후로 인해 매년 그 가치는 조금씩 감소할 것이며, 결국 20년 후에는 철거해야 할 것이다. 결국, 철거 시점에 구입비용 1억 원이 모두 없어지는 것이다.

그러나 건물은 20년간 계속 사용한 것이고 사용으로 인한 노후로 철거에 이르게 된 것(20년 되는 시점 건물이 갑자기 가치가 없어진 것이 아니다.)이므로, 사용하는 기간동안 매년 분할 해서 가치감소분을 계산해야 하는 데 이를 감가상각이라고 한다. 즉 매년 가치의 감소분을 합리적으로 계산해서 장부에 반영하는 것을 감가상각이라고 한다. 따라서 장부상 건물의 가액은 건물 - 감가상각비로 표시가 된다.

감가상각

시간의 흐름에 따른 자산의 가치감소를 회계에 반영하는 것
➜ 감가상각의 방법은 다양한 방법이 있다.
➜ 해당 자산의 가치감소에 가장 타당한 방법을 기업이 선택해서 일관성 있게 적용
➜ 자산에 차감 표시되는 감가상각누계액으로 반영

감가상각 ➜ 150원 자산가치 감소분의 반영 ➜ 30원
비용을 내용연수(5년) 동안
배분(정액법) : 150원÷5년

회사의 경영성과와 손익계산서

손익계산서는 기업의 경영성과를 명백히 밝히기 위하여 일정한 회계기간에 발생한 모든 수익과 이에 대응하는 모든 비용을 기록하여 당기순손익을 표시하는 보고서이다.

손익계산서의 형식은 계정식과 보고식이 있으나, 우리나라의 기업 회계기준에서는 보고식으로 작성하도록 규정하고 있다.

한국채택국제회계기준은 손익계산서를 매출총손익, 법인세 비용 차감전 순이익, 당기순손익 등으로 단계별로 구분하여 표시하도록 규정하고 있다.

1 수익 계정과목의 이해

수익(revenue)은 정상적인 영업활동으로 기업의 자본을 증가시키는 원인이 되는 수입액을 말한다. 수익은 받았거나 받을 대가의 공정가치로 측정한다.

수익에는 상품 또는 제품을 판매한 매출액, 창고업·운송업에서 용역을 제공하고 받는 수입액, 이자수익, 임대료, 배당금수익, 수수료 수익, 잡이익 등이 있다.

구 분	거래 내용	계정과목
재화 판매거래	외부에서 구입한 상품 혹은 자가 제조한 제품과 같은 재화를 판매하는 거래	상품매출, 제품매출 등 일반적 매출
용역 제공거래	주로 계약에 따라서 합의된 과업인 용역을 제공하는 거래	용역매출, 서비스 매출 등
자산 사용거래	기업들이 보유하고 있는 자산을 타인에게 사용하게 하고, 그 대가로 이자, 배당금, 로열티 등 자산 사용 대가를 받는 것	로열티 매출, 임대료수익, 이자수익 등

2 비용 계정과목의 이해

비용(expense)은 일정기간동안 수익을 얻기 위하여 사용 또는 소비한 자산이나 서비스의 원가인 경제적 가치로, 자본의 감소 원인이 된다. 비용은 그 비용이 기여한 수익과 동일한 기간에 인식한다. 비용에는 매출원가, 급여, 임차료, 광고선전비, 여비교통비, 통신비, 이자비용, 잡비 등이 있다.

◉ 직접대응 : 매출원가, 판매 수당 등

◉ 기간별 대응 : 광고선전비 등

◉ 합리적이고 체계적인 배분 : 감가상각비 등

구 분	계정과목
○○비가 붙는 계정과목	복리후생비, 광고선전비, 수도광열비, 수선비, 차량유지비 등과 같이 끝에 비(용)가 붙는 계정과목

구 분	계정과목
(지급)○○료가 붙는 계정과목	지급임차료, 지급수수료와 같이 지급○○료가 붙거나 ○○료와 같이 끝에 료가 붙는다.
○○손실이 붙는 계정과목	유형자산처분손실과 같이 끝에 손실이 붙는 계정과목

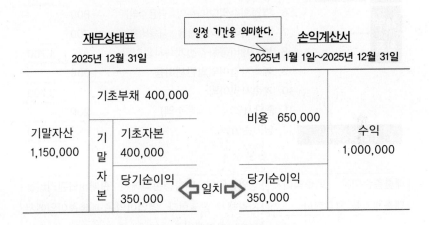

기업의 기말자본에서 기초자본을 차감하면 순손익의 총액은 알 수 있으나 순손익의 발생 원인을 항목별로 명확히 알 수는 없다. 따라서, 자본 증가의 원인이 되는 수익과 자본 감소의 원인이 되는 비용을 항목별로 비교하고, 이를 통해서 순이익(또는 순손실)을 산출하면 그 발생 원인을 명확하게 알 수 있다.

총비용 + 당기순이익 = 총수익
총비용 = 총수익 - 당기순이익

(포괄)손익계산서

2××2년 1월 1일~2××2년 12월 31일

단위 : 원

판매 활동	구매 및 생산활동	1. 매출액	10,000	
		2. 매출원가	3,000	
		3. 매출총이익		7,000
	판매활동	4. 판매비와관리비	2,400	
		5. 영업이익		4,600
재무 활동		6. 영업외수익(기타수익 · 금융수익)	800	
		7. 영업외비용(기타비용 · 금융비용)	700	
		8. 법인세비용차감전계속사업이익		4,700
		9. 계속사업이익법인세비용	1,000	
		10. 계속사업이익		3,700
		11. 중단사업이익(세후순액)	200	
영업성적		12. 당기순이익		3,900

매출총손익은 매출액에서 매출원가를 차감한다.

영업손익은 매출총손익에서 판매비와관리비를 차감해서 산출한다. 영업이익은 매출총이익에서 판매비와관리비를 차감한 금액이 (+)인 금액을 말하며, (-)인 경우는 영업손실이다.

법인세비용차감전순손익은 기업의 경상거래, 즉 영업 거래와 영업외 거래에 의해 발생한 손익으로 영업손익에 영업외수익(기타수익 · 금융수익)을 가산하고 영업외비용(기타비용 · 금융비용)을 차감해서 산출한다.

계속사업이익은 기업의 계속적인 사업활동과 그와 관련된 부수적인 활동에서 발생하는 손익으로서 중단사업손익에 해당하지 않는 모든 손익을 말한다.

중단사업이익은 중단사업으로부터 발생한 영업손익과 영업외손익으로서 사업중단직접비용과 중단사업자산손상차손을 포함한다.

당기순이익은 기업이 일정 기간 경영활동을 해서 얻은 최종 이익으로, 수익에서 비용을 차감한 순이익을 말한다.

3 수익과 비용의 관계

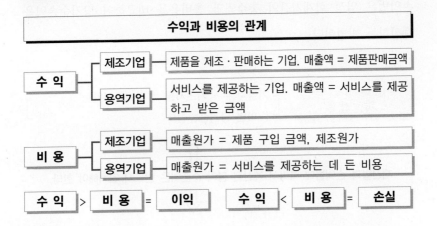

4 개인기업의 순손익 계산

당기의 손익을 계산하는 방법에는 재산법과 손익법이 있다. 재산법은 재무상태표를 이용하여 당기순이익(또는 당기순손실)을 계산하는 방법이다. 손익법은 손익계산서를 이용하여 당기순이익(또는 당기순손실)을 계산하는 방법이다.

재산법

재산법은 일정 회계기간의 기초자본과 기말자본을 비교하여 당기순손익을 계산하는 방법이다.

손익법

손익법은 일정 회계기간의 총수익과 총비용을 비교하여 당기순손익을 계산하는 방법이다.

재산법	기말자본 − 기초자본 = 당기순이익
	(−이면 당기순손실)

⇧

재산법과 손익법에 따라서 계산된 당기 순손익은 반드시 일치해야 한다.

⇩

손익법	총수익 −총비용 = 당기순이익
	(−이면 당기순손실)

 (포괄)손익계산서를 보면 알 수 있는 것

기업이 흑자인가 적자인가를 따질 때는 이익 중에서 일반적으로 당기순이익을 보게 된다.

그러나 당기순이익에는 정상적인 영업활동과 관계없이 유형자산을 팔아 생긴 영업외이익이 포함되어 있으므로 영업이익을 눈여겨보는 게 좋다. 또한 매출액이 늘어나며, 영업이익뿐만 아니라 당기순이익까지의 모든 이익이 흑자인지를 보고 기업이 정상적으로 경영 활동을 해나가는지를 평가해야 한다.

이때 이익의 추이를 보는 것도 중요하다. 이익이 발생하더라도 흑자 규모가 줄어들고 있다면 어딘가에 문제가 있기 때문이다.

❶ 매출총이익 = 매출액 − 매출원가로 계산되고, 매출원가는 기초재고 + 당기매입 − 기말재고로 계산되어 진다.

따라서 기말재고가 많을수록 매출원가는 증가하게 되고 그 결과 매출총이익 즉 이익이 많아지게 된다. 결과적으로 기말재고의 조절로 이익의 조작도 가능하다는 이야기가 된다. 그러므로 재무제표를 볼 때 재고자산이 전기에 비해 증가했는지 감소했는지 주의해서 살펴봐야 한다.

재고자산이 전기에 비해 대폭 증가했다면 뭔가 이상이 있다는 점에 유의해야 한다. 재고자산을 부풀리면 그만큼 이익이 늘어나므로 분식의 수단으로 사용할 수 있기 때문이다.

❷ 손익계산서에 기재된 영업과 영업외의 구분은 기업 고유의 사업과 관련된 손익은 영업손익으로, 관련이 없는 사업과 관련된 손익은 영업외손익으로 처리한다.

따라서 영업손실이 발생할 경우는 기업 고유의 영업에 문제가 있는 것으로 도산의 위험이 있으므로 이에 주의해야 한다.

❸ 당기순이익 항목만 보고, 이익이 발생하였다고 해서 경영 능력이 우수하다고 판단하는 오류를 범할 수 있다는 점에 유의해야 한다.

❹ 2 기간의 손익계산서를 비교해 전기보다 매출액 증감액, 매출원가, 판매비와관리비 증감액 등을 분석 · 검토해 봄으로써 그 원인을 찾아 적절히 대응해야 한다.

❺ 손익계산서에 기재된 모든 사항은 실제 현금의 입 · 출금에 따라 기재되어 있는 것은 아니며, 발생한 거래 중 이번 회계연도에 기업이 손익으로 기재해야 할 사항만을 기재하고 있다. 즉, 발생주의에 따라 손익계산서가 작성되는 것이다.

따라서 손익계산서를 볼 때는 손익이 반드시 현금에 따른 손익이 아니라는 점에 유의해야 한다.

❻ 당기순이익을 그 기업의 발행 보통주식수로 나누어 계산한 "주당순이익(EPS)"은 투자를 결정할 때 많이 사용되는 지표가 된다.

예를 들어 당기순이익이 100만 원인데 ❶주식 수가 10이면 주당순이익(EPS)은 10(100 ÷ 10)인 반면 ❷주식 수가 20이면 주당순이익(EPS)은 5(100 ÷ 20)로써, 흑자를 내는 기업의 발행 보통주식수가 상대적으로 많다면(❶ 〈 ❷), 실제 주주에게 돌아가는 이익(❶ 〉❷)은 적기 때문이다.

자본의 변동 상태를 보여주는 자본변동표

자본변동표

회사명 제3기 20×2년 1월 1일부터 20×2년 12월 31일까지 (단위 : 원)

구분	자본금	자 본 잉여금	자 본 조 정	기타포괄손 익누계액	이 익 잉여금	합계
전기(보고금액)	×××	×××	×××	×××	×××	×××
회계정책변경누적효과					(×××)	(×××)
전기오류수정					(×××)	(×××)
수정 후 이익잉여금					×××	×××
연차수당					(×××)	(×××)
기타이익잉여금처분액				×××	(×××)	(×××)
처분전이익잉여금					×××	×××
중간배당					(×××)	(×××)
유상증자(감자)	×××	×××				×××
당기순이익(손실)					×××	×××
자기주식 취득			(×××)			(×××)
매도가능증권평가이익				(×××)		(×××)
20××.××.××	×××	×××	×××	×××	×××	×××

자본변동표를 통해 자본의 변동내역을 알 수 있다.

자본변동표는 일정 시점 현재 일정기간동안 자본의 변동상태를 상세히 제공하는 재무 보고서이다. 즉, 자본변동표에는 자본금, 자본잉여금, 이익잉여금, 자본조정 및 기타포괄손익누계액의 기초잔액, 변동 사항, 기말 잔액이 일목요연하게 나타나 있다.

자본변동표에는 소유주에 의한 투자내역과 소유주에 대한 배분 내역이 모두 표시된다.

자본 증가가 주식발행으로 이루어진 것인지 아니면 영업활동으로 인한 것인지를 알 수 있게 해준다. 또한, 자본변동표에는 이익잉여금의 변동내역을 보고함으로써 배당가능이익이 얼마인가를 알 수 있게 해주며, 배당금 등으로 인한 사외유출이 얼마인가도 알 수 있게 해준다.

❶ 자본에 대한 포괄적인 정보

자본의 규모와 변동내용에 대한 포괄적인 정보를 일목요연하게 한 눈에 파악할 수 있다.

❷ 재무제표 간 연계성 강화

재무제표 간 연계성이 강화되어 재무제표의 이해가능성이 높아진다. 즉, 재무상태표상 자본의 기초잔액과 기말잔액이 자본변동표의 기초 및 기말잔액과 연결되고, 자본의 변동내용은 포괄손익계산서, 현금흐름표와도 연결되므로 정보이용자들이 더욱 명확하게 재무제표 간의 관계를 파악할 수 있게 된다.

❸ 미실현손익 변동 내용까지 파악 가능

매도가능증권평가손익이나 해외사업환산손익 등과 같은 미실현손익은 손익계산서에는 표시되지 않지만, 자본변동표에서는 이러한 미실현손익의 변동내용을 나타냄으로써 손익계산서보다 더 포괄적인 경영성과에 대한 정보를 직접 또는 간접적으로 제공한다.

기업의 현금 유출입을 보여주는 현금흐름표

현금흐름표는 기업의 현금유출 및 현금유입 내역에 대한 정보를 제공하는 재무제표이다.

현금흐름의 변동을 현금주의에 따라 보고하는 명세서이다.

기업의 현금 창출 능력을 평가한다.

유동성과 재무적 유연성을 파악한다.

현금 흐름의 원천과 사용처를 보여 준다.

❶ 손익계산서상의 이익과 현금흐름표상의 현금흐름 정보를 동시에 이용하면 기업의 미래현금흐름 창출 능력을 예측하고 평가하는 데 유용하다.

❷ 기업이 일상적인 영업활동과 관련해서 현금지출을 하고도 채무를 변제할 수 있는 능력, 주주에게 적정한 배당을 할 수 있는 배당지급 능력, 외부자금의 조달 필요성을 평가하는데, 필요한 정보 등을 제공한다.

❸ 당기순이익과 현금유입 및 유출 간에 차이가 나는 원인에 대한 정보를 제공해 주므로 순이익의 질을 평가하는 데 유용하다.

기업의 생존력 평가	현금은 기업의 생명줄과 같다. 현금흐름표를 통해 기업이 얼마나 안정적으로 현금을 확보하고 있는지, 부채를 상환할 능력이 있는지 등을 파악할 수 있다.

투자 의사 결정 지원	투자자들은 현금흐름표를 통해 기업의 미래 성장 가능성을 예측하고 투자 여부를 결정한다.
경영진의 의사결정 지원	경영진은 현금흐름표를 분석하여 투자, 자금조달, 비용 절감 등 다양한 경영 의사 결정에 활용할 수 있다.

1 현금흐름표 작성의 원칙

🧑 현금흐름표상 현금의 범위

현금흐름표상 현금은 재무상태표상의 현금 및 현금성 자산이다.

🧑 현금흐름을 3가지 활동으로 구분

영업활동, 투자활동, 재무활동으로 구분해서 표시한다.

영업활동 현금흐름

주요 수익 창출 활동과 관련된 현금 흐름을 나타낸다.

기업의 경영에 필요한 현금을 외부로부터 조달하지 않고 매출 등 기업의 자체적인 영업활동으로부터 얼마나 창출했는지에 대한 정보를 제공한다. 영업활동 현금흐름은 크게 현금유입과 현금유출로 구분된다.

> **[현금흐름표]**
> I. 영업활동으로 인한 현금 흐름
> II. 투자활동으로 인한 현금 흐름
>   투자활동 현금 유입액
>   투자활동 현금 유출액
> III. 재무 활동으로 인한 현금 흐름
>   재무 활동 현금 유입액
>   재무 활동 현금 유출액
> IV. 현금의 증가(I + II + III)
> V. 기초의 현금

❶ 주된 사업 활동을 통해 발생하는 현금의 유입과 유출을 나타낸다.

❷ 매출액, 매출원가, 판매비와관리비 등이 포함된다.

❸ 영업활동 현금흐름이 양수(+)라면, 기업이 주된 사업을 통해 현금을 창출하고 있다는 의미다.

영업활동 현금흐름이 지속해서 양수를 유지하는 것이 이상적이다.

투자활동 현금흐름

장기 자산의 취득과 처분 관련 현금 흐름을 나타낸다.

미래 영업현금흐름을 창출할 자원(유·무형자산)의 확보와 처분에 관련된 현금흐름에 대한 정보를 제공한다.

투자활동 현금흐름은 기업의 미래 성장 가능성을 나타내는 중요한 지표다.

❶ 유형자산(토지, 건물, 기계설비 등)이나 무형자산(특허권, 상표권 등)의 취득, 처분, 투자 등을 통해 발생하는 현금의 유입과 유출을 나타낸다.

❷ 투자활동 현금흐름이 음수(-)라면, 기업이 사업 확장을 위해 자산을 취득하는 데, 많은 현금을 사용하고 있다는 의미다.

재무활동 현금흐름

자본과 부채의 규모 및 구성 변경과 관련된 현금 흐름을 나타낸다.

회사의 주주, 채권자 등이 회사의 미래현금흐름을 예측하는 데 유용한 정보로서, 영업활동 및 투자활동의 결과 창출된 잉여 현금 흐름이 재무활동에 어떻게 배분되었는지를 나타내준다.

재무활동현금흐름은 기업의 부채 상환 능력과 재무 안정성을 평가하는

데 활용된다.

❶ 자본금 증가, 차입금 상환, 배당금 지급 등과 같이 기업의 자금조달 및 상환과 관련된 현금의 유입과 유출을 나타낸다.

❷ 재무활동 현금흐름이 양수(+)라면, 기업이 새로운 자금을 조달하고 있다는 의미이고, 음수(-)라면 기업이 부채를 상환하거나 배당금을 지급하는 데 현금을 사용하고 있다는 의미다.

🤦 현금흐름의 변동내역 총액 표시

현금흐름 변동은 총액으로 표시하는 것을 원칙으로 하며, 기초의 현금에 3가지 활동별 순현금흐름을 가산해서 기말의 현금을 산출하는 형식으로 나타낸다.

2 직접법과 간접법의 차이

우리나라 기업의 대부분이 직접법에 의한 현금흐름표를 공시할 경우 간접법까지도 공시해야 하는 부담으로 인해 간접법으로만 공시한다.

3가지 활동 중 영업활동 현금흐름에서만 직접법과 간접법의 차이가 있다.

영업활동 현금흐름 변동내역에 대해서 간접법은 당기순이익 정보에서 조정만 할 뿐 그 원천을 알 수 없다.

직접법에서는 그것이 매출과 관련된 것인지 매입과 관련된 것인지 등 현금유출입의 원천을 알 수 있다. 즉, 영업활동 현금흐름에 대한 정보를 직접법이 간접법보다 더욱 유용한 정보를 제공한다.

현금흐름표(간접법)

구 분	금 액
영업활동현금흐름	
당기순이익(손실)	X
당기순이익조정을 위한 가감	
비현금 법인세비용	X
비현금 금융비용	X
법인세비용	X
금융비용	X
퇴직급여	X
대손상각비	X
감가상각비	X
무형자산상각비	X
외화환산손실	X
유형자산처분손실	X
이자비용	X
외화환산이익	(X)
유형자산처분이익	(X)
이자수익	(X)
재고자산감액환입	(X)
유형자산감액환입	(X)
구조조정 충당부채의 환입	(X)
투자자산처분이익	(X)
소멸된 금융부채의 장부금액과 지급된 금액 사이의 차이에서 발생한 이익	(X)
기타충당부채의 환입	(X)
재고자산 감액	X
유형자산 감액	X
구조조정 활동의 비용	X
투자자산처분손실	X
장기매출채권 및 기타비유동채권의 감소(증가)	X

구 분	금 액
소멸된 금융부채의 장부금액과 지급된 금액 사이의 차이에서 발생한 손실	X
대손충당금환입	X
장기매출채권의 감소(증가)	X
장기미수금의 감소(증가)	X
장기미수수익의 감소(증가)	X
장기보증금의 감소(증가)	X
장기선급금의 감소(증가)	X
장기선급비용의 감소(증가)	X
매출채권 및 기타유동채권의 감소(증가)	X
단기매출채권의 감소(증가)	X
단기미수금의 감소(증가)	X
단기미수수익의 감소(증가)	X
단기보증금의 감소(증가)	X
단기선급금의 감소(증가)	X
단기선급비용의 감소(증가)	X
매출채권 및 기타채권의 감소(증가)	X
매출채권의 감소(증가)	X
미수금의 감소(증가)	X
미수수익의 감소(증가)	X
보증금의 감소(증가)	X
선급금의 감소(증가)	X
선급비용의 감소(증가)	X
비유동 채권의 감소(증가)	X
이연법인세자산의 감소(증가)	X
당기법인세자산의 감소(증가)	X
기타비유동금융자산의 감소(증가)	X
기타유동금융자산의 감소(증가)	X
기타금융자산의 감소(증가)	X
기타비유동비금융자산의 감소(증가)	X
기타유동비금융자산의 감소(증가)	X

구 분	금 액
기타비금융자산의 감소(증가)	X
재고자산의 감소(증가)	X
원재료의 감소(증가)	X
상품의 감소(증가)	X
소모품의 감소(증가)	X
재공품의 감소(증가)	X
제품의 감소(증가)	X
저장품의 감소(증가)	X
미착품의 감소(증가)	X
기타 재고의 감소(증가)	X
비유동충당부채의 증가(감소)	X
비유동종업원급여충당부채의 증가(감소)	X
기타장기충당부채의 증가(감소)	X
장기제품보증충당부채의 증가(감소)	X
장기구조조정충당부채의 증가(감소)	X
장기법적소송충당부채의 증가(감소)	X
장기손실부담계약충당부채의 증가(감소)	X
사후처리, 복구, 정화 비용을 위한 장기충당부채의 증가(감소)	X
그 밖의 기타장기충당부채의 증가(감소)	X
유동충당부채의 증가(감소)	X
유동종업원급여충당부채의 증가(감소)	X
기타단기충당부채의 증가(감소)	X
단기제품보증충당부채의 증가(감소)	X
단기구조조정충당부채의 증가(감소)	X
단기법적소송충당부채의 증가(감소)	X
단기손실부담계약충당부채의 증가(감소)	X
사후처리, 복구, 정화 비용을 위한 단기충당부채의 증가(감소)	X
그 밖의 기타단기충당부채의 증가(감소)	X
충당부채의 증가(감소)	X
종업원급여충당부채의 증가(감소)	X
기타충당부채의 증가(감소)	X

구 분	금 액
제품보증충당부채의 증가(감소)	X
구조조정충당부채의 증가(감소)	X
법적소송충당부채의 증가(감소)	X
손실부담계약충당부채의 증가(감소)	X
사후처리, 복구, 정화 비용을 위한 충당 부채의 증가(감소)	X
그 밖의 기타충당부채의 증가(감소)	X
장기매입채무 및 기타비유동채무의 증가(감소)	X
장기매입채무의 증가(감소)	X
장기미지급금의 증가(감소)	X
장기미지급비용의 증가(감소)	X
장기임대보증금의 증가(감소)	X
장기예수금의 증가(감소)	X
장기선수금의 증가(감소)	X
매입채무 및 기타유동채무의 증가(감소)	X
단기매입채무의 증가(감소)	X
단기미지급금의 증가(감소)	X
단기미지급비용의 증가(감소)	X
단기임대보증금의 증가(감소)	X
단기예수금의 증가(감소)	X
단기선수금의 증가(감소)	X
미지급법인세의 증가(감소)	X
매입채무 및 기타채무의 증가(감소)	X
매입채무의 증가(감소)	X
미지급금의 증가(감소)	X
미지급비용의 증가(감소)	X
임대보증금의 증가(감소)	X
예수금의 증가(감소)	X
선수금의 증가(감소)	X
비유동 채무의 증가(감소)	X
이연법인세부채의 증가(감소)	X
당기법인세부채의 증가(감소)	X

구 분	금 액
기타비유동금융부채의 증가(감소)	X
기타유동금융부채의 증가(감소)	X
기타금융부채의 증가(감소)	X
기타비유동비금융부채의 증가(감소)	X
기타유동비금융부채의 증가(감소)	X
기타비금융부채의 증가(감소)	X
퇴직급여채무의 증가(감소)	X
확정급여채무의현재가치의 증가(감소)	X
사외적립자산의공정가치의 증가(감소)	X
기타 영업활동 관련 채권의 감소(증가)	X
기타 영업활동 관련 채무의 증가(감소)	X
기타유동금융자산과 기타유동비금융자산의 감소(증가)	X
기타유동금융부채와 기타유동비금융부채의 증가(감소)	X
퇴직금의 지급	X
감가상각비와 상각비	X
당기손익으로 인식된 손상차손(손상차손환입)	X
충당부채	X
미실현외환손실(이익)	X
주식기준보상	X
공정가치손실(이익)	X
미배분 관계기업 이익	(X)
비현금 항목에 관한 기타 조정	X
비유동자산처분손실(이익)	X
투자활동 현금흐름이나 재무활동 현금흐름으로 분류되는 기타 모든 항목	X
당기순이익조정을 위한 기타 가감	X
당기순이익조정을 위한 가감 합계	X
배당금 지급	(X)
배당금수취	X
이자지급	(X)
이자수취	X

구 분	금 액
법인세환급(납부)	(X)
현금의 기타유입(유출)	X
영업활동순현금흐름	X
투자활동현금흐름	
종속기업과 기타 사업의 지배력 상실에 따른 현금흐름	X
종속기업과 기타 사업의 지배력 획득에 따른 현금흐름	(X)
다른 기업의 지분상품이나 채무상품의 처분에 따른 기타현금유입	X
다른 기업의 지분상품이나 채무상품의 취득에 따른 기타현금유출	(X)
조인트벤처 투자지분의 처분에 따른 기타현금유입	X
조인트벤처 투자지분의 취득에 따른 기타현금유출	(X)
보증금의 감소	X
보증금의 증가	(X)
유형자산의 처분	X
토지의 처분	X
건물의 처분	X
구축물의 처분	X
기계장치의 처분	X
차량운반구의 처분	X
선박의 처분	X
비행기의 처분	X
자동차의 처분	X
집기의 처분	X
사무용 비품의 처분	X
유형탐사평가자산의 처분	X
건설중인자산의 처분	X
기타 유형자산의 처분	X
투자부동산의 처분	X
무형자산의 처분	X
영업권의 처분	X
영업권 이외의 무형자산의 처분	X
브랜드명의 처분	X

구 분	금 액
무형탐사평가자산의 처분	X
제호와 출판표제의 처분	X
컴퓨터 소프트웨어의 처분	X
라이선스와 프랜차이즈의 처분	X
저작권, 특허권, 기타 산업재산권, 용역운영권의 처분	X
조리법, 공식, 모형, 설계 및 시제품의 처분	X
개발 중인 무형자산의 처분	X
기타무형자산의 처분	X
비유동생물자산의 처분	X
유동생물자산의 처분	X
생물자산의 처분	X
기타비유동금융자산의 처분	X
비유동매도가능금융자산의 처분	X
비유동만기보유금융자산의 처분	X
비유동당기손익인식금융자산의 처분	X
장기대여금및수취채권의 처분	X
장기금융상품의 처분	X
기타유동금융자산의 처분	X
유동매도가능금융자산의 처분	X
유동만기보유금융자산의 처분	X
유동당기손익인식금융자산의 처분	X
단기대여금및수취채권의 처분	X
단기금융상품의 처분	X
기타금융자산의 처분	X
매도가능금융자산의 처분	X
만기보유금융자산의 처분	X
당기손익인식금융자산의 처분	X
대여금 및 수취채권의 처분	X
금융상품의 처분	X
매각 예정 또는 소유주에 대한 분배 예정으로 분류된 비유동자산이나 처분 자산집단의 처분	X

구 분	금 액
매각 예정으로 분류된 비유동자산이나 처분 자산집단의 처분	X
소유주에 대한 분배 예정으로 분류된 비유동자산이나 처분 자산집단의 처분	X
매각예정으로 분류된 처분 자산집단에 포함된 부채의 처분	X
지분법 적용 투자 지분의 처분	X
종속기업, 조인트벤처와 관계기업에 대한 투자자산의 처분	X
종속기업에 대한 투자자산의 처분	X
조인트벤처에 대한 투자자산의 처분	X
관계기업에 대한 투자자산의 처분	X
유형자산의 취득	(X)
토지의 취득	(X)
건물의 취득	(X)
구축물의 취득	(X)
기계장치의 취득	(X)
차량운반구의 취득	(X)
선박의 취득	(X)
비행기의 취득	(X)
자동차의 취득	(X)
집기의 취득	(X)
사무용 비품의 취득	(X)
유형탐사평가자산의 취득	(X)
건설중인자산의 취득	(X)
기타유형자산의 취득	(X)
투자부동산의 취득	(X)
무형자산의 취득	(X)
영업권의 취득	(X)
영업권 이외의 무형자산의 취득	(X)
브랜드명의 취득	(X)
무형탐사평가자산의 취득	(X)
제호와 출판표제의 취득	(X)
컴퓨터 소프트웨어의 취득	(X)

구 분	금 액
라이선스와 프랜차이즈의 취득	(X)
저작권, 특허권, 기타 산업재산권, 용역운영권의 취득	(X)
조리법, 공식, 모형, 설계 및 시제품의 취득	(X)
개발 중인 무형자산의 취득	(X)
기타무형자산의 취득	(X)
비유동 생물자산의 취득	(X)
유동 생물자산의 취득	(X)
생물자산의 취득	(X)
기타비유동금융자산의 취득	(X)
비유동매도가능금융자산의 취득	(X)
비유동만기보유금융자산의 취득	(X)
비유동당기손익인식금융자산의 취득	(X)
장기대여금및수취채권의 취득	(X)
장기금융상품의 취득	(X)
기타유동금융자산의 취득	(X)
유동매도가능금융자산의 취득	(X)
유동만기보유금융자산의 취득	(X)
유동당기손익인식금융자산의 취득	(X)
단기대여금및수취채권의 취득	(X)
단기금융상품의 취득	(X)
기타금융자산의 취득	(X)
매도가능금융자산의 취득	(X)
만기보유금융자산의 취득	(X)
당기손익인식금융자산의 취득	(X)
대여금및수취채권의 취득	(X)
금융상품의 취득	(X)
매각예정 또는 소유주에 대한 분배예정으로 분류된 비유동자산이나 처분 자산집단의 취득	(X)
매각예정으로 분류된 비유동자산이나 처분 자산집단의 취득	(X)
소유주에 대한 분배 예정으로 분류된 비유동자산이나 처분 자산집단의 취득	(X)

구 분	금 액
매각예정으로 분류된 처분 자산집단에 포함된 부채의 취득	(X)
지분법적용 투자지분의 취득	(X)
종속기업, 조인트벤처와 관계기업에 대한 투자자산의 취득	(X)
종속기업에 대한 투자자산의 취득	(X)
조인트벤처에 대한 투자자산의 취득	(X)
관계기업에 대한 투자자산의 취득	(X)
기타 장기성 자산의 처분	X
기타 장기성 자산의 취득	(X)
정부 보조금의 수취	X
제3자에 대한 선급금 및 대여금	(X)
제3자에 대한 선급금 및 대여금의 회수에 따른 현금유입	X
선물계약, 선도계약, 옵션 계약 및 스왑 계약에 따른 현금유출	(X)
선물계약, 선도계약, 옵션 계약 및 스왑 계약에 따른 현금유입	X
배당금수취	X
이자지급	(X)
이자수취	X
법인세 환급(납부)	(X)
현금의기타유입(유출)	X
투자활동순현금흐름	X
재무활동현금흐름	
종속기업에 대한 소유지분의 변동으로 인한 처분	X
종속기업에 대한 소유지분의 변동으로 인한 지급	(X)
주식의 발행	X
기타 지분상품의 발행	X
주식의 취득이나 상환	(X)
기타지분상품	(X)
차입금	X
차입금의 상환	(X)
단기차입금의 증가	X
단기차입금의 상환	(X)
장기차입금의 증가	X

구 분	금 액
장기차입금의 상환	(X)
자기주식의 취득	X
자기주식의 처분	(X)
금융리스부채의 지급	(X)
정부보조금의 수취	X
배당금지급	(X)
배당금수취	X
이자지급	(X)
이자수취	X
법인세환급(납부)	(X)
현금의기타유입(유출)	X
재무활동순현금흐름	X
환율변동효과 반영 전 현금및현금성자산의 순증가(감소)	X
현금및현금성자산에 대한 환율변동효과	
현금및현금성자산에 대한 환율변동 효과	X
현금및현금성자산의순증가(감소)	X
기초현금및현금성자산	X
기말현금및현금성자산	X

현금흐름표

(단위 : 백만원)

구 분	금 액
I. 영업활동으로 인한 현금흐름	
당기순이익	500
현금의 유출이 없는 비용 등의 가산	
감가상각비	100
대손상각비	30
현금의 유입이 없는 수익 등의 차감	
외화환산이익	(20)
영업활동으로 인한 자산부채의 변동	
매출채권의 증가	(150)

구 분	금 액
재고자산의 감소	80
매입채무의 증가	70
영업활동으로 인한 현금흐름 합계	610
II. 투자활동으로 인한 현금흐름	
투자활동으로 인한 현금유입액	
단기금융상품의 감소	200
투자활동으로 인한 현금유출액	
유형자산의 취득	(300)
투자활동으로 인한 현금흐름 합계	(100)
III. 재무활동으로 인한 현금흐름	
재무활동으로 인한 현금유입액	
단기차입금의 증가	150
재무활동으로 인한 현금유출액	
배당금의 지급	(100)
재무활동으로 인한 현금흐름 합계	50
IV. 현금의 증가(I + II + III)	560
V. 기초의 현금	1,000
VI. 기말의 현금(IV + V)	1,560

이 사례에서 ABC 회사는 영업활동을 통해 610백만 원의 현금을 창출했고, 투자활동으로 100백만 원의 현금이 유출되었으며, 재무활동으로 50백 만 원의 현금이 유입되었다. 결과적으로 당해 연도에 560백만 원의 현금이 증가하여 기말현금 잔액은 1,560백 만 원이 되었다.

이익잉여금처분계산서

1 이익잉여금처분계산서

국제회계기준에는 이익잉여금처분계산서(혹은 결손금처리계산서)가 존재하지 않지만 우리나라는 상법에서 이익잉여금처분계산서를 주된 재무제표의 하나로 규정하고 있고 정기총회에서 그에 대한 승인을 받아야 하는 점을 고려해서 K- IFRS에서는 재무상태표의 이익잉여금(또는 결손금)에 대한 보충 정보로써 이익잉여금처분계산서를 주석으로 공시하도록 요구하고 있다.

[이익잉여금처분계산서]
I. 미처분 이익 잉여금
1. 전기 이월 미처분 이익 잉여금
2. 당기순이익
II. 이익잉여금 처분액
1. 이익준비금
2. 사업확장적립금
3. 배당금
가. 현금배당
III. 차기 이월 미처분 이익 잉여금

그러나 이익잉여금처분계산서의 주석공시만을 언급하고 있을 뿐 이익잉여금처분계산서의 작성 방법 등에 대해서는 K -IFRS 제1001호에서 별다른 규정을 두고 있지 않다.

이익잉여금처분계산서의 작성 절차는 전기이월 미처분이익잉여금에 임의적립금 등의 이입액을 가산하여 처분할 이익잉여금을 계산한다. 잉여금처분 시 미처분이익잉여금에서 잉여금처분 내역을 차감하고 남은 잔액은 차기로 이월한다.

이익잉여금처분계산서
20×3년 1월 1일 ~ 20×3년 12월 31일

회사명　　　　　　　　　　　　　　　　　　처분예정일 :

미처분이익잉여금		×××
전기이월미처분이익잉여금	×××	
당기순이익	×××	
임의적립금 등의 이입액		×××
사업확장적립금	×××	
합　　계		×××
이익잉여금처분액		(×××)
이익준비금	(×××)	
현금배당	(×××)	
주식배당	(×××)	
감채기금적립액	(×××)	
차기이월미처분이익잉여금		×××

참고로 한국채택국제회계기준에서는 재무제표의 범위에 이익잉여금처분계산서를 포함하지 않고 있다. 그러나 상법상으로는 아직 규정하고 있으므로 상법의 개정 전에는 작성·보고를 해야 한다.

이익잉여금처분계산서에 표시되는 처분 내용은 결산일에 회계처리를 하는 것이 아니라 다음 해 주주총회에서 이익잉여금의 처분이 확정되는 시점에 회계처리를 한다. 이익잉여금과 관련해서 결산일과 주주총회일에 해야 하는 회계처리를 살펴보면 다음과 같다.

결산일

집합손익(당기순이익)	×××	미처분이익잉여금	×××

주주총회일

❶ 임의적립금의 이입이 존재하는 경우

임의적립금	×××	미처분이익잉여금	×××

❷ 이익잉여금의 처분

미처분이익잉여금	×××	이익준비금	×××
		미지급배당금	×××
		임의적립금	×××

2 결손금처리계산서

[결손금처리계산서]

Ⅰ. **미처리결손금**

1. 전기이월미처리결손금

2. 당기순손실

Ⅱ. **결손금처리액**

1. 배당평균적립금 이입액

2. 사업확장적립금 이입액

3. 이익준비금 이입액

4. 자본잉여금 이입액

Ⅲ. **차기이월미처리결손금**

결손금처리계산서는 미처리결손금의 처리 내용을 표시하는 재무제표다. 결손금처리계산서는 처리 확정일에 전기이월미처리결손금(전기이월미처분이익잉여금)에 당기순손실을 가산(차감)하여 당기 말 미처리결손금을 처리한다. 미처리결손금에서 결손금 처리액을 차감하고 남은 잔액은 차기로 이월한다. 결손금의 보전은 ① 미처분이익잉여금, ② 임의적립금 이입액, ③ 기타 법정 적립금 이입액, ④ 이익준비금 이입액, ⑤ 자본잉여금 이입액의 순으로 한다.

주석과 부속명세서

주석은 재무제표이면서 다른 재무제표에 부속되어 표시되는 조금 특이한 성격을 가진다. 재무상태표 등 일반적 재무제표는 모두 숫자로 구성되어 있어서 숫자가 의미하는 상세 내용을 알 수 없다. 그래서 주석에 중요한 회계정책이나 재무제표를 이해하는 데 필요한 정보를 기술하도록 하고 있으며, 이런 경향은 국제회계기준(IFRS)을 도입하면서 더 강화되어 재무제표 본문은 간략해지지만, 이를 보충 설명하는 주석의 양은 많이 늘어났다. 회사의 상세한 재무 정보를 알기 위해서는 반드시 주석을 꼼꼼히 살펴보는 것이 필요하다.

1 주석의 표시순서

❶ 한국채택국제회계기준을 준수하였다는 사실
❷ 적용한 유의적인 회계정책의 요약
❸ 재무상태표, 포괄손익계산서, 별개의 손익계산서, 자본변동표 및 현금흐름표에 표시된 항목에 대한 보충 정보를 재무제표의 배열 및 각 재무제표에 표시된 개별 항목의 순서에 따라 표시한다.
❹ 다음을 포함한 기타 공시

가. 우발부채와 재무제표에서 인식하지 아니한 계약상 약정 사항

나. 비재무적 공시 항목, 예를 들어 기업의 재무위험 관리 목적과 정책

2 ‖ 주석의 주요 내용

❶ 재무제표를 작성하는 데 사용한 측정 기준

❷ 재무제표를 이해하는 데 중요한 회계정책의 요약

❸ 재무제표이용자가 기업이 공시할 것이라고 기대하는 사업 내용과 정책

❹ 경영진의 판단으로 재무제표에 중요한 영향을 미치는 사항

회계감사의 주요 일정

회사의 규모가 커져서 법정 회계감사를 받을 수도 있지만, 투자를 받는다던가 등의 이유로 임의 감사를 받기도 한다.

구분	시기	설명
감사 계약	~4월	외감법 대상 회사는 회계법인을 선정하여 4월 말까지 감사 계약을 체결한다(계속 감사 대상 회사는 2월 중순).
감사 계약 보고	계약 후 2주 이내	최초 외감대상이 된 법인 또는 전기와 회계법인이 다른 경우 계약체결 보고를 수행한다(전기와 회계법인이 동일한 법인은 신고 의무 없음).
중간감사	10월~12월	회사의 프로세스에 대한 검토 및 중간 이슈 파악을 위해 중간감사를 수행한다. 회사의 원장 및 작성 시트를 검토하고, 재무팀 및 기타 부서 임직원을 인터뷰하여 이슈 여부를 파악하게 된다.

구분	시기	설명
재고실사	12월 말~1월 초	재고자산, 현금, 회원권, 받을어음 등을 실사한다. 재고자산 이외는 전수실사하고, 재고자산의 경우는 감사인이 샘플로 확인한다. 샘플 확인의 특성상 실사를 통해서 정확하게 리스트업되어 있다는 확신을 얻을 수 있어야 한다. 재고 실사 시에는 계정과목 중에서 눈으로 볼 수 있는 모든 자산을 확인하는 절차라고 생각하면 좋을 것 같다.
온라인 조회서	1월 초	현재 대부분의 은행은 온라인으로 조회서를 발송하므로 거래 대상 은행에 대해서 온라인으로 조회서를 신청한다. 회계감사 기준에서는 증거력에 있어서 제3자가 제공하는 증빙의 증거력이 높다고 보고 있다. 따라서 3자가 확인해 주는 조회서는 기말감사 시에 좋은 증빙 자료이므로 여러 가지 조회서를 발송하게 된다.
금융 조회서	1월 초	온라인으로 조회서가 발급되지 않는 은행, 보험, 증권사, 변호사 등에 서면으로 조회서를 작성하여 발송하게 되는데, 회계법인이 직접 발송하는 것이 원칙이므로 조회서를 작성하여 회계법인으로 발송해야 한다.
채권채무 조회서	1월 중순~2월 초	채권채무조회서는 회계법인에서 샘플하여 발송하게 된다. 채권·채무에 대한 결산이 완료되면, 해당 채권·채무 리스트를 회계법인에 전달하고, 샘플된 거래처에 대해서 조회서를 작성하여 회계법인으로 발송해야 한다.

구분	시기	설명
기말감사	2월~3월 중순	감사인은 실사 조서, 조회서 회신 본, 은행연합회 자료를 갖고 기말감사를 수행한다. 재무제표의 적정성을 검토하는 것이 감사의 기본이며, 재무제표는 재무상태표, 손익계산서, 자본변동표, 현금흐름표, 주석으로 구성된다. 따라서 재무상태표 및 손익계산서 각 계정과목에 대한 적정성을 검토하고, 주석 사항에 대해서 증빙 검토, 분석적 검토 등을 수행하게 된다. 채권채무조회서가 미회수된 거래처의 경우에는 대체적 절차를 수행하게 된다.

 자본잠식률(자기자본의 마이너스)

자본잠식은 적자가 쌓이면서 투자했던 금액이 서서히 빠져나가는 것을 의미한다. 상황이 악화하여 적자가 걷잡을 수 없이 지속되면 결국 모든 자본금이 사라지게 되는데, 이렇게 서서히 자본금을 깎아 먹기 시작하는 과정을 회계상으로는 '부분 자본잠식'으로, 모든 자본금이 바닥을 드러냈을 때를 '완전 자본잠식'이라고 한다.

자본총계 − 자본금 = (−) 마이너스 ➡ 부분 자본잠식

자본총계 자체가 (−) 마이너스 ➡ 완전 자본잠식

재무제표 내 재무상태표의 하단부에서 자본총계가 마이너스이면 '완전 자본잠식', 자본총계가 플러스이지만 자본금보다 적을 경우 '부분 자본잠식'이다.

자본잠식률(%) = {(자본금 − 자기자본) ÷ 자본금} × 100

자본금이 1조 원이고 자본총계가 8,000억 원인 경우 1조 원에서 8,000억 원을 빼고, 1조 원으로 나누고 100을 곱하면 20%다. 20%가 자본잠식률이다.

한국거래소에 따르면 사업연도 말 자본잠식률이 50% 이상이거나 자기자본(자본총계)

이 10억 원 미만이면 관리종목으로 지정된다. 자본잠식률 20% 이상이 2년 연속 유지되거나 자본총액이 마이너스(-)인 완전 자본잠식일 경우 상장폐지 사유가 발생한다. 전년도 사업연도에서 완전 자본잠식이 발생할 경우 사업보고서 제출 기한인 3월 31일까지 유상증자를 통해 자본확충 유예기간이 부여된다.

자본잠식을 해결하는 방법으로 유상증자 등 투자를 받아서 자본잉여금을 늘리거나 이익을 많이 내 이익잉여금을 늘려야 한다. 자본금을 줄이는 방법으로 감자를 선택하기도 한다. 투자를 받아서 자본잉여금을 늘리거나 이익을 많이 내 이익잉여금을 확대하면 기업이 그래도 다시 회생할 가능성은 있지만, 감자한다면 회생가능성이 상대적으로 낮다.

무상감자는 누적 결손금을 주주 손실로 처리하는 방법이다. 자본금을 잉여금으로 옮기는 것이므로 자기자본의 총액 자체는 변동이다.

예를 들어 자본과 자본금이 1억일 때 손해를 본 금액(결손금)이 4천만 원이라면 자본은 6천만 원이 되어 자본금보다 자본이 적은 부분(자본금 1억, 자본 6천만 원)은 자본잠식에 빠진다. 이때 자본금에 있던 1억 중 4천만 원을 이익잉여금으로 옮기면 결손금에 있던 마이너스 4천만 원이 상쇄되는 효과를 이용하는 방법이다.

자본잠식을 해결하는 방법은 자산을 증가시키거나 부채를 감소시켜 자본잠식을 해결하는 방식이다.

1. 무상감자
자본을 감소시켜, 감소한 자본으로 결손을 보전하는 방법
2. 유상증자
신주를 발행하여 자본을 증가시키는 방법
3. 출자전환
자본금을 납입하는 대신, 부채를 주식으로 전환하여 자본을 증가시키는 방법

현금 등 당좌자산의 회계처리

현금 · 예금과 당좌거래

1 현금

현금및현금성자산은 통화(한국은행이 발행한 주화 및 지폐) 및 통화대용증권(타인발행수표, 우편환증서, 기일도래공사채 이자표, 배당금 지급통지표, 지점 전도금, 가계수표, 송금환, 자기앞수표, 타인이 발행한 당좌수표, 국고지급통지서), 예금(보통예금, 당좌예금)과 같이 현금으로 전환이 쉽고, 이자율 변동에 따른 가치변동의 위험이 적은 현금과 금융자산을 말한다.

❶ 사무용 소모품을 문방구에서 2만 원에 구입하고 현금으로 지급했다.

| 소모품비 | 20,000 / 현금 | 20,000 |

❷ 상품 100만 원어치를 판매하고 100만 원권 자기앞수표로 받았다.

| 현금 | 1,000,000 / 상품 | 1,000,000 |

현금 및 현금성자산

(차변)		(대변)	
입금액	1,000,000	지출액	20,000
		시제잔액	980,000

1전표제		현금의 입출금 및 비현금 거래도 하나의 전표에 기록(아래 ❶과 ❷, ❸ 모든 거래)
일반전표	입금전표	현금의 입금내역을 기록(앞 사례 ❷)
	출금전표	현금의 출금내역을 기록(앞 사례 ❶)
	대체전표	현금의 입·출입과 관계없는 거래 및 일부현금거래 기록(❸)

현금출납장

(주)경리　　　　　　20××년 10월 19일

				담 당	과 장	부 장

계정과목	지불처	적 요	수 입	지 출	잔 고
		전일 잔고	5,000,000		5,000,000
소모품	알파문구	복사지 등		20,000	4,980,000
상품	(주)이지	가구판매	1,000,000		5,980,000
		금일입금	1,000,000		
		금일출금		20,000	
		합 계	6,000,000	20,000	5,980,000

2　현금과부족

현금의 실제액과 장부상 금액의 차액을 처리하는 계정으로는 현금과부족계정을 사용한다. 현금과부족계정은 그 원인이 밝혀지는 경우 해당 계정과목으로 바꾼다.

❶ 일일 시제를 맞추던 중 장부상 잔액은 550만 원인데, 실제 잔액은 540만 원만 있었다.

현금과부족	100,000 / 현금	100,000

❷ ❶의 10만 원의 차이는 영업직원 출장비로 지급한 사실을 기록하지 않은 것으로 밝혀졌다.

여비교통비	100,000 / 현금과부족	100,000

❸ 만일 ❶의 원인이 결산일까지 밝혀지지 않는 경우 잡손실 처리한다.

잡손실	100,000 / 현금과부족	100,000

🈺 참고로 원인불명의 지출은 세무상 대표자에 대한 상여로 처분되어 세금을 납부할 수 있으며, 실제 잔액이 장부상 잔액보다 많은 경우에는 ❶의 차변에 현금과부족 계정이 대변에 나타나게 된다.

3 보통예금

보통예금은 가장 일반적인 예금으로서 예입과 인출을 자유로이 할 수 있는 수시입출금식 은행예금이다.

보통예금

(차변)	(대변)
입 금 액	출 금 액
이자수익	선납세금

❶ 보통예금 통장으로 200만 원을 국민은행에 입금하였다.

보통예금	2,000,000 / 현금	2,000,000

❷ 예금 정산일에 예금이자 10만 원이 발생해서 원천징수세액 15,400원을 제외한 84,600원이 입금되었다.

보통예금	84,600	이자수익	100,000
선납세금	15,400		

4 당좌예금

당좌예금은 운영자금을 은행에 예입하고 은행이 영업상의 지급을 맡게해서 현금 지급의 착오나 도난을 방지하기 위한 예금으로써 이자가 붙지 않는 것이 특징이다. 즉, 은행과의 당좌거래계약에 따라서 당좌차월 약정 금액 범위 내에서 당좌수표를 발행해서 상대방에게 지급하고, 당좌수표의 대금은 은행이 지급하게 되는 예금이다.

당좌수표 발행 시 당좌예금 잔액이 있으면 당좌예금이 감소하지만, 당좌예금 잔액이 없으면 당좌차월 한도 내에서 은행으로부터 차입(당좌차월)해야 한다. 이는 입금 시 차변에 기록하고 인출 시 대변에 기록한다.

당좌예금

(차변)	(대변)
입금액	출금액(수표발행)
	예금 잔액

당좌예금은 은행과 당좌거래계약을 체결하고 입금 시에는 당좌예금입금표를 인출 시에는 수표를 이용한다.

❶ 우리은행과 당좌거래와 당좌차월 계약(한도 80만 원)을 맺고 당좌예금 계정에 20만 원을 입금하였다.

당좌예금	200,000	현금	200,000

❷ (주)경리의 외상매입금 30만 원을 수표 발행해서 지급하였다. 단, 당좌차월 한도액은 80만 원이며, 당좌예금 잔액은 20만 원이다.

외상매입금   300,000 / 당좌예금   200,000

                                               당좌차월   100,000

❸ 상품 50만 원을 판매하고, 대금은 현금으로 받아 당좌예금계정에 입금하였다.

당좌예금   400,000 / 상품   500,000
당좌차월   100,000

주 위에서 당좌차월은 은행과 당좌차월계약을 맺고 당좌예금 잔액을 초과해서 수표를 발행할 때 처리하는 부채계정으로써 결산일에는 단기차입금 계정을 사용한다.

당좌예금기입장

20××년 10월 31일

은행명 : 우리은행   계좌번호 : 137-12-12653

일자		적요	전표번호	상대처	수표번호	차변	대변	잔액
5	1	전기이월	2	주택	바 125361	200,000		200,000
	5	외상대금 지급	5	경리	바 251262		200,000	0
	7	상품판매 대금	8	의산	바 125893	400,000		400,000

① 일자란 : 거래가 발생한 일자를 기록한다.
② 적요란 : 당좌거래의 내용을 간략·명료하게 기록한다.
③ 전표번호란 : 전표의 발행 시 전표 번호를 기록한다.
④ 수표번호란 : 수표의 경우 발행처 또는 어음의 경우 수취 또는 지급처를 기록한다.
⑤ 수표번호란 : 수표번호를 기록한다.
⑥ 차변란 : 당좌계정 금액 증가 시 기록한다.

⑦ 대변란 : 당좌계정 금액 감소 시 기록한다.

⑧ 잔액란 : 차변 금액에서 대변 금액을 차감한 금액을 기록한다.

결산 시 현금은 부정의 소지가 가장 크므로 일일 결산뿐만 아니라 월 또는 연 단위의 자금관리가 필요하다. 그리고 현금과부족이 발생할 경우 이를 적절한 과목으로 표시해야 하며, 그 원인이 불분명한 경우 잡손실로 처리한

일일 결산
매일 현금출납부와 실제 현금 잔액 대조
당일 거래내역 확인 및 오류수정

월별 결산
은행조회서와 장부상 예금잔액 대조
미기장 거래 확인 및 은행계정조정표 작성

연간 결산
현금 및 예금의 전체 흐름 분석
이자수익 정산 및 차기 이월금 확정

다(도난 또는 분실 시 관할 경찰서의 증명에 의한 증빙을 갖춘 후 잡손실로 처리). 반면, 예금은 일정기간 단위로 은행 측과 잔액을 대조한 후 잔액의 불일치 시 은행조회서(채권·채무조회서)를 보내고 이에 따라 은행계정조정표를 작성해야 한다. 또한, 예금에 대해서는 일정기간 후 정기적인 이자가 발생하므로 당기분의 이자수익을 확정하는 절차가 필요하다.

전략적 자금 계획
장단기 자금 흐름 예측과 관리

최적 잔액 유지
불필요한 당좌차월 방지와 유동성 확보

내부통제 강화
수표 발행 권한 제한과 정기적 잔액 확인

은행 관계 구축
유리한 당좌차월 조건 협상과 서비스 개선

단기금융상품(CMA, RP 거래)

일반 단기금융상품	기업용 단기금융상품	제한적 예금
정기예금, 정기적금, 양도성 예금증서(CD), 예금관리계좌(CMA)	기업용 단기금융상품, 기업어음(CP), 환매체(RP)	사용이 제한된 예금은 특별한 목적이나 조건이 설정된 금융상품

여기서 사용이 제한되어 있는 예금이란 다음의 경우를 말한다.

⊙ 회사가 이미 발행한 사채를 상환하는데, 필요한 자금을 마련하기 위해서 설정한 감채기금

⊙ 금융기관이 기업에 대출할 때 이에 대한 옵션으로 설정하는 양건예금(꺽기)

⊙ 차입금에 대해서 담보로 제공된 예금

⊙ 당좌거래 개설은행에 예치한 당좌개설보증금

1년 이내 도래 분	1년 이후 도래 분
단기금융상품	장기금융상품

❶ (주)경리는 1년 만기 4,000만 원의 정기예금에 가입하였다.

단기금융상품(정기예금)　　　40,000,000 / 현금　　　　　　　　　　40,000,000

❷ 회사 사정으로 정기예금을 중도해지하고 이자 20만 원에 대한 세금 31,200원을 차감한 후 받았다.

현금　　　　　　　　　40,168,800 / 단기금융상품(정기예금)　40,000,000
선납세금　　　　　　　　　31,200　 이자수익　　　　　　　　200,000

주 선납세금은 이자수익을 받는 경우 납부하는 원천징수 세액을 처리하는 계정이다.

❸ (주)경리는 1년 만기 정기적금에 가입하고 우리은행 보통예금 통장에서 매월 10일 200만 원씩 자동 이체되도록 하였다.

단기금융상품(정기적금)　　　2,000,000 / 현금　　　　　　　　　　2,000,000

❹ 만기가 되어 원금 2,400만 원과 이자 100만 원에 대한 세금 15만 4천 원을 차감하고 받았다.

현금　　　　　　　　　24,846,000 / 단기금융상품(정기적금)　24,000,000
선납세금　　　　　　　　154,000　 이자수익　　　　　　　1,000,000

단기매매금융자산(주식, 사채 MMF 거래)

단기매매금융자산(= 단기매매증권)은 ① 단기적인 매매차익을 목적으로 ② 매수와 매도가 적극적이고 빈번하게 이루어지는 주식, 국·공채, 수익증권, MMF 등을 말한다. 결산 시 유가증권은 기말에 시가로 평가하며, 유가증권의 적정한 가액을 평가해서 이에 대한 평가손익을 장부에 반영해야 한다.

구분	내 용
정의	단기적 매매차익이 목적이다. 매수와 매도가 적극적이고 빈번하게 이루어진다.
취득원가	매입가액(공정가치)만 포함한다. 취득 시 발생하는 부대비용은 당기 비용으로 처리한다.
기말평가	기말에 시가로 평가한다. 평가손익을 장부에 반영해야 한다.

그리고 보관 중인 유가증권은 책임자 및 제3자의 입회하에 실사하는 것이 바람직하다.

구분	단기매매금융자산(K-IFRS)	단기매매증권(일반기업회계)
범위	금융자산 전반(포괄적)	유가증권(주식, 채권 등)에 한정
포함 예시	주식, 채권, 파생상품, 기타 금융상품	주식, 채권 등
관계	상위 개념	하위 개념 (단기매매금융자산 내)

단기매매증권의 취득원가는 매입가액(공정가치)만을 포함하며, 취득 시 발생하는 부대비용(수수료 등)은 취득원가에 포함하지 않고 당기 비용으로 처리한다. 이는 매도가능금융자산(= 매도가능증권)과 달리 부대비용을 취득원가에 포함하지 않는 중요한 차이점이다.

단기매매금융자산	매도가능금융자산, 만기보유금융자산
• 취득원가에 매입가액만 포함 • 부대비용은 당기 비용으로 처리 • 단기적 매매차익 목적 • 빈번한 거래 발생	• 취득원가에 매입가액 포함 • 부대비용도 취득원가에 포함 • 단기매매목적이 아님 • 상대적으로 장기 보유

❶ 10월 15일 (주)이지주식을 주당 2만 원(액면가 1만원)에 50주를 단기 보유 목적으로 현금 취득하면서 수수료 10,000원이 발생했다.

단기매매금융자산　　　　　1,000,000 / 현금　　　　　　　　　1,010,000
지급수수료⁺　　　　　　　　　10,000

🈲 취득원가 = 공정가액, 거래수수료(거래수수료 등 취득부대비용은 당기 영업외비용(국제회계) 처리한다), 취득단가는 개별법, 평균법, 이동평균법 또는 기타 합

리적인 방법을 사용해서 종목별로 적용한다.

❷ 12월 31일 (주)이지주식 공정가액 105만 원이다.

단기매매금융자산	50,000 / 단기매매금융자산평가이익	50,000

📌 재무상태표일 현재의 공정가액과 장부가액을 비교해서 차액을 단기매매금융자산평가손익 계정으로 당기손익에 반영한다.

가. 장부가액 〉 공정가액

단기매매금융자산평가손실	××× / 단기매매금융자산	×××

나. 장부가액 〈 공정가액

단기매매금융자산	××× / 단기매매금융자산평가이익	×××

❸ 5월 30일 (주)이지주식 배당금 수입 5만 원을 받았다.

현금	50,000 / 배당금수익	50,000

📌 주식의 경우 현금배당금 수령 시 배당금수익을 영업외수익으로 인식한다. 채권 등에 대해서 이자를 받았을 경우는 이자수익 계정 대변에 기장 한다.

❹ 6월 30일 (주)이지주식 102만 원에 처분하고 수수료 3천 원을 제외하고 현금으로 받았다.

현금	1,017,000 / 단기매매금융자산	1,050,000
단기매매금융자산평가손실	33,000	

📌 처분 금액과 장부가액의 차액을 단기매매금융자산처분손익으로 해서 당기손익에 반영한다.

📌 단기매매금융자산 처분 시 지급하는 수수료 등의 비용은 단기매매금융자산처분이익(손실)에 그대로 반영한다.

수표·어음 등의 화폐대용증권과 국·공채 등은 부가가치세법상 재화나 용역에 해당하지 않으므로 적격증빙의 수취대상이 아니다.

따라서 유가증권을 금융기관에서 취득한 경우는 당해 금융기관에서 발행하는 관련 증빙을 받아서 보관하면 되며, 금융기관 외의 자와 거래를 통해서 취득한 경우는 입금표, 영수증 등 어떤 형식의 증빙이라도 소명할 수 있는 증빙만 받아서 보관하면 된다.

구분	관리 증빙
회사관리	보관 중인 유가증권은 책임자 및 제3자 입회하에 실사한다. 정기적인 확인으로 자산의 실재성을 검증한다.
증빙관리	수표 · 어음 등은 부가가치세법상 적격증빙 수취대상이 아니다. 금융기관 거래 시 해당 기관의 증빙을 보관한다.
기타 거래증빙	금융기관 외 거래는 입금표나 영수증 등을 보관한다. 소명가능한 어떤 형식의 증빙이라도 보관하면 된다.

 법인이 타법인 주식을 취득해도 되나요?

일반적으로 국내 법인은 타 법인의 주식을 취득하는 것이 원칙적으로 허용된다. 즉, 자기 회사를 제외한 다른 회사의 주식은 법령상 제한 없이 취득·보유·처분할 수 있다. 상법에서는 회사가 자기주식을 취득할 때만 별도의 엄격한 제한을 두며, 타 법인(다른 회사)의 주식을 취득하는 것에 대해서는 별도의 금지 규정을 두고 있지 않다.

매출채권(상품, 제품 외상, 어음거래)

매출채권이란 매출 대금을 즉시 현금으로 수령하지 않고 일정기간 후에 받기로 하거나(= 외상매출금), 어음 등으로 수령했을 때 생기는 고객에 대한 대금 청구권으로써 일반적 상거래에서 발생한 외상매출금과 받을어음으로 한다. 여기서 일반적 상거래란 기업의 정관상 표시된 영업활동(상품, 제품의 판매)으로써 경상적·반복적인 활동을 말한다.

매출채권

(차변)	(대변)
외상매출금 및 어음의 수취	외상매출금 및 어음금액의 회수

1 외상매출금

외상매출금이란 거래처와의 일반적 상거래(상품, 제품 판매)에서 발생한 영업상의 미수금(= 신용카드매출, 할부판매채권)을 처리하는 계정이다.
일반적으로 거래처가 다양한 경우 거래처별로 외상매출금을 기록·집계해서 매월 일정한 날에 마감한 후 청구서를 발송, 대금을 회수하고 있다. 따라서 다량의 거래처를 효과적으로 관리하기 위해서는 거래처별로 보조부를 별도로 작성해서 관리하는 것이 좋다. 또한 거래처와 수시로 잔액조회를 실시해서 원인불명의 채권이 발생하지 않도록 해야 겠다.

구분	내 용
정의	상품이나 제품(재고자산) 판매에서 발생한 영업상의 미수금
회수 과정	거래처별로 기록하고 매월 정기적으로 마감한다.
관리 방법	• 효과적인 관리를 위해 거래처별 보조부를 작성한다. • 정기적인 거래처와의 잔액조회가 필요하다.

2 받을어음

받을어음이란 일반적 상거래(상품, 제품 판매)에서 발생한 채권을 어음으로 받고 차후에 동 어음으로 재화나 용역을 수취할 수 있는 권리를 나타내기 위한 계정이다.

어음은 상품이나 제품의 매입이나 매출에 있어서 널리 사용되는데 이렇게 수취한 어음은 수취인의 수중에 만기일까지 보관되어 있는 것이 아니라 할인이나 배서 등에 의해서 현금화하는 것이 일반적이다. 즉, 유통성을 가지고 있다. 따라서 어음을 효율적으로 관리하기 위해서는 받을어음기입장 또는 어음기입장 등의 보조기입장을 두어 어음의 관리를 별도로 하는 것이 좋다.

구분	내 용
정 의	상품이나 제품(재고자산) 판매하고 어음으로 받은 경우

구분	내 용
회수 과정	거래처별로 기록하고 매월 정기적으로 마감한다.
관리 방법	• 효과적인 관리를 위해 받을어음기입장를 작성한다. • 정기적인 거래처와의 잔액조회가 필요하며, 전자어음의 경우 만기일에 자동으로 결재되므로 거래은행을 통해 관리한다. • 보조부와 총계정원장 상의 매출채권 잔액의 일치 여부를 확인한다.

9월 10일 신세계 백화점으로부터 받은 어음을 원재료 매입처인 (주)이지에 대한 외상매입금을 지급하기 위해서 배서·양도하다.

일일거래내역서

년		코드	계정과목	적요	거래처		현금			예금			어음	
월	일				코드	거래처명	입금	출금	구분	입금	구분	출금	입금	출금
9	10	251	외 상 매입금	외상 대금		(주) 경리								11,000,000

받을어음기입장

년		적요	금액	어음 번호	지급인	발행인	발행일		만기일		지급장소	처리전말		
월	일						월	일	월	일		월	일	전말
8	31	매출대금	11,000,000		(주)경리	(주)경리	8	31	10	30	기업강남	9	10	외상

❶ (주)한국은 (주)대한에 원가 50만 원인 제품을 100만 원에 판매하고 부가가치세를 포함한 대금을 외상으로 하였다.

매출채권	1,100,000	/	매출	1,000,000
			부가가치세예수금	100,000
매출원가	500,000		재고자산	500,000

❷ (주)한국은 (주)대한에 판매한 제품에 대한 하자로 인해서 20만 원을 에누리 해주었다.

매출에누리및환입	200,000	/	매출채권	200,000

❸ (주)한국은 (주)민국에 원가 50만 원인 제품을 80만 원에 판매하고 부가가치세를 포함한 대금을 6개월 만기 일자 약속어음으로 받았다.

매출채권	880,000	/	매출	800,000
			부가가치세예수금	80,000
매출원가	500,000		재고자산	500,000

❹ 위 ❸의 어음을 은행으로부터 할인받고 할인료 4만 원을 차감한 잔액을 당좌예입하다.

당좌예금	840,000	/	매출채권	880,000
이자비용	40,000			

결산 시 당사의 채권 잔액과 거래처의 채무 잔액을 대조한 후 오류가 발생하지 않도록 해야 한다. 또한 받을어음기입장이나 외상매출명세서 등의 보조부와 총계정원장 상의 매출채권 잔액과 장부 대조를 통해서 오류가 발생하면 그 원인을 규명해야 한다.

그리고 채권이 회수불능 상태에 있는 경우, 즉 대손 예상 시 대손충당금 잔액이 있으면 우선 대손충당금과 상계하고 부족 시 그 부족액을 대손상각비로 계상해야 한다.

어음의 분실 등으로 그 행방을 알 수 없는 경우에는 우선 거래 은행에 분실신고를 하고 법원의 제권판결을 받아야 한다. 그렇지 않으면 선의의 제3자가 어음상의 권리를 주장하는 경우 이에 대항하지 못한다.

구분	내 용
대손처리	회수불능 상태의 채권은 대손충당금과 상계한다. 부족분은 대손상각비로 계상해야 한다.
어음 분실 대응	• 어음 분실 시 즉시 거래 은행에 신고한다. • 법원의 제권판결을 받아야 제3자의 권리 주장에 대항할 수 있다.

[효율적인 매출채권 관리 전략]

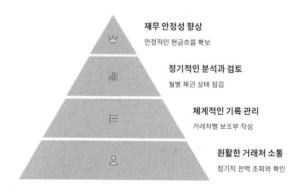

재무 안정성 향상
안정적인 현금흐름 확보

정기적인 분석과 검토
월별 채권 상태 점검

체계적인 기록 관리
거래처별 보조부 작성

원활한 거래처 소통
정기적 잔액 조회와 확인

미수금(상품, 제품을 제외한 미수채권)

미수금은 기업의 고유한 사업(상품, 제품 판매) 이외의 사업에서 발생하는 미수채권으로 근로소득세(환급받을 근로소득세·연말정산 환급액 등), 건강보험료 환급액, 건물의 처분 후 대금 미수취액, 계약 파기 후 반환받지 못한 계약금, 부가가치세 환급액, 공사대금 미수액(공사미수금) 등을 말한다.

구분	내 용
정의	기업의 고유 사업 이외(재고자산)에서 발생하는 미수채권이다.
관련 사례	건강보험료 환급액, 건물 처분 후 미수취액, 계약금 미반환액, 부가가치세 환급액 등이 있다.
증빙관리	미수채권명세서 작성 후 증빙을 철저히 관리해야 한다.
청구서 발송	거래처의 대금 지급일에 맞추어 정확한 청구서를 발송한다.
회수관리	미수금의 회수가능성을 지속적으로 검토하고 기록한다.
잔액 확인	상대편과 주기적으로 잔액을 확인하여 불일치를 방지한다.

상품, 제품(재고자산)에 대한 미수채권	상품, 제품(재고자산) 이외의 미수채권
외상매출금 및 받을어음(매출채권)	미수금

❶ (주)한국은 지난번 취득한 (주)대한의 주식 300만 원을 450만 원에 매각하고 대금은 다음 달 10일에 받기로 하였다.

| 미수금 | 4,500,000 | / | 단기매매금융자산 | 3,000,000 |
| | | | 단기매매금융자산처분이익 | 1,500,000 |

❷ 부가가치세 신고를 위해 결산 결과 부가가치세예수금이 100만 원 부가가치세대급금이 200만 원의 경우 납부 시 회계처리

| 부가가치세예수금 | 1,000,000 | / | 부가가치세대급금 | 2,000,000 |
| 미수금 | 1,000,000 | | | |

❸ 연말정산 결과 100만 원의 환급액이 발생한 경우 2월분 급여 지급 시 회계처리(급여 200만 원 예수금 10만 원의 경우)

| 급여 | 2,000,000 | / | 현금 | 2,900,000 |
| 미수금 | 1,000,000 | | 예수금 | 100,000 |

미수금명세서		담 당	대 리	과 장	부 장
일 자 월 일	내 역	금 액	수취예정일	수취 여부	
5 10	주식 매각	4,500,000	6월 10일	여	
7 25	부가가치세 납부	1,000,000	9월 25일	부	
2 25	급여 및 연말정산 납부	1,000,000	3월 10일	부	

미수금은 일반적 상거래 이외(일반적 상거래는 매출채권)에서 발생하는 특별한 경우이므로 증빙을 소홀히 할 수 있다. 따라서 미수채권명세서 등을 작성한 후 증빙관리에 각별히 유의해야 하며, 거래처의 대금 지급일에 맞추어 청구서를 발송해야 한다.

미수금 계정의 결산 정리에 앞서 미수수익의 결산조정이 선행되어야 한다. 미수수익 계정의 기말잔액 중 이미 지급청구일이 경과했으나, 결산일 현재 아직 미수상태인 것을 미수금 계정으로 대체해야 한다. 그리고 결산 시 대금결제 일이 지났는데, 회수하지 못한 대금이 있는지 확인한 후 대금을 청구해야 하며, 회수 가능성을 검토한 후 회수불능으로 판단되는 금액은 대손 처리하고, 남은 잔액에 대해서 대손충당금을 설정해야 한다. 또한 미도래 분에 대해서는 상대편과 잔액을 맞추어 정리를 해두어야 한다.

1. 미수수익 결산조정
미수수익 계정의 결산조정이 선행되어야 한다.

2. 계정 대체
지급청구일이 경과한 미수수익은 미수금 계정으로 대체한다.

3. 회수 가능성 검토
미수금의 회수 가능성을 분석하고 평가한다.

4. 대손충당금 설정
회수불능 금액은 대손처리하고 잔액에 대해 대손충당금을 설정한다.

구분	내 용
체계적인 문서관리	미수금 관련 문서를 체계적으로 정리하고 보관한다. 디지털 문서 관리 시스템을 활용한다.
정기적인 검토	월별로 미수금 현황을 검토하고 장기 미수금에 대한 관리계획을 수립한다.
명확한 회계처리	미수금과 매출채권을 명확히 구분하여 회계처리한다. 기간별 미수금 변동을 추적한다.

단기대여금(빌려주면 대여금, 빌리면 차입금)

단기대여금은 금전소비대차계약에 의해서 차용증이나 어음을 받고 금전을 타인에게 빌려준 것으로서 대여금에 대한 회수 기간이 보통 결산일의 다음 날부터 기산해서 1년 이내에 기한이 도래하는 채권으로 주주·종업원·임원 단기대여금, 주택자금 단기융자 등이 있다.

단기대여금

(차변)	(대변)
외상매출금 및 어음의 수취	외상매출금 및 어음금액의 회수

(주)한국은 (주)미국과 금전소비대차 계약을 체결하고 300만 원을 빌려주었다.

단기대여금　　　　　　　3,000,000　/　현금　　　　　　　3,000,000

대여금명세서

구 분	거래처	금액	대여일	상환일	연 이자율	비고
단기대여금	(주)미국	3,000,000	5월 1일	00년 12월 31일	6%	
장기대여금						
합 계						

결산 시 장부상 대여금 잔액과 채무자의 잔액을 확인·대조해야 하며, 회수 가능성을 검토한 후 회수불능 시 대손충당금 잔액과 우선으로 상계하고 부족액은 대손상각비 계정으로 처리한다.

그리고 대여금에 대한 이자를 선수하는 경우는 반드시 미 경과이자를 선수수익으로 계상해야 하며, 원금 회수 시에 수입 이자를 함께 받는 경우는 이미 경과한 기간분에 해당하는 금액을 미수이자로 계상해야 한다.

구분	내 용
잔액 확인 및 대조	장부상 기록된 대여금 잔액과 실제 채무자의 잔액을 철저히 확인하고 대조한다. 이 과정에서 차이가 발생할 경우 원인을 파악하여 수정해야 한다.
회수 가능성 검토	각 대여금의 회수 가능성을 면밀히 검토한다. 회수가 불가능하다고 판단되는 경우는 대손충당금 잔액과 우선 상계처리하고, 부족분은 대손상각비로 계상한다.
이자 처리	대여금에 대한 이자를 선수한 경우 미경과이자 부분을 선수수익으로 계상하고, 원금 회수 시 함께 받는 이자 중 이미 경과한 기간에 해당하는 금액은 미수이자로 처리한다.

장기대여금 계정의 내용을 검토한 후 결산일로부터 1년 이내에 상환기한이 도래하는 것에 대해서는 이를 단기대여금 계정으로 대체해야 한다. 사장 또는 대표이사가 회사 운영자금을 유용한 경우 동 금액은 가지급금 또는 단기대여금으로 처리한다.

그러나 기업회계기준에서는 가지급금이나 가수금 등의 미결산 계정의 사용을 금지하고 있으므로 연중에 가지급금으로 처리했을 때는 연말

결산 시 가지급금을 단기대여금으로 대체해야 하는 불편이 있으므로 단기대여금으로 처리하는 것이 좋다.

1 — 결산일 기준(12월 31일)
결산일을 기준으로 상환기간을 판단하여 대여금을 분류한다.

2 — 계정 대체
장기대여금 중 결산일로부터 1년 이내에 상환기한이 도래하는 금액은 단기대여금으로 계정을 대체해야 한다.

3 — 재무제표 반영
적절히 구분된 대여금은 재무상태표의 유동자산(단기대여금)과 비유동자산(장기대여금)으로 각각 분류하여 표시한다.

4 — 정기적 검토
분기별 또는 월별로 대여금의 만기를 검토하여 적시에 계정 대체(장기대여금 ➜ 단기대여금)가 이루어지도록 관리한다.

가지급금 처리의 문제점
기업회계기준에서는 가지급금이나 가수금 등의 미결산계정 사용을 금지하고 있어, 연중에 가지급금으로 처리했을 경우 연말 결산 시 단기대여금으로 대체해야 하는 번거로움이 발생한다.

회계 투명성 확보
경영진 관련 대여금은 외부감사나 세무조사 시 중점 검토 대상이 될 수 있으므로, 거래의 실질과 형식을 모두 갖추어 처리해야 한다.

권장되는 처리 방법
사장 또는 대표이사가 회사 운영자금을 사용한 경우, 처음부터 단기대여금으로 처리하는 것이 결산 시 추가 작업을 줄일 수 있어서 효율적이다.

관련 서류 관리
경영진에 대한 대여금은 특수관계자 거래에 해당하므로, 차용증서, 이사회 의사록, 상환 계획서 등 관련 서류를 철저히 관리해야 한다.

미수수익(나중에 받으면 미수수익, 미리 받으면 선수수익)

미수수익은 기업이 외부에서 용역제공을 이미 완료한 결과 당기에 수익은 이미 발생했지만, 용역에 대한 대가를 아직 받지 못한 경우의 수익을 말한다(나중에 받으면 미수수익, 미리 받으면 선수수익).

미수수익은 선수수익과 대비되는 개념으로, 선수수익은 용역 대가를 미리 받은 경우를 말하며, 부채로 계상한다.

구분	내 용
국·공채이자	정부나 공공기관이 발행한 채권에서 발생한 아직 받지 못한 이자
사채이자	회사가 발행한 사채에서 이자가 발생했으나 아직 수취하지 못한 경우
예·적금이자	은행예금이나 적금에서 이자가 발생했으나 아직 지급받지 못한 경우
임대료 미수금	부동산 임대 서비스를 제공했으나 아직 수취하지 못한 임대료

❶ (주)영남은 임대료 중 12월분 임대료 100만 원을 받지 못했다.

미수수익	1,000,000	/	임대료	1,000,000

❷ 미수 임대료 100만 원을 다음 연도 1월에 받았다.

현금	1,000,000 / 미수수익	1,000,000

국공채 및 은행예금의 이자는 만기일(또는 지급기일) 이전이라도 경과된 기간에 해당하는 미수이자를 자산계정에 미수수익으로 계상하고, 당기 수익으로 계상해야 한다.

미수수익은 결산 시 발생주의에 따라 당기 분에 해당하는 수익을 우선 수익으로 인식하고 잔액에 대해서는 차기로 이월하는 결산절차가 필요하다. 반면, 미수수익에 대해서 앞의 예시와 같이 회계처리하지 않고 매 회계 기말에 미수수익을 계상하고 다음 회계연도 초에 재수정분개를 실시하는 방법을 사용할 경우, 결산 후 다음 연도를 대비해서 재수정분개를 해야 한다.

1. 기간 경과 분 계산
결산일까지 경과된 기간에 해당하는 미수수익 금액 계산

2. 결산 분개 기록
미수수익(차변) / 이자수익 또는 임대료 등(대변) 계상

3. 재무제표 반영
미수수익은 자산으로, 관련 수익은 손익계산서에 반영

4. 다음 회계연도 처리
실제 수취 시 현금(차변) / 미수수익(대변) 처리 또는 재수정분개

선급금(선수취는 선급금, 후 수취는 미수금)

선급금은 상품이나 제품 등의 재고자산 구매 시 납품에 앞서 대금의 일부 또는 전부를 미리 지급하는 금액을 말한다. 일종의 계약금 성격을 가지며 자산으로 분류된다.

미리 받으면 선급금(상품 등의 매입)이 되고, 나중에 받으면 미수금(상품 이외의 매입)이 된다.

❶ (주)한국은 (주)대한과 100만 원의 원재료 구입 계약을 체결하고 계약금 50만 원을 지급했다.

선급금	500,000	/ 현금	500,000

❷ 위 계약과 관련해서 원재료를 모두 받았다.

원재료	1,000,000	/ 선급금	500,000
		현 금	500,000

선급금은 기업 활동에서 자주 발생하는 거래로, 특히 대규모 구매나 장기 계약에서 흔히 볼 수 있다.

선급금은 그 지출을 상품이나 원재료 등의 구입처와 같은 정규 매입처인 경우에 한해야 한다. 그 이유는 실질적으로는 대여금이면서 그 절차를 간단히 하기 위해서 선급금으로 계상하는 경우가 많기 때문이다.

선급금은 채권으로써의 보존 방법과 관련해서 거래처에 대해서는 일정한 자격 기준을 설정하고, 지급 시에는 그때마다 품의 · 결제 등을 해야 하며, 자주 발생하는 경우 선급금명세서와 같은 보조부를 작성하는 것이 좋다.

구분	내 용
자격 기준 설정	선급금 지급 대상 거래처에 대한 명확한 자격 기준을 수립한다.
품의 및 결제	매번 지급 시마다 정확한 품의서와 결제 과정을 거친다.
보조부 작성	선급금명세서와 같은 보조부를 작성하여 체계적으로 관리한다.
정기 검토	장기 체류 선급금에 대한 원인 분석과 정기적 검토를 실시한다.

용도별 정확한 계정 분류
대여금, 가지급금, 임원상여, 기부금 등이 선급금으로 잘못 계상되는 경우가 많으므로 결산 시 정확한 계정으로 대체한다.

장기 체류 선급금 분석
장기간 체류하고 있는 선급금의 원인을 분석하고 적절한 계정으로 대체한다. 이는 재무제표의 정확성을 높이고 세무 리스크를 줄인다.

관계회사 거래 선급금 관리
관계회사와의 거래에서 발생한 선급금은 금액을 정확히 확인하고 필요시 별도 관리한 후 결산 시 선급금으로 일괄 처리한다.

세무조정 고려
선급금 계정의 정확한 처리는 세무상 불이익을 방지하고 세무조정을 간단하게 종료할 수 있게 한다.

선급비용(미리 주면 선급비용, 나중에 주면 미지급비용)

선급비용은 아직 제공되지 않은 용역에 대해 미리 지급한 대가로, 일정 기간 동안 특정 서비스를 받을 수 있는 권리를 의미한다. 이는 회계상 자산으로 분류되며, 해당 서비스를 제공받는 기간에 맞춰 비용으로 전환된다.

주요 선급비용의 예로는 고용보험료, 광고료, 보증금 보험료, 산재보험료, 임차료, 지급이자의 기간 미경과분 등이 있다. 또한 임차 자산의 도시가스 설치비용이 있으며, 인테리어(임차인이 부담 시)비용은 장기 선급비용으로 처리 후 임차 기간동안 나누어서 임차료로 대체한다.

구분	내 용
비용 지출 시점	선급비용으로 자산계정에 기록
결산 시점	당해 연도 해당분과 미경과분 구분 후 당해연도 분만 비용으로 인식
이월 처리	차기 귀속분은 다음 회계연도로 이월

선급비용의 회계처리는 비용의 발생 시점과 인식 시점을 적절히 대응시키는 과정이다. 결산 시에는 당해 연도에 해당하는 비용만을 실제

비용으로 인식하고, 차기에 귀속되는 비용은 차기로 이월시켜 처리해야 한다.

이러한 회계처리는 기간손익을 적절히 계상하기 위한 것으로, 비용 발생과 관련 수익의 인식 시점을 일치시키는 수익비용 대응의 원칙을 준수하는 방법이다. 선급비용은 재무상태표에 자산으로 표시되며, 시간의 경과에 따라 필연적으로 비용화 된다.

(주)대한은 (주)민국으로부터 기계를 임차하고 있다. 당사의 회계연도는 4월 1일부터 3월 31일까지이며, 4월 1일에 1년분의 임차료 240만원을 선급하였다. 임차료 지급일과 결산일의 분개를 하라.

❶ 지출시 선급비용으로 계상하는 방법

선급비용	2,400,000	/	당좌예금	2,400,000

이 경우에는 결산 시의 분개는 필요하지 않으며, 지출 후 매월 말일에 다음과 같은 분개를 해야 한다.

임차료	200,000	/	선급비용	200,000

❷ 결산 정리 시에 선급비용을 계상하는 방법

임차료	2,400,000	/	당좌예금	2,400,000
선급비용	600,000		임차료	600,000

선급금과 선급비용의 차이

선급비용과 선급금은 모두 미리 지급된 금액이지만, 그 성격과 처리 방법에 중요한 차이가 있다. 선급비용은 계속적으로 용역제공을 받을 계약을 체결하고, 거래한 경우, 결산일까지 아직 제공받지 못한 용역에 해당하는 부분을 의미한다.

반면 선급금은 상품 등의 매입을 위해 선지급한 금액으로, 일반적 상거래에서 발생한 선급액이다. 두 계정의 차이점을 정확히 이해하고 적절히 구분하여 회계처리하는 것이 정확한 재무제표 작성의 기본이 된다.

선급비용	선급금
• 계속적인 용역제공을 받기 위해 미리 지급한 금액 • 시간 경과에 따라 필연적으로 비용화 • 용역 미제공 부분에 대한 청구권 • 예시 : 보험료, 임차료, 광고료	• 상품 등의 매입을 위해 선지급한 금액 • 일반적 상거래에서 발생 • 향후 상품이나 서비스로 대체 • 예시 : 상품매입 대금 선지급

선납세금(미리 낸 세금)

선납세금은 소득세나 법인세의 중간예납 세액, 원천징수 당한 세액 등 세금이 확정되기 전에 미리 낸 세금을 말한다. 따라서 원천징수 대상 소득을 받을 경우는 반드시 동 세금에 대해서 선납세금을 인식해 주어야 한다.

결산 시 이자를 100만 원 받으면서 이에 대한 이자소득세로 154,000원을 원천징수 당한 경우

보통예금	846,000 /	이자수익	1,000,000
선납세금	154,000		

선납세금은 별도의 결산 처리는 필요 없다.

법인세나 소득세를 신고할 때 이러한 선납세금은 반드시 차감하고 나머지만 추가로 내야 한다.

중간예납에서 내야 할 세금이 2,000만 원 이하일 때는 1,000만 원 초과분을, 세금이 2,000만 원을 초과할 때는 2분의 1 이하의 금액을 30일 뒤(중소기업은 45일 뒤)에 납부할 수 있다.

부가가치세대급금(선급부가세)

부가가치세대급금은 물건이나 서비스를 제공받을 때 상대방에게 지불하는 부가가치세 부담분을 말한다.

❶ (주)이지는 (주)경리에게서 사무용 책상을 구입하고 200(부가가치세 별도)만 원을 주었다.

비품	2,000,000	/	현금	2,200,000
부가가치세대급금	200,000			

❷ (주)이지는 상품을 300만(부가가치세 별도) 원에 판매했다.

현금	3,300,000	/	상품	3,000,000
			부가가치세예수금	300,000

❸ 7월 25일 부가가치세를 납부했다.

부가가치세예수금	300,000	/	부가가치세대급금	200,000
			현금	100,000

참고로 매입세액 불공제분은 해당 구입원가에 가산을 하거나 세금과공과로 처리를 하면 되며, 원 단위 절사로 인해 차이가 나는 금액은 잡이익으로 처리하면 된다.

가지급금(원인이 불확실한 금액)

가지급금?	가수금?
가지급금은 지출 원인이 명확하지 않은 금액으로, 그 원인이 밝혀지기 전 임시로 설정한 계정과목이다. 주로 임직원의 가불, 출장비 미정산, 또는 정당한 절차 없이 이루어진 현금지출에 사용된다. 실무에서는 이를 "메모"라고 부르기도 하며, 대표이사 등 상급자 요청으로 정식 절차 없이 지출되거나, 각 부서의 업무상 가불금 중 증빙이 지연된 경우에 발생한다.	가수금은 가지급금과 반대되는 개념으로, 회사 경비 부족 시 경영진이나 대주주가 제공한 자금 또는 출처가 불분명한 회사 입금액을 처리하는 임시계정이다. 주로 급한 자금 수요가 있을 때 사용되며, 이 역시 적절한 시기에 정확한 계정으로 대체되어야 한다. 장기간 미정리된 가수금은 회계 투명성을 저해할 수 있다.

[주] 두 계정 모두 임시적 성격을 가지며, 결산 시 적절한 계정과목으로 대체하는 것이 원칙이다. 이러한 임시계정의 적절한 관리는 재무 건전성 유지의 필수다.

❶ 출장을 가는 사장님과 김 대리에게 경비로 10만 원을 지급했다.

가지급금	100,000	/ 현금	100,000

❷ 출장에서 돌아온 김 대리에게서 받은 지출증빙을 보니 주유비로 6만 원, 거래처 박 대리와의 식사비용으로 4만 원을 지출한 경우

여비교통비	60,000 / 가지급금	100,000
기업업무추진비	40,000	

1 가지급금의 장기 미정리 문제와 해결방안

결산 시 가지급금은 적절한 계정과목으로 대체해야 한다. 예를 들어, 대표이사가 가져간 원인불명의 금액은 '대표이사에 대한 대여금'으로 처리해야 한다. 장기간 미정리된 가지급금은 세무조사 시 문제가 될 수 있으므로 주의해야 한다.

가지급금 정리를 위해서는 먼저 발생 원인을 파악하고, 관련 증빙을 수집하여 검토해야 한다. 이후 실제 사용 목적에 맞는 계정으로 재분류하는 과정이 필요하다. 이러한 체계적 접근은 재무 투명성을 높이고 회계 오류를 줄이는 데 도움이 된다.

구분	내용
정확한 계정 대체	실제 사용 목적에 맞는 계정으로 재분류
증빙 수집 및 검토	모든 거래에 대한 적절한 증빙 확보
원인 파악	가지급금 발생 원인 명확히 조사

2 가지급금의 효율적인 관리

내부 통제시스템이 제대로 갖추어지지 않은 중소기업에서는 증빙 없이 현금지출이 이루어지는 경우가 많다. 이는 장부상 현금 잔액과 실제

보유액의 불일치를 초래하며, 결국 가지급금이 누적되는 원인이 된다. 효과적인 가지급금 관리를 위해서는 명확한 지출 절차 수립, 책임자 지정, 정기적 점검 및 모니터링, 그리고 임직원 교육이 필요하다. 이러한 내부통제 방안은 회계 오류를 예방하고, 재무 투명성을 높이며, 궁극적으로 기업의 재무 건전성을 강화하는 데 기여한다.

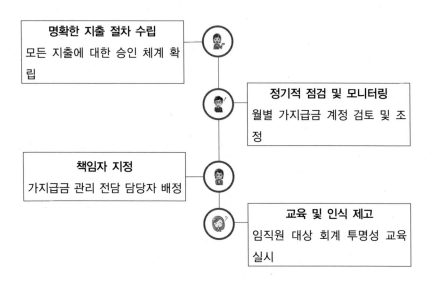

명확한 지출 절차 수립
모든 지출에 대한 승인 체계 확립

정기적 점검 및 모니터링
월별 가지급금 계정 검토 및 조정

책임자 지정
가지급금 관리 전담 담당자 배정

교육 및 인식 제고
임직원 대상 회계 투명성 교육 실시

전도금(본사에서 지사에 보내는 금액)

전도금이란 회사의 사업장이 여러 개가 있을 경우 사업장의 운영 경비를 충당하기 위해서 본사에서 지사나 영업소, 대리점 등에 보내주는 경비를 처리하는 계정이다.

서울 본사에서 부산지사의 운영자금 1,000만 원을 보내고 말일 사용내역이 다음과 같이 증빙이 올라온 경우

· 임차료 200(부가가치세 별도)만 원
· 비품구입 100(부가가치세 별도)만 원
· 지사 회식비 100만 원
· 지사 직원급여 400(각종 예수금 20만 원 가정)만 원

❶ 부산지사의 송금 시

전도금	10,000,000 /	보통예금	10,000,000

❷ 동 지출 사실을 통보받은 시점

임차료	2,000,000 /	현금	8,100,000
비품	1,000,000	예수금	200,000
복리후생비	1,000,000		
급여	4,000,000		
부가가치세대급금	300,000		

대손충당금(평가성충당금)

대손충당금은 채권 중 회수가 불가능하다고 판단되는 부분에 대해 손실 가능성을 추정해서 자산에서 차감해서 비용으로 계상하는 평가성충당금의 일종이다.

구분	내 용
정의	매출채권 중 회수 불가능할 것으로 예상되는 금액에 대해 미리 설정하는 계정이다. "대손을 처리하기 위한 비용을 넣어두는 별도의 금고"라고 생각하면 쉽다.
목적	회수불능채권을 공제하기 위해 사용하는 회계 계정이다.
필요성	❶ 발생주의 회계원칙 매출이 발생한 기간에 예상되는 대손비용도 함께 인식한다. ❷ 수익-비용 대응 매출과 관련된 예상 대손비용을 함께 인식하여 정확한 손익계산이 가능하다. ❸ 재무제표의 신뢰성 미래에 회수 불가능할 금액을 미리 인식하여 재무상태를 정확하게 표시한다.

대손충당금은 기말에 채권에 대해서 개별적으로 대손 추산액을 산출하는 방법이나 과거의 대손 경험률에 의해서 산출하는 방법 등 일정한 방법으로 산출한 대손 추산액과 회수가 불가능한 채권에 대해서 대손충당금을 설정하고 그 후 대손이 발생하면 대손충당금과 상계하고, 부족하면 그 부족액을 대손상각비로 계상하도록 하고 있다.

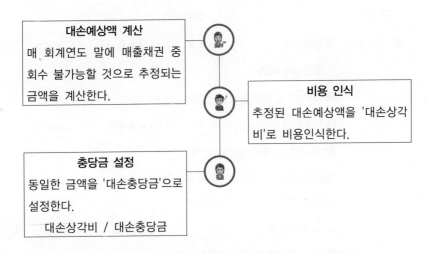

대손예상액 계산
매 회계연도 말에 매출채권 중 회수 불가능할 것으로 추정되는 금액을 계산한다.

비용 인식
추정된 대손예상액을 '대손상각비'로 비용인식한다.

충당금 설정
동일한 금액을 '대손충당금'으로 설정한다.
대손상각비 / 대손충당금

채권 등에 대한 대손 추산액은 당해 채권에 대한 대손충당금으로 해서 그 채권 과목에서 차감하는 형식으로 기재하거나 이를 일괄해서 유동자산 및 투자자산의 합계액에서 각각 차감하는 형식으로 기재할 수 있으며, 대손충당금을 일괄해서 표시하는 경우는 그 내용을 주석으로 기재 하도록 하고 있다.

(주)한국의 결산 전 당기 말 현재 대손충당금 잔액은 100만 원이었으며, 대손 추산액은 120만 원이었다.

❶ 보충법(회계)

기존 대손충당금 잔액에 추가로 필요한 금액만 설정하는 방법

대손상각비   200,000 / 대손충당금   200,000

주 1,200,000원 − 1,000,000원 = 200,000원

구 분	회계처리
설 정 시	대손상각비 ××× / 대손충당금 ×××
결 산 시	1. 회수불능채권 ❶ 대손액 〈 대손충당금 잔액 대손충당금 ××× / 매출채권 ××× ❷ 대손액 〉 대손충당금 잔액 대손충당금 ××× / 매출채권 ××× 대손상각비 ××× 2. 대손추산액 ❶ 대손추산액 〉 대손충당금 잔액 대손상각비 ××× / 대손충당금 ××× ❷ 대손액 〈 대손충당금 잔액 대손충당금 ××× / 대손충당금환입 ×××
대 손 시	1. 대손액 〈 대손충당금 잔액 대손충당금 ××× / 매출채권 ××× 2. 대손액 〉 대손충당금 잔액 대손충당금 ××× / 매출채권 ××× 대손상각비 ×××

구 분	회계처리				
대 손 채 권	매출채권	×××	/	대손충당금	×××
회 수 시	현금	×××		매출채권	×××

❷ 총액법(세법)

전기의 대손충당금 잔액을 전액 환입하고 당기에 새로 설정하는 방법

대손충당금	1,000,000	/	대손충당금환입	1,000,000
대손상각비	1,200,000		대손충당금	1,200,000

세법에서는 대손 추산의 자의성을 배제하기 위해서 기말의 매출채권, 부가가치세 매출세액 미수금, 정상적인 영업과 관련된 선급금·미수금, 수익과 직접 관련된 대여금의 합계액에 대해서 1%에 상당하는 금액과 채권 잔액에 대손 실적률을 곱해서 계산한 금액 중 큰 금액을 한도로 하는 대손충당금을 손금(또는 필요경비)으로 인정한다.

> 대손충당금 한도액 = 당기 말 대손충당금 설정 대상 채권 잔액 × 설정률
> 설정률 = Max[1%, 대손 실적률(= 당기 대손금/전기 말 대손충당금 설정 대상 채권 잔액)]

실무상 대손충당금 설정방법과 회계와 세법의 차이

구분	회계기준	세법
설정방법	보충법	총액법
한도액	합리적인 추정액	채권의 1%만 인정
대손충당금 계산	기대손실모형 또는 매출채권 간편법 적용	대손충당금 설정 대상 채권의 1% 한도
대손 인정 여부	회수가능성 판단에 따라 회사가 합리적으로 추정	세법에서 정한 특정 대손 사유만 인정
회계처리 방식	기존 충당금 잔액에 추가 설정	매년 전기말 대손충당금 전액 환입 후 재설정
IFRS 적용	기대손실모형(매출채권은 간편법 사용 가능)	해당 없음
기말 처리	대손예상액을 합리적으로 추정하여 설정	법정 한도(1%) 내에서 비용인정

[주] 일반회계기준에서는 대손충당금의 계산에 있어서 합리적이고 객관적인 기준에 따라 산출한 대손추산액을 대손충당금으로 설정한다.

IFRS에서 대손충당금을 기대손실모형이라는 이론적인 모형으로 계산하도록 하고 있으나 매출채권에 대해서는 간편법을 사용하도록 하고 있다. 많은 상장사들이 사용하는 방식이 Roll Rate 방식으로 과거의 대손율을 산정하여 현재의 채권에 곱하여 대손충당금을 계산하는 방식인데 일반회계기준에서도 적용할 수 있는 방식이다.

1. 회사에서 대손충당금 설정률을 정하여 계산
2. 회사의 과거 대손 경험률을 적용하여 계산(전이율 – roll rate 방식)

2번 방법은 현행 IFRS에서 요구하는 방식으로 "전이율 표"를 만들어 계산하며, 우리나라 4대 회계법인에서 사용하고 있다.

1. Roll Rate 방식이란?

Roll Rate(로울 레이트) 방식은 매출채권 중에서 현재 연체 중인 채권이 앞으로 더 장기 연체 단계로 전이(roll forward)될 확률, 즉 채권의 "전이율"을 분석하여 미래에 대손될 금액을 예측하는 통계적 회계기법이다.

2. 주요 개념 및 목적

2-1. 전이율(Roll Rate)이란?

특정 연체 구간에 속한 채권이 다음 연체 구간(더 큰 연체 기간)으로 넘어갈 확률을 의미한다.

예를 들어, "3개월 이하 연체" 채권의 전이율이 80%라면, 해당 구간의 채권 중 80%가 다음 분기에도 미회수되어 6개월 이하 연체로 전이될 가능성이 있다는 뜻이다.

2-2. 목적

매출채권 중 앞으로 회수가 불가능할 확률이 높은 채권을 예측해 대손충당금을 보다 합리적으로 계상하기 위함이다.

IFRS(국제회계기준)에서 요구하는 기대신용손실모형에 부합하도록 미리 대손충당금을 설정할 수 있다.

3. 절차 및 적용 방법

3-1. 채권 연령분석표 작성

매출채권을 연체 기간별(예 : 3개월 이하, 3~6개월, 6~9개월 등)로 구분한다.

3-2. 각 구간별 전이율 계산

"n개월 이하 채권"에서 "n+1개월 이하 채권"으로 전이된 금액 비율을 계산한다. 예를 들어

3개월 이하 채권 1,000원 중 800원이 6개월 이하로 전이 → 전이율 80%

6개월 이하 채권 800원 중 400원이 9개월 이하로 전이 → 전이율 50%.

3-3. 대손충당금 설정률 산정

각 연체 구간별로 해당 채권이 장기 연체로 전이될 가능성을 반영해 대손충당금 설정률을 결정한다.

예를 들어, '1년 초과 연체' 채권에 대해 100% 대손충당금을 설정하고, 이보다 짧은 구간의 채권은 Roll Rate를 곱해 대손충당금 설정률을 결정한다.

1. 매출채권 연령표

구 분	20X1	20X2	20X3	20X4
정상채권	150	120	150	120
3개월 이하	80	50	80	50
6개월 이하	90	30	15	10
12개월 이하	50	30	20	10
12개월 초과	15	10	10	15

2. 전이율 = 당해 해당 구간 ÷ 전년도 해당 구간 × 100%

구 분	20X1	20X2	20X3	20X4
정상채권		33% 50/150	66.7% 80/120	30% 50/150
3개월 이하		37.5% 30/80	30% 15/50	12.5% 10/80
6개월 이하		66.7% 30/90	66.7% 20/30	66.7% 10/15
12개월 이하		20% 10/50	33.3% 10/30	75% 15/20
12개월 초과		100%	100%	100%

3. 구간별 설정률

구 분	20X2	20X3	20X4
정상채권	1.7% 33%×37.5%×66.7% ×20%×100%	4.4% 66.7%×30%×66.7%×3 3.3%×100%	1.9% 30%×12.5%×66.7%× 75%×100%
3개월 이하	5% 7.5%×66.7%×20% ×100%	6.7% 30%×66.7%×33.3%×1 00%	6.3% 12.5%×66.7%×75%× 100%
6개월 이하	13.3% 66.7%×20%×100%	22.2% 66.7%×33.3%×100%	50% 66.7%×75%×100%
12개월 이하	20% 20%×100%	33.3% 33.3%×100%	75% 75%×100%
12개월 초과	100%	100%	100%

4. 대손충당금

구 분	20X4	평균	대손충당금
정상채권	120	1.9%	2.28
3개월 이하	50	6.3%	3.15
6개월 이하	10	50%	5
12개월 이하	10	75%	7.5
12개월 초과	15	100%	15
합계	205	–	약 33

20X4년 대손충당금은 33이고 대손실적율은 16%(33 ÷ 205 × 100%)이다.

대손충당금 회계감사 절차

1. 데이터 및 모델의 신뢰성 검토

대손충당금 산정에 사용된 데이터(매출채권 연령분석, 고객 신용도 등)가 정확한지 확인한다.

대손 예측에 사용된 모델(예 : Roll Rate 등)이 합리적으로 동작하는지, 회사의 가정(회수율, 손실율 등)이 현실적이고 과거 경험에 부합하는지 평가한다.

2. 회계정책 및 기준 적합성 평가

회사가 적용한 대손충당금 산정방식이 K-IFRS, GAAP 등 해당 회계기준에 적합한지 검토한다.

연령별 대손율 적용, 개별평가(예 : 폐업, 소송 등 확정 대손)와 집단평가(연령구간별 손실률 적용)의 구분이 적정하게 이루어졌는지 확인한다.

3. 장기미수채권 및 중요채권 집중 점검

장기미수채권이 대손충당금 설정에 충분히 반영되었는지 연령분석을 통해 확인한다.

금액이 크거나 회수가능성이 낮은 거래처별 채권에 대해서는 개별적으로 추가 자료(예 : 소송자료, 외부잔액 확인 등)를 요구할 수 있다.

4. 추정치의 신뢰성 및 일관성 평가

과거 추정치와 실제 손실액을 비교하여 추정의 일관성과 신뢰성을 검증한다.

업계 평균, 과거 경험률 등 외부 자료와 비교해 합리성을 재확인한다.

5. 제3자 확인 및 외부 검증

필요시에는 매출채권 잔액을 거래처에 직접 확인(잔액 확인서 수취) 절차를 수행한다.

재고자산의 회계처리

제2장 재고자산의 회계처리

재고자산 계정과목과 경영분석

재고자산은 판매를 목적으로 기업이 보유하고 있는 제품이나 상품을 말한다. 판매를 목적으로 보유한다면 모두 재고자산이다.

1 제품과 상품의 차이

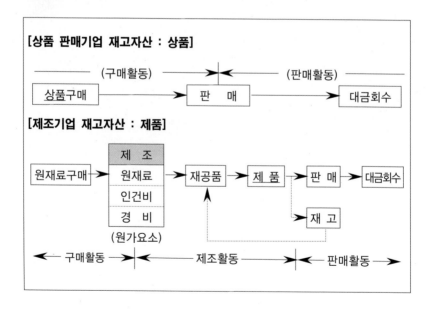

제품생산 이후 판매, 경영지원, 관리 과정에서 발생하는 비용				영업이익	
			판매비와관리비		
		제조간접비			
제품생산 과정에서 발생하는 모든 비용	직접재료비	직접원가 (기초원가)	제조원가 (총제조원가)	총원가 (판매원가)	판매가격
	직접노무비				
	경 비				

[제품생산 과정에서 발생하는 모든 비용]
* 직접원가 = 직접재료비 + 직접노무비 + 직접경비
* 제조간접비 = 간접재료비 + 간접노무비 + 간접경비
* 제조원가 = 직접원가 + 제조간접비
* 가 공 비 = 직접노무비 + 제조간접비

[제품생산 이후 판매, 경영지원, 관리 과정에서 발생하는 비용]
* 총 원 가 = 제조원가 + 판매비와관리비
* 판매가격 = 총원가 + 영업이익

2 재고자산의 종류와 재공품, 반제품의 차이

구 분	재고자산 계정과목 해설
제품	판매를 목적으로 회사 공장에서 직접 만든 물건
상품	판매를 목적으로 다른 곳에서 사 온 물건 동일한 물건이라고 공장을 가지고 판매를 목적으로 만든 물건은 제품, 공장 없이 다른 곳에서 사 와서 판매하는 경우는 상품이다.

구 분	재고자산 계정과목 해설
	예를 들어 ㈜갑이 가구공장에서 가구를 만들어 직접 파는 경우는 제품, ㈜을이 ㈜갑에게서 제품을 사다가 상점을 차려놓고 파는 경우는 상품. ㈜갑은 제품, ㈜을은 상품
재공품	제품생산 과정에 있는 물건 즉 완성된 제품은 아니지만, 제품의 생산 과정에서 발생하는 원가를 집계하는 계정이다. 완성이 되지 않았으므로 판매할 수 없다.
반제품	반제품이란 제품이 두 개 또는 여러 개의 공정을 거쳐서 완성될 때 일부의 공정이 끝나서 다음 공정에 인도될 완성품 또는 부분품으로서 일정한 제품으로 완성은 되지 않았지만, 가공이 일단 완료됨으로써 저장이 가능하거나, 판매가 가능한 상태에 있는 부품을 말한다. 즉 부품이지만 그 부품 자체로도 판매가능 한 것을 말한다. 컴퓨터를 예로 들면 메인보드, 하드디스크, 메모리 카드 등을 말한다.
원재료	물건을 만들기 위해 기본적으로 들어가는 재료를 말한다. 즉 제품생산에 소비할 목적으로 사들인 모든 소비적 재화를 가리킨다. 한국채택국제회계기준은 원재료의 범위에 원료, 재료, 매입 부분품 및 미착원재료 등을 포함하도록 하고 있다.

위의 예는 제조업이나 도소매업 기준의 재고자산이고 재고자산의 종류는 업종마다 다르다. 예를 들어 토지·건물 및 기타 이와 유사한 부동산은 일반회사에서는 유형자산에 속하지만, 부동산개발회사는 판매 목적으로 소유하는 상품으로 재고자산에 속한다.

또한 자동차는 일반회사에서 유형자산에 속하지만, 현대나 기아 자동차의 경우 재고자산에 속한다.

한마디로 각종 회사가 판매를 목적으로 보유하는 물건은 재고자산이다.

3 재고자산 자체가 가지고 있는 위험성

구 분	내 용
진부화	기술 변화, 유행 변화 등으로 인해 재고의 가치가 하락하거나 판매할 수 없어질 수 있다.
손 상	재고가 파손(손상)되거나 도난당하는 등의 손실이 발생할 수 있다.
감 모	시간이 지남에 따라 재고의 양이 줄어들거나 품질이 저하되는 현상이 발생할 수 있다.

4 재고자산이 기업 재무상태에 미치는 영향

재고 부족으로 인해 고객에게 제품을 제때 공급하지 못하면 고객 만족도가 떨어지고, 경쟁력 약화로 이어질 수 있다.

반면 재고로 묶인 자금은 다른 생산활동이나 투자에 사용될 수 없어 기업의 유동성을 악화시키고, 불황기에 과다한 재고는 재고를 보관하는데, 드는 비용(창고 임대료, 관리 비용 등)을 증가시켜 기업의 이익 감소로 이어진다.

따라서 기업의 재고관리를 위해 다양한 재무분석 지표를 사용하고 있는데, 그 대표적인 예를 살펴보면 다음과 같다.

구 분	내 용
재고회전율	특정기간동안 판매된 제품 대비 평균 재고 수량을 나타내는 지표로, 재고가 얼마나 빠르게 소진되는지를 보여준다. 높은 재고회전율은 효율적인 재고관리를 의미한다.

구 분	내 용
	재고자산회전율 = 매출원가 ÷ 평균 재고자산 • 매출원가 : 제품을 생산하거나 판매하는 데 사용된 원재료, 노무비, 경비 등의 총합 • 평균 재고자산 : 기초 재고자산과 기말 재고자산의 평균값 예를 들어, 어떤 기업의 매출원가가 1억 원이고, 기초 재고자산이 2,000만 원, 기말 재고자산이 3,000만 원이라면 평균 재고자산은 2,500만 원이 된다. 따라서 재고자산회전율은 1억 원 ÷ 2,500만 원 = 4회가 된다. 이는 해당 기업이 1년 동안 평균 4번 재고를 완전히 판매하고 다시 채웠다는 의미다. 이를 각 제품별로 적용하면 각 제품별 재고자산회전율을 통해 보다 세밀하게 제품을 관리할 수 있다.
재 고 일 수	재고가 창고에 머무르는 평균 일수를 나타내는 지표로, 재고자산 회전율의 역수다. 짧은 재고 일수는 신선한 재고를 유지하고, 진부화 위험을 줄이는 데 도움이 된다.
재 고 보 유 비 율	총자산에서 재고가 차지하는 비율을 나타내는 지표로, 재고가 자산 구성에 미치는 영향을 파악할 수 있다.
재고부족률	주문량 대비 실제 공급가능한 재고량의 비율을 나타내는 지표로, 재고 부족으로 인한 판매 기회 상실을 측정한다.

5 재고자산 회계처리의 흐름

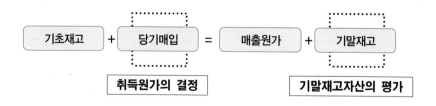

취득원가

취득원가 = 매입가격 + 매입운임(운반비 + 보험료 등) + 제세공과금(취득세, 등록세 등) + 기타 지출(수입 관세 등) − 관세환급 − 매입할인

 ## 기말재고자산의 평가

기말재고자산
=
수량(실지재고조사법, 계속기록법)
×
단가(개별법, 선입선출법, 평균법) ⚠ 후입선출법(K−IFRS 불인정)

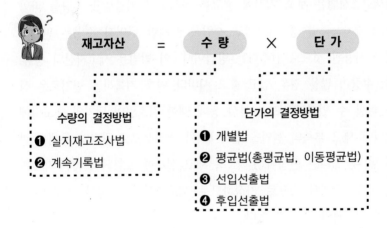

재고자산 = 수 량 × 단 가

수량의 결정방법
❶ 실지재고조사법
❷ 계속기록법

단가의 결정방법
❶ 개별법
❷ 평균법(총평균법, 이동평균법)
❸ 선입선출법
❹ 후입선출법

재고자산 수량의 결정방법

재고자산의 수량을 결정하는 방법으로는 크게 실지재고조사법과 계속 기록법으로 구분할 수 있다.

1 실지재고조사법

실지재고조사법은 보고 기간에 창고를 조사하여 기말재고 수량을 파악 하고 판매가능수량 중 기말재고 수량을 제외한 나머지 수량은 판매된 것이나 사용된 것으로 간주하는 방법이다. 이 방법은 재고자산의 종류, 규격, 수량이 많을 경우 입고/출고 시마다 이를 기록하는 번거로운 상 황을 피할 수 있지만, 도난, 분실 등에 대한 감소량이 당기의 출고량에 포함되어 재고 부족의 원인을 알아내기가 어려우므로 관리와 통제를 한 번에 할 수 없다는 단점이 있다. 즉 재고 실사에 포함되지 않은 재고자 산은 모두 판매된 것으로 가정하므로 재고자산감모손실이 매출원가에 포함하는 결과가 될 수도 있다.

실지재고조사법은 정기적인 재고 실사를 통해 기말재고 수량을 파악하 여 판매가능수량(기초재고 + 당기매입재고)과의 차이를 모두 판매된 수량으로 간주하는 방법이다.

[기초재고수량 + 당기매입수량](= 판매 가능 수량) − 기말재고수량 = 당기 판매수량

예를 들어 기초에 제품 200개가 있었는데, 당기에 100개를 생산했다. 기말에 재고 수량을 파악하니 150개가 남아 있었다.

그럼 판매 수량은 200개 + 100개 − 150개 = 150개가 당기 판매 수량이 된다. 하지만 실제로 도난이나 파손으로 인한 수량이 20개가 있었다면 200개 + 100개 − 150개 - 20개 = 130개가 당기 판매 수량이 되어야 함에도 150개가 판매 수량으로 처리되는 오류가 발생한다.

" 실사 전에는 ˏ매입ˎ으로 분개, 실사 시에 ˏ상품, 매출원가ˎ 기록 "

2 계속기록법

계속기록법은 기초재고에 당기 재고자산이 매입 또는 제조될 때마다 계속해서 더하고, 당기에 재고자산이 판매될 때마다 계속해서 빼서 기말에 남은 재고자산을 기말재고자산으로 결정하는 방법이다.

[기초재고수량 + 당기매입수량](= 판매가능 수량) − 당기판매수량 = 기말재고수량

요약하자면 계속기록법은 매출이 발생할 때마다 장부에 기록하는 방법으로 매출 수량을 통해 기말재고 수량을 결정하게 된다. 정확하게 파악이 가능하다는 장점이 있지만 그만큼 비용이 많이 들기 때문에 효율

성보다 비용이 상대적으로 많이 클 때는 문제가 될 수 있다. 또한 계속기록법을 통해 관리하면 언제든지 재고자산 및 매출원가 계정의 잔액을 알 수 있으므로 재고자산의 계속적, 통계적 관리가 가능하다. 단 도난, 분실에 의한 감소량이 기말재고량에 포함되어 이익이 과대 계산이 될 소지가 있다.

예를 들어 기초에 제품 200개가 있었는데, 당기에 100개를 생산했다. 장부상 총판매량이 150개라면 기말재고 수량은 200개 + 100개 - 150개 = 150개가 기말재고 수량으로 장부에 나타난다. 하지만 실제로 도난이나 파손으로 인한 수량이 30개가 있었다면 실제로는 창고에 200개 + 100개 - 150개 - 30개 = 120개가 있는데, 장부에는 150개가 있는 것으로 나타나므로 장부상 재고가 실제 재고량보다 30개가 많아지는 오류가 생긴다.

" 상품으로 계속하여 분개 상품수불부를 계속하여 기록 "

" 계속기록법에 따라 산정된 기말재고수량은 장부상의 수량이므로 창고에 보관되어 있는 실제수량과 일치하지 않을 수 있다. "

3 실무상 병용해서 사용

실무상으로는 두 방법 모두 재고감모수량을 정확히 파악할 수 없으므로 병용해서 사용한다. 즉, 당해 기간 중에는 장부(프로그램)를 통해 재고관리를 하다가 결산 기말에 실제 재고조사를 통해 나타난 실제 재고 내용을 장부 내용과 대조해서 그 차이에 대해서는 원인을 분석한다.

예를 들어, ㈜이지는 전구만을 전문적으로 판매하는 도매상이고 매월 말에 결산하는데, 회계자료는 다음과 같다고 가정하자.

기초재고수량	1,000개
당기매입수량	10,000개
계속기록법에 의한 장부상의 매출수량	9,000개
실지재고조사법에 의한 수량	1,500개

계속기록법에 따라서 계산되는 기말재고수량은 2,000개(1,000개 + 10,000개 - 9,000개)로 실제 재고수량과 500개의 차이가 발생한다. 그러나 계속기록법에서는 감모수량 500개를 파악하지 못하고 기말재고 수량을 2,000개로 인식한다. 실지재고조사법에서는 기초재고수량 + 당기매입수량 - 기말재고수량의 공식을 이용하여 판매된 수량을 계산하기 때문에 9,500개(1,000개 + 10,000개 - 1,500개)가 판매된 것으로 계산된다. 이는 실제 판매수량 9,000개보다 500개가 많은 수량이다.

이같이 특정 방법만을 사용하여 재고자산을 평가하면 감모수량 500개를 적절하게 파악할 수 없다. 따라서 양 방법을 병행할 때만 9,000개에 대한 금액을 매출원가로, 1,500개를 기말재고수량으로, 나머지 500개를 재고자산감모손실로 인식할 수 있다.

㈜지식의 기초재고상품은 100개(@₩70)이고, 기중에 900개(@₩70)를 현금 매입하였다. 회사는 기중에 700개를 개당 100원에 현금 판매하였으며, 기말의 실지재고수량은 300개로 파악되었다.

[해설]

계속기록법				실지재고조사법			
1. 기중 매입							
상품	63,000	현금	63,000	매입	63,000	현금	63,000

[주] 계속기록법은 재고자산(상품)계정을, 실지재고조사법은 매입계정을 사용하여 회계처리한다.

2. 기중 판매							
현금	70,000	매출	70,000	현금	70,000	매출	70,000
매출원가	49,000	상품	49,000				

[주] 기중 판매 시 계속기록법에서는 매출원가를 계상하나 실지재고조사법에서는 계상하지 않는다.

3. 결산수정분개							
분개 없음				매입	7,000	상품	7,000
				상품		(기초)	
				(기말)	21,000	매입	21,000

[주] 기말재고 실사액 = 300개 × 70원 = 21,000원

[주] 계속기록법에서는 기중에 매출원가를 계상하였으므로 결산수정분개를 기록할 필요가 없으며, 실지재고조사법에서는 기말 시점에서 기말재고자산을 파악한

후 결산수정분개를 통해 매출원가를 계산한다. 실지재고조사법에서 결산수정분개 후 매입계정의 잔액이 매출원가로 보고된다.

5 재고자산감모손실

재고자산감모손실은 재고자산이 도난이나 분실, 파손 및 진부화 등으로 인하여 감소한 수량의 취득원가를 말한다.

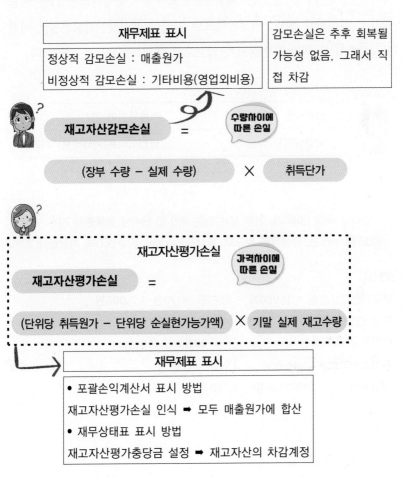

재무제표 표시	감모손실은 추후 회복될
정상적 감모손실 : 매출원가	가능성 없음. 그래서 직
비정상적 감모손실 : 기타비용(영업외비용)	접 차감

재고자산감모손실 = 수량차이에 따른 손실

(장부 수량 – 실제 수량) × 취득단가

재고자산평가손실

재고자산평가손실 = 가격차이에 따른 손실

(단위당 취득원가 – 단위당 순실현가능가액) × 기말 실제 재고수량

재무제표 표시

- 포괄손익계산서 표시 방법
  재고자산평가손실 인식 ➡ 모두 매출원가에 합산
- 재무상태표 표시 방법
  재고자산평가충당금 설정 ➡ 재고자산의 차감계정

재고자산 감소는 '정상적인 경우'와 '비정상적인 경우'로 나누어 볼 수 있다.

정상적인 경우는 재고자산이 갖는 특성으로 인해 정상적인 영업활동 과정에서 감소하는 것을 말한다. 반면, 비정상적인 경우는 도난이나 분실처럼 영업활동과 관련 없이 특별한 사유로 인해서 감소하는 것이다.

따라서 정상적으로 발생한 재고자산감모손실(= 정상감모손실)은 매출원가로 처리하는 반면, 비정상적으로 발생한 재고자산감모손실(= 비정상감모손실)은 원가로 인정되지 않으므로 영업외비용으로 처리한다.

정상적인 발생	매출원가에 가산
비정상적인 발생	영업외비용(기타비용) 처리

기말장부 수량 1,000개, 기말 실제 수량 900개, 단위당 취득원가 70원, 수량 감소 중 70%는 정상적인 것으로 정상감모손실은 매출원가에 가산한다.

[해설]
재고자산감모손실 = (1,000개 - 900개) × 70원 = 7,000원
정상 감모(매출원가) = 7,000원 × 70% = 4,900원
비정상 감모(매출원가) = 7,000원 × 30% = 2,100원

재고자산감모손실(매출원가)　4,900	상품	7,000
재고자산감모손실(영업외비용)　2,100		

재고자산 단가의 결정방법

외부로부터 매입하는 상품의 단가는 재고자산의 매입가액에 매입에 필요한 필수비용(운송비, 보험료 등)을 가산하여 계산한다. 매입 관련한 필수 부대비용을 재고자산 품목별로 추적하여 반영해야 하는데 실무적으로 품목 추적이 어려운 경우 전체 부대비용에 대하여 전체 매입가액을 기준으로 안분하기도 한다.

반면 내부에서 직접 제조하는 제품의 단가는 제조 과정에서 발생하는 재료비, 노무비, 기타 제조와 관련된 제조경비의 합이 된다. 또한, 보고기간 종료일 기준 제조 중인 제품의 경우 재공품이라는 계정명을 사용하여 재고자산으로 반영한다.

구 분		재고자산 계정과목
상품 판매기업		상품
제조기업	생산 중인 재고자산	재공품
	2차 공정 투입을 위해 생산 완료된 재고자산	반제품
	생산 완료된 재고자산	제품

예를 들어 가구 제조공장에서는 제조에 필요한 모든 부품, 자재뿐만 아니라 생산과정에 있는 재공품 및 완성된 제품까지를 재고자산에 포

함한다. 반면 가구를 유통하는 회사는 완성품인 제품을 구매해서 상품이라는 계정과목으로 재고자산에 기록한다.

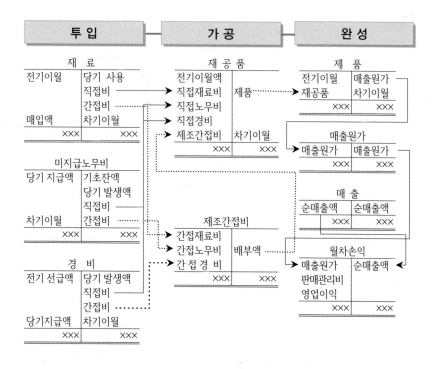

1 재고자산의 취득원가

제조기업의 경우는 앞서 흐름도에 따라 제조 과정에서 발생하는 재료비, 노무비, 제조경비의 합계액 즉 제조원가가 취득원가가 된다. 반면 상품 판매기업의 경우는 상품매입 시, 매입 대금 이외에 추가적인 비용이 발생하는 경우가 생기는데 그 비용을 매입부대비용이라고 한다. 재고자산의 취득원가에는 재고자산을 판매할 수 있는 상태로 만들기까지 생기는 모든 지출액을 포함하므로 상품매입 비용에 매입부대비용을 포함한 금액이 취득원가가 된다.

2 재고자산의 매출원가

매출원가는 회계기간에 고객에게 판매한 재고자산의 총원가이다. 매출원가는 상품(제품)을 판매할 때마다 계산하지 않고 기초재고액에 당기 상품 구매액(제조업의 경우 당기 제품 제조원가)을 가산하고 여기에서 기말에 남아 있는 재고액을 차감하여 계산하여 구할 수 있다.

매출원가 = 기초상품 재고액 + 당기 순매입액 − 기말상품 재고액
매출총이익 = 매출액 − 매출원가

3 재고자산의 단가 결정

재고자산의 단가결정은 재고자산 취득 시기에 따라 재고자산의 구입단가가 계속해서 변동하는 경우 재고자산이 어떤 순서로 팔리는지를 가정해 개별법, 평균법, 선입선출법, 후입선출법 중 하나의 방법으로 단가를 계산한다. 즉 먼저 구입한 것이 먼저 팔리는지, 나중에 구입한 것이 먼저 팔리는지, 아니면 두 경우의 평균을 기준으로 할 지 기준을 정해서 단가를 결정한다.

개별법

재고자산 각각에 대하여 구입한 가격을 따로 기록해 두었다가 그 재고가 판매되었을 때 그 재고자산의 구입가격을 매출원가로 기록하는 방법이다. 예를 들어 동일한 상품을 1월 5일 100원, 2월 1일 200원에 구입했다고 가정하면 두 상품에 대한 원가를 평균해서 150원으로 한다거나 다른 가격으로 정하지 않고 두 상품의 원가를 각각 100원과 200원으로 정해서 적용하는 방법(본래의 가격대로, 실물 흐름에 따른 단가 결정방법)을 말한다.

개별법은 원가의 흐름과 실물의 흐름이 일치하는 가장 이상적인 방법이지만 현실적으로 재고자산의 종류가 많고 거래가 빈번하게 이루어지는 경우는 실무에서 사용하기가 불편하고 비용도 그만큼 많이 든다. 예를 들어 특수한 기계를 주문하고 생산하는 경우와 같이 제품별로 원가 식별이 가능한 때에는 개별법을 사용하여 원가를 결정할 수 있다.

그러나 이러한 방법을 상호교환이 가능한 대량의 동질적인 제품에 적용하는 것에 대해서는 적절한 방법은 아니다.

결론은 소규모 품목을 판매하는 회사는 적용에 문제가 없으나 다품종 대량판매를 하는 회사의 경우 적절한 방법이 아니다.

총평균법

총평균법은 「기초원가 + 당기 매입원가」를 「기초 재고수량 + 당기 매입수량」으로 나누어 단위당 평균원가를 계산하는 방법으로 이는 실지재고조사법에서만 사용이 가능하다.

$$1. \text{ 단위당 평균원가} = \frac{\text{기초 재고원가 + 당기 매입원가}}{\text{기초 재고수량 + 당기 매입수량}}$$

2. 기말재고 원가 = 단위당 평균원가 × 기말재고수량

3. 매출원가 = 단위당 평균원가 × 매출 수량

이동평균법

이동평균법은 재고자산을 취득할 때마다 취득가액과 재고액(당기 보유액)의 합계액을 취득 수량과 재고 수량의 합계액으로 나누어 단위당 원가를 계산하는 방법으로 계속기록법에서 주로 사용된다.

선입선출법

물량의 실제 흐름을 상관하지 않고 먼저 구입한 재고자산이 먼저 사용되거나 판매된 것으로 가정한 후 기말재고액을 결정하는 방법이다. 따라서 먼저 입고된 재고자산의 순서로 매출원가가 계산되고, 가장 나중에 입고된 재고자산이 기말재고자산으로 남는다.

실지재고조사법에서는 기말에 가서야 단위원가가 계산되고 계속기록법에서는 매입 또는 출고 시에 단위원가가 계산되지만, 선입선출법을 적용하면 위의 두 방법 중 어느 것으로 기말재고자산을 파악하더라도 한 회계기간에 계산되는 기말재고자산과 매출원가는 동일하다.

후입선출법(K-IFRS에서는 불인정, 일반기업회계기준은 인정)

후입선출법은 품목이 같은 것은 나중에 취득한 것부터 먼저 처분한다

는 가정하에 계산하는 방법이다. 따라서 가장 오래된 매입가격으로 기말재고자산을 평가하고, 매출원가의 산정에는 가장 최근의 매입가격이 적용된다. 기업이 후입선출법을 사용하는 주된 목적은 일반적으로 물가가 상승하고 재고수량이 증가할 경우 법인세를 적게 부담하기 위해서이다.

기말재고 크기	선입선출법 〉 이동평균법 〉 총평균법 〉 후입선출법
이익 크기	선입선출법 〉 이동평균법 〉 총평균법 〉 후입선출법
법인세 크기	선입선출법 〉 이동평균법 〉 총평균법 〉 후입선출법
매출원가 크기	선입선출법 〈 이동평균법 〈 총평균법 〈 후입선출법
현금흐름 양호	선입선출법 〈 이동평균법 〈 총평균법 〈 후입선출법

 후입선출법을 K-IFRS(국제회계기준)에서 불인정하는 이유

1. 재무제표의 왜곡

• 후입선출법은 일반적인 실물 흐름과 일치하지 않아 현실을 정확히 반영하지 못한다. 즉 재고는 먼저 들어오거나 생산된 물품이 먼저 나가는 구조인데 후입선출법은 나중에 들어온 것이 먼저 나간다는 가정이다.

• 기말 재고자산이 과거의 취득원가로 기록되어 현행 가치를 제대로 나타내지 못해 재고자산 가치를 왜곡시킨다. 즉 최근의 재고자산이 먼저 나가므로 기말에 남는 재고자산은 일시에 다 팔리지 않는 한 처음의 재고자산이 남게 된다. 따라서 기말재고자산의 가액은 낮게 형성되고 매출원가가 높게 잡혀 이익이 과소계상되게 된다.

2. 이익 조작 가능성

• 당기순이익 과소 계상 : 후입선출법을 사용하면 당기순이익이 실제보다 낮게

계상될 수 있다.

- 세금 이연 효과 : 이익을 실제보다 작게 잡아 세금을 덜 내는 효과가 있어, 일부 국가에서는 이를 불법으로 간주한다.

다음과 같은 (주)이지의 10월 한 달 동안의 자료를 이용하여 기말재고액과 매출원가를 산출하시오.

일자	적 요	수 량	취득단가	금 액
1일	기초재고	100개	200원	20,000원
5일	매 입	400개	250원	100,000원
10일	매 출	400개		
25일	매 입	100개	300원	30,000원
31일	기말재고	200개		

선입선출법

재고수불부

일자	적 요	입고 수량	입고 단가	입고 금 액	출고 수량	출고 단가	출고 금 액	잔고 수량	잔고 단가	잔고 금 액
1	기초재고	100	200	20,000				100	200	20,000
5	매 입	400	250	100,000				100	200	20,000
								400	250	100,000
10	매 출				100	200	20,000	100	250	25,000
					300	250	75,000			
25	매 입	100	300	30,000				100	250	25,000
								100	300	30,000
31	기말재고				100	250	25,000			
					100	300	30,000			
합계		600		150,000	600		150,000			

❶ 기말상품재고액 : 100개 × @₩250 = 25,000원
  100개 × @₩300 = 30,000원 = 55,000원

❷ 매출원가 : 150,000원 – 55,000원 = 95,000원

후입선출법

재고수불부

일자	적 요	입 고			출 고			잔 고		
		수량	단가	금 액	수량	단가	금 액	수량	단가	금 액
1	기초재고	100	200	20,000				100	200	20,000
5	매 입	400	250	100,000				100	200	20,000
								400	250	100,000
10	매 출				400	250	100,000	100	200	20,000
25	매 입	100	300	30,000				100	200	20,000
								100	300	30,000
31	기말재고				100	200	20,000			
					100	300	30,000			
합계		600		150,000	600		150,000			

❶ 기말상품재고액 : 100개 × @₩200 = 20,000원

100개 × @₩300 = 30,000원

= 50,000원

❷ 매출원가 : 150,000원 − 50,000원 = 100,000원

총평균법

❶ 평균단가 : 150,000원 ÷ 600개 = @₩250

❷ 기말상품재고액 : 200개 × @₩250 = 50,000원

❸ 매출원가 : 150,000원 − 50,000원 = 100,000원

이동평균법

재고수불부

일자	적 요	입 고			출 고			잔 고		
		수량	단가	금 액	수량	단가	금 액	수량	단가	금 액
1	기초재고	100	200	20,000				100	200	20,000
5	매 입	400	250	100,000				500	240*	120,000
10	매 출				400	240	96,000	100	240	24,000
25	매 입	100	300	30,000				200	270**	54,000
31	기말재고				200	270	54,000			
합계		600		150,000	600		150,000			

* (20,000원 + 100,000원) ÷ (100개 + 400개)
** (24,000원 + 30,000원) ÷ (100개 + 100개)
❶ 기말상품재고액 : 200개 × @₩270 = 54,000원
❷ 매출원가 : 150,000원 − 54,000원 = 96,000원

4 재고자산평가손실과 재조자산감모손실 비교

재고자산평가손실

유행이 지나 더 이상 판매 가능성이 없는 제품, 유통기한이 지난 상품 등 재고자산의 공정가치가 취득원가보다 낮을 경우, 재고 가치를 감액하여 평가손실을 기록한다. 즉 판매할 수 있는 가격이 처음 취득했을 때의 가격보다 하락한 경우 처리하는 계정과목이다.

상품은 판매하기 위해 보유를 하게 되는데, 100만 원에 매입해서 150만 원을 받고 팔아야 이익이라고 할 수 있다.

그런데 어떤 사정으로 재고자산의 값어치가 떨어지기 시작하더니 150만 원은커녕 구입원가 100만 원에도 못 미치는 80만 원에 시가가 형성되었다고 가정해 보자

이 경우 그냥 80만 원에 판매를 해버리면 매출액은 80만 원이고, 매출원가는 100만 원이 되니까 20만 원의 판매 손실이 발생한다.

따라서 팔지 않고 기말까지 보유하게 되었을 경우는 보수주의 입장에서 판매하기도 전에 미리 20만 원의 손실을 기말에 평가손실로 인식해야 한다. 이것이 뒤에 설명할 저가법이다.

이때 대손충당금처럼 충당금 계정을 사용해서 다음과 같이 분개한다.

재고자산평가손실	200,000	재고자산평가충당금	200,000

차변의 재고자산평가손실은 손익계산서에서 매출원가에 합산되어 표시되며, 대변의 재고자산평가충당금은 대손충당금처럼 상품 밑에 가서 차감하는 형식으로 표시한다.

그리고 다음 연도에 이 상품의 시세가 회복되어 시가가 100만 원이 되었다면 다음과 같이 분개한다.

재고자산평가충당금	200,000	재고자산평가손실환입	200,000

🧑 재고자산감모손실

물리적으로 재고를 폐기하거나 판매 불가능한 상태로 되면, 재고자산감모손실로 처리한다. 이는 재고자산의 가치가 감소하거나 손상되었을 때 발생하는 비용이다. 즉 도난이나, 버려서 재고자산의 수량이 감소

한 경우(수량의 손실) 처리하는 계정과목이다.

예를 들면 단가 100원인 상품의 장부상 재고가 100개인데 직접 세어 보니 95개 밖에 없다고 할 때 없어진 5개에 단가 100원을 곱한 500 원이 재고자산감모손실 금액이 된다.

평가손실과 달리, 감모손실은 정상감모와 비정상감모로 구분한다.

정상감모란 관리를 잘하더라도 피할 수 없는 감모를 말하며, 부패나 도난 등과 같이 관리 부실로 인한 것은 비정상적인 감모라고 한다.

정상적인 감모는 원가성이 있으므로 매출원가로 처리해야 하며, 비정 상적인 감모는 원가성이 없어서 영업외비용으로 처리해야 한다.

대변은 충당금을 사용하지 않고 해당 상품이나 제품을 직접 제거해야 한다.

평가손실과 다르게 감모손실은 회복될 수가 없기 때문이다.

재고자산감모손실	500	상품(재고자산)	500

타계정대체

재고자산은 원래의 목적인 생산 투입이나 판매를 위해 사용되지 않고, 그 목적과 다르게 사용될 수 있다.

예를 들면 제품을 거래처에 선물로 제공한다든지, 회사 체육대회용으로 사용한다든지 하는 다른 목적으로 사용될 수가 있는데, 이때는 업무추진비 등 해당 계정과목으로 처리해야 하며, 이것을 '타계정대체'라고 한다. 이 경우 적요를 잘 기록해 두어야 한다.

재고자산평가충당금

재고자산평가충당금은 기업이 보유하고 있는 재고자산의 가치가 하락하거나 판매 가능성이 낮아졌을 때, 그 손실을 미리 대비하기 위해 설정하는 회계 항목이다. 이는 재고의 장부상 가치를 조정하여, 실제로 발생할 수 있는 손실을 재무제표에 반영하는 절차다.

시간이 지나면서 재고자산의 가치가 감소하거나 불량이 발생할 수 있다. 예를 들어, 유행이 지난 상품, 유통기한이 임박한 상품, 손상된 제품 등이 있을 수 있으며, 이런 경우 재고자산의 순실현가능가치(시가)가 취득원가보다 낮아질 수 있다.

재고자산의 취득원가와 순실현가능가치를 비교하여, 순실현가능가치가 더 낮은 경우 그 차액을 재고자산평가충당금으로 설정한다. 즉 평가손실이 발생할 경우, 이를 재고자산평가충당금으로 설정하고 손익계산서에 비용으로 반영한다. 설정된 충당금은 재무상태표 상에서 재고자산의 가치에서 차감한다.

시간이 지나 재고의 상태가 변하거나 판매 가능성이 달라질 경우, 충당금을 다시 평가하여 조정할 수 있다. 재고 가치가 회복되면 일부 충당금을 환입(재고자산평가충담금환입)할 수도 있다.

예를 들어 회사 A는 1,000만 원의 원가로 재고를 보유하고 있었지만, 시장 상황이 변하면서 해당 재고의 순실현가능가치가 700만 원으로 떨어졌다. 이 경우, 300만 원의 차액을 재고자산평가충당금으로 설정하고, 손익계산서에 비용으로 반영한다.

재고자산평가손실	300	재고자산평가충당금	300

재고자산의 저가법 평가

저가법이란 취득원가와 공정가치를 비교해서 낮은 가액을 기말 현재의 재고자산 가액으로 장부에 기록하는 방법을 말한다.

여기서 공정가치는 제품, 상품 및 재공품 등 판매가 목적인 자산의 경우에는 순실현가능가치를, 생산과정에 투입될 원재료의 경우에는 현행원가를 말한다.

"공정가치(시장가치)"

순실현가능가치(상품, 제품, 재공품) 또는 현행원가(원재료)를 의미한다.

순실현가능가치란 추정 판매가격에서 판매 시까지 정상적으로 발생하는 추정비용을 차감한 가액을 말하고, 현행원가는 재고자산을 현재 시점에 매입하는 데 소요되는 금액을 말한다.

그러나 순실현가능가치는 실무에서는 산정하기가 곤란하다.

저가법 = 적은 금액[취득원가, 공정가치]이 기말 장부가액

공정가치 = 순실현가능가치 또는 현행원가

순실현가능가치 = 추정판매가액 − 추정판매비용

현행원가 = 재고자산을 현재 시점에서 매입하는 데 소요되는 금액

재고자산의 평가와 관련해서는 저가법을 일반적으로 사용한다.

예를 들어 저가법을 선택하고 있는 (주)지식만들기의 기말 현재 재고조사표가 아래와 같다면, (주)지식만들기의 기말 현재의 재고자산가액은 취득원가 8,000원과 순실현가능가치 7,000원 중 낮은 가액인 7,000원이 되며, 취득원가 8,000원인 재고자산이 기말에 7,000원이 되었으므로 8,000원과 7,000원의 차액인 1,000원만큼을 재고자산평가손실로 인식하는 다음의 분개를 해야 한다.

재고자산평가손실	1,000	재고자산평가충당금	1,000

1. 재고조사표

수 량	취득원가	추정판매가액	추정판매비용
500개	@8,000원	@10,000원	@3,000원

참고로 저가 평가는 종목별과 총액기준이 있는데 종목별로 하는 것은 재고자산의 개별 항목에 대해서 저가법을 적용하는 방법이고, 총액기준은 전체 재고자산에 대해서 저가법을 적용하는 방법이다. 즉 종목별은 (갑)재고자산은 평가손실, (을)재고자산은 평가이익이 발생한 경우 각각 평가손실과 평가이익을 반영하는 반면 총액기준은 평가손실과 평가이익을 서로 상쇄해서 차액만 손익에 반영하는 방법이다.

2. 순실현가능가치(공정가액) = 7,000원(10,000원 - 3,000원)

3. 저가법 분개

재고자산평가손실	500,000	재고자산평가충당금	500,000

[주] (8,000원 - 7,000원) × 500개 = 500,000원

저가법 적용 전	저가법 적용	저가법 적용 후

저가법 적용 전

재무상태표

재고자산 4,000,000	

[주] 500개 × @8,000원
= 4,000,000원

저가법 적용

 회계처리

재고자산평가손실
(매출원가)
                500,000
재고자산평가충당금
                500,000

저가법 적용 후

재무상태표

재고자산	4,000,000
평가충당금 (500,000)	
	3,500,000

손익계산서

매출	10,000,000
매출원가	7,500,000

[주] 해당 매출, 매출원가는
가정치 임

손익계산서

매출	10,000,000
매출원가	8,000,000

[주] 매출원가는 저가법 적용
전 7,500,000원 + 재고자산
평가손실 500,000원

저가법 적용으로 재고자산평가손실을 인식한 후 시가(순실현가능가치)가 장부가액보다 상승한 경우는 최초 장부가액을 초과하지 않는 범위 내에서 재고자산평가손실을 환입하고 이 환입액은 매출원가에서 차감한다.

- 시장가격이 취득원가보다 상승한 경우는 보수주의 원칙에 따라 별도의 회계처리를 하지 않는다.
- 향후 재고자산 가치가 상승하는 경우, 최초 장부금액을 초과하지 않는 범위 내에서 평가손실을 환입할 수 있다.

저가법은 재고자산의 실제 가치를 더 정확히 반영하고, 과대평가를 방지하여 재무제표의 신뢰성을 높이는 데 기여한다.

예를 들어 순실현가능가치(공정가액)가 7,000원에서 9,000원으로 상승한 경우 다음과 같이 회계처리한다.

재고자산평가충당금	500,000	재고자산평가손실환입	500,000

[주] 장부가액보다 상승했지만, 최초 장부가액(8,000원)을 초과하지 않는 범위 내에서 재고자산평가손실을 환입한다.

전년도 저가법 적용 후	저가법 적용	당해연도 저가법 적용 후
재무상태표	🧑‍💼 **회계처리**	**재무상태표**
재고자산　4,000,000 평가충당금　(500,000) 　　　　　3,500,000	재고자산평가충당금 　　　　　500,000 재고자산평가손실환입 　　　　　500,000	재고자산　4,000,000 평가충당금　　　(0) 　　　　　4,000,000

구 분		기업회계기준서의 적용
시가 적용	제품, 상품, 재공품, 반제품	순실현가능가치
	원재료	현행원가
저가 평가 시 평가 방법		• 종목별 평가 원칙 • 유사 항목 조별 평가 가능
재고자산감모 손실	정상적인 발생	매출원가에 가산
	비정상적인 발생	영업외비용(기타 비용) 처리
재고자산평가 손실	평가손실 발생 시	매출원가에 가산
	취득원가에서 차감(간접법) 표시	

투자자산의 회계처리

장기금융상품

단기금융상품	장기금융상품
결산일로부터 1년 이내에 현금화가 가능한 유동자산이다. 양도성 예금증서(CD), 예금관리계좌(CMA), 기업어음(CP), 환매체(RP) 등이 이에 해당한다.	결산일로부터 1년이 지나야 현금화가 가능한 투자자산이다. 단기금융상품 중 1년 이후 기한도래 분, 당좌개설보증금, 사용이 제한되어 있는 예금 등이 포함된다.

구 분	해설
양도성예금증서 (CD)	양도성예금증서는 금융기관이 정기예금에 대하여 발행하는 예금증서로서 제3자에게 양도가 가능한 증서를 말한다.
예금관리구좌(CMA)	예금관리구좌란 단기금융회사가 다수의 고객으로부터 자금을 조달하여 이를 기금화해서 운영하고 그 운용수익을 예탁기관에 따라 투자자에게 차등지급하는 금융거래를 말한다.
기업어음(CP)	기업어음은 신용평가등급 C급 이상인 적격기업이 투작금융회사에서 할인, 자금을 조달하기 위하여 발행하는 융통어음이다.

구 분	해설
환매체(RP)	환매체란 채권 매매 당사자 간에 일정기간 후 채권 매매 당시의 가격에다 소정의 이자를 더한 가격으로 되사거나 되팔 것을 약정하고 거래하는 것이다.
사용이 제한되어 있는 예금	사용이 제한되어 있는 예금은 일정기간 그 사용이 제한되는 것으로 이의 예로는 ① 회사가 이미 발행한 사채를 상환하는데, 필요한 자금을 마련하기 위하여 설정한 감채기금 ② 금융기관이 기업에 대출할 때 이에 대한 옵션으로 설정하는 양건예금(꺾기) ③ 차입금에 대하여 담보로 제공된 예금(상호부금 등) ④ 당좌거래 개설은행에 예치한 당좌개설보증금

❶ (주)아이는 2년 만기 4,000만 원의 정기예금에 가입하였다.

장기금융상품	40,000,000 / 현금	40,000,000

❷ 만기가 되어 이자소득 400만 원에 대한 원천징수액 896,000원을 차감한 잔액을 지불받았다.

현금	43,104,000 / 정기예금	40,000,000
선납세금	896,000 이자수익	4,000,000

금융상품은 그 성격에 따라 계정분류를 달리하므로 예금기입장 등의 보조장부를 두어 기장 및 관리하는 것이 좋다.

장기금융상품은 시간이 경과함에 따라 재무상태표 일로부터 1년 이내에 만기일이 도래하는 것은 유동자산인 단기금융상품계정으로 대체해야 한다.

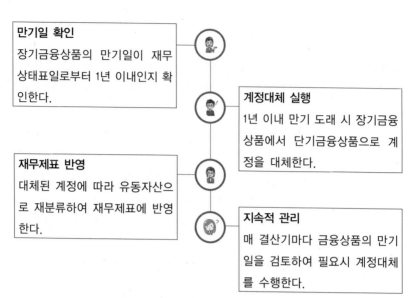

만기일 확인
장기금융상품의 만기일이 재무상태표일로부터 1년 이내인지 확인한다.

계정대체 실행
1년 이내 만기 도래 시 장기금융상품에서 단기금융상품으로 계정을 대체한다.

재무제표 반영
대체된 계정에 따라 유동자산으로 재분류하여 재무제표에 반영한다.

지속적 관리
매 결산기마다 금융상품의 만기일을 검토하여 필요시 계정대체를 수행한다.

그리고 결산 시 예금은 이에 대한 이자수익 도래 분을 수익으로 인식해야 한다. 즉, 2월부터 매월 이자수익이 188,889원이 발생한다면 당해 연도 이자수익은 「188,889원 × 11개월(2월~12월) = 2,077,780원」이 되는 것이다. 따라서 기말결산 시 동 이자를 받지 않았다면 다음의 회계처리를 하고 동 금액을 재무제표에 반영해야 한다.

구 분	해설
이자 발생 기간 파악	예금에 대한 이자가 발생하는 기간을 정확히 파악한다.
이자수익 계산	월별 발생 이자를 합산하여 총 이자수익을 계산한다. 예: 월 188,889원 × 11개월(2월~12월) = 2,077,780원
회계처리 실행	미수수익　　　2,077,780 / 이자수익　　　2,077,780
재무제표 반영	계산된 이자수익은 해당 기간의 손익계산서에, 미수수익은 재무상태표에 각각 반영한다.

매도가능금융자산(매도가능증권)

매도가능금융자산은 매도가 목적은 아니지만 매도할 수도 있는 유가증권을 말한다. 다만, 1년 이내에 만기가 도래하거나 매도 등에 의해서 처분할 것이 거의 확실한 매도가능금융자산은 유동자산으로 분류한다. 매도가능금융자산은 주로 회사에서 법인명으로 일반 주식을 사는 경우 많이 사용한다. 회사에서 자금을 놀리기에 아까워서 삼성전자 주식을 사고 자금이 필요할 때 언제든지 팔겠다고 생각하고 있으면 이것이 매도가능금융자산이다. 매도가능금융자산은 주로 주식 등과 같이 시장이 형성되어 언제든지 팔 수 있는 증권이 많다.

구 분	평가방법	평가손익의 처리
단기매매 금융자산	공정가액으로 평가	당기손익 (단기매매금융자산평가손익)
매도가능 금융자산	공정가액으로 평가(시장성이 없는 지분증권의 공정가액을 측정할 수 없는 경우 취득원가로 평가)	기타포괄손익(매도가능금융자산평가손익)
만기보유 금융자산	상각후취득원가로 평가	취득원가와 이자수익에 가감

구 분		소유 목적	계정과목	의도	재무제표
지분증권	시장성이 있는 경우	단기간 매매차익 등	단기매매 금융자산	–	유동자산
	시장성이 없는 경우	기타	매도가능 금융자산	1년 내 처분 예정	유동자산
				기타	투자자산
채무증권	중도 매각	단기간 매매차익 등	단기매매 금융자산	–	유동자산
		기타	매도가능 금융자산	1년 내 처분·만기 예정	유동자산
				기타	투자자산
	만기 보유	만기보유 의도와 능력	만기보유 금융자산	1년 이내 만기 예정	유동자산
				1년 후 만기 예정	투자자산

주 지분증권은 회사, 조합 또는 기금 등의 순자산에 대한 소유 지분을 나타내는 유가증권(예 : 보통주, 우선주, 수익증권 또는 자산 유동화 출자증권)과 일정 금액으로 소유 지분을 취득할 수 있는 권리(예 : 신주인수권 또는 콜옵션) 또는 소유 지분을 처분할 수 있는 권리(예 : 풋옵션)를 나타내는 유가증권 및 이와 유사한 유가증권을 말한다.

지분증권은 투자자의 지분증권에 대한 보유 의도와 피투자회사에 대한 영향력 행사 여부에 따라 단기매매금융자산, 매도가능금융자산, 관계기업주식 중의 하나로 분류하며, 분류의 적정성은 보고기간 종료일마다 재검토해야 한다.

주 채무증권은 발행자에 대해서 금전을 청구할 수 있는 권리를 표시하는 유가증권 및 이와 유사한 유가증권을 말한다. 채무증권은 국채, 공채, 사채(전환사채 포함), 자산 유동화 채권 등을 포함한다.

비금융 회사로서 12월 결산법인인 (주)이지는 상장법인인 (주)경리의 주식을 0.2% 취득하여 처분하였는바 그 내역은 다음과 같다. (주)이지는 (주)경리의 주식투자 목적으로 취득하였다.

구 분	내 역	1주당 가액	금액
20×1년 4월 20일 취득	200,000주	@1,000	200,000,000
20×1년 12월 31일 평가	종가	@1,100	220,000,000
20×2년 3월 25일 현금배당	–	@150	30,000,000
20×2년 12월 31일 평가	종가	@900	180,000,000
20×3년 12월 31일 평가	종가	@1,200	240,000,000
20×4년 10월 20일 양도	200,000주	@1,150	230,000,000

(주)이지는 지급이자가 없는 것으로 가정한다.

❶ 20×1년 4월 20일 취득 시

매도가능금융자산　200,000,000 / 현금　200,000,000

❷ 20×1년 12월 31일 평가 시

매도가능금융자산　20,000,000 / 매도가능금융자산평가이익　20,000,000

❸ 20×2년 3월 25일 현금배당 시

현금　30,000,000 / 배당금수익　30,000,000

❹ 20×2년 12월 31일 평가 시

매도가능금융자산평가이익　20,000,000 / 매도가능금융자산　40,000,000
매도가능금융자산평가손실　20,000,000

❺ 20×3년 12월 31일 평가 시

매도가능금융자산　60,000,000 / 매도가능금융자산평가손실　20,000,000
　　　　　　　　　　　　　　　매도가능금융자산평가이익　40,000,000

❻ 20×4년 10월 20일 양도 시

현금　230,000,000 / 매도가능금융자산　240,000,000
매도가능금융자산이익　40,000,000　매도가능금융자산처분이익　30,000,000

금융회사가 아니며 12월 결산법인인 (주)이지는 (주)경리가 20×1년 1월 1일에 액면 10억 원, 이자율 연 5%(1년 후급), 3년 만기로 발행한 회사채를 97,327만 원에 취득(유효이자율 연 6%)하였다. 이자 지급일은 매년 12월 31일이며, (주)이지는 이를 매도가능금융자산으로 분류하였다. 20×1년 12월 31일과 20×2년 12월 31일의 공정가액은 각각 98,500만 원과 98,800만 원이었으며 20×3년 1월 1일에 99,200원에 전부 매각하였다.

[유효이자율법에 의한 차금 상각표]

일 자	이자수익(A) (기초 E×6%)	현금이자(B) (액면가×5%)	상각액(C) (A−B)	미상각차금(D) (전기 D−C)	상각후취득원가(E) (액면가액−D)
20×1년 1월 1일				26,730,000	973,270,000
20×1년 12월 31일	58,396,200	50,000,000	8,396,200	18,333,800	981,666,200
20×2년 12월 31일	58,899,972	50,000,000	8,899,972	9,433,828	990,566,172
20×3년 12월 31일	59,433,828	50,000,000	9,433,828	0	1,000,000,000
계	76,730,000	150,000,000	6,730,000		

❶ 20×1년 1월 1일 채무증권 취득

매도가능금융자산	973,270,000 / 현금	973,270,000

❷ 20×1년 12월 31일 결산기

가. 회계처리

현금	50,000,000 / 이자수익	58,396,200
매도가능금융자산	8,396,200	
매도가능금융자산	3,333,800 매도가능금융자산평가이익	3,333,800

주 매도가능증권평가이익 = 공정가액 − 할인 차금을 상각한 후의 취득원가 = 985,000,000원 − 981,666,200원 = 3,333,800원

모든 유가증권에서 발생하는 배당금수익과 이자수익은 당기손익에 포함한다. 모든 채무증권의 이자수익은 할인 또는 할증차금의 상각액을 가감해서 인식한다. 예를 들면 매도가능금융자산으로 분류된 채무증권의 경우에는 할인 또는 할증차금을 상각하여 이자수익을 먼저 인식한 후에 상각 후 취득원가와 공정가액의 차이금액인 미실현보유손익을 자본 항목으로 처리한다.

❸ 20×2년 12월 31일 결산기

현금	50,000,000	/	이자수익	58,899,972
매도가능금융자산	8,899,972			
매도가능금융자산평가이익	2,566,172		매도가능금융자산	2,566,172

㊟ 매도가능증권평가이익 = 988,000,000원 − 990,566,172원 = △2,566,172원

❹ 20×3년 1월 1일 매각 시

현금	992,000,000	/	매도가능금융자산	991,333,800
매도가능금융자산평가이익	767,628		매도가능금융자산처분이익	1,433,828

㊟ 3,333,800원 − 2,566,172원 = 767,628원
㊟ 처분이익은 다음과 같이 간단히 계산할 수 있다. 처분 가액 − 상각 후 취득원가(위 도표 참조) = 992,000,000원 − 990,566,172원 = 1,433,828원

결산 시 매도가능금융자산을 평가한 후 적절한 가액을 재무상태표 가액으로 기록해야 하며, 이자수익 중 발생주의에 따라 기간경과액을 미수수익으로 인식해야 한다.

그리고 보유 주식에 대한 배당결의가 있었으나 결산일까지 배당금을 수령하지 못한 경우 동 금액을 미수수익으로 계상해야 한다.

만기보유금융자산(만기보유증권)

만기보유금융자산은 주로 만기까지 보유할 목적으로 사는 주식이나 채권 등의 유가증권을 말한다. 다만, 1년 이내에 만기가 도래하거나 매도 등에 의해서 처분할 것이 거의 확실한 만기보유금융자산은 유동자산으로 분류한다.

만기보유금융자산은 주로 국·공채가 많다. 주택기금 채권이라든지, 지자체에서 발행하는 지역 개발기금 채권이라든지, 이런 채권은 만기까지 가야 약정금리로 지정 은행에서 매입을 해주기 때문에 만기까지 가져가는 경우가 대부분이다. 그래서 이러한 채권을 구입할 경우 만기보유금융자산 계정에 넣는다.

㈜지식만들기는 20×1년 1월 1일에 3년 후 만기가 도래하는 사채(채무증권)를 95,198(액면가 10만 원)원에 취득하였다.

일자	유효이자액	액면이자액	당기 상각액	장부가액
20×1년 01월 01일				95,198
20×1년 12월 31일	11,423	10,000	1,423	96,621
20×2년 12월 31일	11,594	10,000	1,594	98,215
20×3년 12월 31일	11,785	10,000	1,785	100,000

❶ 20×1년 1월 1일

만기보유금융자산	95,198	/	현금	95,198

❷ 20×1년 12월 31일

만기보유금융자산	1,423	/	이자수익	11,423
현금	10,000			

❸ 20×2년 12월 31일

만기보유금융자산	1,594	/	이자수익	11,594
현금	10,000			

❹ 20×3년 12월 31일

만기보유금융자산	1,785	/	이자수익	11,785
만기보유금융자산처분손실	10,000			
현금	100,000		만기보유금융자산	100,000

관계기업주식

관계기업주식은 특정 기업이 다른 기업에 대해 유의적인 영향력을 행사하기 위해 보유하는 자산이다. 이 주식은 주로 주식 매매를 통해 시세차익을 얻거나 피투자회사의 경영권을 지배하는 것이 목적이 아니라, 피투자회사의 영업이나 재무 정책에 실질적인 영향을 미칠 수 있는 권한을 가지는 것을 목적으로 한다.

관계기업주식은 취득할 때 취득원가로 인식하고, 취득 시점 이후 발생한 피투자회사의 순자산 변동액 중 투자회사의 지분율에 해당하는 금액을 당해 투자주식에 가감해서 보고한다. 여기서 관계기업이란 투자자가 당해 기업에 대해서 유의적인 영향력을 행사하고 있는 기업을 말한다.

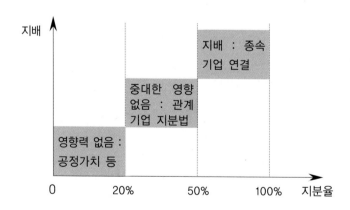

- 중대한 영향력 : 피투자자의 재무·영업 정책에 관한 의사결정에 참여할 수 있는 능력.
  그러나 그러한 정책에 대한 지배력이나 공동 지배력을 의미하는 것은 아님
- 공동지배 : 계약상 약정에 의해서 경제활동에 대한 지배력을 공유하는 능력
- 지배력 : 경제활동에서 효익을 얻기 위해서 재무 · 영업 정책을 결정할 수 있는 능력

구 분		유의적인 영향력 행사 여부
유의적인 영향력 행사가능	지분율 20% 이상	명백한 반증이 없는 한 유의적인 영향력 행사가능
	지분율 20% 미만	실질적인 의사결정과정에 참여하고 있다면 가능
유의적인 영향력 행사불능	지분율 20% 미만	명백한 반증이 없는 한 유의적인 영향력 행사 불가능
	지분율 20% 이상	실질적인 유의적인 영향력을 상실하는 경우 불가능

위의 표에서 유의적인 영향력을 행사할 수 있는 관계기업의 범위에는 기업의 법적 형태에 제한받지 않으며, 파트너십과 같이 법인격이 없는 실체도 관계기업이 될 수 있으며, 지분법 회계처리의 적용대상이 된다.

지분법 적용 예외

다음의 경우에는 예외적으로 유의적인 영향력을 행사할 수 있음에도 불구하고 지분법을 적용하지 않고 공정가치법을 적용해서 측정하고, 관련 손익은 당기손익에 반영한다.

❶ 벤처캐피탈 투자 기구, 뮤추얼펀드, 단위신탁 및 이와 유사한 기업이 소유하고 있는 관계기업 투자자산

❷ 투자자산이 기준서 제1105호 "매각예정비유동자산과 중단영업"에 따라 매각 예정으로 분류되는 경우

❶ 피투자회사 당기이익에 따른 투자회사의 지분변동액

• 투자회사인 ㈜이지는 피투자회사 ㈜경리에 대한 의결권 있는 주식을 25%를 소유하고 있으며, 피투자회사의 당기순이익 2억 원이 발생하였다.

관계기업주식	50,000,000	/ 지분법이익	50,000,000

㈜ 지분법이익 : 2억 원 × 25% = 50,000,000원

• 과거 지분법 적용 중지 기간 동안 투자회사인 ㈜이지가 인식하지 않은 지분법피투자회사 ㈜경리의 손실 누적 분은 2천만 원이다.

지분법이익	20,000,000	/ 관계기업주식	20,000,000

㈜ 관계기업주식에 대한 지분법 적용을 중지한 후 지분법투자회사의 당기이익으로 인해서 지분변동액이 발생하는 경우 지분법 적용 중지기간동안 인식하지 않았던 지분법피투자회사의 손실 누적 분을 상계한 후 지분법을 적용한다.

❷ 피투자회사 유상증자에 따른 투자회사의 지분변동액

• 투자회사인 ㈜이지는 피투자회사 ㈜경리에 대한 의결권 있는 주식 30%를 소유하고 있으며, 피투자회사의 유상증자로 인한 자본 증가가 2억 원이다.

관계기업주식	60,000,000	/ 현금	60,000,000

㈜ 지분법이익 : 2억 원 × 30% = 60,000,000원

• 과거 지분법 적용 중지기간 동안 투자회사인 ㈜이지가 인식하지 않은 지분법피투자회사 ㈜경리의 손실누적 분은 6천만 원이다.

부의지분법이익잉여금변동	60,000,000	/ 관계기업주식	60,000,000

㈜ 투자회사가 유상증자를 한 경우 유상증자 금액 중에서 당기 이전에 미반영한 손실에 해당하는 금액을 전기이월 미처분이익잉여금의 감소로 투자주식을 차감 처리한다.

❸ 관계기업주식의 처분

투자회사인 (주)이지는 2××9년 1월 1일 현재 피투자회사 (주)경리에 대한 의결권 있는 주식을 30%를 소유하고 있다.

2××9년 1월 1일 현재 관계기업주식의 장부가액은 1천만 원이며, (주)이지는 2××9년 5월 31일 (주)경리에 대한 지분 15%를 6백만 원에 매각하였다.

((주)경리의 2××9년 1월 1일~5월 31일까지의 순이익 증가 : 100만 원)

· 2××9년 5월 31일 피투자회사 당기이익에 따른 투자회사의 지분변동액

관계기업주식	300,000 /	지분법이익	300,000

주 지분법이익 : 1백만 원 × 30% = 300,000

· 2××9년 5월 31일 관계기업주식 처분 시

현금	6,000,000 /	관계기업주식	5,150,000
		지분법적용	850,000
		투자주식처분이익	

주 매각하는 관계기업주식 : (1,000만 원 + 30만 원) × 15%/30% = 5,150,000원

· 2××9년 5월 31일 중대한 영향력 상실 시

매도가능금융자산	5,150,000 /	관계기업주식	5,150,000

주 중대한 영향력을 상실하게 된 시점의 관계기업주식의 장부가액 : (1,000만 원 + 30만 원) × 15%/30% = 5,150,000원

주 관계기업주식의 처분에 의한 투자회사의 지분율 하락 등으로 인해서 피투자회사에 대한 중대한 영향력을 상실하는 경우 당해 투자주식에 대해서는 지분법 적용을 중단하고, 유가증권에 관한 기업회계기준에 따라 회계처리를 한다. 이 경우 중대한 영향력을 상실하게 된 시점의 장부가액을 당해 투자주식의 취득원가로 본다.

투자부동산

투자부동산의 정의	투자부동산의 인식 조건
임대수익이나 시세차익을 얻기 위하여 소유자나 금융리스의 이용자가 보유하고 있는 토지나 건물	투자부동산에서 생기는 미래 경제적 효익의 유입 가능성이 높을 때

측정 가능성
투자부동산의 원가를 신뢰성 있게 측정할 수 있을 때

투자부동산은 기업의 일반적인 영업활동과 구분되는 투자 목적의 부동산 자산이다. 이는 단기간 내 판매 목적이 아닌 장기적 관점에서 가치 상승이나 임대수익을 기대하고 보유하는 자산으로, 명확한 인식 기준에 따라 회계처리한다.

- 장기 시세차익을 얻기 위해서 보유하는 토지(정상적인 영업 과정에서 단기간에 판매하기 위해서 보유하는 토지는 제외)

- 장래사용 목적을 결정하지 못한 채로 보유하는 토지(만약 토지를 자가 사용할지 또는 정상적인 영업 과정에서 단기간에 판매할지를 결정하지 못한 경우 당해 토지는 시세차익을 얻기 위해서 보유하고 있는 것으로 본다.)

- 직접 소유(또는 금융리스를 통한 소유)하고 운용리스로 제공하고 있는 건물

- 운용리스로 제공하기 위해서 보유하고 있는 미사용 건물

1 투자부동산의 최초 측정과 원가 구성

투자부동산은 최초 인식 시점에 원가로 측정한다. 이 원가에는 구입금액뿐만 아니라 부동산 취득에 직접 관련된 모든 지출이 포함된다. 법률 용역에 지불한 수수료, 취득세와 같은 관련 세금, 그리고 중개수수료 등의 기타 거래원가가 모두 투자부동산의 원가를 구성하는 요소다.

취득원가 = ❶ + ❷ + ❸ + ❹

❶ 구입금액 : 부동산 취득을 위해 지불한 실제 금액

❷ 법률 용역 수수료 : 계약 및 소유권 이전 관련 비용

❸ 관련 세금 : 취득세, 등록세 등 부동산 취득 관련 세금

❹ 기타 거래원가 : 중개수수료 등 부수적 비용

---

2 투자부동산의 후속 측정 방법

원가 모형	공정가치 모형
K-IFRS 제1016호 '유형자산'의 원가모형에 따라 측정한다. • 취득원가에서 감가상각누계액과 손상차손누계액을 차감 • 투자부동산의 잔존가치는 영(0)으로 가정 • 내용연수에 걸쳐 감가상각을 통해 비용 배분	최초 인식 이후 모든 투자부동산을 공정가치로 측정한다. • 공정가치 변동으로 발생하는 손익은 당기손익으로 반영 • 감가상각을 하지 않고 회계연도 말에 공정가액으로 평가 • 공정가치 측정이 어려운 경우 예외적으로 원가모형 적용 가능

투자부동산은 최초 인식 후 원가모형과 공정가치모형 중 하나를 선택하여 모든 투자부동산에 일관되게 적용해야 한다. 특별 규정으로, 운용리스부동산에 대한 권리를 투자부동산으로 분류하는 경우는 반드시 공정가치모형을 적용해야 한다.

3 투자부동산의 회계처리

투자부동산의 회계처리는 선택한 측정 모형에 따라 크게 달라진다. 공정가치모형을 적용할 경우, 기말에 공정가치 변동분을 당기손익으로 인식하며 별도의 감가상각을 하지 않는다. 반면 원가모형을 적용하면 유형자산과 유사하게 내용연수에 걸쳐 감가상각을 진행한다.

동일한 100만 원의 투자부동산에 대해 공정가치가 120만 원으로 상승한 경우와 내용연수 20년으로 감가상각하는 경우의 회계처리

구분	공정가치모형	원가모형
최초 취득	(차) 투자부동산 100만원 (대) 현금 100만원	(차) 투자부동산 100만원 (대) 현금 100만원
기말 평가 상각 시	(차) 투자부동산 20만원 (대) 투자부동산평가이익 20만원	(차) 감가상각비 5만원 (대) 감가상각누계액 5만원
특징	공정가치 상승 시 평가이익 인식	내용연수(20년) 동안 감가상각

장기대여금

장기대여금은 민법상의 금전소비대차계약 및 준소비대차계약에 의해서 기업의 여유 자금을 타인에게 대여하는 경우, 그 회수기간이 재무상태표 일로부터 1년 이내에 도래하지 않는 것을 처리하는 계정이다. 즉, 장기대여금과 단기대여금의 구분은 재무상태표일(결산일)을 기준으로 이루어진다. 상환약정일이 결산일로부터 1년 이후라면 장기대여금으로, 1년 이내라면 단기대여금으로 분류한다.

예를 들어, 3년 만기의 대여금을 2024년 1월 1일에 제공했다면, 2024년 12월 31일 결산 시에는 잔여기간이 2년이므로 장기대여금으로 분류한다. 그러나 2025년 12월 31일 결산 시에는 잔여기간이 1년이므로 단기대여금으로 계정 대체해야 한다.

구 분	해설
대여 시점	금전소비대차계약에 따라 자금 대여
결산일	잔여 상환기간에 따라 계정 분류 결정
1년 경과 후	잔여 상환기간이 1년 이내라면 단기대여금으로 계정 대체
상환일	대여금 회수 및 계정 정리

❶ (주)한국은 (주)민국에 차용증서를 받고 4천만 원을 빌려주었다.

장기대여금	40,000,000 / 보통예금	40,000,000

❷ 12월 31일 결산일에 3%의 대손충당금을 설정하였다.

대손상각비	1,200,000 / 대손충당금	1,200,000

❸ 다음 연도 10월 대여처의 파산으로 인해서 위의 대여금 중 3천만 원을 회수하고 잔액은 대손처리했다.

현금	30,000,000 / 장기대여금	40,000,000
대손충담금	1,200,000	
대손상각비	8,800,000	

장기대여금 관리에서 가장 중요한 점은 적시에 계정 대체를 수행하고 적절한 대손충당금을 설정하는 것이다.

재무 담당자는 정기적으로 모든 장기대여금의 상환 일정을 검토하여 적절한 계정 분류를 유지해야 하며, 채무자의 재무 상태를 모니터링하여 회수 가능성을 평가해야 한다. 또한 대여금 계약 조건의 변경이 있을 경우 이를 회계처리에 즉시 반영해야 한다.

대손충당금 설정	계정 대체	이자수익 인식
장기대여금에 대해서는 기말에 회수가능성을 평가하여 적절한 대손충당금을 설정해야 한다. 이는 건전한 재무상태를 반영하기 위한 필수 절차다.	시간 경과에 따라 상환일이 결산일로부터 1년 이내로 변경된 장기대여금은 유동성 분류의 정확성을 위해 단기대여금으로 계정 대체해야 한다.	장기대여금에서 발생하는 이자는 발생주의 원칙에 따라 해당 기간의 수익으로 인식해야 한다. 이는 기업의 정확한 수익 파악에 필수적이다.

보증금

보증금은 전세권, 전신전화가입권, 임차보증금 및 영업보증금 등을 계상하는 계정이다.

구 분	정 의
임차 관련 보증금	정수기, 복사기 등 임차보증금과 무인경비 시스템 설치보증금이 포함된다.
전화 관련 보증금	전화가입보증금과 공중전화 설치보증금이 여기에 해당한다.
전세권	전세권은 전세금을 지급하고 타인의 부동산을 그 용도에 따라 사용·수익하는 권리를 말한다.
영업보증금	영업보증금이란 영업 목적을 위해서 제공한 거래보증금, 입찰보증금 및 하자보증금 등을 말한다.
기타 보증금	골프회원권 구입 시 나중에 회수가능한(돌려받는) 금액, 프랜차이즈 가맹비 중 나중에 회수가 가능한(돌려받는) 금액, 공탁금, 입찰보증금 등이 있다.

❶ (주)한국은 사무실을 임차하고 임차보증금 2,000만 원과 1개월분의 월세 400만 원을 수표발행 지급하였다.

| 보증금 | 20,000,000 | / | 보통예금 | 24,000,000 |
| 임차료 | 4,000,000 | | | |

❷ (주)한국은 영업 부진으로 인해서 위의 사무실을 폐쇄하기로 하고 건물주로부터 임차보증금 2,000만 원 중 체납된 월세 800만 원을 공제한 잔액을 수표로 받았다.

| 보통예금 | 12,000,000 | / | 보증금 | 20,000,000 |
| 임차료 | 8,000,000 | | | |

보증기간이 결산일로부터 1년 이내에 만료함으로써 현금화가 가능한 것은 유동자산 과목으로 표시해야 한다.

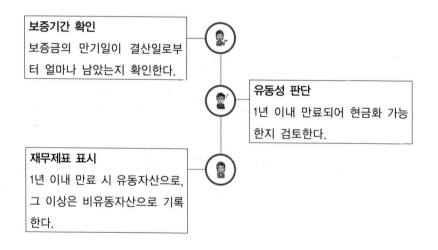

보증기간 확인
보증금의 만기일이 결산일로부터 얼마나 남았는지 확인한다.

유동성 판단
1년 이내 만료되어 현금화 가능한지 검토한다.

재무제표 표시
1년 이내 만료 시 유동자산으로, 그 이상은 비유동자산으로 기록한다.

유형자산의 회계처리

유형자산의 계정과목과 경영분석

유형자산은 기업의 본래 목적인 생산, 판매 등에 사용되는 자산을 말한다. 따라서 판매를 목적으로 보유하는 자산은 재고자산, 장기 투자수익 목적으로 보유한 자산은 투자자산으로 구분한다.

 ⟩ 업무 활동에 사용할 목적으로 취득한 건물, 대지(땅), 차량 등
: 재화나 용역의 생산 또는 제공이나 관리 목적

 ⟩ 주된 영업활동이 부동산업 : 부동산매매업(예 : 판매할 목적으로 보유한 토지, 건물)

 ⟩ 장기 투자수익 목적으로 보유 : 투자부동산

예를 들어 재고자산을 생산하기 위한 공장은 재화의 생산을 위하여 보유하는 것이기 때문에 투자부동산이 아닌 유형자산으로 분류한다.

부동산 일부분은 임대수익을 위하여 보유하고, 일부분은 재화의 생산 등을 위하여 보유하는 경우가 있는데, 이 경우 각각 분리하여 매각할 수 있으면 따로따로 회계처리하고, 분리할 수 없으면 재화의 생산 등이 중요하지 않은 경우에만 전체를 투자부동산으로 분류한다.

또한 부동산을 임대수익 목적으로 보유하는 경우에도 소유자가 용역을 제공할 수가 있는데, 임대 계약 전체에서 제공하는 용역의 비중이 경미하다면 투자부동산으로 분류한다.

예를 들어서 건물을 임대 해주면서 보안이나 관리용역을 제공할 수 있는데 이는 전체 계약에서 비중이 경미하므로 투자부동산으로 분류한다.
반대로 제공하는 용역이 중요한 경우에는 유형자산으로 분류한다.
예를 들어 호텔을 소유하고 직접 경영한다면, 투숙객에게 제공하는 용역은 전체 계약에서 중요한 부분을 차지하기 때문에 유형자산으로 분류한다.

유형자산 중 토지와 건설중인자산을 제외한 설비자산(건물, 기계장치), 차량운반구, 비품 등의 자산은 자산의 사용 또는 시간 경과 등 여러 가지 원인에 따라 경제적으로 그 가치가 감소하는 데 이를 감가라고 한다. 비용으로 처리되는 가치의 감소액을 감가상각비라고 하며, 결산 시 일정한 방법으로 감가상각 금액을 계산하여 해당 자산에 반영하여 유형자산의 장부금액을 감소시키고 재무상태표와 손익계산서에 반영하는 회계 절차를 감가상각이라고 한다.

 감가상각을 안 하는 유형자산

☑ 토지 : 본질적으로, 사용에 따른 가치감소를 인정하기 어려움.
☑ 건설중인자산 : 완성되어 유형자산이 될 때까지

1 유형자산의 구입과 처분

유형자산을 구입한 경우는 종류별로 계정과목을 설정하여 취득세, 운반비 등의 매입 제 비용을 포함하여 각 계정의 차변에 취득원가로 기록한다.

구 분	취득원가에 포함되는 부대비용
토지	중개인수수료, 등기비용, 법률자문비용, 취득세, 정지작업비용, 배수 및 하수 공사비용, 진입로공사비용, 구건물 철거 비용
건물	중개인수수료, 등기비용, 법률자문비용, 취득세, 설계비, 허가비
기계장치	운송비, 보험료, 관세, 검수비, 시운전비 등
차량운반구	운송비, 등록세, 취득세 등

주 유형자산 구입 시 중개수수료는 해당 자산에 포함하여 기록하지만, 유형자산 처분 시 중개수수료 등 제비용은 유형자산처분이익(손실)에서 직접 차감(가산)하여 기록한다.

사용 중이던 유형자산을 처분했을 때는 취득원가로 대변에 기록하고, 처분금액과 장부금액(취득가액 - 감가상각누계액)의 차액은 유형자산처분이익 또는 유형자산처분손실 계정으로 처리한다.

구 분		회계처리			
건물 구입 시 : 취득원가의 결정		건물	100 / 현금		100
건물 보유 시 : 수익적지출과 자본적지출, 감가상각		감가상각비	20 / 감가상각누계액		20
건물 처 분 시 : 처분손 익의 계 산	장부가액 〈 처분가액	감가상각누계액 현금	20 / 건물 100 / 유형자산처분이익		100 20
	장부가액 〉 처분가액	감가상각누계액 현금 유형자산처분손실	20 / 건물 60 20 /		100

2 유형자산의 재무상태표 표시

유형자산을 재무상태표에 표시할 때는 해당 자산의 취득원가 아래 각
항목의 차감적 평가계정인 감가상각누계액을 차감계정으로 표시한다.

재무상태표

(제3기) 20×3년 12월 31일 현재

(제2기) 20×2년 12월 31일 현재

주식회사 : 지식만들기   (단위 : 천원)

과목	당기	전기
유형자산	3,183,247	2,756,309
토지	986,000	845,000
건물	2,292,966	1,968,800
(−) 감가상각누계액	(429,473)	(347,118)
기계장치	481,306	416,000
(−) 감가상각누계액	(150,554)	(129,392)
차량운반구	8,213	7,555
(−) 감가상각누계액	(5,211)	(4,538)

손익계산서

과목	당기	전기
판매비와 관리비		
감가상각비	585,238	481,048

감가상각비는 현금 유출을 수반하지 않는 비현금 유출 비용
따라서 비용으로서 당기순이익을 감소시키지만, 현금 유출은 없다.

3 유형자산의 장부가액

취득원가에서 감가상각누계액을 차감한 금액을 장부금액 또는 미상각 잔액이라고 한다.

4 유형자산이 기업 재무상태에 미치는 영향

유형자산은 시간이 지남에 따라 가치가 감소하므로, 이를 회계에 반영하기 위해 감가상각을 실시한다. 감가상각은 유형자산의 취득원가, 잔존가액, 내용연수를 고려하여 계산된다. 또한, 유형자산의 회수가능금액이 장부금액보다 낮을 경우 손상차손을 인식해야 한다.

유형자산의 장부가액은 실제 시장가치와 다를 수 있으므로 주의가 필요하다. 예를 들어, 오래전 취득한 부동산의 경우 가격이 올라 장부가액이 실제 시장가치보다 낮을 수 있다. 반면 반대의 자산이 있을 수도 있다. 이는 재무제표상의 가액이 전부 시가를 반영해서 장부에 기장되어 있지 않기 때문이다.

그리고 유형자산에 대한 투자는 기업의 생산능력 확대와 효율성 향상을 위한 것이다. 따라서 재무제표 분석 시 유형자산 투자의 효과를 장기적 관점에서 평가해야 한다. 유형자산 투자가 매출 증가나 비용 절감으로 이어지는지 확인하는 것이 중요하다.

가끔 경제 뉴스를 보다 보면 대기업의 설비투자에 대한 뉴스가 많다. 이는 설비투자가 이루어지면 장기적으로 고용이 증가하고 기업의 생산성이 향상돼 국가의 여러 경제지표가 개선되기 때문이다.

구 분	재고자산 계정과목 해설
유형자산 회전율	유형자산회전율 = 매출액 ÷ 유형자산 이 비율은 유형자산을 얼마나 효율적으로 활용해 매출을 창출하는지 나타낸다. 높은 회전율은 유형자산이 효율적으로 활용되고 있음을 의미하며, 낮은 회전율은 유형자산에 대한 과다 투자 또는 활용 부진을 의미할 수 있다.
고정장기적합률	고정장기적합률 = 유형자산 ÷ (자기자본 + 비유동부채) × 100 이 비율은 자기자본과 비유동부채가 유형자산에 어느 정도 투입되어 운용되고 있는지를 나타낸다. 100% 이하면 재무구조가 안정적임을 의미한다. 즉 이 비율이 100% 이하면 장기자본으로 유형자산을 충당하고 있어 재무구조가 안정적임을 의미한다.
유형자산 증가율	유형자산 증가율 = (당기 유형자산 − 전기 유형자산) ÷ 전기 유형자산 × 100 유형자산 증가율은 전년 대비 유형자산의 증가 정도를 나타낸다. 이 비율을 통해 기업의 설비투자 동향을 파악할 수 있다.
감가상각 비율	감가상각 비율 = 감가상각비 ÷ 유형자산 유형자산의 가치감소 속도를 나타내는 지표다. 높은 감가상각 비율은 유형자산의 노후화가 빠르게 진행되고 있음을 의미하며, 낮은 감가상각 비율은 유형자산의 수명이 길거나 최근에 신규 투자가 이루어졌음을 의미할 수 있다.
유형자산 대비 부채비율	유형자산 대비 부채비율 = 유형자산 관련 부채 ÷ 유형자산 유형자산을 담보로 조달한 부채의 비중을 나타내는 지표이다. 높은 비율은 유형자산에 대한 의존도가 높고, 재무적 부담이 크다는 것을 의미한다.

구 분	재고자산 계정과목 해설
유형자산의 연령	유형자산의 평균 사용 연수를 나타내는 지표입니다. 높은 연령은 유형자산의 노후화가 진행되어 성능 저하 및 유지보수 비용 증가를 초래할 수 있음을 의미한다.

위의 분석 지표를 활용할 때는 산업 특성에 따라 적절한 분석 지표를 활용해야 한다. 또한 동종 경쟁 기업과의 비교 분석을 통해 자사의 유형자산 현황을 더욱 정확하게 파악할 수 있다.

재무제표 분석 외에도 유형자산의 품질, 기술 수준, 유지 보수 상태 수치 이외의 상황도 종합적으로 고려해야 한다.

유형자산의 감가상각

유형자산 중 토지와 건설중인자산을 제외한 설비자산(건물, 기계장치), 차량운반구, 비품 등의 자산은 자산의 사용 또는 시간 경과 등 여러 가지 원인에 따라 경제적으로 그 가치가 감소하는데 이를 감가라고 한다.

유형자산의 감가상각은 자산의 가치를 사용기간 동안 점진적으로 비용으로 인식하는 회계 방법이다. 즉 감가상각은 자산의 경제적 수명이 끝날 때까지 자산의 원가를 분배하는 과정으로 가치의 감소액을 감가상각비라고 한다. 일정한 방법으로 가치감소분을 계산하여 결산 시 유형자산의 장부금액을 감소시키고 이를 재무상태표와 손익계산서에 반영한다.

구 분	개 념
감가	유형자산이 일반적으로 사용하거나 시간 경과 등 여러 가지 원인에 의해 경제적으로 그 가치가 감소하는 현상을 말한다.
감가상각	가치의 감소액을 유형자산의 장부금액으로 감소기키고, 재무상태표와 손익계산서에 반영하는 회계 절차
감가상각비	가치감소액을 당기 비용으로 회계처리 시 사용하는 계정과목

1 　감가상각을 결정하는 요소

구 분	내 용
감가상각 대상 자산	토지, 건설중인자산을 제외한 모든 유형자산
감가상각 대상 금액	자산의 취득원가 – 잔존가치
내용연수	자산이 사용가능할 것으로 기대되는 기간. 내용연수가 지나도 사용하므로 실제 사용기간은 아니다.
잔존가치	내용연수가 끝난 시점에서, 재판매 등을 통해 회수할 수 있는 추정액
감가상각 방법	다른 방법도 있지만, 정액법, 정률법 등이 일반적인 방법

2 　감가상각 방법

 ### 정액법 : 실무에서 가장 많이 사용

유형자산의 내용연수에 걸쳐, 매기 일정한 금액을 상각하는 방법으로 균등액 상각법 또는 직선법이라고도 한다. 감가상각 대상 금액(취득원가 – 잔존가치)을 내용연수 동안 균등한 금액으로 배분하는 방법으로 계산 과정이 간편하다. 감가상각비 계산 방법은 다음과 같다. 참고로 세법에서는 업무용 승용자의 경우 5년 정액법을 강제로 적용하도록 하고 있다.

예를 들어, 10년 동안 사용될 자산의 원가가 100,000원이고 잔존가치가 10,000원이라면, 매년 9,000원씩 감가상각된다.

$$연간\ 감가상각비 = \frac{취득원가(10만\ 원) - 잔존가치(1만\ 원)}{내용연수(10년)}$$

$$= 9,000원$$

정률법 : 실무에서 가장 많이 사용

유형자산의 미래 경제적 효익이 내용연수 기간 동안에 체감한다는 가정하에 매기 미상각잔액에 상각률(정률)을 곱한 금액을 배분하는 감가상각 방법으로, 내용연수 초기에 많은 금액을 상각하고, 기간(내용연수)이 경과함에 따라 점차 감가상각비를 적게 인식하는 방법이다.

$$연간\ 감가상각비 = (취득원가 - 감가상각누계액) \times 상각률(정률)$$

예를 들어, 20%의 정률법을 사용하는 경우, 첫해에는 자산의 장부가액의 20%를 감가상각비로 인식하며, 다음 해에는 첫해의 감가상각 후 장부가액의 20%를 다시 계산한다.

자산의 원가가 100,000원이고 잔존가치가 10,000원이라면

1차 연도 = (100,000원 - 10,000원) × 20% = 18,000원

2차 연도 = (100,000원 - 10,000원 - 18,000원) × 20% = 14,400원

3차 연도 = (100,000원 - 10,000원 - 18,000원 - 14,400원) × 20%

= 11,520원과 같이 매년 감가상각비가 줄어든다.

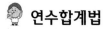

연수합계법

자산의 내용연수 동안의 연수합계를 분모로, 자산의 잔여 내용연수에 해당하는 비율만큼 감가상각비를 인식한다.

예를 들어, 5년간 사용될 자산의 경우, 연수합계는 5 + 4 + 3 + 2 + 1 = 15가 되며, 첫해에는 5/15, 둘째 해에는 4/15, 3/15, 2/15, 1/15의 비율로 매년 감가상각이 이루어진다.

초기에는 감가상각비가 높고, 나중으로 갈수록 감가상각비가 줄어든다.

> 특정 연도의 상각률 = 특정 연도 초의 잔존내용연수 ÷ 내용연수의 합계
> 특정 연도의 감가상각비 = (취득원가 − 잔존가치) × 상각률

생산량비례법

자산의 사용량이나 생산량에 따라 감가상각비를 인식하는 방법이다. 자산이 실제로 사용된 정도에 따라 감가상각이 이루어지므로, 사용량이 일정하지 않은 자산에 적합하다.

> 생산량 단위당 감가상각비 = $\dfrac{\text{취득원가} - \text{잔존가치}}{\text{내용연수 동안의 총추정생산량}}$
>
> 매기 감가상각비 = 당해 연도의 실제 생산량 × 단위당 감가상각비

예를 들어, 기계가 10,000시간 동안 사용될 것으로 예상되고 첫해에 2,000시간을 사용했다면, 첫해의 감가상각비는 총 감가상각 가능한 금

액은 2,000시간 ÷ 10,000시간 = 20%가 된다. 그리고 둘째 해에는 1,500시간을 사용했다면 1,500시간 ÷ 10,000시간 = 15%가 된다.

예를 들어 건물을 10,000원에 취득하였으며, 내용연수는 5년(정률 0.451)이다.

1. 감가상각

	정액법	정률법
1차 년도	10,000원 × 1/5 = 2,000원	10,000원 × 0.451 = 4,510원
2차 년도	10,000원 × 1/5 = 2,000원	5,490원 × 0.451 = 2,476원
3차 년도	10,000원 × 1/5 = 2,000원	3,014원 × 0.451 = 1,360원
⋮	⋮	⋮

[해설]　　　　　초기에 정액법 〈 정률법이 상대적으로 감가상각비가 크다.

위의 표에서 보는 바와 같이 정액법은 일정한 금액이 감가상각되는데, 반해 정률법은 처음에는 정액법보다 상대적으로 많은 금액이 감가상각되다가 감가상각 금액이 점차 줄어드는 것을 알 수 있다. 따라서 정률법은 가속상각법(초기에 많은 금액을 상각한다는 개념) 또는 체감잔액법(시간이 지날수록 감가상각비가 점차 줄어든다는 개념)에 속한다.

정률법은 초기에 감가상각비를 많이 잡아 당기순이익을 감소시키는데 정액법보다 효율적이라고 볼 수 있다.

2. 회계처리

❶ 유형자산 취득

유형자산	10,000 / 현금	10,000

❷ 감가상각

정액법

감가상각비	2,000 / 감가상각누계액	2,000

정률법

감가상각비	4,510	감가상각누계액	4,510

> (주)이지는 2××2년 1월 1일 최신형 공작기계 1대를 4억원(내용연수 5년)에 구입하였다(잔존가치는 0원).
> 회사의 회계담당자는 다음과 같은 여러 가지 감가상각 방법을 놓고 선택 여부를 검토하고 있다.
> 1. 정액법
> 2. 정률법(상각률 0.369가정)
> 3. 생산량비례법(총생산 제품 수량은 2만개, 2××2년 실제 생산량 5천개, 2××3년 4천 5백개)
> 4. 연수합계법
> 5. 이중체감법

해설

❶ 정액법

(1) 감가상각비 계산

= 취득원가 − 잔존가치 /추정 내용연수 = (4억 원 − 0원)/5 = 8천만 원

(2) 회계처리

감가상각비	80,000,000	감가상각누계액	80,000,000

❷ 정율법

(1) 감가상각비 계산

= (취득원가 − 감가상각누계액) × 상각률

= (4억 원 − 0원) × 0.369 = 147,600,000원

(2) 회계처리

감가상각비	147,600,000	감가상각누계액	147,600,000

❸ 생산량비례법

(1) 감가상각비 계산

생산량 단위당 감가상각비 = (취득원가 − 잔존가치)/내용연수 동안의 총추정생산량

= (4억 원 − 0원)/20,000개 = 20,000원

= 당해 연도의 실제 생산량 × 단위당 감가상각비

= 5,000개 × 20,000원 = 1억 원

(2) 회계처리

감가상각비	100,000,000	/ 감가상각누계액	100,000,000

❹ 연수합계법

(1) 감가상각비 계산

2××2년 = (취득원가 − 잔존가치) × 특정 연도초의 잔존내용연수/내용연수 합계

= 4억 원 × 5/15 = 133,333,333

2××3년의 감가상각비 = 4억 원 × 4/15 = 106,666,666

(2) 회계처리

가. 2××2년

감가상각비	133,333,333	/ 감가상각누계액	133,333,333

나. 2××3년

감가상각비	106,666,666	/ 감가상각누계액	106,666,666

3 기중에 취득한 자산의 감가상각

구 분	감가상각비
회계연도 초 유형자산을 취득한 경우	연도 말 결산 시 1년분 감가상각비 계산
연도 중간에 유형자산을 취득한 경우	사용기간에 비례하여 감가상각비 계산 실무상 취득일이 속하는 달(月) 이후의 개월 수를 따져 감가상각비 계산

예를 들어 9월 6일 차량운반구를 15,000원에 취득한 경우 감가상각방법은 5년 정액법을 사용한다.

감가상각비	1,000	감가상각누계액	1,000

[주] 15,000원 × 1/5 × 4/12 = 1,000원

4 감가상각을 연속적으로 매년 해야 하나?

이론상 감가상각은 내용연수와 잔존가액을 추정해서 계속적으로 감가상각비를 계상한다. 단, 외부감사대상 기업의 경우 외부감사를 위해 반드시 매년 감가상각비를 계상하지만, 세법 규정을 따르는 중소기업의 경우 손익에 따라 감가상각비를 장부에 계상하지 않는 예도 있다. 이는 감가상각이 세법상 결산조정 사항으로 장부에 감가상각비의 계상 여부가 회사의 결정 사항이기 때문이다.

개업 초기에는 영업실적이 저조하여 결손이 많이 발생한다.

적자가 발생하면 은행과의 거래가 원활하지 못할 수 있어 결손을 줄이거나 이익을 늘릴 필요가 있는데 이때 감가상각비를 계상하지 않으면 도움이 된다. 일반적으로 감가상각비 금액이 크기 때문이다. 반면, 외부감사 법인은 반드시 감가상각비를 계상해야 한다.

결과적으로 감가상각비 계상이 강제되지 않는 기업의 경우는 감가상각비의 계상을 본인 회사의 실정에 맞게 계상하기도 하고 안 하기도 하는 고무줄이다. 참고로 세법상 세금 감면을 받을 때 감가상각비를 계상하지 않으면 계상하지 않은 감가상각비는 나중에 경비로 인정받을 수 없다. 따라서 이익이 발생하면 거의 모두 세금 감면의 혜택을 받으므로 반드시 감가상각비를 계상하는 것이 절세하는 길이다.

5 │ 중도에 취득 또는 처분한 경우 감가상각

회계에서는 감가상각비를 일할로 계산하는 것과 월할로 계산하는 것은 회사의 선택으로 일관된 회사의 규정에 맞게 처리하면 된다.

일할로 계산하기로 결정했으면, 계속 일할로 계산하면 된다. 다만 A자산은 일할로 계산하고, B자산은 월할로 계산하는 등의 일관성 없는 감가상각은 인정되지 않는다. 반면 세무상으로는 사업연도 중 취득한 자산에 대해서는 월할 상각을 인정하고 있다.

세법상 감가상각비는 1개월 미만은 1개월로 간주하기에 회계처리를 일할로 하게 되면 세법과 차이가 날 수 있다.

회계상 감가상각비를 일할계산하는 것은 회사의 선택사항이나, 세무상으로는 일할계산이 인정되지 않으므로 세법에 맞춰 결산 시에는 별도의 세무조정을 해야 한다. 따라서 회계와 세법을 일치시키기 위해서 일할로 하지 않고 월할로 계산하는 경우가 많다.

연도 중 취득	연도 중 처분(매각)
연도 중 신규 취득한 유형자산은 사업에 사용한 날부터 사업연도 종료일까지의 월수로 계산한다. 예를 들어 7월 10일 취득한 자산은 6개월 ÷ 12개월로 계산한다.	연도 중 처분한 유형자산의 개월 수는 1월 미만의 경우 1월로 한다. 예를 들어 7월 10일 처분한 자산은 7개월 ÷ 12개월로 계산한다. 일반적으로 처분하는 자산은 감가상각 하지 않으나 업무용 차량에 대한 강제 상각 규정이나 감가상각자산 의제 규정으로 인해 강제로 상각해야만 하는 경우가 있다.

경기침체나 여러 가지 이유로 유형자산을 취득하고도 사용하지 못하거나, 이미 취득한 유형자산의 가동을 중단하는 경우가 있다.

기업회계상 미사용 자산 및 가동 중단 자산도 감가상각하고 영업외비용으로 처리한다.

현행 기업회계는 경제 상황으로 인하여 유형자산을 취득한 뒤 사용하지 못하고 있거나, 사용하던 자산을 가동 중지하는 경우도 감가상각하되, 감가상각비는 영업외비용으로 처리하도록 규정하고 있다(일반기업회계 제10장 유형자산). 이는 미사용 자산 또는 가동 중지 자산도 사업목적에 맞게 사용하는 것으로 인정한다는 의미다. 따라서 미사용 자산, 장기간 가동 중지 자산, 단기간 가동 중지 자산 등을 구분하지 않고 모두 감가상각을 하여 장부에 반영한다.

 유휴자산의 감가상각 회계와 세무

사업에 사용하지 않고 유휴상태에 있으나 조만간 폐기 처분하거나 매각할 예정이라면 회계상 투자자산으로 분류하고 감가상각을 하지 않는다. 즉 앞서 설명한 감가상각 대상 유휴자산은 폐기 처분하거나 매각할 예정이 아닌 잠시 가동을 멈춘 자산을 의미한다.

하지만 세무상으로는 사용 중 철거하여 사용하지 않는 자산에 대해서만 감가상각을 하지 않도록 규정하고 있으므로, 철거하지 않고 가동 중지한 상태의 자산은 유휴설비(일시적 유휴상태)로 보아 감가상각을 하도록 규정하고 있다.

따라서 세무상으로도 감가상각자산이 아닌 투자자산으로 인정받으려면 철거 후 보관해야 하며, 철거하지 아니하고 장치를 보관하고 있으면서 추후 매각할 예정이라고 해서 회계상 투자자산으로 반영해도 세무상으로는 인정받지 못할 수도 있다.

임차 건물 인테리어비용 감가상각

임차한 사무실의 인테리어비용(설계비 포함)이 크고 중요한 경우 유형 자산 항목인 시설장치(업종별 자산) 등의 과목으로 계상하고 당해 자산의 내용연수와 임차기간 중 짧은 내용연수를 적용하여 감가상각하면 된다.

임차 건물 인테리어비의 내용연수는 일반적으로 임차 기간을 초과하지 않는 범위 내에서 결정된다. 즉 임대차계약 기간과 해당 자산의 법정 내용연수 이 두 가지 중 짧은 기간을 내용연수로 적용한다.

예를 들어, 임차 기간이 5년이라면 인테리어비의 내용연수도 5년 이내로 설정하는 것이 일반적이다.

임차 기간이 5년이고, 인테리어 자산의 내용연수가 10년이라면, 감가상각 내용연수는 5년이 된다.

부가가치세 신고할 때는 고정자산 매입분으로 신고한다.

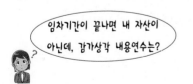

임차기간이 끝나면 내 자산이 아닌데, 감가상각 내용연수는?

당해 자산의 내용연수와 임차기간 중 짧은 내용연수를 적용하여 감가상각 하면 된다.

1   자가 건물의 인테리어비용

인테리어비용(설계비 포함) 등이 크고 중요한 경우 유형자산 항목인 시설장치(업종별 자산) 등으로 계상하여 내용연수에 걸쳐 감가상각한다.

인테리어비용 등이 100만 원 이하 소액인 경우 "소모품비" 등으로 계상하여 당기에 전액 비용 처리하면 된다.

2   임차 건물의 인테리어비용

인테리어비용(설계비 포함) 등이 크고 중요한 경우 임차기간 종료 후 원상회복 조건이라면 유형자산 항목인 시설장치(업종별 자산) 등의 과목(시설장치, 비품, 구축물 중 하나)으로 계상하고 당해 자산의 내용연수와 임차기간 중 짧은 연수를 정해서 감가상각한다. 다만, 원상복구 의무가 없고 임대인 소유로 귀속된다면 임차 기간의 선급 임차료로 기간 안분하여 비용 반영하면 된다.

인테리어비용 등이 100만 원 이하 소액인 경우 "소모품비", "임차 자산 개량비" 등으로 계상하여 당기에 전액 비용처리 하면 된다.

임차계약 종료 등의 사유로 동 자산을 폐기하는 때에는 당해 자산의 장부 가액(폐기물 매각 대금이 있는 경우는 그 금액을 차감한 금액)을 폐기일이 속하는 사업연도에 유형자산폐기손실로 처리한다.

구 분		회계처리			
영업용 건물을 구입한 경우		건물	×××	현금	×××
영업용 건물 처분 시	장부가액〈 처분금액	감가상각누계액 현금	××× ×××	건물 유형자산처분이익	××× ×××
	장부가액〉 처분금액	감가상각누계액 현금 유형자산처분손실	××× ××× ×××	건물	×××

자본적지출과 수익적지출

건물이나 비품, 기계장치 등 유형자산을 취득하여 사용하다 보면 수선, 개량, 확장 등 비용이 발생하게 되는데 이때 그 비용이 단순한 수선인지, 아니면 자산가치를 증가시키거나 내용연수를 연장시키는 수선인지 구분해서 회계처리를 할 필요가 있다

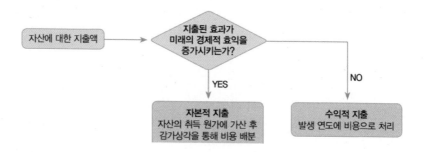

1 자본적지출

자본적지출은 유형자산에 대하여 당해 지출로 인한 경제적 효익이 당기뿐만 아니라 그 이후 기간에까지 영향을 미칠 것으로 판단되는 경우의 지출로서 지출의 결과 유형자산의 내용연수를 연장시키거나 개량, 증축, 확장 등으로 실질적인 가치의 증대를 가져오는 지출을 말한다.

자본적지출은 그 지출을 유형자산의 장부금액에 가산한 후에 내용연수 동안에 감가상각한다.

자본적지출로 분류하는 예
① 자산의 내용연수를 증가시키는 지출 – 대폭적인 수선 및 대체
② 자산가치를 증가시키는 지출 – 건물 증축, 엘리베이터 설치 등

자본적지출	• 건물의 엘리베이터 설치비, 냉 · 난방장치 설치비 • 차량의 엔진 교체비(내용연수 연장 효과) 지출 • 개량, 증설, 확장 등과 사용 용도를 변경하기 위한 지출
자산처리	건물　　　　　　　100 　/　현금　　　　　　　100

2　수익적지출

수익적지출은 유형자산과 관련한 지출이 미래에 경제적 효익을 제공하지 못하고 지출의 효과가 단기간에 종료되는 지출로서 유형자산의 원상을 회복시키거나 현상 유지, 유지 보수를 위한 지출의 경우 해당 연도의 비용(일반적으로 수선비 계정으로 처리하나 실무에서는 차량운반구에 지출된 비용인 경우 차량유지비 계정으로 처리됨)으로 처리한다.

수익적지출로 분류하는 예
① 원상을 회복시키는 지출 – 도색작업, 깨진 유리창 교체 등
② 기존의 생산성을 유지하기 위한 지출 – 소모성 부품의 교체 등

수익적지출	• 건물 외벽의 도색 비용, 파손된 유리의 교체 비용
	• 기계장치의 소모품 교체, 차량의 오일교환 비용
	• 기타 현상 유지, 원상회복을 위한 지출

| 비용처리 | 수선비 | 100 / 현금 | 100 |

자본적지출을 수익적 지출로 잘못 회계처리한 경우 재무제표에 미치는 영향(자산을 비용으로 계상한 결과)	수익적지출을 자본적지출로 잘못 회계처리 한 경우 재무제표에 미치는 영향(비용을 자산으로 계상한 결과)
• 자산의 과소계상	• 자산의 과대계상
• 비용의 과대계상	• 비용의 과소계상
• 영업이익의 과소계상	• 영업이익의 과대계상
• 당기순이익의 과소계상	• 당기순이익의 과대계상

3 상각 완료 자산에 대한 자본적 지출액의 회계처리

일반기업회계기준 제5장 『회계정책, 회계추정의 변경 및 오류』 문단 5.14는 "회계추정의 변경은 전진적으로 처리하여 그 효과를 당기와 당기 이후의 기간에 반영한다"고 규정하고 있으며, 부록 실 5.5는 "회계추정에는 대손의 추정, 재고자산의 진부화 여부에 관한 판단과 평가, 우발부채의 추정, 감가상각자산의 내용연수 또는 감가상각자산에 내재된 미래 경제적 효익의 기대소비 형태의 변경(감가상각 방법의 변경) 및 잔존가액의 추정 등이 있다"고 규정하면서 자본적지출에 따른 감가상각자산의 내용연수의 변경을 회계추정의 변경으로 보아 전진적으로 처리하도록 규정하고 있다.

또한 한국채택국제회계기준(K-IFRS) 제1008호 『회계정책, 회계추정의 변경 및 오류』도 문단 32~40에서 감가상각자산의 내용연수의 변경을 회계추정의 변경으로 보아 전진적으로 처리하도록 규정하고 있다.

따라서 상각 완료 자산에 대한 자본적지출로 인하여 유형자산의 수명이 증가했을 경우, 회계추정의 변경으로 보아 전진법으로 처리하여 늘어나는 내용연수 동안 남은 잔존가액으로 감가상각 처리를 하면 된다.

> 20×1년 1월 1일 기계장치를 10만 원에 취득했다. 잔존가치는 5천 원이고 내용연수는 5년 정액법 상각이다. 그 후 20×2년 초에 2만 원의 자본적 지출이 발생했다.

 20×1년도 감가상각비

감가상각비	19,000	감가상각누계액	19,000

[주] (100,000원 − 5,000원) ÷ 5년 = 19,000원

 20×2년도 감가상각비

감가상각비	28,750	감가상각누계액	28,750

[주] (100,000원 − 5,000원 + 20,000원) ÷ 4년 = 28,750원

> 예를 들어 20×1년 1월 1일에 잔존가액 1,000원만 있는 기계장치(정액법 적용)에 수선비 6천만 원이 투입되어 내용연수가 2년 증가했다면, 내용연수의 증가를 수선비의 투입에 따른 정당한 회계추정의 변경으로 보아 자본적 지출액이 발생한 회계연도부터 2년간 안분하여 감가상각비로 반영하면 되며, 회계처리 방법은 다음과 같다.

상각 완료 자산에 대한 자본적지출 발생 시

기계장치	60,000,000	보통예금	60,000,000

 20×1년 12월 31일 감가상각 수행 시

감가상각비	30,000,000	감가상각누계액	30,000,000

손상차손과 손상차손환입

손상차손은 회사가 보유 중인 자산의 가치가 장부가액보다 떨어졌을 때 이를 손익계산서에 반영하는 것을 말한다.

 손상차손을 인식하지 않는 자산

- ☑ 재고자산
- ☑ 건설계약에서 발생한 자산
- ☑ 이연법인세자산
- ☑ 종업원 급여에서 발생한 자산
- ☑ 금융자산

예를 들어 기계장치를 1억 원에 취득했지만, 그 기계장치를 통해 얻을 수 있는 기대수익이 6천만 원에 불과하다면 1억 원으로 장부에 기록하는 것은 문제가 있다. 기업회계기준에서는 자산의 효익이 감소하면 이와 관련된 자산의 장부가액이 과대 계상되었는지를 검토하고 유형자산의 손상 여부를 검토하도록 규정하고 있다. 유형자산의 경제적 효익이 급격히 하락했음에도 불구하고 미래의 비용을 조정하지 않는다면 유형자산의 취득 시 수익비용을 대응시키기 위해 자산으로 인식했다는 취지에 어긋나기 때문이다.

따라서 유형자산을 통해 회수가능한 금액이 장부가액보다 적으면 그 차액만큼을 당기의 영업비용인 손상차손으로 인식한다. 또한 회수 가능 가액은 ① 현재 처분을 통해 회수할 수 있는 금액과 ② 유형자산을 그대로 사용할 경우 미래에 창출할 수 있는 현금흐름 중에서 큰 금액으로 인식하도록 하고 있다.

만일 기계장치의 장부가액이 8천만 원이라고 가정하면, 현재 기계장치를 처분해서 회수할 수 있는 금액이 4천만 원이고, 미래에 회수할 수 있는 금액이 5천만 원이라고 하자. 이 경우 기계장치의 손상차손은 장부가액인 8천만 원에서 미래 사용 가치인 5천만 원을 차감한 3천만 원이 된다. 이는(3천만 원) 당기 영업외비용(유형자산손상차손)이 되고 장부가액은 5천만 원으로 변경된다.

차기 이후에 자산의 회수가능액이 장부금액을 초과하는 경우 자산의 장부금액을 손상차손을 인식하기 전 장부금액의 감가상각 후 잔액을 한도로 회수가능액으로 증가시킨다.

구 분	계산 방법	처리 방법	
손상차손	손상차손 = 직전 장부금액 − 회수가능액* * 회수가능액 = MAX[① 순공정가치[주1], ② 사용가치[주2]]	(차) 유형자산손상차손 (당기손익) (대) 유형자산손상차손누계액 (자산 차감계정)	xxx xxx
손상차손환입	환입액 = MIN[① 회복된 회수가능액, ② 한도] − 직전 장부금액	(차) 유형자산손상차손누계액 (대) 유형자산손상차손환입 (당기손익)	xxx xxx

주1 순공정가치는 합리적 판단력과 거래 의사가 있는 당사자 사이의 거래에서 처분을 통해 얻는 가치로서 순공정가치 = 매각금액 − 처분 부대 원가로 구한다.
주2 사용 가치는 자산의 사용으로부터 얻는 가치로, 자산으로부터 창출될 것으로 기대되는 미래현금흐름의 현재가치이다.

사용 가치는 다음의 그림과 같이 내용연수동안의 순현금흐름과 내용연수 종료 시점의 잔존가치(처분가치)를 현재가치로 환산한 금액이다.

순공정가치가 장부금액보다 높다면 사용 가치를 측정할 필요가 없다(하나만 장부금액보다 높아도 되므로).

$$PV = \frac{FV_n}{(1 + r)^n} = FV_n (1 + r)^{-n}$$

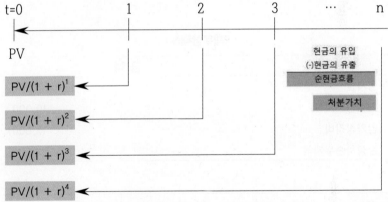

2××4년 1월 1일에 기계장치를 현금 10,000에 취득(잔존가치 없고, 내용연수 10년, 정액법)

2××5년 12월 31일에 기계장치 손상 징후 파악

기계장치의 순공정가치는 5,000원, 사용가치는 5,500원으로 하락을 가정한다.

1. 2××4년 1월 1일 취득시

기계장치	10,000	현금	10,000

2. 2××4년 12월 31일 감가상각 시

감가상각비	1,000	감가상각누계액	1,000

3. 2××5년 12월 31일 감가상각, 손상 시

감가상각비	1,000	감가상각누계액	1,000

유형자산손상차손 [주]	2,500	유형자산손상차손누계액	2,500

[주] MAX[5,000원, 5,500원] − 장부가액(10,000원 − 2,000원) = 2,500원

〈재무상태표〉

과 목	금 액
유형자산	5,500
기계장치	10,000
감가상각비	(2,000)
손상차손누계액	(2,500)

연차	감가상각비	취득원가	누계액	손상누계액	장부가액
0		10,000			10,000
1년	1,000	10,000	1,000		9,000
2년	1,000	10,000	2,000	2,500	5,500
3년	688	10,000	3,000	2,500	4,812
4년	688	10,000	4,000	2,500	4,124
5년	688	10,000	5,000	2,500	3,436

4. 2××6년 12월 31일 감가상각, 손상시

감가상각비^주	688	감가상각누계액	688

^주 5,500원 ÷ 8년 = 688원

유형자산의 손상차손은 미래현금흐름을 추정할 수 있는 개별자산별로 인식하는 것이 원칙이다. 예를 들어 기계장치 별 또는 매장별로 인식하는 것이다. 다만, 관리회계 입장에서는 이러한 손상차손을 적극적으로 받아들여야 하는가에 대한 고민이 필요하다. 유형자산의 손상차손은 영업외비용으로 인식하며, 유형자산의 손상차손을 인식한 이후에는 매년 해당 유형자산에 대한 감가상각비가 줄어들기 때문이다.

손상인식 후 매 회기말 손상차손이 더 이상 존재하지 않거나 감소된 것을 시사하는 징후(손상 징후와 반대되는 경우)가 있는지 검토하여 이러한 사실이 있다면 손상차손을 환입한다.
손상차손의 환입으로 증가하는 유형자산의 금액은 과거 손상차손을 인식하기 전의 장부금액을 초과할 수 없다. 이는 손상차손을 반영하지 않고 감가상각했을 경우의 장부금액이다.

연차	감가상각비	취득원가	누계액	장부가액
0		10,000		10,000
1년	1,000	10,000	1,000	9,000
2년	1,000	10,000	2,000	8,000
3년	1,000	10,000	3,000	7,000
4년	1,000	10,000	4,000	6,000
5년	1,000	10,000	5,000	5,000

위에서 2차 연도 말에 손상차손을 인식하였을 때는 3차 연도 말에 손상차손이 감소한 경우 장부금액은 정상적으로 감가상각을 했을 경우인 7,000원을 초과할 수 없다. 따라서 환입할 수 있는 한도는 7,000원 - 4,812원 = 2,188원이 된다.

| 유형자산손상차손누계액 | 2,188 | 유형자산손상차손환입 | 2,188 |

손상차손 환입액 = MIN[① 회복된 회수가능액, ② 한도] - 직전 장부금액

MIN[① 8,000, ② 7,000 [주]] - 직전 장부금액(5,500원 - 688원) = 2,188원

[주] 손상되지 않았을 경우 장부가액 = 10,000원 - (1,000원 × 3년) = 7,000원

유형자산의 재평가 회계처리

한국채택국제회계기준에서는 토지 등 유형자산은 분류별(토지, 건물, 구축물, 기계장치, 차량운반구 등)로 원가모형과 재평가모형을 선택할 수 있다.

회계적으로는 재평가모형을 사용할 경우 자산의 장부가액을 시장가치로 조정하고, 그 차액을 재평가잉여금으로 처리한다.

구 분	회계처리
장부가액	과거에 자산을 취득할 때 발생한 원가를 기준으로 계상된 가액이다.
시장가액	현재 시장에서 해당 자산을 매각할 수 있는 가치다.
재평가잉여금	자산의 장부가액과 시장가치의 차액으로, 기타포괄손익으로 인식한다. 예를 들어 토지가 100원에서 130원이 되면 30원의 재평가잉여금을 인식해 준다. 이후 90원이 되었을 때는 미리 인식해 둔 재평가잉여금 30원을 먼저 제거하고, 당기손익 항목인 재평가손실 항목을 10원 인식해 준다. 또 120원이 되었을 때는 재평가손실 10원을 먼저 제거하고, 다시 재평가잉여금 20원을 인식하는 방식으로 재평가를 해준다.

재평가 모형 선택 시 유형자산의 재평가를 할 때, 공정가치 변동을 반영하게 되는데, 이때 사용되는 계정이 앞서 표에서 간단히 설명한 재평가잉여금이다.

재평가 모형이란 취득일 이후 재평가일의 공정가치로 장부상 자산 금액을 수정하고 당해 공정가치에서 재평가일 이후의 감가상각누계액과 손상차손누계액을 차감한 금액을 장부가액으로 공시하는 방법이다.

재평가는 매 보고 기간 말 수행해야 하는 것은 아니며, 보고기간 말에 자산의 장부가액이 공정가치와 중요하게 차이가 나지 않도록 주기적으로 수행해야 하며, 재평가의 빈도는 재평가되는 유형자산의 공정가치 변동에 따라 달라진다. 공정가치 변동이 빈번하고, 그 금액이 중요하다면 매년 재평가할 필요가 있으나 공정가치의 변동이 중요하지 않아서 빈번한 재평가가 필요하지 않은 경우는 3년이나 5년마다 재평가할 수 있다. 또한 유형자산 별로 선택적 재평가를 하거나 재무제표에서 서로 다른 기준일의 평가금액이 혼재된 재무 보고를 하는 것을 방지하기 위해서 동일한 분류 내의 유형자산은 동시에 재평가한다.

그러나 재평가가 단기간에 수행되며, 계속적으로 갱신된다면 동일한 분류에 속하는 자산을 순차적으로 재평가할 수 있다.

참고로 원가모형은 유형자산을 취득한 후 공정가치의 변동을 인식하지 않는 것을 말한다.

 재평가의 빈도 및 재평가 대상 유형자산의 분류

• 매년 재평가 또는 3년이나 5년마다 재평가도 가능하다.

- 특정 유형자산을 재평가할 때 당해 자산이 포함되는 유형자산 분류 전체를 재평가한다. 예를 들어 보유 토지 중 일부 필지만 재평가할 수 없으며, 동일 분류인 보유 토지 전체를 재평가해야 한다.
- 그러나 토지와 기계장치는 동일하게 분류되지 않으므로, 토지는 재평가 모형을, 기계장치는 원가모형을 적용할 수 있다.
- 동일 분류 내의 유형자산은 동시에 재평가한다.

1 처음으로 재평가모형을 적용하는 경우

구 분	수익 인식
재평가모형의 최초 적용	회계정책 변경을 적용하지 않고, 재평가모형의 최초 사업연도의 유형자산 장부가액을 공정가치로 수정한다. 즉 비교 표시되는 과거기간의 재무제표를 소급하여 재작성하지 않는다.
재평가모형에서 원가모형으로 변경(이후 다시 재평가모형으로 변경 포함)	회계정책의 변경에 해당하므로 비교 표시되는 과거기간의 재무제표를 소급하여 재작성한다.

재평가모형 적용 시 유형자산의 공정가치는 다음과 같이 결정한다.

구 분	공정가치 결정
토지와 건물	시장에 근거한 증거를 기초로 수행된 평가(전문 자격이 있는 평가인에 의해 수행)로 결정
설비자산과 기계장치	감정평가에 의해 결정

해당 유형자산의 특수성 때문에 공정가치에 대해 시장에 근거한 증거가 없고, 거의 거래가 되지 않는 경우는 ① 이익접근법이나 ② 상각후대체원가법을 사용해서 공정가치를 측정할 필요가 있다.

이익접근법이란, 당해 자산으로부터 미래 창출될 추정현금흐름의 현재가치로 공정가치를 측정하는 방법을 말하며, 상각후대체원가법이란, 별도로 분리하여 매각하기 어렵거나 당해 자산의 규모나 위치의 특별한 성격상 거래 시장이 존재하기 어려운 자산에 대해서 현재 상태(경과연수, 상태, 진부화 정도 등)를 고려한 자산의 대체원가(재취득원가)로 공정가치를 측정하는 방법이다.

유형자산을 공정가치로 재평가하는 경우는 공정가치와 장부가액의 차액을 평가손익에 반영하면 된다.

구 분		수익 인식
재평가이익	최초 평가	재평가잉여금(기타포괄이익)으로 자본에 가산 이후에 장부금액을 감소시킬 경우는 전기 이전에 인식한 재평가잉여금을 우선 감소시키고, 초과액이 있으면 재평가손실(당기손익)을 인식한다.
재평가손실	최초 평가	재평가손실로 당기손실로 처리 이후에 장부금액을 증가시킬 경우는 전기 이전에 인식한 재평가손실만큼 재평가이익(당기손익)을 인식하고, 초과액이 있으면 재평가잉여금(기타포괄손익)을 인식한다.

재평가 모형을 이용해서 유형자산을 측정한 경우 자산의 순장부 가액을 재평가 금액으로 수정하는 방법은 다음과 같다.

구 분	수정 방법
비례수정법	재평가 후 자산의 장부가액이 재평가 금액과 일치하도록 감가상각누계액과 총장부금액을 비례적으로 수정하는 방법
전액제거법	총장부금액에서 기존 감가상각누계액의 전부를 제거해서 자산의 순장부 가액이 재평가금액이 되도록 수정하는 방법

2 재평가 이후의 감가상각

재평가모형을 선택해서 공정가치로 재평가한 이후의 회계연도에는 원가모형을 선택한 경우와 마찬가지로 감가상각을 한다.

재평가 이후 회계연도의 감가상각비(정액법의 경우)
= 전기 재평가금액 ÷ 기초 현재 잔존내용연수

재평가 모형을 선택한 경우 유형자산은 재평가일의 공정가치에서 이후의 감가상각누계액과 손상차손누계액을 차감한 재평가 금액을 장부금액으로 한다.

3 재평가잉여금의 처리

유형자산을 재평가함에 따라 자본에 계상된 재평가잉여금은 당해 자산을 사용함에 따라 일부 금액을 이익잉여금으로 대체할 수 있다. 자산의 사용기간 중에도 재평가잉여금의 일부(재평가된 금액에 근거한 감가상각액과 최초 원가에 근거한 감가상각액의 차이)를 이익잉여금으로 대체할 수 있다.

• 재평가잉여금을 이익잉여금으로 대체하는 것은 선택 규정이다.
• 재평가잉여금은 당기손익으로 대체(즉, 재분류, recycling) 금지된다.

재평가잉여금은 해당 자산 제거(또는 사용) 시 이익잉여금으로 대체할 수 있다.
이익잉여금으로 대체될 재평가잉여금
= 재평가된 금액에 근거한 감가상각액 - 최초 원가에 근거한 감가상각액

(주)이지는 2××1년 12월 31일 현재 장부가액이 1억원, 재평가금액이 1억 5천만 원인 경우(재평가일 현재 잔존내용연수 5년, 정액법)

1. 이익잉여금으로 대체될 재평가잉여금

재평가 금액에 근거한 감가상각액	1억 5천원 ÷ 5년 =	30,000,000원
최초 원가에 근거한 감가상각액	1억원 ÷ 5년 =	20,000,000원
		10,000,000원

2. 회계처리
• 재평가한 경우

감가상각비	30,000,000	감가상각누계액	30,000,000
재평가잉여금(자본)	10,000,000	이월이익잉여금	10,000,000

• 재평가를 안 한 경우

감가상각비	20,000,000	감가상각누계액	20,000,000

재평가 이후 연도의 재평가

재평가모형을 채택한 경우는 주기적으로 재평가를 실시해야 하므로 재평가이익과 재평가손실이 반복적으로 나타날 수 있다.

당 기	전 기	회계 처리
재평가이익	재평가손실	❶ 전기 재평가손실 : 당기손익으로 처리
		❷ 나머지 잔액 : 재평가잉여금으로 자본항목에 반영
재평가손실	재평가이익	❶ 전기 재평가잉여금 : 재평가잉여금과 상계
		❷ 나머지 잔액 : 재평가손실로 당기손익에 반영

재평가잉여금(자본 : 기타포괄손익) = 재평가이익 – 전기 재평가손실 중 감가상각액을 제외한 금액[전기 재평가손실(재평가잉여금) – 전기 재평가손실(재평가잉여금에 대한 감가상각액 : 재평가손실(당기손익) = 재평가손실 – 전기 재평가잉여금 중 감가상각액을 제외한 금액[전기 재평가손실(재평가잉여금) – 전기 재평가손실(재평가잉여금)에 대한 감가상각액]

(주)이지는 2××1년 1월 1일 1억 원인 건물(내용연수 5년, 정액법)을 취득하였으며, 각 회계연도 말 현재 재평가한 건물의 공정가치는 다음과 같다.

❶ 2××1년 12월 31일 : 5천만 원

❷ 2××2년 12월 31일 : 8천만 원

(주)이지는 총장부금액에서 기존의 감가상각누계액의 전부를 제거해서 자산의 순장부가액이 재평가 금액이 되도록 수정하는 방법을 사용해서 재평가를 회계처리 한다.

1. 취득 시 회계처리

건물	100,000,000	현금	100,000,000

2. 2××1년 12월 31일

감가상각비	20,000,000	감가상각누계액	20,000,000
재평가손실(당기손익)	30,000,000	건물	50,000,000
감가상각누계액	20,000,000		

[주] 감가상각비 = 1억 원 ÷ 5년 = 2천만 원

[주] 재평가손실 = (1억 원 − 2천만 원) − 5천만 원 = 3천만 원

3. 2××2년 12월 31일

감가상각비	12,500,000	감가상각누계액	12,500,000
감가상각누계액	12,500,000	재평가이익(당기손익)	22,500,000
건물	30,000,000	재평가잉여금(자본)	20,000,000

[주] 감가상각비 = 5천 원 ÷ 4년 = 1,250만 원

[주] 재평가이익 = 8천만 원 − (5천만 원 − 1,250만 원) = 4,250만 원

    4,250만 원 − 1,250만 원(감가상각누계액) = 3천만 원

[주] 전기 인식 재평가손실 중 감가상각 후 잔액

    = 3천만 원 − 3천만 원 ÷ 4년 = 2,250만 원

[주] 재평가이익 중 전기 재평가손실 인식분을 차감한 금액

    = 4,250만 원 − 2,250만 원 = 2천만 원

(주)이지는 2××1년 1월 1일 1억원인 건물(내용연수 5년, 정액법)을 취득하였으며, 각 회계연도 말 현재 재평가한 건물의 공정가치는 다음과 같다.

❶ 2××1년 12월 31일 : 1억 2천만원

❷ 2××2년 12월 31일 : 5천만원

(주)이지는 총장부금액에서 기존의 감가상각누계액의 전부를 제거해서 자산의 순장부가액이 재평가금액이 되도록 수정하는 방법을 사용해서 재평가를 회계처리 한다.

1. 취득시 회계처리

건물	100,000,000	현금	100,000,000

2. 2××1년 12월 31일

감가상각비	20,000,000	감가상각누계액	20,000,000
감가상각누계액	20,000,000	재평가잉여금	40,000,000
건물	20,000,000		

[주] 감가상각비 = 1억원 ÷ 5년 = 2천만원

[주] 재평가잉여금 = 1억 2천만원 - (1억원 - 2천만원) = 4천만원

3. 2××2년 12월 31일

감가상각비	30,000,000	감가상각누계액	30,000,000
재평가잉여금(자본)	12,500,000	이월이익잉여금	12,500,000
감가상각누계액	30,000,000	건물	70,000,000
재평가잉여금(자본)	37,500,000		
재평가손실(당기손익)	2,500,000		

[주] 감가상각비 = 1억 2천원 ÷ 4년 = 3천만원

[주] 재평가잉여금 = 5천만원 ÷ 4년 = 1,250만원

[주] 전기 인식 재평가손실 중 감가상각후 잔액 = 5천만원 - 1,250만원 = 3,750만원

[주] 재평가이익 중 전기재평가 손실 인식 분을 차감한 금액 = (1억 2천만원 - 3천만원) - 5천만원 = 4천만원

[주] 당기 인식 재평가손실 = 4천만원 - 3,750만원 = 250만원

5 재평가 유형자산의 제거

유형자산의 제거로 인해서 발생하는 손익은 원가모형의 경우와 마찬가지로 순매각 금액과 장부금액의 차이로 결정하며, 당기손익으로 인식한다. 한편, 유형자산의 재평가와 관련해서 자본 항목으로 보고한 재평가잉여금이 있는 경우에는 동 금액을 이익잉여금으로 대체한다.

재평가잉여금	×××	이월이익잉여금	×××

유형자산의 제거(처분이나 폐기)

유형자산을 처분하거나 사용을 통해 미래에 더 이상 경제적 효익을 제공할 수 없는 경우 재무제표에서 제거한다.

유형자산의 제거로 인한 손익계산 시 유형자산의 장부금액은 유형자산의 원가에서 감가상각누계액 및 손상차손누계액을 차감한 잔액을 말한다. 회사가 정부보조금을 자산의 차감계정으로 표시한 경우는 정부보조금도 차감한 잔액으로 한다.

유형자산의 제거로 인한 손익 = 유형자산의 순매각 금액 – (유형자산의 원가
– 감가상각누계액 – 손상차손누계액 – 정부보조금)

유형자산의 처분 대가는 최초에 공정가치로 인식한다. 유형자산에 대한 지급이 지연되면 처분 대가는 최초의 현금가격 상당액으로 인식한다. 처분 대가의 명목 금액과 현재 가격 상당액의 차이는 처분으로 인해 받는 금액에 유효이자율을 반영해 이자수익으로 인식한다.

한편 회계연도 중에 유형자산을 처분하는 경우는 기중 취득의 경우와 마찬가지로 기초부터 처분 일까지의 감가상각비를 계산한 후 차액을

유형자산처분손익을 계산한다. 즉 처분 시점까지의 감가상각을 반드시 계산하여 반영해야 한다.

처분 시점의 분개는 아래 ❶, ❷, ❸을 통합한다.

예를 들어보면 다음과 같다.

· 자산의 취득원가 : 10,000,000원
· 자산의 감가상각누계액 : 7,000,000원
· 자산의 장부가액 : 3,000,000원(10,000,000원 - 7,000,000원)
· 자산의 처분금액 : 5,000,000원

❶ 처분 시점까지의 감가상각 계산 후 관련 감가상각누계액을 제거한다. 처분 전 자산의 손상 여부도 검토해야 한다.

감가상각누계액	7,000,000	유형자산	7,000,000

❷ 처분 대금 수령

현금(또는 보통예금)	5,000,000	유형자산	5,000,000

❸ 처분 손익 인식

가. 처분이익 발생 시

유형자산	2,000,000	유형자산처분이익	2,000,000

[주] 장부가액 3,000,000원 - 처분금액 5,000,000원 = 2,000,000원 이익

나. 처분 손실 발생 시

유형자산처분손실	XXX	유형자산	XXX

❶, ❷, ❸을 통합한 실질 분개는 다음과 같다.

감가상각누계액	7,000,000	유형자산	10,000,000
현금(또는 보통예금)	5,000,000	유형자산처분이익	2,000,000

(주)이지는 2××2년 6월 1일 취득원가 2백만 원인 기계장치를 50만 원에 팔았다. 기계장치는 2××1년 1월 1일 취득하였으며, 취득가액 중 100만 원은 정부로부터 보조를 받았는데, 정부보조금은 자산에서 차감하는 방법을 사용하고 있다. 내용연수는 5년 정률법으로 상각하며, 상각률은 0.369라고 가정하고 잔존가액은 0원이다.

[처분일의 장부가액]

기계장치의 취득원가		2,000,000원
정부보조금		(1,000,000원)
2××1년 감가상각비	2,000,000 × 0.369 =	(738,000원)
2××2년 감가상각비	(2,000,000 − 738,000)×0.369×5/12 =	(194,030원)
상계한 정부보조금	(738,000+194,030)×100만원/200만원 =	466,015원
	=	533,985원

[회계처리]

현금	500,000	기계장치	2,000,000
정부보조금	466,015		
감가상각누계액	932,030		
유형자산처분손실	101,955		

무형자산의 회계처리

무형자산의 회계처리와 경영분석

무형자산은 물리적 형태는 없지만, 재화의 생산이나 용역의 제공, 타인에 대한 임대 또는 관리에 사용할 목적으로 기업이 보유한 것으로, 식별 가능하고, 기업이 통제하고 있으며, 미래에 경제적 효익이 있는 비화폐성 자산을 말한다.

무형자산에는 산업 재산권, 저작권, 광업권, 어업권, 차지권, 컴퓨터 소프트웨어, 웹사이트 개발비, 개발비 등이 있다.

1 무형자산의 인식 조건

다음의 조건을 모두 충족하는 경우에만 무형자산으로 인식한다.

❶ 자산에서 발생하는 미래 경제적 효익이 기업에 유입될 가능성이 매우 높다.

미래 경제적 효익이 기업에 유입될 가능성은 무형자산의 내용연수 동안의 경제적 상황에 대한 경영자의 최선의 추정치를 반영하는 합리적이고 객관적인 가정에 근거하여 평가해야 한다.

❷ 자산의 원가를 신뢰성 있게 측정할 수 있다.

자산의 사용에서 발생하는 미래 경제적 효익의 유입에 대한 확실성 정

도에 대한 평가는 무형자산을 최초로 인식하는 시점에서 이용가능한
증거에 근거하며, 외부 증거에 비중을 더 크게 둔다.

2 무형자산의 취득원가

무형자산을 최초로 인식할 때는 원가(취득일의 공정가치)로 측정한다.

포함 항목	제외 항목
• 무형자산 창출에 사용/소비된 재료 원가, 용역원가 등 • 무형자산 창출을 위한 종업원 급여 • 법적 권리 등록을 위한 수수료 • 무형자산 창출에 사용된 특허권과 라이선스의 상각비	• 판매비, 관리비 및 기타 일반 간접 지출(다만, 무형자산을 의도한 용도로 사용할 수 있도록 준비하는 데 직접 관련된 경우는 제외). • 무형자산이 계획된 성과를 달성하기 전에 발생한 명백한 비효율로 인한 손실과 초기 영업손실 • 무형자산을 운용하는 직원의 교육훈련과 관련된 지출

내부적으로 창출한 무형자산이 인식 기준에 부합하는지를 평가하기 위
하여 무형자산의 창출 과정을 연구 단계와 개발 단계로 구분한다.
무형자산을 창출하기 위한 내부 프로젝트를 연구 단계와 개발 단계로
구분할 수 없는 경우에는 그 프로젝트에서 발생한 지출은 모두 연구
단계에서 발생한 것으로 본다.
프로젝트의 연구 단계에서는 미래 경제적 효익을 창출할 무형자산이
존재한다는 것을 입증할 수 없으므로 연구 단계에서 발생한 지출은 무

형자산으로 인식할 수 없고 발생한 기간의 비용으로 인식한다.

개발 단계에서 발생한 지출은 다음의 조건을 모두 충족하는 경우에만 무형자산으로 인식하고, 그 외의 경우에는 발생한 기간의 비용으로 인식한다.

❶ 무형자산을 사용 또는 판매하기 위해 그 자산을 완성할 수 있는 기술적 실현 가능성

❷ 무형자산을 완성하여 사용 또는 판매하려는 기업의 의도

❸ 무형자산을 사용 또는 판매할 수 있는 기업의 능력

❹ 무형자산이 미래 경제적 효익을 창출하는 방법(그중에서도 특히 무형자산의 산출물이나 무형자산 자체를 거래하는 시장이 존재함을 제시할 수 있거나 무형자산을 내부적으로 사용할 것이라면 그 유용성을 제시할 수 있다).

❺ 무형자산의 개발을 완료하고 그것을 판매하거나 사용하는 데 필요한 기술적, 재정적 자원 등의 입수 가능성(availability)

❻ 개발 과정에서 발생한 무형자산 관련 지출을 신뢰성 있게 측정할 수 있는 능력

내부적으로 창출한 무형자산의 원가는 그 자산의 창출, 제조, 사용 준비에 직접 관련된 지출과 합리적이고 일관성 있게 배분된 간접 지출을 모두 포함한다.

다음에 해당하지 않는 무형자산 관련 지출은 발생한 기간의 비용으로 인식한다.

❶ 무형자산의 인식 기준을 충족하여 원가의 일부가 되는 경우

❷ 사업결합에서 영업권으로 인식하는 경우

연구 활동	개발 활동
연구 활동(또는 내부 프로젝트의 연구 단계)에 대한 지출은 발생 시점에 비용으로 인식한다. 즉, 무형자산으로서 재무상태표에 포함시킬 수 없다.	개발 활동(또는 내부 프로젝트의 개발 단계)은 연구 단계보다 훨씬 더 진전되어 있는 상태이기 때문에 무형자산을 식별할 수 있으며, 그 무형자산이 미래 경제적 효익을 창출할 것임을 제시할 수 있다면 개발 활동에서 발생한 무형자산을 인식한다.
• 새로운 지식을 얻고자 하는 활동 • 연구 결과나 기타 지식을 탐색, 평가, 최종 선택, 응용하는 활동 • 재료, 장치, 제품, 공정, 시스템이나 용역에 대한 여러 가지 대체안을 탐색하는 활동 • 새롭거나 개선된 재료, 장치, 제품, 공정, 시스템이나 용역에 대한 여러 가지 대체안을 제안, 설계, 평가, 최종 선택하는 활동	• 생산이나 사용 전의 시제품과 모형을 설계, 제작, 시험하는 활동 • 새로운 기술과 관련된 공구, 지그, 주형, 금형 등을 설계하는 활동 • 상업적 생산 목적으로 실현가능한 경제적 규모가 아닌 시험공장을 설계, 건설, 가동하는 활동 • 신규 또는 개선된 재료, 장치, 제품, 공정, 시스템이나 용역에 대하여 최종적으로 선정된 안을 설계, 제작, 시험하는 활동

3 무형자산의 계정과목

산업재산권(특허권)과 개발비는 별도로 설명하겠다.

저작권 계정

저작권법상의 저작권(복제권, 공연권, 저작물, 방송권, 전용권, 전사권,

배포권) 및 저작 인접권(실연, 음반, 방송) 등을 취득하기 위하여 지출한 경우는 저작권 계정 차변에 기록한다.

조형 예술품 100만 원을 구입하고, 대금은 계좌 이체했다.

저작권	1,000,000 / 보통예금	1,000,000

광업권, 어업권, 차지권 계정

광업권은 광업법에 의하여 등록된 광구에서 광물을 채굴할 수 있는 권리이다. 그리고 어업권은 수산업법에 의하여 등록된 일정한 수면에서 어업을 경영할 권리이며, 차지권은 일정한 임차료 또는 지대를 지급하고 타인의 토지를 사용, 수익할 수 있는 권리를 말한다. 타인으로부터 이와 같은 무형자산을 취득하면 취득가액에 취득 제비용을 가산하여 해당 계정의 차변에 기록한다.

추정 매장량 20,000t의 광물 채굴권을 100만 원에 취득하고 대금은 계좌 이체했다.

광업권	1,000,000 / 보통예금	1,000,000

컴퓨터 소프트웨어 계정

기업이 업무 자동화를 위한 업무 시스템의 구축 및 소프트웨어의 개발을 위하여 착수 시점으로부터 시스템의 정상적인 가동 전, 또는 개발된 소프트웨어의 정상적인 운용까지에 발생한 지출은 무형자산인 컴퓨터 소프트웨어 계정 차변에 기록한다. 그리고 개발 완료 후 운영 과정에서 발생한 소프트웨어에 대한 지출은, 시스템 및 관련 소프트웨어의 내용연수를 연장하거나, 가치를 실질적으로 증가시킬 경우 자본적지출로, 원상회복 또는 능률 유지를 위한 경우는 수익적지출로 회계 처리한다.

회계 소프트웨어를 100만 원에 구입하고 대금은 계좌 이체했다.

컴퓨터 소프트웨어	1,000,000 / 보통예금	1,000,000

위 소프트웨어에 대한 유지 보수비 5만 원을 계좌 이체했다.

수선비(지급수수료)	50,000 / 보통예금	50,000

웹사이트 개발비 계정

기업이 자체적으로 개발한 웹사이트의 개발과 운영에 대한 지출은 무형자산과 무형자산 인식 요건을 모두 충족하는 경우 이를 자본화할 수 있다.

웹사이트를 200만 원에 개발하고 대금은 계좌 이체했다.

웹사이트 개발비	2,000,000 / 보통예금	2,000,000

4 무형자산의 상각

유형자산의 감가상각처럼 내용연수가 유한한 무형자산의 상각대상금액도 상각을 통해 비용화 한다.

유형자산의 가치감소분을 감가상각이라고 한다면 무형자산은 상각이라는 단어를 사용하며, 무형자산의 상각은 자산의 상각대상금액을 내용연수에 걸쳐 체계적으로 배분함으로써 비용화 해나가는 과정이다.

상각방법

무형자산의 상각방법도 정액법, 정률법, 생산량비례법 등 다양한 방법 중 자산의 미래 경제적 효익이 소비되는 형태를 반영하여 선택하고, 예상되는 그 소비 형태가 변하지 않는다면 매 회계기간에 일관성 있게 적용한다.

소비되는 형태를 신뢰성 있게 결정할 수 없는 경우에는 정액법을 사용한다. 각 회계기간의 상각액은 원칙적으로 당기손익으로 인식한다.

내용연수

내용연수가 비한정인 무형자산은 상각하지 않는다.

'비한정'(indefinite)이라는 용어는 '무한'(infinite)을 의미하는 것이 아니라, 관련된 모든 요소의 분석에 근거하여 그 자산이 순현금유입을 창출할 것으로 기대되는 기간에 대하여 예측가능한 제한이 없음을 말한다.

무형자산의 상각기간과 상각방법은 유형자산의 경우와 유사하다.

내용연수가 유한한 무형자산의 상각은 자산이 사용 가능 한 때(즉, 자산이 경영자가 의도하는 방식으로 운영할 수 있는 위치와 상태에 이르렀을 때)부터 시작하여, 매각 예정으로 분류되거나 재무상태표에서 제거되는 때 중지한다.

잔존가액

내용연수가 유한한 무형자산의 잔존가치는 원칙적으로 영(0)이다. 단 다음의 ❶과 ❷중 하나에 해당하는 경우는 잔존가치가 영(0)이 아니다.

❶ 내용연수 종료 시점에 제3자가 자산을 구입하기로 한 약정이 있다.

❷ 무형자산의 활성시장(active market)이 있고 다음을 모두 충족한다.

가. 잔존가치를 그 활성시장에 기초하여 결정할 수 있다.

나. 그러한 활성시장이 내용연수 종료 시점에 존재할 가능성이 높다.

산업재산권(특허권)의 회계처리

산업재산권에는 새로운 발명을 했을 때 그 발명품에 대하여 일정 기간 독점적으로 사용할 수 있는 특허권과 특정 고안이 실용신안법에 의해 등록되어 이를 일정 기간 독점적·배타적으로 이용할 수 있는 실용신안권, 물품의 형상·모양·색채 등에 부여된 전용권인 디자인권, 자기 기업이 생산·가공·제조·판매하는 상품임을 표시하는 상표가 상표법에 의하여 등록되어 이를 일정 기간 독점적·배타적으로 이용할 수 있는 상표권 등이 있다.

이들 무형자산을 취득하면 취득원가로 해당 계정 차변에 기록하고, 결산시 재무상태표에는 산업재산권으로 공시한다.

1 특허권의 취득

특허권은 스스로 창작하여 특허 출원함으로써 취득하는 경우와 타인으로부터 양수하는 경우가 있다.

특허권의 취득원가는 특허권을 취득하기 위하여 연구·개발·등록에 들어간 모든 비용을 말한다.

구 분	처리방법
자기의 창작에 의한 취득	특허권을 스스로 창작하여 취득하려면 장기간의 개발 과정이 필요하게 된다. 경상적으로 지출하는 개발비는 경상개발비라는 과목으로 당기 판매관리비로 계상해야 하고, 비경상적이며 개별적으로 식별가능하고, 미래의 경제적 효익을 기대할 수 있는 비용은 개발비라는 무형자산의 과목으로 계상된다. 개발 활동의 결과 특허를 출원하여 특허권을 획득했다면 특허권 취득을 위해 직접 사용된 금액을 취득원가로 계상하고, 개발비 미상각 잔액을 특허권으로 대체하지 않는다. 특허권을 취득하기 위해서는 특허의 출원 및 특허권의 등록에 소요된 비용(관납료), 변리사 수수료 등이 발생하는데, 이러한 비용은 선급금으로 계상한 후 특허권을 획득한 시점에 특허권의 취득원가로 대체한다. 또한 기술 자문 등을 받았다면 해당 기술료도 특허권으로 인식할 수 있을 것으로 보인다.
타인으로부터의 승계취득	특허권의 경우 특허를 직접 매입한 경우만 가능하다. 법인의 경우 법인으로, 개인사업자의 경우 대표자 명의로 특허권자가 등록되어야 자산으로 처리가 가능하다(아예 특허권을 이전해 오지 않고 단순히 기술 이전료를 지급하는 경우는 라이센스 계약으로 보아 비용처리하면 될 것으로 판단된다.). 특허권을 타인으로부터 승계 취득하는 경우는 매입가격과 그 부대비용을 취득원가로 계상한다. 또한 특허권을 영구히 취득하지 않고 일정기간동안 사용권을 취득한 경우에도 매입가격과 그 부대비용을 취득원가로 계상한다. 그러나 특허권을 일정기간동안 사용하기로 하고 그 대금의 전부를 일시에 지불하지 않고 분할납부하는 조건인 경우는 매 기간별로 납부한 금액을 특허권사용료라는 과목으로 비용처리해야 한다.

특허권의 승계취득 시 회계처리 구분

- 일시불로 지급하고 취득한 경우는 취득원가를 특허권으로 계상 후 최장 20년 안에 감가상각을 통해 비용처리
- 특허권에 대한 사용료를 매달 또는 일정기간 분할해서 내는 경우 특허권 사용료로 비용처리

법인세법 시행령 제72조 【자산의 취득가액 등】
② 법 제41조 제1항 및 제2항에 따른 자산의 취득가액은 다음 각 호의 금액으로 한다.
2. 자기가 제조 · 생산 · 건설 기타 이에 준하는 방법에 의하여 취득한 자산 : 원재료비 · 노무비 · 운임 · 하역비 · 보험료 · 수수료 · 공과금(취득세와 등록세를 포함한다) · 설치비 기타 부대비용의 합계액

근로자가 특허 취득에 공헌하여 지급하는 일정액의 상금은 기타소득으로 원천징수하면 된다.
그러나 일상적 기여 공로금은 기타소득이 아니고 근로소득에 해당한다.

2 특허권의 상각

특허법에서는 특허권의 존속기간을 20년으로 하고 있고, 기업회계기준에서는 무형자산에 대하여 합리적인 기간동안 상각하되 관계 법령이나 계약에 따라 정해진 경우를 제외하고 20년을 초과하지 못하도록 되어 있으므로 특허권의 내용연수는 최장 20년이다.

특허권의 상각방법은 정액법, 정률법, 연수합계법, 생산량비례법 중에서 선택하여 적용하되 합리적인 상각방법을 정할 수 없는 경우에는 정액법을 사용하여 상각한다. 특허권의 상각액은 그 특허권의 내용에 따라 특허권 상각비로 제조 활동에 관련된 것은 제조경비로 처리하고, 판매활동 및 관리 부문에 관련된 것은 판매비와 관리비로 처리한다.

특허권을 대여하더라도 소유권은 여전히 회사에 있으므로 계속해서 상각한다.

 특허권 내용연수의 회계와 세법상 차이

세법상 특허권의 내용연수는 7년이며, 정액법으로 상각하여 개인 자산별로 시부인 계산을 한다. 따라서 기업회계상 다른 내용연수로 상각하는 경우 세무조정이 필요하게 된다.

이러한 불편을 해소하기 위해서 회계상의 내용연수도 법인세법상의 내용연수인 7년을 동일하게 적용하는 것이 좋다.

3 기타 특허권 관련 회계처리

특허권 사용료

특허권 사용료의 결정은 ① 생산량에 비례하여 결정되는 방식, ② 매출액에 비례하여 결정되는 방식, ③ 매기 일정액으로 고정되어 있는 방식 등이 있다. 어떤 방식이든 특허권 사용료는 발생 시에 비용으로 처리한다.

이때 당해 특허권이 제품의 제조와 관련된 것이라면 특허권 사용료를 제조원가로, 판매 또는 일반관리 활동과 관련된 것이라면 특허권 사용료를 판매관리비로 처리하면 된다.

특허권취득 후의 유지 수수료 등

특허권취득 후에도 특허권과 관련하여 소송비 등 여러 가지 지출이 발생한다. 이때 특허권의 가치를 증가시키거나 내용연수를 연장시키는 자본적지출은 특허권 원가에 산입하고, 원상을 회복하거나 능률 유지를 위한 수익적지출은 당기비용으로 처리한다. 특허권과 관련하여 심판청구나 소송 시에 발생한 비용도 위의 기준에 따라 처리해야 하나, 일반적으로 쟁송관련 비용은 특허권 방어를 위한 수익적 지출이 많다.

특허권 침해에 따라 지급하는 손해배상금

특허권 등의 무단 사용 등으로 특허권을 보유한 법인 등에 합의금을 부담하는 경우 손해배상금으로 부가가치세 과세대상이 아니며, 사업과 관련하여 타인에게 끼친 피해에 대한 배상금으로서 사회통념상 적정하다고 인정되는 금액은 법인의 손금으로 인정되는 것이다. 또한 법원의 판결에 의하여 지급하거나 지급받는 손해배상금 등은 법원의 판결이 확정된 날이 속하는 사업연도의 익금 또는 손금에 산입하는 것이다.

해외법인의 특허침해에 따라 지급하는 합의금 등은 국내에서 사실상 사용한 경우는 사용지를 국내로 보는 것이므로 동 대가는 법인세법 제93조 제9호 및 조세조약 등에 따라 국내 원천 사용료 소득에 해당하는 것이므로 사용료 소득으로 원천징수하고, 실질적인 사용료 성격을 초과하는 부분의 손해배상금은 기타소득으로 원천징수한다.

특허 완료(취득 및 등록) 후에 특허를 유지하기 위하여 매년 지출하는 수수료는 무형자산의 미래 경제적 효익을 실질적으로 증가시킬 가능성이 매우 높은 경우에는 자본적 지출로 처리하지만, 특허 유지수수료가 미래의 경제적 효익을 실질적으로 증가시킨다고 볼 수 없으므로 자본적 지출이 아닌 수익적 지출, 즉 당기 비용으로 처리한다.

특허권의 양도

특허권을 양도하면 양도가액에서 미상각 장부가액을 차감하여 처분손익을 인식하면 된다. 특허권을 대여한 때에는 매기 발생한 특허권 대여수익을 영업외수익으로 계산하고, 특허권은 계속 상각하여 영업외비용으로 계상한다.

구 분	회계처리
특허권 상각 비용	내용연수 동안의 특허권 상각비는 영업외비용으로 계상한다.
특허권 방어 비용	특허권 관련 소송비 등은 일반적으로 수익적지출로 간주되어 당기 비용으로 처리한다. 단, 특허권의 가치를 증가시키거나 내용연수를 연장시키는 자본적지출은 특허권 원가에 포함한다.
특허권 유지 비용	특허권 유지를 위한 비용은 일반적으로 당기 비용으로 처리한다.

또한 취득한 특허권을 타인에 양도하는 경우는 부가가치세 과세대상이므로 세금계산서를 발행 및 수취해야 한다.

주관기관인 ○○대학 산학협력단이 정부출연금을 지원받아 참여기업과 공동기술개발을 수행하고 개발된 기술 개발 결과물 중 정부출연금 지분에 상당하는 부분을 주관기관에 귀속시킨 후, 참여기업으로부터 정액의 기술료를 받고 당해 주관기관이 소유한 기술 결과물의 소유권을 이전하는 것은 「부가가치세법」 제1조의 규정에 의한 부가가치세 과세대상에 해당하는 것임(부가가치세과-718, 2009.05.26.).

4 특허권의 회계처리 사례

1. 특허 출원 비용

특허 출원을 위해 변리사 수수료 500만 원을 지출했다.

선급금	5,000,000	보통예금	5,000,000

2. 특허권취득

1년 후 특허가 등록되었고, 특허청 등록료 200만 원을 추가로 지불했다.

산업재산권	7,000,000	선급금	5,000,000
		보통예금	2,000,000

3. 특허권 상각

특허권의 내용연수를 7년으로 정하고 정액법으로 상각하기로 했다.

무형자산상각비	1,000,000	산업재산권	1,000,000

[주] 연간 상각비 = 7,000,000원 ÷ 7년 = 1,000,000원

4. 특허권 유지 비용

매년 특허 유지를 위해 70만 원의 연차료를 지불한다.

지급수수료	700,000	보통예금	700,000

5. 특허권 대여

3년째, 특허권을 연간 200만 원에 대여했다.

보통예금	2,000,000	특허권 임대(대여)수익	2,000,000

6. 특허권 양도

5년 후, 특허권을 5,000만 원에 양도했다.

보통예금	50,000,000	산업재산권	2,000,000
		무형자산처분이익	48,000,000

[주] 미상각장부가액 = 7,000,000원 − (1,000,000원 × 5년) = 2,000,000원

[제 목]
비영리내국법인의 수익사업에 대한 법인세 납세의무 외(법인, 서면−2017−법인−1387, 2017.10.19)
[요 지]
비영리 내국법인이 연구 및 개발업을 영위하는 과정에서 취득한 특허권을 다른 영리법인에게 양도하고 받는 수입은 수익사업에 해당함
[회 신]
1. 귀 질의 1의 경우 비영리 내국법인이 연구 및 개발업을 영위하는 과정에서 취득한 특허권을 다른 영리법인에게 양도하고 받는 수입은 「법인세법」 제3조 제3항 제1호에 규정에 따라 법인세 과세대상인 수익사업에 해당하는 것입니다.
2. 귀 질의 2의 경우 법인이 연구개발 과정에서 취득한 특허권과 관련하여 특허출원 대리인 수수료 및 관납료를 특허권 취득가액으로 계상한 경우 동법 시행령 제19조 제2호에 따라 손금으로 산입하는 것입니다.

3. 귀 질의 3, 4의 경우 비영리법인이 수익사업에 해당하는 특허권을 양도하여 수익이 발생한 경우 지급하기로 약정한 직무발명보상금은 법인 내부의 직무발명보상규정에 따라 임직원에게 정당하게 지출하는 경우 수익사업에 속하는 손금에 해당하는 것입니다.

[제 목]
비영리법인의 특허권 매각 · 대여소득은 수익사업에 해당함(법인, 법인 46012-890, 1996.03.20.)
[요 지]
비영리법인이 특허권을 타인에게 양도하거나 대여함으로써 생긴 소득은 수익사업에서 생긴 소득에 해당함
[회 신]
비영리법인이 특허법에 의하여 등록된 특허권을 타인에게 양도하거나 대여함으로써 생긴 소득은 법인세법 제1조 제1항(법인세법 제3조 제2항)의 규정에 의한 수익사업에서 생긴 소득에 해당한다.

무형자산의 내용연수표(제15조 제2항 관련)

구분	내용연수	무형자산
1	5년	영업권, 디자인권, 실용신안권, 상표권
2	7년	특허권
3	10년	어업권, 「해저광물자원 개발법」에 따른 채취권(생산량비례법 선택 적용), 유료도로관리권, 수리권, 전기가스공급시설이용권, 공업용 수도시설이용권, 수도시설이용권, 열공급 시설이용권
4	20년	광업권(생산량비례법 선택 적용), 전신전화전용시설이용권. 전용측선이용권, 하수종말처리장시설관리권, 수도시설관리권
5	50년	댐사용권

개발비와 연구비의 회계처리

구 분	해 설
연구비 또는 경상개발비	연구 단계에서 발생하는 지출 • 당기 비용(판관비)으로 처리한다. • 연구비는 비용으로서 손익계산서에 당기비용으로 처리되고 　영업이익을 감소시킨다.
개발비	개발 단계에서 발생하는 지출 • 개발비는 재무상태표에 무형자산으로 표시된다. • 회사에서 정한 상각기간동안 매년 감가상각비로 비용처리되 　어 일정기간동안 상각하여 처리된다.

1 연구비와 개발비의 구분

회계상 자산은 과거의 거래나 사건의 결과로 발생한다. 주로 기업이 현재 통제하고 있으며, 미래에 경제적 효익이 유입될 것으로 기대되는 자원을 말한다.

자산 중 무형자산은 물리적 실체는 없지만, 개별적으로 식별이 가능한 자산이다. 특히 해당 자산을 보유하고 있는 결과, 미래의 경제적 효익이 기업에 유입될 가능성이 상당히 크고 해당 자산의 원가를 신뢰성 있게 측정할 수 있을 때만 발생한 원가를 무형자산으로 회계장부에 기록할 수 있다.

이러한 무형자산은 크게 외부로부터 취득한 자산과 내부에서 창출된 자산으로 구분된다.

이 중 기업이 수행하는 연구개발 활동은 기업 내부에서 창출한 무형자산과 관련이 있다.

내부 창출 무형자산의 경우 미래 경제적 효익을 창출할 수 있는 자산이 존재하는지 여부, 그 자산을 언제 인식해야 하는지를 판단하기 어렵다는 문제점을 안고 있다. 즉, 미래 경제적 효익이 발생한 시점이 언제인지를 정하기가 어렵다는 의미다. 과연 연구개발 활동이 벌어지는 긴 시간 동안, 어느 시점에서야 기술이 미래 회사에 효익을 가져올 수 있는지를 명확히 알기 어렵다. 이 문제를 해결하기 위해 회계기준에서는 기업의 연구개발 활동을 크게 연구 단계와 개발 단계로 구분하고, 그 단계에 따라 연구개발 활동 관련 지출을 다르게 회계 처리하도록 하고 있다.

구 분	해 설
연구 활동의 예	• 새로운 지식을 얻고자 하는 활동 • 연구 결과나 기타 지식을 탐색, 평가, 최종 선택, 응용하는 활동 • 재료, 장치, 제품, 공정, 시스템이나 용역에 대한 여러 가지 대체안을 탐색하는 활동 • 새롭거나 개선된 재료, 장치, 제품, 공정, 시스템이나 용역에 대한 여러 가지 대체안을 제안, 설계, 평가, 최종 선택하는 활동
개발 활동의 예	• 생산이나 사용 전의 시제품과 모형을 설계, 제작, 시험하는 활동 • 새로운 기술과 관련된 공구, 지그, 주형, 금형 등을 설계하는 활동

구 분	해 설
	• 상업적 생산 목적으로 실현가능한 경제적 규모가 아닌 시험공장을 설계, 건설, 가동하는 활동
	• 신규 또는 개선된 재료, 장치, 제품, 공정, 시스템이나 용역에 대하여 최종적으로 선정된 안을 설계, 제작, 시험하는 활동

연구 단계란 새로운 과학적 지식을 얻거나 연구 결과, 기타 지식 등을 탐색해 새로운 기술이나 신제품의 개발 가능성을 탐색하는 초기 단계를 말한다.

그리고 개발 단계는 여기서 한 단계 더 나아가 연구 활동의 결과를 상업적으로 발전시켜 나가는 단계다.

회계기준에 따르면 연구 단계에서 발생한 지출은 전액 발생 시점에 비용(연구비)으로 인식해야 한다. 연구 단계와 개발 단계의 구분이 분명하지 않은 경우도 전액 연구 단계에서 발생한 지출로 간주한다.

그리고 개발 단계에서 발생한 지출은 해당 기술이 실제 개발될 가능성이 크고, 그 결과로 미래 경제적 효익을 창출할 가능성이 큰 경우에만 '개발비'라는 항목의 무형자산으로 인식한다(자본화). 다시 말해, 연구비는 발생 시점의 비용으로, 개발비는 무형자산으로 처리하는 것이다.

개발비는 선택적으로 정하는 것이 아니고 기준이 충족되어야만 가능하다.

1. 자산을 완성 시킬 수 있는 기술적 실현 가능성
2. 사용하거나 판매하려는 기업의 의도
3. 사용하거나 판매할 수 있는 기업의 능력
4. 미래 경제적 효익의 내용(산출물, 시장의 존재, 내부적 사용의 유용성 등)

5. 기술적, 금전적 자원의 확보

6. 지출의 신뢰성 있는 구분 측정

무형자산으로 기록된 개발비는 미래 일정기간동안 나뉘어 순차적으로 비용으로 인식된다. 즉 '무형자산 상각'이 진행되는 것이다.

연구비는 당기에 발생한 지출을 모두 비용으로 기록한다. 반면 개발비 처리는 여러 연도에 나누어서 비용을 인식해 당기이익을 늘리는 효과를 가져온다.

개발비로 분류해 무형자산으로 기록한 경우라도 나중에 혹시 연구개발 활동이 실패해서 미래 경제적 효익을 창출할 가능성이 작아진다면, 무형자산의 가치가 하락한 것으로 본다. 이 경우 무형자산(개발비)의 장부 금액을 감소시키고, 그 액수만큼 손실(손상차손)을 기록한다.

즉 연구개발이 성공하지 못할 가능성이 크다고 판단되거나, 출시했지만 투자한 개발비로 충당하기 어려울 때 이미 무형자산으로 인식한 개발비는 손상차손(영업외비용)을 인식하여 당기비용 처리한다.

손상차손 = 개발비 장부금액 - 회수가능액

결론을 요약하자면 연구개발비를 어떤 방식으로 기록하는지에 따라 단기 이익은 달라질 수 있다.

연구비 처리를 하면 개발비 처리를 할 때보다 단기 이익이 감소한다.

그러나 회계처리가 영향을 미치는 전체 장기간의 이익을 모두 합하면 두 방법 중 어느 쪽을 따르더라도 장부에 기록되는 이익은 같다. 단지 개발비 처리를 하면 현재 이익은 높게 표시되고, 그만큼 미래 이익이 낮게 표시될 뿐이다.

2 ┃ 개발비로 인정받을 수 있는 비용

① 연구소 소속으로 신고된 연구원의 인건비(정부지원금이 있다면 제외된다.)

② 연구소에서 개발비로 인식하는 활동에 직접적으로 사용된 비용(견본이나 모형, 생산장비 등)

③ 경상연구개발비나 개발비 계정과목에 상관없이 개발 활동에 투입된 비용은 조세특례제한법상 세액공제를 받을 수 있다(연구 및 인력개발비에 대한 세액공제).

④ 법인세 감면 혜택이 있으므로 정확하게 자료를 준비해야 한다. 실무적으로 과세당국과 이견이 있을 수 없는 연구소 소속 연구원의 인건비만을 잡는 것이 일반적이다.

3 ┃ 경상연구개발비와 개발비의 장부기장

경상연구개발비는 판매관리비에 속하는 항목이고, 개발비는 무형자산이다. 따라서 경상연구개발비는 집행하면 바로 당월의 손익계산서에 판매관리비로 반영된다.

그런데 혼란스러운 것은 연구소나 아니면 회사 내의 경상개발비로 진행되는 프로젝트는 비용을 집행할 때(또는 전표를 입력할 때) 복리후생비, 소모품비 등 항목 구분 없이 무조건 경상개발비로 처리하면 되느냐이다.

결론은 경상연구개발비의 항목도 판매관리비의 항목과 동일하게 구분하는 것이다. 즉 경상연구개발비도 급여, 복리후생비, 소모품비, 지급수수료, 감가상각비, 외주가공비 등 비용 항목이 판매관리비의 항목과 같다. 왜냐하면 연구소에서 경상 개발을 하는 연구원들이 집행하는 비용도 영업하는 영업사원이 집행하는 비용과 내용은 동일하기 때문이다.

다르다면 광고선전비나 기업업무추진비(= 접대비) 같은 비용이 틀릴 수 있지만, 나머지는 모두 같다. 다만 동일한 복리후생비라도 회사에서는 경상연구개발비를 집행하는 연구소나 프로젝트팀들이 비용을 집행할 때는 이 부서에게 별도의 프로젝트 코드(또는 비용 코드)를 부여해 경상연구개발비로 전부 집계할 뿐이다.

예를 들면 영업부의 직원이 소모품을 구입하면 비용 집행 코드는 "판매관리비-소모품비"가 되지만 연구소의 연구원이 비용을 집행하면 비용 집행 코드는 "판매관리비-경상연구개발비-소모품비"가 되는 것이다. 비용을 집계할 때 단계가 하나 더 있는 것이다. 이렇게 해야 경상연구개발비를 별도로 집계할 수가 있다.

요즘은 대부분 기업이 ERP나 회계프로그램을 대부분 사용하기 때문에 사용자(영업부 혹은 연구소 직원들)는 소모품을 구입하고 전표를 작성할 때 그냥 "소모품비"라는 계정과목만 입력해도 시스템이 알아서 판매관리비나 경상연구개발비로 집계를 해준다.

개발비도 경상연구개발비와 같다. 다만 프로젝트 코드만 틀릴 뿐이다. 개발비는 집행하면 판매관리비가 아니라 무형자산으로 집계된다.

부채와 자본 회계처리

유동부채 계정과목 해설

1 단기차입금(빌려주면 대여금, 빌리면 차입금)

단기차입금은 금융기관 차입금, 주주·임원·종업원의 단기차입금, 어음 단기차입금, 당좌차월, 신용카드 현금서비스, 마이너스통장 마이너스 사용액, 대표자 가수금 등과 같이 금융기관이나 개인으로부터 돈을 빌려오고 사용 후 1년 이내에 갚아야 하는 돈을 말한다.

- 남에게 돈을 빌려 준 경우 : 대여금
- 남에게 돈을 빌려 쓴 경우 : 차입금

❶ (주)한국은 외환은행으로부터 따라 운영자금 600만 원을 대출받았다.

보통예금	6,000,000	/	단기차입금	6,000,000

❷ 위의 차입금의 상환기일이 도래해서 원금 600만 원과 이자 10만 원을 상환하였다.

단기차입금	6,000,000	/	보통예금	6,100,000
이자비용	100,000			

단기차입금을 효율적으로 관리하기 위해서는 체계적인 시스템이 필요하다. 회사는 차입금의 기간, 이자율, 상환 일정 등을 명확히 파악하고 있어야 한다.

회사 자체적으로 차입금 관리를 위해 차입금 원장 등의 보조부를 작성하고 현금예산을 위해 차입금 상환 스케줄표를 작성할 필요가 있다.

구 분	해 설
차입금 원장 작성	차입처, 차입일, 만기일, 이자율 등 상세 정보 기록
상환 스케줄표 작성	월별/분기별 상환 계획 수립
현금흐름 예측	상환 일정에 맞춘 현금 예산 계획
정기적 모니터링	차입금 현황 및 시장 금리 변동 추적

결산 시 은행조회서를 은행 등 금융기관에 보내어 예금과 차입금을 조회하고, 이자비용 중 선급이자비용과 미지급이자비용 등을 조정해야 한다. 또한 장기차입금 중 1년 이내에 만기가 도래하는 장기차입금은 단기차입금 또는 유동성장기부채로 대체하는 회계처리를 해야 한다.

구 분	해 설
은행조회서 발송	금융기관에 예금과 차입금 잔액 확인 요청 • 차입금 잔액 • 이자 지급 현황 • 담보 설정 상태
이자 관련 조정사항	발생주의 회계원칙에 따른 이자 처리 • 선급이자비용 계상

구 분	해 설
	• 미지급이자비용 계상 • 이자비용의 기간 귀속 검토
유동성 대체	장기차입금 중 1년 이내 만기 도래분 대체 • 단기차입금으로 계정 재분류 • 유동성장기부채로 표시 • 관련 이자 비용 조정
재무제표 공시	주석 사항 검토 및 작성 • 담보 제공 자산 내역 • 차입 조건 및 제한사항 • 특수관계자 차입금 별도 공시

2 매입채무(상품이나 제품 이외의 채무는 미지급금)

매입채무는 일반적 상거래에서 발생한 외상매입금과 지급어음을 말한다. 여기서 외상매입금은 상품 또는 원재료 등의 재고자산을 구입하고 동 대금을 일정기간 후에 주기로 한 경우를 말하며, 지급어음이란 상품 또는 원재료 등의 재고자산을 구매하고 그 대금을 약속어음 등의 어음으로 지급한 경우를 말한다.

• 매출채권 : 받을어음 + 외상매출금
• 매입채무 : 지급어음 + 외상매입금

(주)만들기 셋톱박스 3,000만 원(세액 별도)을 (주)이지로부터 7월 중에 납품받았다. 7월 31일 매입 세금계산서를 받고 그 대금은 어음을 발행해서 결제해 주었다(1,100만 원권 3장).
(지급일자 : 10월 30일, 지급은행 : 기업은행 강남지점)

매입처별 거래명세서 내역

일자		품목	수량	단가	거래금액		합계금액	구분	비고
월	일				공급가액	세액			
7	31	셋톱박스			30,000,000	3,000,000	33,000,000		

매입장

일자		유형	코드	계정과목	적요	매입처		공급가액	세액	합계
월	일					코드	매입처명			
7	31	과세	460	매입			(주)이지	30,000,000	3,000,000	33,000,000

지급어음기입장

월	일	적요	금액	어음번호	지급인	발행인	발행일		만기일		지급장소	처리전말		
							월	일	월	일		월	일	전말
7	31	매입대금	11,000,000		(주)이지	(주)이지	7	31	10	30	기업강남			
7	31	매입대금	11,000,000		(주)이지	(주)이지	7	31	10	30	기업강남			
7	31	매입대금	11,000,000		(주)이지	(주)이지	7	31	10	30	기업강남			

❶ (주)미도는 제품 제조용 원재료를 구입하고 1,000만 원을 어음으로 지급하였다.

원재료	10,000,000	/	매입채무(지급어음)	10,000,000

❷ 어음의 만기일이 되어 동 금액을 지급하였다.

매입채무(지급어음)	10,000,000	/	당좌예금	10,000,000

외상매입금은 매출채권과 달리 대손 가능성이 없으므로 이에 대한 기장 및 관리를 소홀히 하는 경우가 대다수이다.

그러나 이 경우 매입채무에 대해서 관리를 소홀히 하면 상대 거래처와 거래 잔액이 일치하지 않게 되어 이중 지급 또는 분쟁의 소지가 크므로 외상매입명세서 또는 매입장 등에 그 내역을 기록해 두어야 한다. 또한 외상매입에 대해서 상대 거래처가 다수인 경우는 거래처별로 관리하는 것이 더 효율적이다.

구 분	해 설
관리 필요성	소홀히 하면 거래처와 잔액 불일치로 이중 지급이나 분쟁 발생
관리 방법	외상매입명세서나 매입장에 내역 기록 필요
효율적 관리	거래처가 다수인 경우 거래처별 관리가 효율적

지급어음은 받을어음과는 달리 대손의 위험은 적으나 어음의 부도 시 은행에 대한 당좌거래가 정지되어 일정기간 당좌거래를 할 수 없게 되므로 각별히 주의해야 한다. 따라서 지급어음에 대해서 사전에 어음의 만기 일자를 파악하고 당좌예금 잔액이 부족하지 않도록 만기일에 맞추어 예입을 해두어야 한다. 또한 거래처와의 오류방지와 어음 관리를 위해서 매입장 또는 지급어음기입장 등을 작성한 후 관리하는 것도 효율적인 방법이라 하겠다.

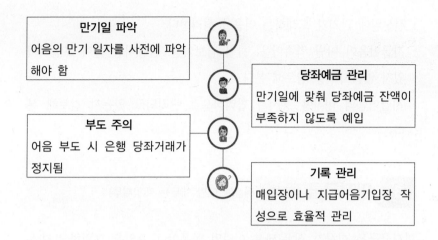

만기일 파악	당좌예금 관리
어음의 만기 일자를 사전에 파악해야 함	만기일에 맞춰 당좌예금 잔액이 부족하지 않도록 예입
부도 주의	기록 관리
어음 부도 시 은행 당좌거래가 정지됨	매입장이나 지급어음기입장 작성으로 효율적 관리

외상매입금은 다음의 사항에 유의해서 결산 정리를 해야 한다.

· 상품 납품서의 미도착분에 해당하는 외상매입금을 인식해 주는 정리가 필요하다.

· 기중에 발생주의에 따라서 처리하지 않고 현금주의에 의해서 처리한 경우 이에 대한 기말 정리가 필요하다.

· 장기보유 외상매입금을 유동성 외상매입금으로 계정 대체하는 절차가 필요하다.

· 본지점 간의 외상매출금과 외상매입금의 상계 정리가 필요하다.

· 미도착 상품에 대한 외상매입금의 상계 정리가 필요하다.

· 외상매입금과 미지급금 및 미지급비용의 구분 정리가 필요하다.

· 외상매입금 차변잔액의 정리가 필요하다.

그리고 기말 결산 시 지급어음은 다음의 사항에 유의해서 결산 정리를 하면 된다.

· 외화로 표시된 지급어음에 대해서는 기말의 외국환시세에 따라 평가하도록 한다.

- 결산일에 만기가 도래하는 어음을 정리한다.
- 지급어음이 아닌 약속어음, 차입 담보어음, 금융어음 등이 포함되어 있지 않은지? 를 검토해 본다.
- 지급어음의 미사용 용지가 합리적으로 관리되고 있는지 검토해 본다.

3 미지급금(상품이나 제품에 대한 채무는 매입채무)

미지급금은 회사가 상품·제품 이외의 물품이나 용역을 매입하고 아직 지급하지 않은 금액 또는 세금 등 각종 채무 중 일상적인 상거래 외에서 발생한 일시적인 채무를 의미한다.

예를 들어, 비품이나 소모품 구입, 광고료, 판매수수료, 종업원의 근로소득세, 법인세 등의 미지급분이 이에 해당한다.

- 지급의무가 확정 : 이미 물품이나 용역을 받고 대금 지급 의무가 분명히 확정된 경우 사용한다.
- 일반상거래 외의 채무 : 제품, 재고 등 매입이 아닌 기타 자산, 용역, 세금 등에서 주로 발생한다.

이와 달리, '미지급비용'은 이미 발생한 비용이지만 지급기일이 도래하지 않아 아직 지급하지 않은 비용(급여, 이자, 임차료 등)에 사용되며, '미지급금'은 자산 관련 또는 일시적 채무에 중점을 둔다.

미지급금	미지급비용
• 상품 또는 제품이 아닌 자산(비품, 설비 등)이나 세금, 각종 용역의 공급 등 기업의 일반적 영업외 활동에서 발생한다. • 거래계약이나 납품, 용역제공 등으로 인해 지급 의무가 확정되었으나 지급이 이루어지지 않은 경우에 사용한다.	• 이미 발생한 비용이지만 결산일 현재 아직 지급기일이 도래하지 않은 비용에 대한 부채다. • 주로 결산 시점에서 발생한 비용(이자, 임차료, 급여, 카드 대금 등) 중 아직 지급하지 않은 금액을 의미한다. • 실제 지급은 다음 회계연도에 이루어진다.
비품, 사무용 기기, 소모품 구매 미지급액, 각종 세금 미지급분 등이 해당	미지급 이자, 미지급 임차료, 미지급 급여 등
자산 중심(매입, 설비, 비품 등)	비용 중심(이자, 급여, 임차료 등)

❶ (주)한국은 (주)민국으로부터 건물을 1억 원에 취득하며, 중도금 4,000만 원을 수표발행 해서 지급하고 잔액은 6개월 후 지급하기로 하였다.

건물	100,000,000	/	당좌예금	40,000,000
			미지급금	60,000,000

❷ 6개월 후 입주하면서 잔금 6,000만 원을 지급하였다.

미지급금	60,000,000	/	당좌예금	60,000,000

결산 시 미지급금의 내용 중에서 장기성 미지급금과 미지급비용의 포함 여부 등을 검토한 후 이들을 해당 계정에 대체 정리 해주어야 한다.

그리고 때에 따라서 이자를 지급해야 하는 미지급금의 경우에는 당기에 해당하는 이자비용을 정확히 계산한 후 기재해야 한다.

4 선수금(미리 받으면 선급금, 미리 줬으면 선수금)

선수금이란 상품이나 용역을 실제로 공급하기 전에 거래처나 고객으로부터 미리 받은 금액을 말한다.

예를 들어, 고객이 상품을 주문하면서 선금을 지급했지만, 아직 상품이나 서비스를 제공하지 않았을 경우 선수금으로 처리한다.

> 두 계정은 현금 흐름의 방향이 반대이며, 선수금은 매출 관련 부채, 선급금은 매입 관련 자산으로 회계처리 방식에도 차이가 있다.
> • 선수금은 상품이나 서비스를 제공하기 전에 고객으로부터 미리 받은 금액으로, 회계상 부채로 처리된다.
> • 선급금은 상품이나 용역을 받기 전에 회사가 미리 지급한 금액으로, 회계상 자산으로 처리된다.

❶ (주)선수는 (주)영수에 상품 600만 원을 1개월 후 제공하기로 계약을 체결하고 대금 중 400만 원을 미리 받아 당좌예입하다.

당좌예금	4,000,000	/ 선수금	4,000,000

❷ 1개월 후 위의 상품을 (주)영수에게 인도하고 그 대금 잔액을 받아 당좌예입하다.

선수금	4,000,000	/ 매출	6,000,000
당좌예금	2,000,000		

선수금은 잠정적인 계정이므로 그 가운데 이미 선수금이 아닌 계정이 있을 수 있으므로 다음의 사항에 유의해서 주의 깊게 결산을 실시해야 한다.

· 장기보유 선수금이 적절한 계정으로 대체되어 있는가?

선수금 계정의 잔액 중 회사가 장기간 보유하고 있는 선수금에 대해서는 그 내용과 원인 등을 검토한 후 필요한 경우에는 기타수익 등으로 대체한 후 정리해야 한다.

· 차입금이나 선수수익의 성질이 있는 것을 해당 계정으로 대체 정리

선수금 계정에 차입금이나 선수수익의 성질이 있는 계정이 포함되어 있는 경우 이를 해당 계정에 대체 정리해야 한다.

· 매출채권에 대한 대손충당금의 설정 시 선수금의 상계문제

매출채권에 대한 대손충당금의 설정 시 같은 거래처를 상대로 하는 매출채권 등과 선수금이 병존하고 있을 경우는 자산과 부채를 서로 상계하고 잔액에 대해서만 대손충당금을 설정해야 한다.

5 선수수익(미리 받으면 선수수익, 나중에 받으면 미수수익)

선수수익은 상품이나 용역을 실제로 제공하기 전에 미리 받은 금액 중, 결산일까지 아직 수익이 실현되지 않은 부분을 기록하는 부채계정이다. 즉 임대료를 1년 단위로 미리 받은 경우, 결산일까지 해당 기간이 지나지 않은 월수에 해당하는 임대료를 말한다.

예를 들어, 임대인이 2월 1일에 1년치 임대료 1,200만 원을 선불로 받았다면, 12월 31일 결산 시점에는 이미 제공한 서비스(11개월)에 대한 수익(1,100만 원)만 인식하고, 아직 제공하지 않은 서비스에 대해

받은 금액(100만 원)은 선수수익으로 처리한다.

대표적으로 이자, 임대료, 사용료 등 영업 외 수익에서 자주 발생하며, 실현 시점에 수익으로 전환된다.

선수수익은 재무상태표의 유동부채로 분류되며, 선급비용과는 반대 개념이다.

선수수익은 선급비용과 반대되는 개념으로, 선급비용은 비용의 이연(자산), 선수수익은 수익의 이연(부채)에 해당한다.

❶ (주)임대는 20×1년 8월 1일 점포임대계약을 체결하고 1년분의 임대료 1,800만 원을 현금으로 받았다.

현금	18,000,000	/	임대료	18,000,000

❷ 기말결산 시 위 임대료 중 차기 분에 대한 회계처리

임대료	10,500,000	/	선수수익	10,500,000

주 18,000,000원 - (18,000,000원 × 5/12) = 10,500,000원

❸ 20×2년 1월 1일의 회계처리

선수수익	10,500,000	/	임대료	10,500,000

결산 시 이미 받은 수익 중 기간 손익의 적정화를 위해서 당기분에 해당하는 수익만을 인식하고 차기 분에 속하는 금액은 당기의 수익에서 차감한 후 선수수익계정 대변에 대체해서 차기로 이연시켰다가 차기의 첫 날짜에 해당 계정 대변에 다시 대체한다.

예수금(미리 받아 보관하는 돈)

예수금은 기업이 타인(거래처, 소비자, 임직원)으로부터 미리 금전을 받아서 가지고 있다가 타인을 대신해서 제3자(세무서, 공공기관, 기타 제3자)에게 금전으로 반환해야 할 금액을 말한다.

예수금은 크게 국세에 대한 예수금과 각종 연금에 대한 예수금으로 구분할 수 있다.

국세 관련 예수금	연금 관련 예수금
부가가치세예수금, 소득세 원천징수액	4대 보험(국민연금, 건강보험, 고용보험, 산재보험)

[주] 국세 및 연금을 제외한 타인을 대신해 잠시 보관하고 있는 금액도 예수금 처리가 가능하다.

각 예수금은 고유한 발생 시점과 납부 시기를 가지고 있어 회계 담당자는 이러한 특성을 정확히 이해하고 관리해야 한다. 특히 원천징수한 소득세는 발생한 다음 달 10일까지 납부해야 하므로, 급여 지급 시 예수금으로 처리한 후 납부 시점에 대체처리를 한다.

❶ (주)부가는 의류를 제조하여 (주)영인에게 400(부가가치세 별도)만원에 외상으로 판매했다.

외상매출금	4,400,000	/	제품매출	4,000,000
			부가가치세예수금	400,000

❷ 동 부가가치세를 납부하다.

부가가치세예수금	400,000	/	현금	400,000

예수금 관리에서 가장 중요한 것은 정확한 시기에 납부하는 것이다. 납부 지연 시 가산세가 부과될 수 있으므로, 회계담당자는 납부 기한을 명확히 인지하고 관리해야 한다. 또한 결산 시에는 미납된 예수금이 없는지 철저히 확인해야 한다.

특히 원천징수세액의 경우 급여 지급 시점에 예수금으로 기록하고 다음 달 납부 시 대체 처리하는 과정에서 오류가 발생하지 않도록 주의해야 한다. 체계적인 예수금 관리는 세무 리스크를 줄이고 재무제표의 정확성을 높이는 데 필수적이다.

기말결산 시에는 12월 급여의 예수금을 특히 신경 써서 관리하고, 부가가치세 또한 2기 확정 신고분을 주의 깊게 관리한다.

구 분	내 용
납부 기한 관리	각 예수금의 납부 기한을 달력에 표시하고 알림 시스템을 구축하여 기한 내 납부가 이루어지도록 관리한다.
결산 시 중점 관리 항목	기말결산 시에는 12월 급여의 예수금과 부가가치세 2기 확정 신고분에 특히 주의를 기울여야 한다.
원천징수 증빙 관리	원천징수한 금액에 대한 증빙서류를 체계적으로 보관하고, 납부 내역과 일치하는지 정기적으로 확인해야 한다.
정기적인 내역 검토	예수금 계정의 잔액이 실제 납부해야 할 금액과 일치하는지 월별로 대사 작업을 수행한다.

7 미지급비용(나중에 주면 미지급비용, 미리 주면 선급비용)

미지급비용은 회계상 이미 발생했지만, 결산일까지 실제로 지급하지 않은 비용을 말한다.

예를 들어, 해당 회계기간 내에 전기요금이나 급여 등은 이미 사용하거나 근로가 제공되었지만, 실제 명세서 청구나 지급은 그다음 기간에 이루어지는 경우를 말한다.

대표적인 예로 미지급이자, 미지급사채이자, 미지급급여, 미지급임차료, 미지급보험료 등이 있다.

구 분	내 용
공공요금	전기요금과 수도요금은 당월에 사용했지만, 다음 달에 청구서가 발행되고 납부가 이루어진다. 이 경우 사용 시점에 발생한 비용이므로 당기에 비용으로 인식하고 미지급비용으로 처리해야 한다.
인건비	직원들의 급여는 해당 월의 근로에 대한 보상이지만, 실제 지급은 다음 달 초에 이루어지는 경우가 많다. 이미 근로가 제공되었으므로 미지급급여로 당기에 인식해야 한다.
금융비용	이자비용은 차입금에 대해 시간의 경과에 따라 발생하지만, 실제 지급은 약정된 날짜에 이루어진다. 결산일까지 발생했으나 지급되지 않은 이자는 미지급이자로 처리한다.

❶ 12월 31일 결산일 현재 수도광열비 40만 원을 아직 납부하지 않았다.

수도광열비	400,000	/	미지급비용	400,000

❷ 당사는 수도료 40만 원을 다음 연도 1월 10일 납부하였다.

미지급비용	400,000	/	현금	400,000

결산 시 당기에 속하는 비용이 결산일 현재 지급되지 않은 경우 해당 비용계정의 차변에 기록한 후 당기 비용으로 계상하고 동일 금액을 미지급비용 계정의 대변에 기록해서 차기로 이연시키며, 차기로 이연시킨 미지급비용은 차기의 첫 날짜에 해당 비용계정의 대변으로 재 대체해야 한다.

구 분	내 용
당기 결산 시 처리	당기에 속하는 비용이 결산일 현재 지급되지 않은 경우, 해당 비용계정 차변에 기록하고 미지급비용 계정 대변에 동일 금액을 기록한다(급여/미지급급여).
차기 이월 처리	미지급비용으로 계상된 금액은 차기로 이연되며, 부채로 재무상태표에 표시된다. 이는 기업이 향후 지급해야 할 의무가 있음을 나타낸다(급여(비용)/미지급급여(부채)).
차기 실제 지급 시	차기에 실제 지급이 이루어질 때, 미지급비용 계정 차변과 현금 계정 대변에 기록하여 부채를 소멸시킨다(미지급급여/현금).
차기 첫날 재대체	차기로 이연된 미지급비용은 차기의 첫 날짜에 해당 비용계정 대변으로 재대체하여 회계처리를 마무리한다.

8 미지급법인세(미리 낸 세금은 선납세금, 나중에 내는 세금은 미지급세금)

미지급법인세는 회계기간 동안 발생한 법인세비용 중, 결산일까지 아직 실제로 납부하지 않은 금액을 기록하는 계정과목이다. 즉, 당기순이익을 기준으로 산정된 법인세를 결산보고서에 반영하되, 납부는 그이후에 이루어지는 경우 사용한다.

❶ (주)미지는 중간예납 세액 800만 원을 수표 발행해서 지급하였다.

선납세금	8,000,000	/ 보통예금	8,000,000

❷ 결산 시 (주)미지의 당기분 법인세가 1,900만 원으로 추산되었다.

법인세비용	19,000,000	/ 선납세금	8,000,000
		미지급법인세	11,000,000

❸ 3월 말 동 법인세 1,900만 원을 납부하였다.

미지급법인세	11,000,000	/ 보통예금	11,000,000

기업은 결산 재무제표 작성 완료 후 세무조정을 통해 납부할 세액을 추산한다. 납부할 법인세비용에서 중간예납액을 차감한 잔액을 미지급법인세로 기록한다.

그리고 법인세 납부 시점에 미지급법인세와 실제 납부액을 상계처리한다.

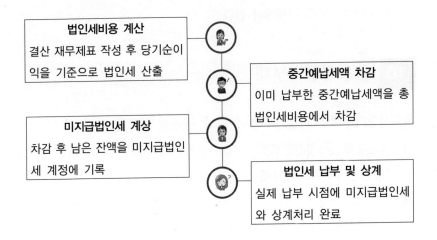

법인세비용 계산
결산 재무제표 작성 후 당기순이익을 기준으로 법인세 산출

중간예납세액 차감
이미 납부한 중간예납세액을 총 법인세비용에서 차감

미지급법인세 계상
차감 후 남은 잔액을 미지급법인세 계정에 기록

법인세 납부 및 상계
실제 납부 시점에 미지급법인세와 상계처리 완료

9 미지급배당금

미지급배당금은 주주총회 결의로 배당금이 확정되었으나, 아직 주주에게 지급되지 않은 상태의 배당금을 기록하는 계정과목이다.

❶ 당기 말 결산 시 현금배당액 1,000만 원을 이익잉여금처분계산서(안)에 반영하였다.

이익잉여금	10,000,000	/	미지급배당금	10,000,000

❷ 당기 말 주주총회에서 당기 현금배당액 1,000만 원을 확정하였다 (원천징수 세액 242만 원 차감)

미지급배당금	10,000,000	/	현금	7,580,000
			소득세예수금	2,420,000

결산 후 주주총회를 개최한 후 배당금 지급결의 등 제반 업무의 처리를 수행한다. 따라서 주주총회에서 배당금 결의가 있으면 미래의 배당금 지급에 대비해서 동 예상 배당액을 재무상태표상 미지급배당금이라는 유동부채의 부에 기재해야 한다.

10 유동성장기부채

유동성장기부채란 비유동부채 중 1년 이내에 상환될 부채를 말한다. 즉, 장기부채 중 결산일로부터 1년 이내에 상환기간이 도래하는 부채는 유동성장기부채로 대체해야 한다.

❶ 7월 1일 시설자금으로 국민은행으로부터 4,000(이자율 연 12%)만 원을 내년 10월 31일 상환 조건으로 차입하였다.

당좌예금	40,000,000	/	장기차입금	40,000,000

❷ 당해 연도 결산일에 위의 차입금에 대한 회계처리

장기차입금	40,000,000	/	유동성장기부채	40,000,000
이자비용	2,400,000		현금	2,400,000

(주) 40,000,000원 × 6/12 ×12% = 2,400,000원

❸ 동 차입금에 대해 10월 31일 상환했다.

유동성장기부채	40,000,000	/	현금	44,000,000
이자비용	4,000,000			

(주) 40,000,000원 × 10/12 × 12% = 4,000,000원

결산 시 장기부채 중 결산일로부터 1년 이내에 상환일이 도래하는 부채는 유동성장기부채로 계정 대체하고 동 부채에 대한 이자비용을 계상해야 한다.

11 가수금

가수금(假收金)은 거래 내역이 불분명하거나 아직 대체 처리되지 않은 금전을 일시적으로 기록하기 위한 계정이다.

예컨대 입금 사유가 확인되지 않은 외상대금, 잘못 수령한 금액 등이 해당한다.

가수금 잔액이 장기간 해소되지 않으면, 재무제표의 부채 과대계상 문제와 내부통제 약화로 이어질 수 있다.

정기적으로 대체처리 진행 현황을 점검하고, 미확인 가수금은 빠른 시일 내에 관련 부서 또는 거래처와 협의하여 원인을 규명해야 한다.

감사 시 가수금의 실질 및 대체 처리 여부를 중점 확인하므로 투명한 관리가 필요하다.

12 유동성 충당부채

유동성 충당부채는 과거 사건이나 거래의 결과에 대한 현재의 의무로서 현시점에는 지출의 시기 또는 금액이 불확실하지만, 그 의무를 이행하기 위해서 자원이 유출될 가능성이 매우 높으며, 당해 금액을 신뢰성 있게 추정할 수 있는 "충당부채" 중 재무상태표 일로부터 1년 이내에 소멸될 것으로 추정되는 금액을 말한다.

충당부채는 지출의 시기나 금액이 불확실한 부채를 말한다. 즉,

• 과거 사건이나 거래의 결과에 의한 현재의무로서,

• 지출의 시기 및 금액이 불확실하지만, 그 의무를 이행하기 위해 자원이 유출될 가능성이 매우 크고,

• 당해 의무의 이행에 드는 금액을 신뢰성 있게 추정할 수 있는 의무를 말한다.

충당부채의 종류에는 퇴직급여충당부채, 공사손실충당부채(공사와 관련해서 거액의 공사손실 발생이 분명한 경우에는 공사손익의 인식 방법 여하임에도 불구하고 예상되는 총손실액을 공사손실충당부채 계정에 계상하고, 이에 상당하는 공사손실충당금전입액은 당기의 비용으로 처리한다. : 유동부채), 하자보수충당부채(하자보수가 예상되는 경우 도급금액의 일정률에 상당하는 금액을 하자보수비로 해서 그 전액을 공사가 종료되는 회계연도의 공사원가에 포함하고, 동액을 하자보수충당부채로 계상한다. : 유동부채), 제품보증충당부채 등을 예로 들 수 있다.

구 분	해 설
퇴직급여 충당부채	퇴직급여충당부채는 회사가 회계연도 말 현재 퇴직금제도 및 확정급여형 퇴직연금제도에 의해 퇴직급여를 지급해야 하는 종업원이 일시에 퇴직할 경우 지급해야 할 퇴직금에 상당하는 금액을 처리하는 계정이다(비유동종업원급여충당부채).
장기제품보증충 당부채 (건설업 : 하자보수충당부 채)	품질보증이란 제품의 판매나 서비스의 제공 후에 제품의 품질, 수량 등에 결함이 있을 때, 그것을 보증해서 수선/교환해 주겠다는 판매자와 구매자 간의 약속을 말한다. 이러한 제품보증으로 인해서 미래에 보증청구의 발생가능성이 높고, 의무이행을 위한 자원의 유출가능성이 높으며, 자원의 유출금액에 대해서 신뢰성 있는 추정이 가능하다면 제품보증충당부채(건설업의 경우는 하자보수충당부채)를 인식해야 한다. 제품보증과 관련해서 주의할 점은 제품보증의무의 발생 가능성을 판단할 때는 제품보증의무 전체를 고려해야 한다는 것이다. 왜냐하면, 개별적인 의무 발생 가능성이 낮더라도 전체적인 의무이행에 관해서 판단하면, 의무 발생 가능성이 높을 수 있기 때문이다. 제품보증충당부채 = 매출액 × 과거의 경험률 − 제품보증비용 발생액
경품충당부채	기업은 특정 상품의 판매를 촉진하기 위해서 환불 정책이나 경품 제도를 시행하기도 한다. 이런 경우 상품 판매의 결과로 현재의무의 발생 가능성이 높고 의무이행을 위한 자원의 유출 가능성이 높으므로 관련 비용에 대한 최선의 추정치를 충당부채로 인식해야 한다.
공사손실충당부 채	건설공사계약에서 공사와 관련해서 향후 공사손실의 발생이 예상되는 경우는 예상 손실을 즉시 공사손실충당부채로 인식하고 중요 세부 내용을 주석으로 기재한다.

구 분	해 설
장기법정소송 충당부채	기업은 영업활동을 수행하는 과정에서 여러 가지 원인에 의해서 다른 기업이나 소비자 등으로부터 손해배상청구소송 및 클레임(claims)이 제기되어 있거나 제기될 가능성이 있다. 이러한 경우 ❶ 소송 등의 원인이 보고기간 말 현재 이미 발생하였고, ❷ 과거의 유사한 경험이나 전문가의 의견, 소송의 진행과정 등을 참작해서 불리한 결과가 나타날 가능성이 높고, ❸ 의무이행을 위한 자원의 유출 가능성이 높으며, ❹ 손실금액을 합리적으로 추정할 수 있는 경우에는 예상되는 손실액만큼 당기손실로 인식하고 동액만큼 충당부채로 인식해야 한다. 일반적으로 소송이나 클레임의 경우 손실의 발생 가능성과 손실 금액은 전문가의 의견을 고려해서 추정하게 된다. 여기서 손해배상손실의 금액이 단일 금액이 아닌 일정 범위로 추정되는 경우는 관련된 증거자료 등을 종합적으로 고려해서 그 범위 내의 금액 중 가장 합당한 추정치를 손실로 계상해야 한다.
반품충당부채	거래 이후에도 판매자가 소유에 따른 위험의 대부분을 부담하는 반품가능 판매의 경우 ❶ 판매가격이 사실상 확정되었고, ❷ 구매자의 지급의무가 재판매 여부에 영향을 받지 않으며, ❸ 판매자가 재판매에 대한 사실상의 책임을 지지 않고, ❹ 미래의 반품 금액을 신뢰성 있게 추정할 수 있다는 조건이 충족되는 경우 충당부채로 인식한다.
채무보증계약 충당부채	기업은 담보가 부족하거나 재무구조가 취약한 관계회사나 관련 회사의 지급의무에 대해서 보증을 하는 경우가 있다. 이러한 경우에 1차적인 지급의무가 있는 관계회사나 관련 회사가 부채를 상환한다면 아무런 문제가 없지만, 1차 지급의무자가 부채를 상환하지 못한다면 보증인이 지급의무를 부담하게 된다. 따라서 타인의 채무보증을 한 경우에는 손실이 발생할 수 있는 우발상황에 해당하므로 1차적인 지급의무자가 재정적

구 분	해 설
	인 문제로 인해서 ❶ 부채를 상환하지 못할 가능성이 높고, ❷ 의무이행을 위한 자원의 유출 가능성이 높으며, ❸ 그 금액을 합리적으로 추정할 수 있다면 보증으로 인해서 지급할 금액만큼 손실로 인식하고 동액을 충당부채로 계상해야 한다.
복구충당부채	토양, 수질, 대기, 방사능 오염 등을 유발할 가능성이 있는 시설물, 예를 들면 원자력 발전소, 해상구조물, 쓰레기매립장, 저유설비 등의 유형자산에 대해서는 경제적 사용이 종료된 후에 환경보전을 위해서 반드시 원상을 회복시켜야 한다. 또한, 환경오염에 대한 법적 규제나 회사의 환경정책에 따라 환경 정화비용 등이 발생할 수도 있다. 이러한 경우에 과거 사건의 결과로 현재의무의 발생 가능성이 높고, 의무이행을 위한 자원의 유출 가능성이 높다면 복구 원가에 대한 최선의 추정치를 충당부채로 인식해야 한다.

13 퇴직급여충당부채

퇴직급여충당부채(충당금)는 결산 시점에 회사의 전체 근로자가 일시에 퇴사할 경우 지급해야 할 퇴직급여를 계산한 후 적립하는 금액을 말한다.

퇴사하는 임직원이 있을 경우는 종전에 설정해 둔 퇴직급여충당부채가 있는 경우 동 충당부채에서 우선해서 상계하고 부족 잔액에 대해서는 퇴직급여 계정으로 처리한다.

1. 퇴직급여충당부채의 설정 시 분개 사례

(주)이지는 회계연도 말 퇴직금추계액 200만 원에 대해서 충당부채를 설정하였다.

퇴직급여	2,000,000	/	퇴직급여충당부채	200,000

2. 퇴직일의 분개

(주)이지는 영업부 직원 이운임씨의 퇴직으로 퇴직금 400만 원을 지급해야 한다(퇴직소득세 5만 원가정).

퇴직급여충당부채	2,000,000	/	미지급금	3,950,000
퇴직급여	2,000,000		퇴직소득세예수금	50,000

3. 퇴직금 지급 시 분개 사례

(주)이지는 15일 후 퇴직금을 지급했다.

미지급금	3,950,000	/	보통예금	3,950,000

4. 퇴직금전환금(국민연금전환금)의 분개 사례

국민연금법에 의하면 근속기간 중 사용자가 부담한 퇴직금전환금은 사용자가 근로자에게 지급할 퇴직금 중 해당 금액을 미리 지급한 것이다. 따라서 이를 퇴직금에서 차감하도록 하고 있다.

위의 예에서 퇴직금전환금이 10만 원이 있는 경우

퇴직급여충당부채	2,000,000	/	현금	3,850,000
퇴직급여	2,000,000		퇴직금전환금	100,000
			퇴직소득세예수금	50,000

통상적으로 퇴직급여충당부채는 근무기간이 1년 이상인 근로자에 대해 결산 시에 처리한다.

결산 시점에서 회사의 전체 근로자가 일시에 퇴사할 경우의 퇴직급여
를 계산한 후 퇴직급여충당부채의 잔액과 비교한 후 그 차이 금액을
추가로 적립하면 된다. 연도 중에 퇴직자에 대해 퇴직금을 지급하지
않은 경우 미지급금(미지급퇴직금)으로 처리한다.

14 퇴직연금

확정급여형 퇴직연금제도

확정급여형 퇴직연금(DB : Defined Benefit Retirement Pension)이란
근로자가 받을 연금 급여가 사전에 확정되고, 사용자가 부담할 금액은
적립금 운용 결과에 따라 변동될 수 있는 연금제도를 말한다.
재무상태표일 현재 종업원이 퇴직할 경우 지급해야 할 퇴직일시금에
상당하는 금액을 측정해서 퇴직급여충당부채로 계상한다.
종업원이 아직 퇴직하지는 않았으나 퇴직연금에 대한 수급 요건 중 가
입기간 요건을 갖춘 경우에도 재무상태표일 현재 종업원이 퇴직하면서
퇴직일시금의 수령을 선택한다고 가정하고 이때 지급해야 할 퇴직일시
금에 상당하는 금액을 측정해 퇴직급여충당부채로 계상한다.
퇴직연금제도 도입과 관계없이 재무상태표일 현재 퇴직금추계액에 상
당하는 금액을 퇴직급여충당부채로 계상한다.

| 퇴직급여 | ××× / 퇴직급여충당부채 | ××× |

운용되는 자산의 회계처리
확정급여형퇴직연금의 경우 재정건전성을 확보하기 위해 매 사업연도

별로 다음의 어느 하나에 해당하는 금액 중 더 큰 금액이 적립되도록 확정급여형 퇴직연금 규약에 명시해야 한다.

적립 금액＝MAX(❶, ❷)
❶ {매 사업연도 말일 현재 퇴직급여에 소요되는 비용예상액의 현재가치 － (장래 근무기간 분에 대해서 발생하는 급여 지급을 위해서 산정되는 부담금 수입 예상액의 현재가치 ＋ 과거 근무기간 분에 대한 급여 지급을 위해서 산정되는 부담금 수입 예상액의 현재가치)} × 100%
❷ 매 사업연도 말 퇴직금추계액 × 100%

회사는 적립금의 적립을 위한 표준부담금을 매년 정기적으로 납입해야 한다. 또한, 당해 퇴직연금의 설정 전에 제공한 근로기간을 가입기간에 포함시키는 경우는 노동부 고시(제2005 - 29호, 2005.10.5.)에 의해서 과거 근무기간에 대한 보충 부담금을 납입한다.

부담금의 적립 시 회계처리
회사는 부담금을 자산관리회사에 매년 정기적으로 납입해야 한다.
확정급여형 퇴직연금제도에서 운용되는 자산은 기업이 직접 보유하고 있는 것으로 보아 회계처리 한다.
재무상태표에는 운용되는 자산을 하나로 통합해서 "퇴직연금운용자산"으로 표시하고, 그 구성내역을 주석으로 공시한다.
이 경우 주석으로 공시하는 구성내역이란 재무상태표에 하나로 통합해서 표시하지 않고 각각 구분하여 표시할 경우 계상될 계정과목과 금액을 말한다.

| 퇴직연금운용자산 | ××× / 보통예금 | ××× |
| 지급수수료 | ××× | |

🟥 부담금 납입시 운용관리회사에 납부하는 운용관리수수료임.

적립금 운용수익의 회계처리

DB 제도의 적립금이 법에서 정한 수준 이상으로 적립되고 있는지 매 사업연도 말 재정검증을 한다.

DB 제도하에서 적립금의 운용수익은 회사에 귀속된다.

| 퇴직연금운용자산 | ××× / 퇴직연금운용수익 | ××× |
| | (영업외수익) | |

운용수익이 발생한 경우 회사의 표준부담금의 납입액이 줄어들게 된다.

관리수수료 상의 회계처리

부담금 납입 시 납부하는 운용관리수수료 외에 매년 적립금의 일정률에 해당하는 운용관리수수료와 자산관리수수료를 부담하게 된다.

이 경우 다음과 같이 회계처리한다.

| 지급수수료 | ××× / 보통예금 | ××× |

또한, 가입자 등에 대한 교육실시에 소요되는 비용을 충당하기 위해서 교육실시 수수료 등도 부담하게 된다.

종업원이 퇴사한 경우 회계처리

종업원이 퇴직연금에 대한 수급요건 중 가입기간 요건을 갖추고 퇴사한 경우 다음과 같이 회계처리 한다.

[일시금을 선택한 경우]

종업원이 일시금을 선택한 경우 DB 자산 관리회사는 퇴직한 종업원의 적립금해당액을 종업원에게 지급하며, 퇴직급여 중 나머지 차액은 회사가 지급하면 된다. 일시금 지급 시 원천징수의무자는 회사이므로 회사에서 퇴직급여에 대해 원천징수를 해야 한다.

· 퇴직연금사업자(DB 자산관리회사)의 지급분

퇴직급여충당부채	×××　/	퇴직연금운용자산	×××

· 회사의 지급분

퇴직급여충당부채	×××　/	보통예금	×××
		예수금(원천세 해당액)	×××

[연금을 선택한 경우로서 회사가 연금지급의무를 부담하는 경우]

퇴직연금의 수령을 선택한 경우 재무상태표일 이후 퇴직종업원에게 지급해야 할 예상 퇴직연금 합계액의 현재가치를 측정하여 "퇴직연금미지급금"으로 계상한다.

예상 퇴직연금 합계액은 퇴직 후 사망률과 같은 보험수리적 가정을 사용해서 추정하고, 그 현재가치를 계산할 때는 만기가 비슷한 국공채의 매 재무상태표일 현재 시장이자율에 기초해서 할인한다.

· 퇴직 시의 회계처리

퇴직급여충당부채	×××　/	퇴직연금미지급금	×××
퇴직급여	×××		

⠿ 퇴직급여 = 퇴직연금미지급금과 퇴직급여충당부채의 계상액과의 차액

⠿ 퇴직연금미지급금 중 결산일로부터 1년 이내의 기간에 지급되는 부분이 있더라고 유동성 대체는 하지 않는다. 다만, 결산일로부터 1년 이내의 기간에 지급이

예상되는 퇴직연금 합계액과 부담금을 주석으로 공시한다.

· 매 사업연도 종료일의 회계처리

매 사업연도마다 사망률과 같은 보험수리적 가정이 바뀌거나 할인율이 바뀜에 따라 발생하는 퇴직연금미지급금 증감액과 시간의 경과에 따른 현재가치 증가액은 퇴직급여(비용)로 회계처리 한다.

퇴직급여	×××	/	퇴직연금미지급금	×××

· 퇴직연금 지급 시의 회계처리

종업원에게 퇴직연금이 지급되는 경우 퇴직연금미지급금과 퇴직연금운용자산을 상계처리한다.

퇴직연금미지급금	×××	/	퇴직연금운용자산	×××

주 위 연금소득에 대하여 퇴직연금사업자가 연금소득에 대한 원천징수를 한다.

[DB 제도에서 회사가 연금지급 의무를 부담하지 않는 경우]

확정급여형 퇴직연금제도가 설정되었음에도 종업원이 퇴직한 이후에 회사가 연금지급 의무를 부담하지 않는다면, 예를 들어 확정급여형 퇴직연금제도의 규약에서 종업원이 연금 수령을 선택할 때 회사가 퇴직일시금 상당액으로 일시납 연금 상품을 구매하도록 정하는 경우 회사가 퇴직일시금을 지급함으로써 연금 지급에 대한 책임을 부담하지 않는다고 본다.

❶ DB 자산관리회사의 지급분

퇴직급여충당부채	×××	/	퇴직연금운용자산	×××

❷ 회사의 지급분

퇴직급여충당부채	×××	/	보통예금	×××

위 ❶, ❷의 소득은 소득세법상 연금소득에 해당하며, 퇴직연금사업자가 연금소득 지급 시 원천징수한다.

재무제표의 공시

[DB 제도하에서 자산·부채의 공시방법]

확정급여형 퇴직연금제도에서 퇴직급여와 관련된 자산과 부채를 재무상태표에 표시할 때는 퇴직급여와 관련된 부채(퇴직급여충당부채와 퇴직연금미지급금)에서 퇴직급여와 관련된 자산(퇴직연금운용자산)을 차감하는 형식으로 표시한다. 퇴직연금운용자산이 퇴직급여충당부채와 퇴직연금미지급금의 합계액을 초과하는 경우는 그 초과액을 투자자산의 과목으로 표시한다.

[퇴직금제도와 확정급여형 퇴직연금제도가 병존하는 경우]

퇴직금제도와 확정급여형 퇴직연금제도가 병존하는 경우는 다음과 같이 회계처리 한다.

❶ 각 제도의 퇴직급여충당부채는 합산하여 재무상태표에 표시한다.

그러나 퇴직금제도에서 경과적으로 존재하는 퇴직보험예치금은 확정급여형 퇴직연금제도의 퇴직연금운용자산과 구분해서 퇴직급여충당부채에서 차감하는 형식으로 표시하고 퇴직보험에 대한 주요 계약 내용을 주석으로 공시한다.

❷ 어떤 제도에서 초과 자산이 발생하는 경우 다음의 요건 중 하나 이상을 충족한다면 다른 제도의 부채와 상계한다.

[1] 회사에는 어떤 제도의 초과 자산을 다른 제도의 부채를 결제하는데, 사용할 수 있는 법적 권한이 있고 실제로 사용할 의도도 있다.

[2] 회사에는 어떤 제도의 초과 자산을 다른 제도의 부채를 결제하는데, 사용해야 하는 법적 의무가 있다.

🧑 확정기여형 퇴직연금 제도

확정기여형 퇴직연금(DC)제도란 사용자의 부담금이 사전에 확정되고 근로자가 받을 퇴직급여는 사용자가 부담해서 적립한 적립금의 운용결과에 따라 변동되는 형태의 퇴직연금제를 말한다.

확정기여형 퇴직연금제도를 설정한 경우는 당해 회계기간에 대해 회사가 납부해야 할 부담금(기여금)을 퇴직급여(비용)로 인식하고, 퇴직연금운용자산, 퇴직급여충당부채 및 퇴직연금미지급금은 인식하지 않는다.

퇴직연금부담금 불입시

퇴직급여(비용)	×××	/	보통예금	×××
지급수수료	×××			

🈁 부담금납입 시 운용관리회사에 납부하는 운용관리 수수료임.

관리수수료 등의 회계처리

매년 운용관리수수료와 자산관리수수료 및 교육실시 수수료 납입시 다음과 같이 처리한다.

지급수수료	×××	/	보통예금	×××

한편 적립금의 운용 결과 증감된 금액은 종업원에게 귀속되므로 회사의 회계처리는 없다.

🧑 퇴직급여제도 변경 시의 회계처리

기존의 퇴직금제도에서 확정기여형 퇴직연금 제도로 변경하는 경우 기존 퇴직급여충당부채에 대한 회계처리는 다음과 같다.

· 퇴직급여제도를 변경하면서 기존 퇴직급여충당부채를 정산하는 경우 기존 퇴직급여충당부채의 감소로 회계처리 한다.

· 확정기여형퇴직연금제도가 장래 근무기간에 대해서 설정되어 과거 근무 기간에 대해서는 기존 퇴직금제도가 유지되는 경우 임금수준의 변동에 따른 퇴직급여충당부채의 증감은 퇴직급여(비용)로 인식한다.

비유동부채 계정과목 해설

1 비유동부채 계정과목의 종류

구 분	해 설
사채	주식회사가 거액의 자금을 조달하기 위해서 일정액(권당 10,000원)을 표시하는 채권을 발행해서 다수인으로부터 조달한 금액을 말한다.
신주인수권부사채	신주인수권부사채는 유가증권의 소유자가 일정한 조건하에 신주인수권을 행사할 수 있는 권리가 부여된 사채를 말한다.
전환사채	전환사채는 유가증권의 소유자가 일정한 조건 하에 전환권을 행사할 수 있는 사채로서, 권리를 행사하면 보통주로 전환되는 사채를 말한다.
장기차입금	장기차입금은 금융기관 등으로부터 돈을 빌려오고 사용 후 1년이 지나서 갚아도 되는 돈을 말한다.
퇴직급여충당부채	퇴직급여충당부채는 회사가 회계연도 말 현재 퇴직금제도 및 확정급여형 퇴직연금제도에 의해 퇴직급여를 지급해야 하는 종업원이 일시에 퇴직할 경우 지급해야 할 퇴직금에 상당하는 금액을 처리하는 계정이다.

구 분	해 설
장기제품보증충당부채	장기제품보증충당부채는 판매 후 품질 등을 보증하는 경우 그 의무를 이행하기 위해 발생하게 될 것으로 추정되는 충당부채 금액을 처리하는 계정이다.
장기선수금	장기선수금이란 거래처로부터 상품 또는 제품을 주문받고 제공하기 전에 미리 받은 대금 중 1년 이후에 제공해도 되는 경우를 말한다.
장기미지급금	장기미지급금이란 상품이나 제품이 아닌 물품의 구입, 용역의 제공, 개별소비세, 광고료 등 기업의 일반적 상거래 이외에서 발생한 채무 중 1년 이후에 지급해야 하는 미지급금을 말한다.
장기선수수익	장기선수수익은 계약에 따라 대금을 수령하고 결산기말 현재 용역을 제공하지 않은 경우 동 금액에 대해서 처리하는 계정으로 1년 이후에 발생하는 선수수익을 말한다.

2 사채

사채란 주식회사가 거액의 자금을 다수 인으로부터 조달하기 위해서 발행하는 채권을 말한다. 그리고 사채의 액면가액과 발행가액의 차이는 유효이자율법 등을 적용해서 상각하도록 하고 있으며, 이의 발행과 관련한 사채발행비 등은 사채발행가액에서 직접 차감한다. 여기서 사채발행비란 사채발행수수료와 기타 사채발행을 위해서 직접 지출한 제비용을 말한다. 이에는 사채모집을 위한 광고선전비, 금융기관과 증권회사의 취급수수료, 사채청약서, 사업설명서, 사채권 등의 인쇄비, 사채등기의 등록세, 기타 제비용을 포함한다.

사채발행	이자율	이자비용
액면발행	액면이자율 = 시장이자율	현금으로 지급하는 이자비용(액면이자율)과 실제로 부담하는 이자비용(시장이자율)이 같다.
할인발행	액면이자율 〈 시장이자율	투자자가 투자한 발행가액보다 만기에 실제로 더 많은 금액을 상환하므로 그 차액(사채할인발행차금)만큼은 이자비용에 해당한다. 따라서 실제로 부담하는 이자비용은 현금으로 지급하는 이자비용 + 사채할인발행차금이 된다.
할증발행	액면이자율 〉 시장이자율	투자자가 투자한 발행가액보다 만기에 실제로 더 적은 금액을 상환하므로 그 차액(사채할증발행차금)만큼은 이자비용에서 차감한다. 실제로 부담하는 이자비용은 현금으로 지급하는 이자비용 - 사채할증발행차금이 된다.

발행 및 상각

(주)아이는 20×1년 1월 2일 액면가액이 200만 원인 사채를 발행하려고 한다. 동 사채의 만기일은 20×4년 12월 31일이며, 액면이자율은 연 10%로 매년 12월 31일 이자를 지급한다. 사채발행일의 시장이자율이 아래와 같다고 할 때 사채의 발행가액은?

1. 시장이자율 : 8%(할증발행)
2. 시장이자율 : 10%(액면발행)
3. 시장이자율 : 12%(할인발행)

현 가계수표는 다음과 같다.

기간	8%		10%		12%	
	현가계수	연금현가계수	현가계수	연금현가계수	현가계수	연금현가계수
1	0.92593	0.92593	0.90909	0.90909	0.89286	0.89286
2	0.85734	1.78326	0.82645	1.73554	0.79719	1.69005
3	0.79383	2.57710	0.75131	2.48685	0.71178	2.40183
4	0.73503	3.31213	0.68301	3.16987	0.63552	3.03735

[시장이자율이 8%인 경우(할증발행)]

1. 발행가액

1) 원 금 : 2,000,000원 × 0.73503 = 1,470,060원

2) 이 자 : 2,000,000원 × 10% × 3.31213 = 662,426원

1) + 2) = 2,132,486원

3) 사채할증발행차금 = 2,000,000원 - 2,132,486원 = 132,486원

현금   2,132,486   /   사채   2,000,000

                                         사채할증발행차금   132,486

2. 상각 시

사채할증발행차금상각표

일자	① 현금 지급이자 (액면가액 × 액면이자율 10%))	② 유효이자(장부가액 ⑤× 시장이자율(8%))	③ 사 채 할 증 발행차금상각 (① - ②)	④ 미상각사채 할증발행차금 (④ - ③)	⑤ 장부가액 (⑤ - ③)
20×1. 01. 02				132,486	2,132,486
20×1. 12. 31	200,000	170,599	29,401	103,085	2,103,085
20×2. 12. 31	200,000	168,246	31,754	71,331	2,071,331
20×3. 12. 31	200,000	165,706	34,294	37,037	2,037,037
20×4. 12. 31	200,000	162,963	37,037	-	2,000,000

❶ 20×1. 12. 31

| 이자비용 | 170,599 | / | 현금 | 200,000 |
| 사채할증발행차금 | 29,401 | | | |

❷ 20×2. 12. 31

| 이자비용 | 168,246 | / | 현금 | 200,000 |
| 사채할증발행차금 | 31,754 | | | |

[시장이자율이 10%인 경우(액면발행)]

❶ 발행가액

1) 원 금 : 2,000,000원 × 0.68301 =   1,366,020원
2) 이 자 : 2,000,000원 × 10% × 3.16987 =   623,980원

    2,000,000원

❷ 회계처리

| 현금 | 2,000,000 | / | 사채 | 2,000,000 |

[사채이자율이 12%인 경우(할인발행)]

1. 발행가액

1) 원 금 : 2,000,000원 × 0.63552 =   1,271,040원
2) 이 자 : 2,000,000원 × 10% × 3.03735 =   607,470원

    1,878,510원

3) 사채할인발행차금 = 2,000,000원 − 1,878,510원 = 121,490원

| 현금 | 1,878,510 | / | 사채 | 2,000,000 |
| 사채할인발행차금 | 121,490 | | | |

2. 상각 시

사채할인발행차금상각표

일 자	① 현금 지급이자 (액면가액 × 액 면이자율 10%))	② 유효이자(장 부가액 ⑤× 시 장이자율(12%))	③ 사 채 할 인 발행차금상각 (② - ①)	④ 미상각사채 할인발행차금 (④ - ③)	⑤ 장부가액 (⑤ + ③)
20×1. 01. 02				121,490	1,878,510
20×1. 12. 31	200,000	225,421	25,421	96,069	1,903,931
20×2. 12. 31	200,000	228,471	28,471	67,598	1,932,402
20×3. 12. 31	200,000	231,888	31,888	35,710	1,964,290
20×4. 12. 31	200,000	235,710	35,710	-	2,000,000

❶ 20×1. 12. 31

이자비용	225,421	/	현금	200,000
			사채할인발행차금	25,421

❷ 20×2. 12. 31

이자비용	228,471	/	현금	200,000
			사채할인발행차금	28,471

🤔 상환 시(만기상환 및 조기상환)

사채의 만기상환은 사채의 만기가 도래해서 사채발행회사는 사채의 액면금액을 사채투자자에게 지급해야 하는 데 이와 같이 만기에 사채를 상환하는 것을 말한다.

사채	2,000,000	/	현금	200,000

만약 위의 사채를 20×2년 1월 1일에 190만 원에 조기 상환한 경우 할인발행 시 다음과 같이 회계처리 한다.

사채	2,000,000	/	현금	1,900,000
			사채할인발행차금	96,069
			사채상환이익	3,904

㈜ 사채할인발행차금 잔액 = 121,490원 − 25,421원 = 96,096원

㈜ 사채상환이익 = (200만 원 − 96,096원) − 190만 원 = 3,904원

사채는 결산기 말에 할인(할증)발행차금을 상각해야 하며, 동 상각액은 사채에서 차감(가산)하는 형식으로 재무상태표에 기재해야 한다. 또한 사채발행과 관련된 사채발행비는 사채에서 직접 차감하며, 사채이자 또한 이자비용으로 금융비용으로 기재한다.

납입자본금(주주가 출자한 돈)

자본금은 주주가 출자한 돈으로, 이는 발행한 주식의 총수에 액면금액을 곱한 금액을 말한다.

그리고 자본금이란 주식회사와 개인회사에 따라 그 성격이 다른데 주식회사의 경우에는 발행주식의 총수를 자본금이라고 하며, 이에는 보통주자본금과 우선주자본금이 있다. 반면, 개인회사의 경우에는 개인이 출자한 총액으로서 출자금이라고도 한다.

구 분	해 설
보통주자본금	보통주 발행에 의한 자본금을 말한다. 보통주는 일반회사가 발행하는 주식의 대부분으로, 우선주나 후배주와 같은 특별한 권리 내용이 정해지지 않은 일반 주식을 말한다. [후배주 : 보통주에 비해서 이익배당과 잔여재산의 분배 참가 순위가 후위에 있는 주식이다. 우선주는 후배주의 반대다.]
우선주자본금	우선주 발행에 의한 자본금을 말한다. 우선주는 보통주에 대해 배당이나 기업이 해산할 때 잔여재산 분배 등에서 우선권을 갖는 주식을 말한다. 우선주에는 일정액의 배당을 받은 후에도 역시 이익이 충분히 있을 때 배당을 받을 수 있는 것과 보통주로 전환할 수 있는 것 등 여러 가지 종류가 있다.

구 분	해 설
	확정 이자의 배당 수입을 얻을 수 있는 사채에 가까운 성격의 것도 있을 수 있다.

❶ (주)한국은 회사설립 시 10,000주(액면가액 5,000원)의 주식을 발행하며, 발기인과 청약인으로부터 출자를 받았다.

현금	50,000,000	/	자본금	50,000,000

❷ 자본 감소를 위해서 2,000주를 매입 소각하였다.

자본금	10,000,000	/	현금	10,000,000

이익잉여금(기업이 영업으로 번 이익)

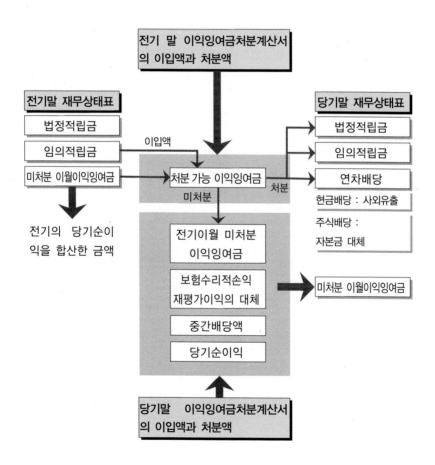

전기 말 이익잉여금처분계산서의 이입액과 처분액

전기말 재무상태표
법정적립금
임의적립금
미처분 이월이익잉여금

이입액

전기의 당기순이익을 합산한 금액

처분 가능 이익잉여금

미처분

처분

당기말 재무상태표
법정적립금
임의적립금
연차배당

현금배당 : 사외유출

주식배당 : 자본금 대체

전기이월 미처분 이익잉여금

보험수리적손익 재평가이익의 대체

중간배당액

당기순이익

미처분 이월이익잉여금

당기말 이익잉여금처분계산서의 이입액과 처분액

이익잉여금은 포괄손익계산서 항목의 거래로 인해서 발생하는 이익을 말한다.

이익잉여금(또는 결손금)은 손익계산서에 보고된 손익과 다른 자본 항목에서 이입된 금액의 합계액에서 주주에 대한 배당, 자본금으로의 전입 및 자본조정 항목의 상각 등으로 처분된 금액을 차감한 잔액을 말하며, 법정적립금으로 표시하고 있다. 임의적립금 및 미처분이익잉여금(또는 미처리결손금) 등의 잔액으로 구분해서 표시한다.

구 분	해 설
법정적립금	상법 등 법령의 규정에 의해서 적립된 금액을 말한다.
이익준비금	상법은 자본금의 2분의 1에 달할 때까지 매 결산기의 금전에 의한 이익배당액의 10분의 1 이상의 금액을 강제적으로 기업 내부에 유보하도록 하고 있는데, 이 규정에 따라서 적립한 준비금을 말한다. 이익준비금은 결손금을 보전하거나 자본금으로 전입할 수 있다.
재무구조개선적립금	재무구조개선적립금은 유가증권의 발행 및 공시 등에 관한 규정에 의한 법정적립금으로서 결손금을 보전하거나 자본금으로 전입할 수 있다.
임의적립금	임의적립금은 법률이 아닌 회사가 임의로 일정한 목적을 위해서 정관 또는 주주총회의 결의로 적립된 금액으로서 사업확장적립금, 감채적립금, 배당평균적립금, 결손보전적립금 및 세법상 적립해서 일정기간이 경과한 후 환입될 준비금 등을 말한다.
미처분이익잉여금(또는 미처리결손금)	당기 이익잉여금처분계산서(또는 결손금처리계산서)의 미처분이익잉여금(또는 미처리결손금)을 말한다. 이때, 미처분이익잉여금(또는 미처리결손금)은 다음과 같이 구성된다.

구 분	해 설
	[미처분이익잉여금]
	1. 전기이월 미처분이익잉여금(또는 전기이월 미처리결손금)
	2. 회계정책변경누적효과 : 회계정책 변경에 따른 누적효과 중 비교표시 재무제표의 최초 회계기간 직전까지의 금액을 말한다.
	3. 중간배당액
	4. 당기순이익(또는 당기순손실)

1 이익준비금

이익준비금은 상법에 따라서 적립된 금액으로서 상법은 자본금의 2분의 1에 달할 때까지 매 결산기의 금전에 의한 이익배당액의 10분의 1 이상의 금액을 강제적으로 기업 내부에 유보하도록 하고 있는데 이 규정에 따라서 적립한 준비금을 말한다.

그리고 자본금의 2분의 1을 초과하는 금액은 임의적립금으로 본다.

❶ (주)한국은 결산기에 미처분이익잉여금 중 1,000만 원의 현금배당과 1,000만 원의 이익준비금을 적립하기로 안을 제기하였다.

이월이익잉여금	20,000,000 /	미지급배당금	10,000,000
		이익준비금	10,000,000

❷ 당기에 500만 원의 결손이 발생하여 주주총회에서 이익준비금 500만 원을 보전하기로 결의하였다.

이익준비금	5,000,000 /	이월결손금	5,000,000

2 기타법정적립금

기타법정적립금은 상법 이외의 법령에 의해서 적립된 금액을 말하며, 이에는 재무구조개선적립금과 기업합리화적립금 등이 있다

재무구조개선적립금

재무구조개선적립금은 기업이 자기자본비율을 높임으로써 재무구조를 개선하기 위해 사내에 유보시키는 적립금을 말하는 것으로 유가증권의 발행및공시등에관한규정 제56조에 의해 적립되는 법정적립금이다.

유가증권의발행및공시등에관한규정에 따르면 주권상장법인 및 코스닥 상장법인은 자기자본비율이 30%에 달할 때까지 매 사업연도마다 일정 금액 이상을 재무구조개선적립금으로 적립해야 한다. 다만, 적립해야 할 금액이 5백만 원에 미달하는 경우는 적립하지 않는다.

그리고 유보된 재무구조개선적립금은 이월결손금 보전과 자본전입 이외의 용도에는 사용할 수 없다.

기업합리화적립금

기업합리화적립금은 내국법인이 세액공제, 세액감면 또는 소득공제를 받을 경우 법인이 당해 사업연도의 이익처분에 있어서 그 소득공제에 상당하는 법인세액 또는 그 공제 받는 세액에 상당하는 금액을 적립하는 것을 말한다.

❶ (주)한국은 주주총회에서 미처분이익잉여금 중 투자세액공제액 200만 원에 대한 기업합리화적립금의 적립을 결의하였다.

| 이월이익잉여금 | 2,000,000 | / | 기업합리화적립금 | 2,000,000 |

❷ (주)한국은 당기에 세무상 결손이 100만 원이 발생해서 주주총회에서 기업합리화적립금으로 보전하기로 결의하였다.

| 기업합리화적립금 | 1,000,000 | / | 이월결손금 | 1,000,000 |

🗣 제 준비금

제 준비금은 세법에서 인정하는 비용으로서 이는 원칙적으로 기업회계기준에서는 인정을 하지 않는다.

3 임의적립금

임의적립금은 정관의 규정 또는 주주총회의 결의로 적립된 금액으로서 사업확장적립금, 감채적립금, 배당평균적립금, 결손보전적립금 및 세법상 적립해서 일정기간이 경과한 후 환입될 준비금 등이 있다.

❶ (주)이익은 이익잉여금 30억 원 중 10억 원을 사업 확장을 위해서 적립하다.

| 이월이익잉여금 | 100,000,000 | / | 사업확장적립금 | 100,000,000 |

❷ 위의 사업확장적립금으로 공장을 건설하고 건설 대금 5,000만 원을 수표발행해서 지급하였다.

| 건물 | 50,000,000 | / | 당좌예금 | 50,000,000 |
| 사업확장적립금 | 50,000,000 | | 이월이익잉여금 | 50,000,000 |

4 임의적립금의 자본전입 회계처리

구분	적립금
법정적립금	법정적립금에는 상법 규정에 따른 이익준비금이 있다. 우리나라 상법 규정에 따르면 회사는 자본금이 1/2에 달할 때까지 현금배당 또는 현물배당을 할 때마다 배당액의 1/10 이상을 이익준비금으로 적립하도록 규정하고 있다.
임의적립금	임의적립금의 계정과목은 기업이 결정한다(예 : 사업확장적립금, 감채기금적립금 등). 기업이 임의적립을 하는 가장 큰 이유는 기업의 의사를 주주에게 전달하는 것이다. 즉, 배당을 하지 않는 대신에 미처분이익잉여금을 다른 목적으로 사용하기 위해 사내에 유보하겠다는 표시다. 임의적립금은 다시 미처분이익잉여금으로 이입하여 배당할 수도 있다.

회사가 벌어들인 당기순이익은 재무상태표상 자본의 미처분이익잉여금으로 대체된다.

미처분이익잉여금은 배당으로 처분될 수도 있고 이익잉여금의 다른 항목으로 적립되기도 한다. 이익잉여금의 적립금에는 법으로 적립을 강제한 법정적립금과 기업이 임의로 적립한 임의적립금이 있다.

임의적립금의 자본전입은 일반적으로 인정되지 않는다. 임의적립금은 회사가 정관이나 주주총회의 결의에 따라 이익잉여금 중 사내 유보된 금액을 의미하며, 법령에 의해 강제적으로 적립되는 법정적립금과는 구별한다. 임의적립금을 이익준비금으로 전환 후 자본 전입하는 방법이 일반적이다.

임의적립금 회계처리

회사는 현금배당 200만 원을 지급하고 이익준비금 20만 원을 적립하고 재무구조개선적립금 100만 원을 적립해 둘 것을 결의하였다.

미처분이익잉여금	3,200,000 /	미지급배당금	2,000,000
		이익준비금	200,000
		재무구조개선적립금	1,000,000

 ## 재무상태표의 표시

임의적립금을 자본전입한 후, 재무상태표의 자본금계정에 해당 금액을 추가한다. 예를 들어, 다음과 같이 표시할 수 있다.

구분	재무제표 표시
자본금 계정	임의적립금이입액 + 기존 자본금 = 새로운 자본금
이익잉여금 계정	임의적립금이입액 – 처분이익잉여금 = 새로운 이익잉여금

기존 자본금 1,000,000원에 임의적립금 50,000원을 자본 전입하면 새로운 자본금은 1,050,000원이 되고, 이익잉여금은 50,000원 – 0원(처분이익잉여금 없음) = 50,000원이 된다.

재무상태표

1. 자본금계정

- 기존 자본금 : 1,000,000원
- 임의적립금이입액 : 50,000원

- 새로운 자본금 : 1,050,000원

2. 이익잉여금 계정
- 기존 이익잉여금 : 100,000원
- 임의적립금 이입액 : 50,000원
- 새로운 이익잉여금 : 150,000원

 임의적립금의 세무처리

[잉여금의 자본전입에 따른 의제배당 여부]

구 분		잉여금 발생 시 법인의 익금 여부	자본전입 시 주주의 의제배당 여부
주식 발행 액면 초과액	통상적인 시가초과 발행분*1	익금불산입	—
	채무의 출자전환의 경우 시가 초과 발행액	익 금	의제배당
	상환주식의 주식발행초과금 중 이익잉여금으로 상환된 금액	익금불산입	의제배당
주식의 포괄적 교환 차익		익금불산입	—
주식의 포괄적 이전 차익		익금불산입	—
합병 차익	세법으로 정한 합병차익*2	익금불산입	—
	기타	익 금	의제배당
분할 차익	세법으로 정한 분할차익*3	익금불산입	—
	기타	익 금	의제배당

구 분		잉여금 발생 시 법인의 익금 여부	자본전입 시 주주의 의제배당 여부
감자 차익	자기주식소각이익을 2년 이내 자본전입하는 경우	익금불산입	의제배당
	자기주식소각 당시 시가가 취득가액을 초과하는 경우*4	익금불산입	의제배당
	기타 감자차익	익금불산입	－
재평 가적 립금	재평가 세율 1% 적용 토지	익 금	의제배당
	기타 재평가적립금	익금불산입	－
자기주식처분이익		익 금	의제배당
이익준비금 등 법정적립금		익 금	의제배당
임의적립금 및 차기이월 이익잉여금		익 금	의제배당

*1. 채무의 출자전환으로 주식 등을 발행할 때 당해 주식 등의 시가를 초과하여 발행하는 경우 그 시가를 초과한 발행가액은 제외한다.

*2. 「법인세법」 제17조 제1항 제5호 합병차익을 말한다.

*3. 「법인세법」 제17조 제1항 제6호 분할차익을 말한다.

*4. 자기주식소각이익은 익금불산입 항목인 자본잉여금이나 일정한 요건을 충족하면 자본전입 시 의제배당으로 과세하는 점에서 다른 항목과 차이가 있다.

자본잉여금

자본잉여금이란 회사가 주주와의 자본거래에서 발생시킨 잉여금을 의미한다. 즉, 회사의 영업활동에서 생긴 이익이 아니라, 증자나 감자 등 주주와의 거래를 통해서 자본을 증가시키는 잉여금을 말한다. 대표적으로는 주식발행초과금이 있다.

1 주식발행초과금

주식발행초과금은 주식을 발행할 때 주식의 발행가액이 액면가액을 초과하는 경우 초과하는 금액을 말한다.

그러나 여기서 발행가액의 결정 시에는 신주발행비를 차감해야 한다.

(주)한국은 신주 1,000주(액면가액 5,000원)를 8,000원에 발행하였다.

현금	8,000,000	/	자본금	5,000,000
			주식발행초과금	3,000,000

주식발행초과금에 대한 회계처리는 모두 기중에 이루어지므로 결산 시 그 계상 내용이 적정한가? 또는 정확한 회계처리가 이루어졌는지? 여부만 검토하면 된다.

2 감자차익

감자차익은 자본감소의 경우 감소시킨 자본금이 주주에게 되돌려준 회사 자본을 초과하는 차액을 말한다. 즉, 자본감소의 경우에 그 자본금의 감소 금액이 주식의 소각, 주금의 반환에 소요된 금액과 결손의 보전에 충당한 금액을 초과한 때에 그 초과금액으로 한다. 다만, 자본금의 감소 금액이 주식의 소각, 주금의 반환에 소요된 금액에 미달하는 금액이 있는 경우에는 동 금액을 차감한 후의 금액으로 한다.

❶ (주)미래는 자본금을 감소시키기 위해서 1,000주(액면가액 5,000원)를 4,000원에 매입 소각했다.

자본금	5,000,000	/	현금	4,000,000
			감자차익	1,000,000

주 (5,000원 - 4,000원) × 1,000주

❷ 당기에 100만 원의 결손이 발생해서 주주총회에서 감자차익 100만 원을 보전하기로 했다.

감자차익	1,000,000	/	이월결손금	1,000,000

3 기타자본잉여금(자기주식)

기타자본잉여금은 자기주식처분이익(자기주식처분손실을 차감한 후) 및 그 밖의 기타자본잉여금을 말한다.

자기주식처분이익이란 자기주식의 처분 시 처분가액이 취득원가를 초과하는 경우를 말하며, 자기주식처분손실은 자기주식의 처분 시 처분가액이

취득원가(자기주식처분이익 포함)에 미달하는 경우를 말한다.

(주)한국의 자기주식 거래내역은 다음과 같다.

❶ 6월 10일 자기주식 50,000주를 주당 30,000원에 취득하였다.

자기주식	1,500,000,000	/ 현금	1,500,000,000

❷ 7월 10일 자기주식 10,000주를 주당 35,000원에 매각하였다.

현금	350,000,000	/ 자기주식■	300,000,000
		자기주식처분이익	50,000,000

주 10,000주 × 30,000원 = 300,000,000원

❸ 10월 5일 자기주식 30,000주를 20,000원에 매각하였다.

현금	600,000,000	/ 자기주식■	900,000,000
자기주식처분이익	50,000,000		
자기주식처분손실	250,000,000		

주 30,000주 × 30,000원 = 900,000,000원

자본조정

자본조정이란 특성상 자본에 부가하거나 차감해야 하는 계정 또는 자본의 구성항목 중 어느 계정에 계상해야 하는지 불분명해서 회계상 자본총액에서 가감하는 형식으로 기재하는 항목을 말한다.

구분	해 설
자기주식	자기주식은 자기 회사가 발행한 주식을 말한다. 자기주식에는 이익으로 상환하기로 해서 취득하는 상환주식도 포함된다.
주식할인 발행차금	주식할인발행차금은 주식을 액면가액 이하로 발행하는 경우 액면가액과 발행가액의 차이를 말한다.
주식매수 선택권	회사의 임직원 또는 기타 외부인이 행사가격으로 주식을 매입하거나 보상기준 가격과 행사가격의 차액을 현금 등으로 받을 수 있는 권리를 말한다.
출자전환 채무	채무자가 채무를 변제하기 위해 채권자에게 지분증권을 발행하는 출자전환에 합의하였으나 출자전환이 즉시 이행되지 않는 경우 출자전환을 합의한 시점(출자전환으로 인해 발행될 주식수가 결정되지 않은 경우는 주식수가 결정되는 시점)에 발행될 주식의 공정가액(시장성 없는 지분증권의 경우 조정대상 채무의 장부가액)을 자본조정의 '출자전환채무'로 대체하고 조정대상채무와

구분	해 설
	의 차액은 채무조정이익으로 처리한다.
감자차손	자본금의 감소액이 주식의 소각, 주금의 반환에 소요된 금액에 미달하는 금액을 말하며, 감자차익과 상계한 후의 금액으로 처리한다.
자기주식 처분손실	자기주식을 처분하는 경우 발생하는 손실로서 자기주식처분이익을 차감한 금액을 자기주식처분손실로 처리한다.
배당건설이자	회사는 그 목적인 사업의 성질에 의해서 회사의 설립 후 2년 이상 그 영업의 전부를 개시하기가 불능하다고 인정한 때에는 정관으로 일정한 주식에 대해서 그 개업 전 일정한 기간 내에 일정한 이자(이율은 연 5%를 초과하지 못함)를 그 주주에게 배당할 수 있음을 정할 수 있으며(상법 제463조 제1항), 배당금액은 개업 후 연 6% 이상의 이익을 배당하는 경우는 그 6%를 초과한 금액과 동액 이상을 상각해야 한다.
미교부주 식배당금	미교부주식배당금이란 이익잉여금처분계산서상의 주식배당액을 말하며, 주식교부 시에 자본금계정에 대체된다.
신주청약 증거금	신주청약증거금이란 청약에 의한 주식발행 시 계약금으로 받은 금액을 말하는데 이는 주식을 발행하는 시점에서 자본금으로 대체된다.

1 주식할인발행차금

주식할인발행차금은 주식을 액면금액보다 낮은 가액으로 발행하면서 발생하는 액면가와 발행가의 차이를 말한다.

자본을 감소시키는 성격이므로 자본 항목(자본조정)에 계상한다.

주식할인발행차금은 주식발행 연도부터 또는 증자 연도부터 3년 이내의 기간에 매기 정액법으로 상각한다. 다만, 결손이 있는 경우에는 차기 이후 연도에 이월해서 상각할 수 있다. 이때 주식할인발행차금의 상각은 이익잉여금처분계산서 상에 이익잉여금의 처분 항목으로 표시한다.

❶ (주)안양은 설립 후 2년이 경과하여 주주총회의 특별결의에 의해서 상법상의 제 규정에 따라 액면가 4,000원인 주식 10,000주를 발행하였다.

현금	40,000,000	/	자본금	50,000,000
주식할인발행차금	10,000,000			

❷ (주)안양은 금년 말 이를 상각하였다.

주식할인발행차금상각	3,333,333	/	주식할인발행차금	3,333,333

주 10,000,000원 × 1/3 = 3,333,333원

2 배당건설이자

주식회사의 경우 원칙적으로 이익이 없으면 배당이 불가능 하나 이에 대한 예외로서 배당건설이자는 상법의 규정에 의해서 자본금에 대한 이자를 배당한 경우, 그 금액을 말한다. 또한 상법에서는 배당건설이자를 재무상태표 상 자본조정의 부에 기재할 수 있도록 하고 있으며, 이에 대해서 연 6% 이상을 배당하는 경우 그 6%를 초과한 금액과 동일한 금액 이상 상각해야 한다고 규정하고 있다.

❶ (주)안양은 창업 시 공장 건설에 장기간이 소요되어 2년간 영업의

개시가 불가능하였다. 따라서 제2차 연도에 당사는 법원의 인가를 얻어서 1억 원에 대하여 5%의 배당금을 지급하였다.

| 배당건설이자 | 5,000,000 | / 현금 | 5,000,000 |

❷ 제3차 연도에 영업을 개시하여 순이익이 1,000만 원이 발생하였으며, 이중 자본금의 10%인 1,000만 원을 배당하였다.

| 배당금 | 10,000,000 | / 현금 | 10,000,000 |
| 배당건설이자상각 | 4,000,000 | 배당건설이자 | 4,000,000 |

주 배당건설이자 = 100,000,000원 × (10% - 6%) = 4,000,000원

3 자기주식

자기주식이란 회사가 이미 발행하여 유통 중인 자사 주식을 다시 취득한 것을 의미한다. 자기주식은 회사의 자산이 아니라, 자본에서 차감되는 자본의 차감(자본조정)계정으로 분류된다.

자기주식을 소각할 때는 소각금액만큼 자본금이 줄어들며, 관련된 자본조정 계정도 함께 감소시킨다.

또한 자기주식의 취득·처분 과정에서 발생한 이익이나 손실은 손익계산서(당기손익)에 반영되지 않고, 자본거래로 인식되어 자본잉여금 또는 자본조정 계정에서 처리된다.

자기주식처분손실은 자기주식처분이익으로 계상된 기타자본잉여금에서 우선적으로 차감하고 나머지는 결손금의 처리 순서에 준하여 처리하며, 자기주식처분이익은 자기주식처분손실에서 우선적으로 차감한 잔액으로 기재한다.

(주)안양은 1월 1일 액면가 5,000원인 보통주 1,000주를 8,500원에 발행하여 설립하였다.

❶ 100주의 보통주를 주당 8,800원에 재취득하였다.

자기주식	880,000	/	현금	880,000

🗹 100주 × @8,800원 = 880,000원
🗹 자기주식 취득 시 발생하는 부대비용은 취득원가에 포함하여 계상한다. 취득 과정에서 발생한 수수료 등의 부대비용은 자기주식의 취득원가를 구성하는 요소로 처리된다.

❷ 50주의 보통주를 주당 7,500원에 재취득하였다.

자기주식	375,000	/	현금	375,000

🗹 50주 × @7,500원 = 375,000원

❸ 20주의 자기주식을 주당 9,500원에 재발행했다.

현 금	190,000	/	자기주식	176,000
			자기주식처분이익	14,000

🗹 20주 × @9,500원 = 190,000원
🗹 20주 × @8,800원 = 176,000원

❹ 10주의 자기주식을 주당 5,000원에 재발행했다.

현금	50,000	/	자기주식	88,000
자기주식처분이익	14,000			
자기주식처분손실	24,000			

🗹 10주 × @5,000원 = 50,000원
🗹 10주 × @8,800원 = 88,000원
🗹 위 ❸의 자기주식처분이익 상의 금액이다.

❺ 80주의 자기주식을 소각하였다.

보통주자본금	400,000	/	자기주식	691,000
감자차손	291,000			

주 70주 × @8,800원 + 10주 × @7,500원 = 691,000원

자기주식 취득은 기본적으로 회사 재산을 감소시키는 효과가 있기 때문에 배당가능이익 범위 내에서만 가능하다(상법 제462조의 1).

배당가능이익 = 순이익 − 이익준비금 − 기타 적립금

배당가능이익 범위를 초과해서 자기주식 취득을 진행하면, 이는 주주 및 채권자 보호 원칙에 위배된다.

회사의 재무 상태에 따라 특정 상황에서는 자기주식 취득이 금지되기도 한다.

❶ 자본잠식 상태(자본금이 감소하거나 손실이 과도할 경우)

❷ 회사가 합병, 분할 등 구조조정을 통해 주식을 취득하려는 경우에는 일정한 절차에 따라 별도 승인을 받아야 한다.

상장회사의 경우, 자기주식을 공개 매수하거나 증권시장에서 취득할 때는 금융위원회 등 관계기관에 신고해야 한다(자본시장법 제159조).

주주평등 원칙에 따라 특정 주주에게만 편향된 방식으로 주식을 매입하거나 환원하면 안 된다(상법 제369조).

상법(제341조)에 따르면, 회사는 자기 발행주식의 총수 중 일부에 대해서만 자기주식 취득이 가능하다. 일반적으로 취득가능한 주식 수는 회사 정관이나 주주총회에서 정한 기준에 따른다.

4 미교부주식배당금

미교부주식배당금은 회사가 주주총회에서 주식배당을 결의했지만 아직

신주를 발행하거나 교부하지 않은 상태에서 임시로 계상하는 자본조정 항목이다. 이는 부채가 아닌 자본의 일부로 처리되며, 주식배당액만큼 이익잉여금에서 차감되어 표시한다. 실제로 주식이 교부되면 미교부주식배당금 계정은 사라지고 대신 자본금과 자본잉여금으로 증감 처리된다.

주식배당은 현금 대신 신주를 발행하여 주주에게 무상으로 배분하는 것으로, 이익잉여금이 감소하고 자본금이 증가하지만, 자본총액은 변하지 않는다. 미교부주식배당금은 이 과정에서 주식이 발행되기 전까지 임시로 자본조정 계정에 인식되는 것이다.

(주)한국은 결산 시 액면가 5,000원인 주식 5,000주를 유통시키고 있으며, 15%의 배당을 선언하였다. 그리고 이중 8%를 주식으로 배당하기로 결의하였다.

❶ 이익잉여금처분계산서 작성 시

미처분이익잉여금	1,925,000	/	미지급배당금	1,750,000
			이익준비금	175,000
미처분이익잉여금	2,000,000		미교부주식배당금	2,000,000

(주) 이익준비금 적립은 당해 법률의 규정에 따라 현금배당액의 최소 10% 이상을 적립해야 한다.

❷ 배당금 지급과 주식배당 시

| 미지급배당금 | 1,750,000 | / | 현금 | 1,750,000 |
| 미교부주식배당금 | 2,000,000 | | 보통주자본금 | 2,000,000 |

기타포괄손익 (당기손익에 바로 포함되지 않는 수익비용)

기타포괄손익(Other Comprehensive Income)은 특정 회계기간 동안의 수익과 비용 중 당기손익으로 인식되지 않고 자본 항목에 직접 영향을 미치는 손익을 말한다. 이는 기업의 실현되지 않은 자본변동을 측정하여 투자자와 이해관계자들에게 더 완전한 재무 정보를 제공한다.

기타포괄손익에 포함되는 항목들은 해당 손익이 단기적이지 않고 장기적인 영향을 미치며, 이에 따라 기업의 순자산에 영향을 주는 항목들이다.

구분	해 설
재평가잉여금	유형자산과 무형자산에 대해서 재평가모형을 적용하는 경우 당해 자산의 재평가이익은 재평가잉여금 계정으로 해서 기타포괄손익에 반영한다. 재평가잉여금은 당해 자산의 처분시점에 이익잉여금으로 직접 대체한다.
매도가능금융자산평가손익	매도가능금융자산평가손익은 단기매매금융자산이나 만기보유금융자산으로 분류되지 아니한 유가증권을 공정가액으로 평가함에 따라 발생한 미실현보유손익을 말한다.

구분	해 설
지분법자본변동	지분법적용투자주식 취득 이후 피투자회사에 대한 순자산 지분가액의 변동이 피투자회사의 자본금, 자본잉여금, 자본조정 항목의 증가 또는 감소로 인해서 변동한 경우 지분법적용투자주식의 장부가액 변동액을 표시하는 계정이다.
해외사업환산손익	해외사업환산손익은 영업·재무활동이 본점과 독립적으로 운영되는 해외지점, 해외사업소 또는 해외 소재 지분법 적용 대상 회사의 외화자산·부채를 당해 자산·부채는 재무상태표일 현재의 환율을, 자본은 발생 당시의 환율을 적용하며, 손익항목은 거래 발생 당시의 환율이나 당해 회계연도의 평균환율을 적용해서 일괄 환산함에 따라 발생하는 환산손익을 말한다.
현금흐름위험회피파생상품평가손익	현금흐름위험회피 파생상품평가손익은 파생상품이 현금흐름위험회피회계에 해당하는 경우 당해 파생상품을 공정가액으로 평가함에 따라 발생하는 평가손익을 말한다.

수익과 비용의 회계처리

매출액과 매출원가

1 매출액

매출액은 상(제)품의 매출 또는 용역의 제공에 따른 수입금액으로서 반제품, 부산품, 작업폐물 등을 포함한 총매출액에서 매출환입액, 에누리액 및 매출할인을 공제한 순매출액을 말한다.

구 분	해 설
매출에누리	매출에누리는 고객에게 물품을 판매한 후 그 물품의 수량부족이나 불량품 발생 등으로 인해서 판매대금을 감액해주는 것을 말한다. 예를 들어 100개의 물건을 팔았는데 2개가 불량품인 경우 동 불량품을 정상가액에서 차감해 주는 경우를 말한다.
매출환입	매출환입은 주문한 물품과 다른 물품의 인도 또는 불량품 발생 등으로 인해서 판매 물품의 거래처로부터 반송된 경우 그 금액을 말한다.
매출할인	매출할인은 매출 대금을 그 지급기일 이전에 회수함으로써 회수기일까지의 일수에 따라 일정한 금액을 할인해 주는 것을 말한다. 즉 미리 외상대금을 받음으로 인해 받을 금액에서 일정액을 차감해 주는 것을 말한다.

주 매출에누리와 매출환입은 그 성격이 유사하나 매출에누리는 반송되지 않고 협의 하에 매출금액에서 일정액을 차감해 주는 경우를 말하며, 매출환입은 반송이 되어서 매출금액에서 차감한 경우를 말한다.

그리고 매출할인은 외상매출 후 약정기일보다 외상대금을 일찍 줌으로 인하여 감사의 뜻으로 받을 금액에서 일정액을 차감하고 받는 경우를 말한다.

❶ 11월 22일 서울상사에 다음과 같이 제품을 매출하고 세금계산서를 발행하였다. 대금은 8월 12일에 받은 계약금 3,000만 원을 차감한 잔액을 외상으로 하였다.

품목	수량	단가	공급가액	부가가치세
제품A	50개	1,200,000원	60,000,000원	6,000,000원
제품B	25개	800,000원	20,000,000원	2,000,000원

선수금	30,000,000 /	제품매출	80,000,000
외상매출금	58,000,000	부가가치세예수금	8,000,000

❷ 11월 25일 제품매출에 대한 외상매출금 잔액을 보통예금으로 송금 받았다. 동 대금 잔액은 11월 22일에 발생한 (2/10, n/15)의 매출할인 조건부 거래에 대한 것으로서 동 결제는 동 공급에 관한 최초의 결제이다.

보통예금	56,840,000 /	외상매출금	58,000,000
매출할인	1,160,000		

2 매출원가

매출원가는 매출을 실현하기 위한 생산이나 구매과정에서 발생한 재화와 용역의 소비액 및 기타경비를 말한다.

판매업에 있어서 매출원가는 기초상품재고액과 당기상품매입액의 합계액에서 기말상품재고액을 차감해서 산출되며, 제조업에 있어서는 기초제품재고액과 당기제품제조원가의 합계액에서 기말제품재고액을 차감해서 산출된다.

구 분	해 설
매입에누리	매입에누리는 물품을 구입한 후 그 물품의 수량부족이나 불량품 발생 등으로 인해서 구매대금을 감액받는 것을 말한다.
매입환출	매입환출이란 주문한 상품과 다른 물품의 인도 등으로 인해서 구매물품을 거래처로 반송한 경우 그 금액을 말한다.
매입할인	매입할인은 매입대금을 그 지급기일 이전에 지급함으로써 지급기일까지의 일수에 따라 일정한 금액을 할인받는 것을 말한다.
관세환급금	수출에 사용할 목적으로 원부자재를 수입할 때 납부한 관세를 수출시 되돌려받는 경우 이를 처리하는 계정이다. 관세환급금과 관련해서는 수입 시 관세납부액을 원가에 반영 후 해당 관세환급금은 매출원가에서 차감하면 된다.

판매비와관리비 계정과목

판매비와관리비는 제품, 상품, 용역 등의 판매 활동과 기업의 관리 및 유지 활동에서 발생하는 비용으로서 매출원가에 속하지 않는 모든 영업비용을 포함한다. 즉, 판매비와관리비는 제품의 판매 또는 관리를 위해서 사용된 비용을 말한다.

1 급여(임직원 근로의 대가인 임금과 수당)

구 분	계정과목
급여의 지급액	급여
급여의 미지급액	미지급급여
급여의 가불액	가지급금 또는 선급급여
아르바이트생, 청소 아줌마 급여	잡급
공장 직원 급여	급여(제조원가)
급여이체 시 수수료	지급수수료

❶ (주)한국에 근무하는 김갑동씨에게 급여로 200만 원을 받으면서 근로소득세 19,520원, 지방소득세 1,950, 국민연금 90,000원, 건강보험 80,080원, 고용보험 18,000원을 공제한 후 1,790,450원을 받은 경우

급여	2,000,000	/	근로소득세예수금	19,520
			지방소득세예수금	1,950
			국민연금예수금	90,000
			건강보험예수금	80,080
			고용보험예수금	18,000
			현금	1,790,450

의 분개(회계처리)를 해야 하며, 납부 기한이 되어 건강보험료 등을 회사가 납부하는 경우(단, 회사부담분은 분개에서 제외)

근로소득세예수금	19,520	/	현금	209,550
지방소득세예수금	1,950			
국민연금예수금	90,000			
건강보험예수금	80,080			
고용보험예수금	18,000			

❷ 직원의 급여 200만 원을 다음 달에 지급하기로 한 경우

급여	2,000,000	/	미지급급여	2,000,000

❸ 직원이 집안에 급한 일로 급여 200만 원 중 100만 원을 가불해간 경우

선급급여	1,000,000	/	현금	1,000,000

급여를 지급한 경우 내부적으로는 인사기록철, 출근부, 급여송금명세서, 은행이체명세서 및 일용근로자 임금대장(주민등록등본 포함) 등을 작성·비치하며, 세무상으로는 세금계산서 등 적격증빙의 수취·보관 대상은 아니나 근로소득 원천징수영수증을 작성·보관해 둔다.

급여는 원칙적으로 비용으로 인정하되, 세무상 특정한 보수, 임원상여

금 한도 초과액, 임원 퇴직금 한도 초과액은 비용으로 인정하지 않는다. 따라서 비용으로 인정되지 않는 금액을 회사가 비용으로 처리한 경우는 이에 대해 세무상 조정을 해야 하며, 비용으로 인정받는 항목이라도 비용으로 인정을 받기 위해서는 제반 요건이나 증빙을 갖추어야만 한다.

급여는 발생주의에 따라 회계처리를 하는 것이 보통이다. 만일, 기말 결산일 현재 이미 급여의 지급 사유가 발생하였으나 아직 지급기일이 미 도래해서 미지급 상태에 있는 급여의 경우에는 차변에 급여, 대변에 미지급급여(미지급비용) 등으로 회계처리를 해서 당기의 급여로 계상하는 것이 원칙이다. 그리고 근로계약 시 급여를 선지급하는 조건의 경우 이를 선급급여로 처리하고 월 결산 또는 기말결산 시 당기분에 해당하는 비용만 선급비용으로 처리한다.

임직원의 급여, 퇴직금 등은 적격증빙을 받지 않아도 된다. 즉, 상대방으로부터 용역을 제공받고 지급하는 인건비의 경우 상대방이 사업자가 아닌 경우에는 세금계산서 등 적격증빙을 받지 않아도 되나 반드시 원천징수 후 원천징수영수증을 보관해야 비용으로 인정이 가능하다. 즉, 인적용역에 대한 적격증빙은 원천징수영수증이라고 생각하면 된다.

그리고 급여 등에 대한 내부증빙으로는 급여대장, 급여영수증, 무통장입금증, 계좌이체확인서, 세무서에 제출한 원천징수이행상황신고서, 원천징수영수증(지급명세서), 연말정산 서류 등을 갖추어 놓으면 된다.

여기에는 급여 및 제수당, 상여금 등과 식대보조금, 자가운전보조금, 학비 보조금, 경조사비 지원금 등의 복리후생비로서 근로소득의 범위에 속하는 항목들과 퇴직금 원천징수 대상 소득 등 모든 인건비를 포함한다.

구 분	적격증빙	
일반 계속근로자 급여, 퇴직금	구분	증빙서류
	적격증빙	원천징수영수증(지급명세서)
	내부관리증빙	무통장 입금증, 급여대장 등
일용근로자에 대한 급여	구분	증빙서류
	적격증빙	원천징수영수증(지급명세서)
	내부관리증빙	일용근로자 임금대장, 급여영수증, 무통 장 입금증

2 퇴직급여(임직원 퇴직시 지급하는 퇴직금)

퇴직급여란 영업기간 중 또는 영업연도 말 임원 또는 직원이 퇴사하는 경우 사내 퇴직금 지급 규정에 따라서 지급하는 금액을 처리하기 위한 계정이다.

그러나 퇴직금은 종업원 등의 퇴직을 원인으로 해서 일시적으로 지출하는 성질의 비용이라고 볼 수 없다. 즉, 근속기간의 경과에 따라 일정액씩 누락해서 발생한 비용이 실제 퇴직이라고 하는 원인에 의해서 한꺼번에 지출되는 것이다. 따라서 이와 같은 비용을 퇴직 시점에 일시적으로 비용처리 하는 것은 기간손익의 계산이라는 관점에서 불합리하므로 퇴직급여충당부채를 설정할 필요가 있다. 즉, 퇴직금의 지급에 대비해서 매 결산 기말 퇴직급여충당부채를 설정한다.

그리고 자사의 임직원 중 퇴사하는 임직원이 있을 경우는 종전에 설정해 둔 퇴직급여충당부채가 있는 경우 동 충당부채에서 우선으로 상계하고 부족 잔액에 대해서 퇴직급여 계정으로 처리한다.

(주)한국은 영업부 직원 이운임씨의 퇴직으로 퇴직금 400만 원을 지급했다. 단, 퇴직급여충당부채 200만 원이 설정되어 있었다(각종 공제액 10만 원 원천징수 세액 5만 원가정).

퇴직급여충당부채	2,000,000	/ 현금	3,850,000
퇴직급여	2,000,000	각종공제액	100,000
		퇴직소득세예수금	50,000

[주] 퇴직금 지급 시 기존에 설정한 충당부채에서 우선 상계한다. 부족한 금액은 퇴직급여 계정으로 처리한다.

퇴직금 지급과 관련해서 내부적으로 퇴직급여 명세서(또는 퇴직금 관리대장)를 작성하며, 외부 지출 증빙으로는 퇴직소득원천징수영수증을 작성·보관하면 된다.

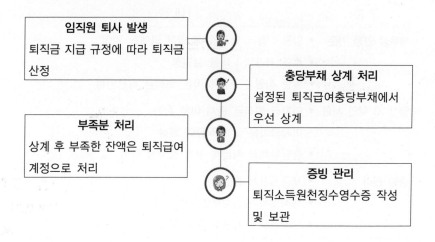

임직원 퇴사 발생
퇴직금 지급 규정에 따라 퇴직금 산정

충당부채 상계 처리
설정된 퇴직급여충당부채에서 우선 상계

부족분 처리
상계 후 부족한 잔액은 퇴직급여 계정으로 처리

증빙 관리
퇴직소득원천징수영수증 작성 및 보관

퇴직급여, 즉 퇴직금도 급여와 마찬가지로 세법상 원칙적으로는 비용으로 인정된다.

그러나 세무상으로는 비정상적인 퇴직금의 지급을 방지하기 위해서 임원에 대해서는 정관 등 사규에 의해 지급하는 경우에만 비용으로 인정하고 이를 초과해서 지급하는 금액에 대해서는 비용으로 인정해 주지 않고 있다.

퇴직한 종업원에 대해서 결산일 현재 지급을 완료하지 않은 퇴직금이 있는지? 여부를 확인하고 미지급 시 이를 미지급비용 등으로 계상하고 동시에 당기의 퇴직급여로 계상해야 한다. 그리고 당기에 지급한 퇴직급여가 퇴직급여충당부채와 정확히 상계되었는지를 확인해야 한다.

퇴직금의 비용처리와 관련해서는 퇴직급여는 세금계산서 등 적격증빙을 받지 않아도 된다. 즉, 퇴직소득 원천징수영수증만 보관하고 지급명세서를 제출함으로써 충분하다.

구 분	내 용
세무상 인정 기준	• 임원 : 정관 및 사규에 의한 금액만 인정 • 초과 지급액 : 비용 불인정 • 일반 직원 : 규정에 따른 퇴직금 비용인정
결산 시 확인 사항	• 미지급 퇴직금 존재 여부 확인 • 미지급비용 및 퇴직급여 계상 • 충당부채와 지급액 상계 정확성 검토
증빙 관리	• 세금계산서 불필요 • 퇴직소득 원천징수영수증 보관 • 지급명세서 제출로 증빙 완료

3 복리후생비(임직원을 위해 회사에서 쓰는 비용)

복리후생비는 기업이 직원들의 복지와 직장 환경 개선을 위해 지출하는 비용을 말한다. 이는 직원들의 작업능률 향상을 간접적으로 지원하는 시설 및 경비를 포함한다. 대표적인 예로는 직원 간식비, 경조사비, 각종 사회보험 회사부담분, 건강진단비, 자가운전보조수당, 식비보조금, 그리고 사내 동호회 활동 지원금 등이 있다.

이러한 복리후생비는 회사의 비용으로 인정받기 위해 정확한 증빙서류와 세무처리가 필요하다. 특히 회계 담당자나 사업주들은 복리후생비가 비용으로 인정받을 수 있는지, 어떤 증빙이 필요한지 정확히 파악해야 한다.

구 분	내 용
식대 관련	직원 간식비, 식비 보조금 등 식사와 관련된 복리후생비
건강 관련	건강보험료 회사부담분, 건강진단비용 등 직원 건강과 관련된 지출
교통 관련	자가운전보조수당, 출퇴근 교통비 지원 등 이동과 관련된 비용
문화/여가 관련	사내 동호회 활동비 지원, 직원 경조사비, 직원 행사비 등 문화생활 지원 비용

(주)아이는 종업원의 건강보험료를 건강보험공단에 납부했으며, 회사부담액과 본인부담액은 300만 원이다.

복리후생비	3,000,000	/ 현금	6,000,000
건강보험예수금	3,000,000		

복리후생비의 지급과 관련해서는 내부적으로 지급품의서와 전표를 작성·보관하면 되며, 외부지출증빙으로는 3만 원 이하의 경우 간이영수증을 3만 원 초과의 경우 세금계산서나 카드전표, 계산서 중 하나를 받아서 보관해야 한다.

세법에서 인정하는 복리후생비는 원칙적으로 적격증빙을 갖추지 않아도 비용으로 인정되지만, 특정 직원을 대상으로 지급하는 비용이나 위의 경우처럼 급여로 보아 원천징수하는 복리후생비는 비록 회사에서 복리후생비로 처리해도 비용으로 인정받을 수 없으므로 반드시 적격증빙을 갖추어야 한다.

그러나 실무적으로 경리초보자의 경우 비용인정 가능한 복리후생비인지 불가능 복리후생비인지의 구분이 손쉽게 이루어지지 않으므로 증빙을 받을 수 있는 지출의 경우 증빙을 받아두는 것이 좋다.

구 분	내 용
내부증빙 준비	• 지급품의서 작성 • 전표 작성 및 보관 • 지급 기준 내부규정 구비
외부지출증빙 수취	• 3만 원 이하 : 간이영수증도 가능 • 3만 원 초과 : 적격증빙(세금계산서, 카드전표, 계산서, 현금영수증) 중 하나 • 증빙서류 원본 보관
증빙서류 검토	• 적격증빙 여부 확인 : 아니면 비용불인정 • 특정 직원 대상 지급 비용 검토 : 특정 직원에게만 지급시 급여로 봐 원천징수 • 급여성 복리후생비 식별 : 세법에서 비과세로 규정한 것이 아니면 급여로 봐 원천징수

구 분	내 용
서류 정리 및 보관	원천징수영수증(지급명세서), 원천징수이행상황신고서 또는 적격증빙을 보관 • 증빙서류 체계적 분류 • 5년간 보관 의무 • 디지털 백업 권장

4 임차료(회사가 자산을 빌려 쓰는 비용)

임차료는 회사가 건물, 토지, 차량, 기계 장비 등 유형자산의 사용권을 획득하기 위해 지급하는 대가를 말한다.

공장의 토지, 창고 임대와 같이 생산 활동과 직접적으로 관련이 있는 경우, 제조원가로 분류하여 처리한다.

구 분	내 용
건물/부동산 임차료	사무실, 매장 등 임대공간 사용료
차량 임차료	리스 차량이나 장기 대여 차량 사용료, 주차장 임차료
기계장비 임차료	공장 기계나 건설 장비 대여료
토지 임차료	창고 부지, 야외 작업장 사용료
사무실 소모품	복사기·팩스 임차료, 정수기 임차료

❶ (주)한국은 8월 1일 서초동에 위치한 한국빌딩을 1년간 임차하고 이에 대한 보증금으로 1억 원을 지급하였다.

보증금   100,000,000 / 현금   100,000,000

❷ (주)한국은 8월 31일 월 임대료 300만 원을 (주)세계에 지급하였다.

임차료	3,000,000	/	현금	3,000,000

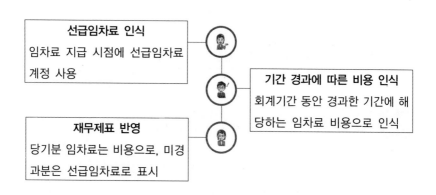

선급임차료 인식
임차료 지급 시점에 선급임차료 계정 사용

기간 경과에 따른 비용 인식
회계기간 동안 경과한 기간에 해당하는 임차료 비용으로 인식

재무제표 반영
당기분 임차료는 비용으로, 미경과분은 선급임차료로 표시

임차료는 기간의 경과에 따라 당기분에 해당하는 금액을 적절히 재무제표에 반영해야 하므로 지급일과 결산일이 일치하지 않는 경우는 당기의 비용만을 인식하기 위해서 선급 시점에 선급임차료 계정을 이용해서

선급임차료	×××	/	현금	×××

회계처리를 한 후, 결산 시 당해 연도에 해당분만을 인식하기 위해서,

임차료	×××	/	선급임차료	×××

의 결산정리분개를 해야 하며, 임차료의 미지급 시에는 미지급 사유 발생 시점에

임차료	×××	/	미지급임차료	×××

의 회계처리를 한 후 결산 시점에

미지급임차료	×××	/	현금	×××

등의 결산정리분개를 해야 한다.

구 분	적격증빙
주택 임차	적격증빙 수취대상 제외
간이과세자로부터 주택 외 임대	송금명세서 제출
사무실 등 주택 외 임대	세금계산서 수취

구분	증빙 관리
임차료	세금계산서 수취
전기료 · 가스료 · 주차료	임차인 부담분에 대해서 세금계산서 수취
수도료	계산서 수취
전기료 · 가스료 · 주차료 · 수도료 등을 명세서에 구분 징수 하지 않고 임차료에 포함해서 징수하는 경우는 전체 금액에 대해서 세금계산서 수취	

구 분	적격증빙
금융리스 및 차량리스	영수증 수취(지로 입금)
운용리스	계산서 수취
중개수수료	세금계산서 수취 또는 송금명세서 제출

구분	증빙 관리
일반과세자	세금계산서나 신용카드매출전표
간이과세자	송금명세서
비사업자	비용인정을 받을 수 없음

5 기업업무추진비(거래처 접대를 위해 든 비용)

기업업무추진비란 주대, 차대, 선물비용, 경조사비, 대리운전(거래처), 방문 고객 주차 요금 등 일반적으로 회사의 영업과 관련해서 타인에게 금전을 제외한 재화나 기타 서비스를 제공하는 데 드는 비용을 말한다.

(주)한국은 거래처 손님의 방문으로 영업상 접대를 위해 200만 원을 지출했다.

| 기업업무추진비 | 2,000,000 | / 현금 | 2,000,000 |

구 분	적격증빙
3만원 까지(~30,000)	신용카드, 직불카드, 세금계산서, 계산서, 기명식 선불카드, 현금영수증, 간이영수증 등 증빙보관
3만원 초과(30,001~)	신용카드, 직불카드, 세금계산서, 계산서, 기명식 선불카드, 현금영수증 등 수취·보관

주 개인사업자는 3만원 초과비용에 대해 사업용 계좌와 연결된 개인카드 가능

상품권을 기업업무추진비로 구입한 경우

구 분	적격증빙
구입시	세금계산서 등 적격증빙을 받지 않아도 된다. 관련 소명자료로 영수증 정도면 충분하다.
제공시	세금계산서 등 적격증빙을 받아야 한다. 그러나 상품권을 선물하면서 상대방에게 증빙을 달라고 할 수 없는 것이 현실이다. 따라서 구입 시 신용카드 결제 후 신용카드매출전표를 적격증빙으로 사용해야 한다.

경조사 기업업무추진비의 적격증빙

구 분		적격증빙
거래처	20만 원 이하(20만 원까지)	영수증이나 청첩장 등 지출 사실 증명서류
	20만 원 초과(20만 1원부터)	세금계산서나 신용카드매출전표(반드시 법인카드) 등 적격증빙
임직원	20만 원 이하(20만 원까지)	영수증이나 청첩장 등 지출 사실 증명서류
	20만 원 초과(20만 1원부터)	급여처리 후 근로소득 원천징수 후 원천징수영수증 첨부
	회사 임직원들의 경조사에 지출하는 비용의 경우에도 20만 원까지는 사규 및 관련 증빙(청첩장 등)을 구비 하면 되며, 20만 원을 초과하는 경우는 원칙적으로 당사자의 급여로 처리한다. 다만, 법인의 지급 능력, 임직원의 직위연봉 등을 고려한 사규 등에 의해 20만 원을 초과하더라도 사회통념상 타당한 범위 내의 금액이라면 복리후생비로 처리할 수 있다.	

6 감가상각비

감가상각비는 유형자산이 시간이 지남에 따라 그 가치가 점차 감소하는 것을 그 자산의 내용연수에 따라 비용화 시켜주는 것을 말하며, 자세한 내용은 앞서 설명한 유형자산 해설 부분을 참고하기 바란다.

7 무형자산상각비

무형자산상각비는 내용연수 동안 무형자산의 상각과 관련해서 발생하는 감가상각비용을 말한다.

(주)한국은 특허권 1,000만 원을 10년간 상각하기로 하였다.

무형자산상각비	1,000,000	/	특허권	1,000,000

주 10,000,000원 × 1/10 = 1,000,000원

무형자산은 결산 시 그 상각연수에 따라 상각하는 회계처리가 필요하다.

8 세금과공과(국민연금, 벌금, 과료, 과태료 납부액)

세금과공과는 기업이 국가, 지방자치단체, 공공단체에 납부하는 다양한 세금과 공과금을 처리하는 계정이다.

이에는 회사 명의의 자동차세, 재산세, 사업소세, 적십자사회비, 상공회의소회비, 국민연금 회사부담분, 벌금, 인지대, 교통유발부담금, 안전협회비 등 기업에 대해서 국가 또는 지방자치단체가 부과하는 조세와 공공적 지출에 충당할 목적으로 동업조합, 상공회의소 등의 각종 공공단체가 부과하는 부과금 및 벌금, 과료, 과태료 등의 특정 행위의 제재를 목적으로 하는 과징금 등이 해당한다.

(주)한국은 영업사원의 불법주차로 인한 과태료 4만 원을 지로 사이트에서 계좌이체로 납부했다.

세금과공과	40,000	/	보통예금	40,000

세금과공과의 계상은 일반적으로 납세고지서 등을 받은 시점에서 이루어진다. 따라서 납세고지서를 받은 시점에서는 이를 미지급세금으로 계상했다가 실제로 그 세금 등을 납부했을 때 미지급세금 계정과 상계한다.

그런데 이러한 미지급세금 등을 계상하지 않고 실제로 당해 세금 등을 납부한 시점에서 회계처리를 하는 경우가 있을 수 있다. 이때에는 기말결산 시에 납세고지서가 도래하였으나 아직 납부하지 않은 금액을 미지급세금으로 계상하는 회계처리를 한다.

그리고 세금과공과 계정에 법인세 등으로 처리해야 할 사항이 포함되어 있는 경우에는 이것을 결산정리 시에 법인세비용 계정으로 대체해야 한다.

구 분	적격증빙
세금의 납부 시	세금은 국가와 지방자치단체에 납부하는 것이므로 적격증빙을 받지 않아도 된다.
공과금의 납부 시	공과금은 국가, 지방자치단체, 기타 공익단체 등의 공공기관에서 공공지출에 충당하기 위해서 징수하는 부과금이므로 적격증빙을 받지 않아도 된다. 다만, 제반 벌과금 · 산재보험료가산금 · 폐수배출부담금 · 과태료 등은 적격증빙의 수취 여부와 관계없이 소득금액 계산 시 손금불산입 된다.

9 광고선전비(상품 홍보를 위해 드는 비용)

광고선전비란 재화 또는 용역의 판매촉진이나 기업이미지 개선 등의 선전효과를 위해서 불특정다수인을 대상으로 지출하는 비용을 말한다.

구 분	내 용
광고물 구입비	기업 홍보를 위한 광고물 구매에 사용되는 비용

구 분	내 용
광고 제작 의뢰비	전문 업체에 제작 의뢰 시 발생하는 비용
간판 제작비	기업 간판 제작과 설치에 관련된 비용
법인결산공고료	회사 결산 내용을 공고하는 데 필요한 비용

(주)한국은 신제품의 홍보를 위한 신문광고와 시음회를 위해서 1,000
만 원을 지출하였다.

광고선전비	10,000,000	/ 보통예금	10,000,000

광고선전비 중 지급 의무가 확정된 것으로서 자금 사정상 아직 지출되
지 않은 금액이 있는 경우는 이를 당기의 비용으로 인식하는 회계처리
를 해야 한다. 이때의 상대 계정은 미지급 광고선전비이다.

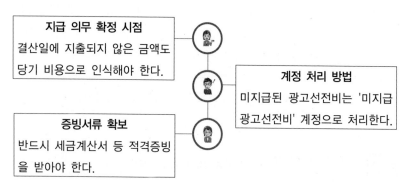

구 분	개념	비용인정	적격증빙
사업자 협찬금	광고 등 조건부 제공 인 경우	광고선전비 등으로 손금산입된다.	세금계산서를 받는다.
비사업 협찬금	비영리단체에 대한 일시 우발적·광고 협찬품	고유목적 관련 광고 선전비로 처리할 수 있다.	부가가치세 과세사업이 아니므로 계산서나 영수증을 받는다.

경상연구개발비(정기적으로 발생하는 연구비)

경상연구개발비는 기업이 새로운 제품, 기술, 공정 등을 개발하기 위해 수행한 연구·개발 활동에서 일반적이고 반복적으로 발생하는 비용을 의미한다.

경상연구개발비에는 연구·개발 활동과 직접적으로 관련된 다양한 비용이 포함된다. 다음은 일반적으로 경상연구개발비에 해당하는 항목들이다.

구 분	내 용
인건비	연구원, 기술진 등 연구개발 인력에게 지급되는 급여 · 상여금, 복리후생비
실험비 및 재료비	실험 및 프로토타입 제작에 사용되는 재료 구입비, 설비 사용료 예 : 샘플 제작, 원료 구입, 실험 소모품 사용비
감가상각비	연구개발에 사용되는 설비(기계, 장비 등)에 대한 감가상각비
외주비	외부 연구기관, 컨설팅 업체, 협력사 등에 의뢰한 연구개발 관련 서비스 비용
기타비용	연구용 시설의 전기료, 관리비, 소모품비 등

한국연구소는 신제품과 신기술의 개발을 위해서 당해 연도의 경상개발비로 1,000만 원을 수표발행 지급하였다.

경상연구개발비	10,000,000	/	보통예금	10,000,000

개발 완료 후 자산화를 고려할 수 있는 연구개발 활동(주로 개발 단계

에서 발생한 비용)은 개발비로 처리하여 무형자산으로 계상할 수 있다. 이를 위해 아래 요건을 충족해야 한다(예 : K-IFRS 기준):

• 기술적 실현 가능성이 입증됨
• 개발 결과가 경제적 효익을 창출할 가능성이 높음
• 기업이 개발 산출물을 사용할 능력과 의사가 있음

자산화가 가능한 경우, 개발비로 계정 처리 후 감가상각을 통해 장기적으로 비용화 한다.

11 대손상각비(채권을 회수하지 못한 비용)

대손상각비란 거래처의 파산, 행방불명 등의 사유로 채권의 회수가 불가능하게 된 경우 회수불능채권을 비용으로 처리하기 위한 계정이다.
이에 대한 자세한 내용은 앞서 설명한 대손충당금 계정과목 해설을 참고하기를 바란다.

12 여비교통비(출장시 여비교통비와 차량유지비의 차이)

여비교통비는 기업의 판매 및 관리 활동에 종사하는 임직원들이 업무 수행을 위해 발생하는 출장 및 이동 관련 비용을 처리하는 계정이다. 이 계정은 국내외 출장, 업무상 이동, 그리고 전근 등에 필요한 다양한 경비를 포함한다.

여기서 여비란 기업의 임원 및 종업원이 업무를 수행하기 위해서 먼 지방으로 출장을 가는 경우에 여비지급 규정에 의해서 지급되는 국내출장여비, 해외출장여비 및 전근, 부임 여비를 말한다. 여비의 내용은 철도운임, 항공운임, 선임, 차임, 일당, 출입국 절차 비용, 숙박료, 식사대, 운송보험으로 구성이 된다.

그리고 여비는 일반적으로 1일을 단위로 정산이 된다. 반면, 교통비란 가까운 거리에 출장을 가는 경우 드는 비용으로 택시요금, 버스요금, 지하철 요금, 고속도로 통행료, 일시적인 주차료로 구성이 된다. 또한 기업이 통근용 정기승차권, 버스승차권 등을 종업원에게 지급하고 여비교통비 계정으로 처리하는 경우가 있는데, 이 경우 일정액 이상을 지출하는 경우 근로소득으로 간주가 되므로 이점에 주의한다.

구 분	내 용
여 비	철도운임, 항공운임, 선임, 차임, 일당, 출입국 절차 비용, 숙박료, 식사대, 운송보험
교통비	택시요금, 버스요금, 지하철요금, 고속도로 통행료, 일시적인 주차료

정기 지급 여비교통비	차량유지보조금 관련	비과세 한도
매일 정기적으로 지급되는 여비교통비는 세무 예규상 비용으로 인정받지 못하고 해당 직원의 급여로 간주되어 원천징수 대상이 될 수 있다.	차량유지 보조금을 지급하면서 별도로 여비교통비를 지급할 경우, 차량유지비 월 20만 원을 초과하는 금액은 급여로 보아 원천징수 해야 한다.	소득세법상 차량유지비는 월 20만 원까지만 비과세 급여로 인정되므로, 이를 초과하는 금액에 대해서는 비과세 되지 않는다.

회사의 영업사원인 김갑동씨가 4월 1일 지방 출장을 가게 되어 현금 20만 원을 지급했다. 4월 2일 출장 후 그 내역을 보니 여비교통비 10

만 원, 기업업무추진비 5만 원, 잡비 5만 원으로 밝혀졌다.

❶ 비용으로 계상하는 방법(4월 2일)

여비교통비	100,000	/ 현금	200,000
기업업무추진비	50,000		
잡비	50,000		

❷ 가지급금 계상 후 상계

가. 비용의 지불 시점(4월 1일)

가지급금	200,000	/ 현금	200,000

나. 출장에서 돌아온 경우(4월 2일)

여비교통비	100,000	/ 가지급금	200,000
기업업무추진비	50,000		
잡비	50,000		

주 여비교통비 중 기업업무추진비가 포함되어 있는 경우 세무상 이는 여비교통비로 처리하면 안 되고 기업업무추진비로 보아 한도액 계산을 해야 한다.

결산 시 여비교통비 계정의 내용을 검토한 후 임원급여, 급여, 복리후생비, 기업업무추진비 등이 포함되어 있으면 각각 구분 경리해야 한다. 특히 가지급금 계정의 기말잔액을 검토한 후 여기에 여비교통비가 포함되어 있으면 이를 정리해야 한다.

구 분	내 용
계정 내용 검토	여비교통비 계정에 다른 성격의 비용이 포함되어 있는지 확인한다.
구분 경리	임원급여, 급여, 복리후생비, 기업업무추진비 등이 포함되어 있으면 각각 적절한 계정으로 구분한다.

구 분	내 용
가지급금 검토	가지급금 계정의 기말잔액 중 여비교통비가 포함된 항목을 식별하고 정리한다.
최종 확인	모든 여비교통비 항목이 적절히 분류되고 처리되었는지 최종 확인한다.

 금액 기준

구 분	적격증빙
3만원까지	적격증빙의 수취대상 거래가 아닌 건별 3만 원 미만의 거래에 대해서는 법인의 내부규정에 의해서 지급하고, 주차료 등 영수증을 첨부할 수 있는 것은 영수증을 첨부해야 확실히 비용으로 인정된다.
3만원 초과	적격증빙의 수취 대상인 3만 원 초과 지출 시에는 세금계산서 등 적격증빙을 받아야 하는 것이다.

 사례 기준

구 분	적격증빙
시내교통비	내부지출결의서로 충분. 택시비는 영수증을 첨부하고 버스요금이나 지하철 요금은 교통카드를 이용하는 것이 증빙관리상 필요하다.

구분	증빙 관리
시내버스, 택시	교통카드나 택시비 영수증을 첨부하거나 지출결의서 첨부
시외버스, 고속버스	승차권을 증빙으로 첨부한다.

구 분	적격증빙
시외출장비	택시비나 버스비 등은 지출결의서 등으로 충분하나 항공료나 고속버스비는 탑승권이나 승차권 영수증을 증빙으로 보관한다. 또한 숙박비나 기업업무추진비 등은 일반적으로 신용카드매출전표 등 적격증빙을 받을 수 있으므로 3만 원 초과 시 적격증빙을 받아야 한다.

구분	증빙 관리
시외버스 · 고속버스 · 기차	승차권을 증빙으로 첨부한다.
항공기	항공권(여행사를 통해서 구입 시는 여행사의 영수증)

구 분	적격증빙
해외출장비	적격증빙 수취 대상에서는 제외되나 지출 사실을 입증할 만한 현지 영수증은 첨부해야 한다.

구분	증빙관리
항공요금	특례 대상이므로, 적격증빙을 받지 않아도 되나, 항공권이나 영수증을 비치한다(해외에서 제공받는 경우에도 이를 입증하는 서류).
현지 숙박비	현지 호텔의 영수증(형식에는 제한 없을 것임)
현지 음식비	현지 음식점의 영수증
여행사의 대행수수료	국내여행사의 경우는 세금계산서 등 적격증빙을 받아야 하고, 국외여행사인 경우는 관련 영수증을 받아서 보관한다.

구 분	적격증빙
고속도로 통행료	고속도로 톨게이트에서 통행카드를 충전하거나 통행료를 지급하는 경우는 전국적으로 전산관리 집계 노출되므로, 적격증빙을 받지 않아도 된다. 결론적으로 통행요금(통행카드 충전 포함)이 3만 원을 초과하는 경우라도 세금계산서, 계산서, 신용카드매출전표나 현금영수증 등의 적격증빙이 아닌 일반 간이영수증을 받아도 법적으로 인정해 준다.

구 분	적격증빙	
	구 분	**처리 방법**
	한국도로공사가 징수하는 통행료	면세사업자로 지출영수증만 보관을 하면 되며, 매입세액불공제가 된다.
	한국도로공사 이외의 사업자가 징수하는 통행료(민자고속도로)	과세사업자로 세금계산서를 받아야 하며, 매입세액공제가 가능하다. 단, 비업무용소형승용차 및 업무무관비용은 원칙적으로 매입세액불공제가 된다.

13 차량유지비(차량을 고치고 운행하는데 드는 모든 비용)

차량유지비는 회사 소유 또는 업무용 차량 운행과 관련하여 발생하는 비용을 처리하는 계정이다.

이에는 세차비, 정기 주차료, 차량 검사 비용, 차량수선비, 차량 안전협회 비용, 타이어 교체 비용, GPS 설치비용, 차량 주유비용, 면책금(자가 부담금), 차량 도색 비용, 검사 비용, 통행료 등 차량의 유지·관리와 관련해서 발생하는 비용을 말한다.

부가세 공제 대상 차량	부가세 공제 대상이 아닌 차량
경차, 9인승 이상 승합차, 화물차	일반 승용차(휘발유, 전기, 가스, 수소 무관)
부가가치세예수금 별도 분개	취득원가 또는 비용에 합산해서 분개

[주] 개인 명의 차량이라도 실제 업무에 사용된 경우, 적격증빙을 수취하여 청구하면 회사 비용으로 인정된다.

[주] 출장 시 지출하는 차량 관련 비용에 대해서 여비교통비와 차량유지비 중 어떤 계정과목을 사용할지 헷갈리는 경우가 많은데, 둘 중 하나의 계정과목을 선택해서 계속 사용하면 문제가 없다.

❶ 업무용 승용차를 주유하고 주유비로 5만 원을 지불한 경우

차량유지비	50,000	/ 현금	50,000

❷ 회사업무용 차량(트럭)을 월 100만 원에 렌트해서 사용하는 경우 (부가가치세 별도)

임차료	1,000,000	/ 현금	1,100,000
부가가치세대급금	100,000		

❸ 차량가액(승용차) 1,000만 원인 차를 할부로 1,200만 원에 20개월 할부로 구입한 경우(부가가치세 별도)

차량운반구	13,200,000	/ 현금	13,200,000

❹ 자동차 보험료로 100만 원을 납부한 경우

보험료	1,000,000	/ 현금	1,000,000

❺ 자동차세 30만 원을 납부한 경우

세금과공과	300,000	/ 현금	300,000

❻ 운행 도중 타이어가 터져 8만 원을 주고 교환을 한 경우

차량유지비	80,000	/ 현금	80,000

❼ 길에다 차를 세워놓고 잠깐 갔다가 오는 사이에 주차위반 과태료로 5만 원이 부과된 경우

세금과공과	50,000	/ 현금	50,000

❽ 사용하던 차량을 500만 원에 처분한 경우(취득가액 1,000만 원 감
가상각 400만 원)

감가상각누계액	4,000,000	/ 차량운반구	10,000,000
현금	5,000,000		
유형자산처분손실	1,000,000		

14 교육훈련비(수련회, 사원 연수, 학원비용)

교육훈련비는 임직원의 교육을 위해서 지출한 비용을 처리하는 계정이
다. 이에는 간부 수련회 비용, 강의 참여비, 견학비, 사원연수비, 수강
료, 연수원 임차료, 위탁 교육훈련비, 초청 강사료, 학원비, 해외 연수비
용, 사외 교육비, 사설 영어학원, 학회 학술대회 참가비 등이 해당한다.
직원 연수와 관련해서 외부로부터 강사를 초청하고 이에 대한 강사료
로 200만 원을 지불한 경우 이에 대한 회계처리는?

교육훈련비	2,000,000	/ 현금	1,912,000
		기타소득예수금	88,000

✚ 외부강사에 대한 기타소득 원천징수 세액 = 2,000,000원 × 4.4%

교육훈련비의 적격증빙 수취와 관련해서는 해당하는 교육훈련비가 해당
직원의 개인 급여(비과세 급여 포함)를 구성하느냐 아니면 회사업무 차
원의 교육훈련에 따른 비용의 지출인가의 판단이 우선되어야 하며, 개인
급여를 구성하는 경우는 원천징수영수증을, 회사업무 차원의 교육훈련비
의 경우 해당 교육기관으로부터 계산서 등 적격증빙을 받거나 강사로부
터 원천징수 후 원천징수영수증을 증빙으로 보관하면 된다.

직원 개인의 학원비

구 분	적격증빙
업무 관련이 있는 학원비로써 내부규정에 의한 지급	회사 : 계산서나 신용카드매출전표 등 적격증빙을 받고 비용처리 개인 : 근로소득세 부담이 없다.
업무와 관련이 없는 학원비	회사 : 반드시 계산서나 신용카드매출전표 등 적격증빙을 받지 않아도 된다. 근로소득세를 원천징수 후 원천징수영수증 보관 개인 : 해당 직원이 근로소득세를 부담해야 한다.

 사원 채용 경비 및 사내교육비(강사료)

사원 채용에 따른 연수비, 사내 교육용 행사 및 매뉴얼 인쇄비용 등의 지출과 관련해서 지출 상대방이 사업자인 경우는 적격증빙을 받아야 한다. 이 경우 교육훈련기관은 부가가치세가 면제되는 사업자이므로 계산서나 신용카드매출전표를 받으면 된다.

구 분		적격증빙
사내 강사료		사내 강사에게 지급하는 금액은 근로소득이므로 근로소득세를 원천징수 한 후 원천징수영수증을 증빙으로 보관하면 된다.
외 부 강사료	강사가 학원에 소속된 자인 경우	외부강사가 학원에 소속된 자이며, 강사료가 당해 학원에 귀속되는 경우는 학원으로부터 계산서를 받으면 된다.

구 분	적격증빙
강사의 개인소득을 구성할 경우	계속적이고 반복적으로 강사 활동을 영위하는 자(예컨대 학원에 고용되어 있지 아니한 학원 강사)에게 대가를 지급 시에는 사업소득으로 지방소득세 포함 지급액의 3.3%를 사업소득세로 원천징수하고, 일시적인 강의의 대가는 지방소득세 포함 지급액의 4.4%에 해당하는 기타소득세를 원천징수 하면 된다. 일반적으로 기타소득으로 원천징수 하는 경우가 많다. 그리고 증빙으로는 원천징수에 따르는 원천징수영수증을 보관하면 된다.

외국인 개인에게 외국어 교습을 받는 경우

외국인 강사의 지위가 국내사업장이 없는 비거주자에 해당하는 경우는 적격증빙을 받지 않더라도 증빙불비가산세를 부담하지 않는 것이며, 금액이랑 강사 이름, 국적, 여권번호 등을 기재한 지출 사실을 증명할 수 있는 서류만 있으면 된다.

특정 시험 응시료를 회사가 대납해 주는 경우

자격증 등 특정 시험 응시료를 회사가 대납해 주는 경우 이는 해당 근로자의 급여로 보아 원천징수영수증(지급명세서)을 증빙으로 보관한다.

15 통신비(전화, 인터넷, 핸드폰 요금)

통신비는 기업의 의사소통을 위하여 지출한 각종 비용과 그 유지비용을 총괄하는 계정이다.

구 분	내 용
유선 통신비	유선전화 사용료, 인터넷 사용료, 팩스 사용료
무선 통신비	이동전화요금(휴대폰), 무선 데이터 서비스, 모바일 업무용 앱 구독료
우편 및 기타	우편료(등기, 일반 우편), 신용카드 체크 단말기 수수료, 증권망 통신 서비스료
구분이 필요한 항목	인터넷 유료 정보이용료 → 도서인쇄비 봉투, 팩스용지 → 소모품비 통신장비 구입 → 비품

한 달간 전화 사용료 10만 원과 인터넷 사용료 54,000원을 말일에 납부한 경우(부가가치세 별도)

통신비	154,000	/ 현금	169,400
부가가치세대급금	15,400		

통신비 회계처리에서 가장 중요한 원칙은 발생주의다. 현금 지출 여부와 관계없이 서비스를 이용한 기간에 비용으로 인식해야 한다. 특히 결산 시에는 미지급 통신비를 반드시 당기 비용으로 계상해야 정확한 재무제표가 작성된다.

선급 통신비의 경우, 중요성의 원칙을 적용하여 금액이 유의미하다면 결산 조정이 필요하다. 또한, 통신비 지출 패턴을 주기적으로 분석하면 불필요한 비용을 줄이고 기업의 재무 효율성을 높일 수 있다.

일상적인 통신비 처리
통신 서비스 이용 후 발생한 비용을 통신비 계정으로 처리한다. 증빙서류(전화요금 고지서, 우편물 접수증 등)를 보관해야 한다.

선급 통신비 처리
우표, 엽서, 봉투 등을 미리 구입한 경우, 구입 시점에는 통신비로 계상하고, 결산 시 미사용분은 선급비용으로 조정한다. 단, 금액이 소액이면 중요성 원칙에 따라 조정을 생략할 수 있다.

미지급 통신비 처리
결산일 현재 요금고지서를 받았으나 미납한 경우, 발생주의 원칙에 따라 당기의 통신비로 계상하고 미지급비용으로 처리한다.

통신비 점검 및 분석
정기적으로 통신비 지출 내역을 분석하여 불필요한 비용을 식별하고, 비용효율적인 통신 서비스로 전환하는 검토가 필요하다.

핸드폰 보조금의 세무처리

핸드폰 보조금의 처리방법		세무 처리방법	
지급방법	예 시	직원	회사
휴대폰 사용 여부, 업무의 활용 여부 등에 상관없이 전임직원에게 매월 일정액씩 지원	매달 전임직원에게 수당 등의 명목으로 일정액 지급	해당 직원의 근로소득으로 보아 근로소득세를 신고·납부해야 한다.	비용인정. 단, 근로소득세를 신고·납부를 안 한 경우 비용불인정
휴대폰 사용 여부, 업무의 활용 여부 등에 따라 정산을 받을 수 있도록 규정을 만들어 지급한다.	영업부직원, 팀장급, 임원에 한해서만 지급	해당 직원의 근로소득에는 해당하나 비과세근로소득으로 보아 근로소득세는 신고·납부하지 않는다.	비용인정

핸드폰 보조금의 처리방법		세무 처리방법	
지급방법	예 시	직원	회사
휴대폰의 실제 사용 내역에 따라 업무용과 사적인 용도를 구분해서 정확하게 해당 월의 실제 업무용으로 사용한 내용만 영수증을 첨부해서 실비 정산	임직원의 휴대폰 사용료 청구내역을 전부 받아서 업무 사용 부분을 형광펜으로 칠해서 합계를 내서 지출증빙으로 첨부하고 지급	해당 직원의 근로소득에도 해당하지 않고 근로소득세도 신고·납부하지 않는다.	비용인정

인터넷 등 전신전화 요금의 적격증빙

구 분	세무처리
인터넷 등 전신전화 요금	유·무선 전화 사용료, 팩스 사용료, 인터넷 이용료, 전용선 이용료 등은 관련 회사에서 고지하는 청구서가 세금계산서의 역할을 하므로 청구서를 받으면 된다. 아울러 전기통신사업자로부터 전화세가 과세되는 용역을 공급받은 경우는 적격증빙을 받지 않아도 된다. 또한 전화요금에 대한 부가가치세를 공제받기 위해서는 해당 전화국에 사업자등록증을 제출해서 전화요금 청구서에 당사의 상호 등 사업자등록 내역이 표기되어 청구서가 발행되어야 한다.
우편요금	우표구입비, 우편물 발송비, 소포비용 등은 우체국이 국가이므로 적격증빙을 받지 않아도 된다. 따라서 지출 후 이를 증명할 수 있는 영수증이나 등기수령증을 증빙으로 보관하면 된다. 그러나 우체국 택배와 같이 사계약에 의해서 소화물을 발송하는 경우는 3만 원 초과 지출시 세금계산서 등 적격증빙을 받아야 한다. 현재 우체국에서도 신용카드 결제를 받고 있으므로 회사와 관련된 지출의 경우 신용카드로 결제하는 것이 증빙관리에 효율적이라고

구 분	세무처리
	할 수 있다.
우편대행수수료	우편물 발송 등을 대행하는 용역은 부가가치세가 과세되므로 용역을 제공하는 사업자로부터 세금계산서 등 적격증빙을 받아야 한다.

16 수선비(기능 향상이 아닌 기능 유비를 위한 수리 비용)

수선비는 기업이 보유하고 있는 유형자산의 정상적인 기능을 유지하기 위해 지출한 모든 비용을 의미하는 계정과목이다
이에는 건물 내외 벽의 도장, 건물 외벽청소비, 건물 수선비, 공기구수선비, 기계수선비, 벽의 페인트 공사, 비품수선비, 파손된 유리 대체, 면책금(자가부담금)(수선비 또는 차량유지비 또는 보험료 중 아무거나 사용) 등 유형자산의 원상회복 또는 기능 유지를 위해서 지출하는 비용을 말한다.

수익적 지출(수선비로 처리)	자본적 지출(자산으로 처리)
• 자산의 원상회복이나 현상 유지를 위한 지출 • 단순 부품 교체 등 해당 설비의 기능을 유지시키기 위한 비용 • 비용처리 : 지출한 금액을 당기 비용으로 인식	• 해당 자산의 내용연수를 연장시키거나 자산가치를 증가시키는 지출 • 본래의 용도를 변경하기 위한 개조, 엘리베이터 설치, 재해로 망가진 건축물 복구 등 • 자산 가산 : 지출한 금액을 해당 자산의 취득원가에 가산
수선비 XXX / 현금(또는 예금) XXX	건물 XXX / 현금(또는 예금) XXX

수선비 처리 기준(법인세법)

법인세법상 다음 조건에 해당하는 경우는 자본적 지출이라도 수익적 지출로 처리할 수 있다.

⊚ 개별 자산별로 수선비 지출 금액이 600만원 미만인 경우
⊚ 개별 자산별로 수선비 지출 금액이 직전 사업연도 종료일 현재 재무상태표상 자산 가액(취득가액 - 감가상각누계액)의 5% 미만인 경우
⊚ 3년 미만의 기간마다 주기적인 수선을 위하여 지출하는 경우

 ## 주요 수선비 처리 사례

구 분	세무 처리
비품 및 고정자산 유지보수	비품 등 고정자산의 유지보수를 위한 지출 → 수선비
차량운반구 유지보수	차량운반구의 유지보수를 위한 지출 → 차량유지비 (차량유지비는 별도 계정과목으로 분리하여 처리)
건물 관련 지출	건물 지붕 공사와 같이 금액이 큰 경우(예 : 8천만 원) → 통상 자본적 지출로 건물 계정에 가산. 단, 앞서 언급한 법인세법상 기준에 부합하면 수선비로 처리 가능

 ## 수선비 처리 시 주의사항

구 분	세무 처리
금액에 따른 판단	• 금액이 크다고 해서 무조건 자본적 지출로 처리하는 것은 아니며, 해당 지출의 성격과 목적을 고려해야 함

구 분	세무 처리
	• 법인세법상 기준 금액(600만 원) 미만이라도, 명백히 자본적 성격이면 자산으로 처리하는 것이 원칙적으로 타당
자산가치 증가 여부 검토	• 당해 자산의 가치를 증가시키는 지출은 해당 자산의 계정과목으로 처리 • 예 : 건물의 가치를 증가시키는 지출 → 건물 계정에 가산
감가상각 고려	• 자본적 지출로 자산에 가산된 금액은 해당 자산의 내용연수에 걸쳐 감가상각됨 • 수선비로 처리된 금액은 당기 비용으로 전액 처리됨

17 수도광열비(전기, 수도, 가스 등 관리비)

수도광열비는 기업이 사업 활동을 수행하면서 발생하는 수도요금, 전기료, 가스비, 연료비 등을 처리하기 위한 계정과목이다.

이에는 가스대금, 기름값, 난방용 유류대, 도시가스료, 상하수도요금, 수도료, 전기요금, 전력비(료) 등 연료비에 드는 비용 중 판매 및 관리 부문에 사용되는 금액을 통틀어 말한다.

수도광열비 중 판매와 관리 부문에 해당하는 금액은 수도광열비로 처리하지만, 제조업을 영위하는 기업에서는 제조 과정에서 소비되는 수도 및 가스 비용을 '가스 · 수도료' 계정으로 별도 관리하는 경우가 많다. 이는 제조원가 계산에 직접적으로 반영되는 비용이기 때문이다.

예를 들어 1달 수도료 10만 원과 전력비 5만 원, 가스료 10만 원을 지출한 경우

수도광열비	250,000	/	현금	265,000
부가가치세대급금	15,000			

㈜ 도시가스나 전기료는 부가가치세가 과세 된다. 수도료는 면세대상이므로 부가가치세가 없다.

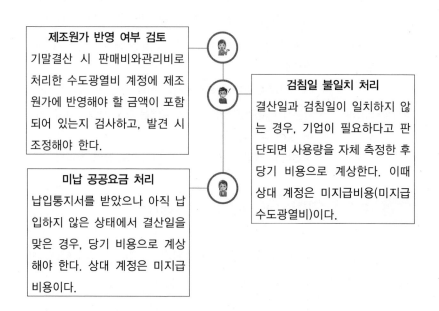

제조원가 반영 여부 검토
기말결산 시 판매비와관리비로 처리한 수도광열비 계정에 제조원가에 반영해야 할 금액이 포함되어 있는지 검사하고, 발견 시 조정해야 한다.

검침일 불일치 처리
결산일과 검침일이 일치하지 않는 경우, 기업이 필요하다고 판단되면 사용량을 자체 측정한 후 당기 비용으로 계상한다. 이때 상대 계정은 미지급비용(미지급 수도광열비)이다.

미납 공공요금 처리
납입통지서를 받았으나 아직 납입하지 않은 상태에서 결산일을 맞은 경우, 당기 비용으로 계상해야 한다. 상대 계정은 미지급 비용이다.

사무실을 임대해서 사용하면 관리비 청구 시 관리비 명세에 관리비와 별도 항목으로 전기료와 수도료가 청구되는 것을 볼 수 있다. 이는 수도료, 전기료 등의 공공요금은 관리비와 구분해서 받을 때는 임대인의 부가가치세가 과세되지 않으나, 구분하지 않고 일괄적으로 받을 때는 부가가치세가 과세된다. 따라서 구분해서 징수하는 것이 유리하기 때문이다. 전기요금에 대한 세금계산서는 공동 청구·납부의 경우 전력공급회사로부터 세금계산서를 발행한 날짜와 동일한 날짜에 임차인이 실제 사용한 금액별로 각각 나누어 임대인이 세금계산서를 발행해 주어야 한다.

이렇게 발행하는 세금계산서 금액은 임대인의 소득세 계산 시 수입금액에서는 제외되며, 임차인은 부가가치세 신고 시 매입세액공제를 받을 수 있다.

구 분	적격증빙
수도광열비가 개별적으로 각각 고지가 되는 경우	전기료, 수도료, 가스료 청구서를 증빙으로 보관하면 된다.
수도광열비가 건물주 명의로 통합고지가 되는 경우	건물주로부터 세금계산서 등 적격증빙을 받아서 보관하면 된다.
전기요금	전기요금은 과세대상이므로, 세금계산서를 적격증빙으로 받으면 된다.
가스요금	가스요금은 과세대상이므로, 세금계산서를 적격증빙으로 받으면 된다.
수도요금	수도요금은 면세대상이므로, 계산서를 적격증빙으로 받으면 된다.

18 도서인쇄비(도서나 인터넷 구독료)

도서인쇄비는 기업이 사업 활동을 위해 도서 구입 및 인쇄 관련 비용을 처리하는 계정과목이다.

이에는 관보구독료, 도서 구입대금, 명함인쇄비용, 번역료, 복사대금, 사진현상 대금, 신문구독료, 인터넷 정보이용료, 잡지 구독료, 제본비, 코팅비, 팜플렛 인쇄대금, 사보 제작비(도서인쇄비 또는 광고선전비), 다이어리 인쇄비용, 탁상용 달력 구입비 등이 해당한다.

업무를 위해서 교보문고에서 경리 도서를 3만 원 주고 구입했다.

도서인쇄비	30,000	/	현금	30,000

19 소모품비(소모품과 소모품비의 차이)

소모품비는 소모성 공구, 기구비품 등 사무용 소모품 등을 구입하기 위해서 드는 비용을 처리하는 계정과목이다. 구입 시점에 바로 비용 처리하거나, 자산(소모품)으로 처리한 뒤 결산 시 실제 사용분만 비용 처리할 수도 있다.

이에는 팩스, 복사기, 프린터 부품 교체비, 인장, 열쇠, 건전지, 전구 등의 구입비가 해당한다. 이 중 생산에 사용되는 경우는 이를 제조경비로 분류가 가능하다.

복사지 등을 10만 원을 주고 구입해서 사용하다가 결산 시 보니 2만 원어치가 남아 있는 경우(부가가치세 별도)

❶ 복사지의 구입 시점

소모품비	100,000	/	현금	110,000
부가가치세대급금	10,000			

❷ 결산 시점

저장품	20,000	/	소모품비	20,000

결산 기말에 남아 있는 소모품 미사용액은 원칙적으로 저장품 또는 소모품으로써 자산으로 계상한다. 다만, 중요성의 원칙에 의해서 그 금액이 금액적으로 중요하지 않을 경우는 이를 자산에 계상하지 않고 전액 소모품비로 당기 비용 처리할 수도 있다.

소모품을 구입하는 시점에서 그 구입액을 소모품비로 비용처리 한 경우에는 기말에 미사용 상태에 있는 소모품을 저장품 계정으로 대체해야 한다. 그리고 이와 반대로 구입시점에 소모품 계정으로 자산에 계상한 후 그 사용액을 소모품비 계정으로 대체하였다면 사용 때마다 정리할 필요가 없으나 그렇지 않은 경우는 이를 소모품비 계정으로 대체하는 기말정리를 해야 한다.

20 지급수수료(인적용역 이용에 대한 대가)

지급수수료는 회사가 사업 운영 과정에서 외부로부터 다양한 용역(서비스)을 제공받고 이에 대한 대가로 지급하는 비용을 처리하는 계정과목이다.

이에는 송금수수료(은행 등 금융기관에서 발생), 신용보증수수료, 변호사 자문수수료, 세무사·회계사 기장수수료, 컨설팅 수수료, 컴퓨터·복사기 등 유지보수비, 각종 증명서 발급수수료, 도메인 등록수수료, 신용카드 결제수수료, 특허권 등 지적재산권 사용료, 청소, 경비, 복사, 시스템 등 외주 용역비, 감정수수료, 경비용역비, 경영 컨설팅 자문료, 계좌이체수수료, 등기부등본 발급수수료, PG사 결제 대행 수수료, ISO 인증비용 및 갱신비용 등이 해당한다.

법무사에게 법인등기 변경 신청을 하면서 수수료 10만 원(부가가치세 1만 원)을 지급한 경우

| 지급수수료 | 100,000 | / | 현금 | 110,000 |
| 부가가치세대급금 | 10,000 | | | |

구 분	적격증빙
공인회계사, 세무사, 변호사, 법무사 등의 전문용역	부가가치세 과세대상이므로 세금계산서를 받으면 된다.
금융기관 수수료	금융·보험업을 영위하는 법인에게 지급하는 제반 수수료는 지출증빙특례규정에 의해서 적격증빙을 받지 않아도 되므로 당해 금융기관에서 발행하는 영수증 또는 계산서 등을 받으면 된다.
로열티 지급	국내사업장이 없는 비거주자 또는 외국법인에게 지급하는 기술도입비용(로열티) 등은 원천징수대상 소득이므로 조세조약이나 관련 법령에 의해서 원천징수하면 되고, 적격증빙을 받지 않아도 된다. 다만, 면세용역의 대가를 지급하는 경우는 부가가치세법상의 대리납부의무를 이행해야 한다.
청소용역비	일반청소용역비, 사무실 경비용역비, 전산유지보수료, 시험 검사수수료 등은 부가가치세 과세대상 용역이므로 세금계산서를 받으면 된다. 한편 분뇨의 수집·운반·처리 및 정화조 청소 용역, 소독용역, 적출물처리 용역, 일반폐기물처리 용역, 작업환경 측정 용역 등은 부가가치세가 면제되는 용역이므로 계산서를 받으면 되나 거래 상대방이 사업자등록이 되어있지 않은 개인사업자인 경우는 지급액의 3%에 상당하는 사업소득세를 원천징수하면 된다.

21 보험료(당기 보험료와 차기 보험료의 안분)

보험료는 기업이 각종 보험에 가입하고 지불하는 비용을 기록하는 계정과목이다.

구 분	내 용
유형자산 관련 보험료	건물, 기계장치 등의 유형자산에 대한 화재보험, 손해보험 등 자산 보호를 위한 보험료가 포함된다.
재고자산 관련 보험료	상품, 제품, 원자재 등의 재고자산에 대한 보험료로 화재, 도난 등의 위험에 대비한다.
자동차 관련 보험료	업무용 차량에 대한 종합보험, 책임보험 등 차량 관련 보험료가 해당한다.
인력 관련 보험료	산재보험료, 고용보험료 등 직원 관련 법정 의무보험료가 이에 해당한다(단, 건강보험은 제외).

결산 시에는 보험료 지급 방식에 따라 두 가지 처리 방법을 고려해야 한다.

보험료는 일반적으로 계약기간 분을 보험계약 체결과 동시에 전액 지급하는 경우가 많다. 따라서 첫째, 기말결산일 현재 아직 계약기간이 끝나지 않은 경우는 보험계약기간이 아직 종료되지 않은 부분의 보험료 상당액을 선급비용(선급보험료 계정)으로 대체처리해야 한다. 즉, 보험료를 납부 시점에 전액 비용으로 계상한 경우는 기말결산일 현재 미경과분으로 남아 있는 금액을 당기의 비용으로부터 차감하는 동시에 선급비용으로 계상하는 기말정리를 실시해야 한다.

둘째, 보험료 지급 시에 전액을 선급보험료로 계상한 경우는 결산기에 당기분에 해당하는 보험료가 보험료 계정으로 대체되었는가를 검토한 후 그와 같은 대체처리가 이루어지지 않은 경우에는 이에 대한 기말정리를 실시해야 한다.

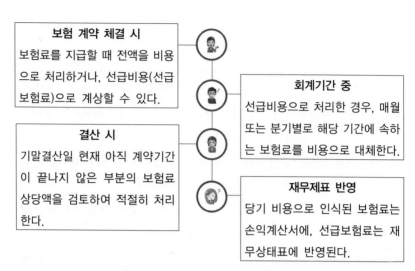

보험 계약 체결 시	
보험료를 지급할 때 전액을 비용으로 처리하거나, 선급비용(선급보험료)으로 계상할 수 있다.	

회계기간 중
선급비용으로 처리한 경우, 매월 또는 분기별로 해당 기간에 속하는 보험료를 비용으로 대체한다.

결산 시
기말결산일 현재 아직 계약기간이 끝나지 않은 부분의 보험료 상당액을 검토하여 적절히 처리한다.

재무제표 반영
당기 비용으로 인식된 보험료는 손익계산서에, 선급보험료는 재무상태표에 반영된다.

6월 1일 건물에 대한 화재보험 계약을 체결하고 1년분에 해당하는 120만 원을 지불했다.

❶ 보험료를 지급한 시점

보험료	1,200,000	/	현금	1,200,000

❷ 기말에 미경과액을 선급비용으로 대체를 한 때

선급보험료(선급비용)	500,000	/	보험료	500,000

주 미경과분 = 120만 원 × 5/12 = 50만 원

---

22 운반비(상품 판매 시 운반비와 별도 지출 운반비 구분)

운반비란 배달비용, 상·하차 비용(판매비), 퀵서비스 비용, 택배비용, 용달비 등 판매와 관련해서 회사의 상품이나 제품을 거래처에 운반해주는 과정에서 발생하는 비용을 말한다.

그리고 판매비와관리비로서 운반비는 상품, 제품 또는 유형자산의 취득 시 소요되는 운반비와 구분해야 한다. 즉, 사무용 책상을 구입하면서 사무용품 판매처에서 운반을 해주며, 받는 비용은 동 사무용 책상의 취득원가에 가산하지만, 아는 거래처에서 사무용 책상을 얻어 사무실에 가지고 오는 경우 지불하는 용달 비용은 운반비가 되는 것이다. 거래처에서 중요서류를 보내달라고 해서 10,000원을 지불하고 퀵서비스로 보내준 경우

운반비	10,000 /	현금	10,000

주 받는 자가 운임을 부담하기로 한 경우에는 별도의 회계처리가 필요 없다.

상품, 제품 등을 발송하고 그에 따른 운송비용으로서 금액이 확정된 것을 결산일 현재 지급하지 않고 있는 경우에는 이에 대한 결산 정리를 해야 한다. 즉, 당해 금액을 운반비로 계상하는 동시에 미지급비용을 계상해야 한다.

운반비	××× /	미지급비용	×××

그리고 운반비 계정에 상품 등의 인수 운임이 포함되어 있는 경우에는 이를 운반비 계정으로부터 구분해서 재고자산의 취득원가에 가산해야 한다.

재고자산	××× /	운반비	×××

의 회계처리를 해야 한다.

구 분	적격증빙
일반과세자와 거래 시	세금계산서 등 적격증빙 수취
간이과세자와 거래 시	금융기관을 통해서 대금을 송금하고 법인세 과세표준 신고 시 경비 등 송금명세서를 제출

23 포장비(상품포장에 드는 비용)

상품 등의 포장 과정에서 발생하는 비용은 포장비 계정으로 처리한다.
그러나 동 비용이 매출과 직접적인 인과관계가 있는 경우에는 이를 매출원가에 포함해도 상관은 없다. 그리고 이에는 포장지 구입비용, 포장백 구입비용, 포장 박스 구입비용, 포장 비닐 구입비용 등이 포함된다.

❶ 물품을 포장하기 위해서 포장지를 10만 원을 주고 구입한 경우

❷ 기말에 재고로 4만 원 정도의 포장지가 남은 경우

1. 첫 번째 방법

포장비	100,000	/	현금	100,000

으로 회계처리를 한 후 기말에

저장품	40,000	/	포장비	40,000

2. 두 번째 방법

저장품	100,000	/	현금	100,000

으로 회계처리를 한 후 기말에

포장비	60,000	/	저장품	60,000

포장 재료는 일괄해서 한꺼번에 구입하는 것이 보통이므로 일단 저장품으로 재고자산으로 처리해 둔 후 창고에서 출고할 때마다 포장비로 대체하는 것이 정확한 처리 방법이지만, 구입 시에 포장비로 비용처리 해두었다가 기말에 재고 금액을 조사한 후 잔액을 저장품으로 대체하는 방법을 사용해도 된다. 그러나 기말에 재고 금액이 적은 경우에는 잡비로 당기 비용처리를 해도 된다.

24 보관료(일시적으로 창고에 보관하는 비용)

보관료란 상품, 제품, 원재료, 부산물 등을 창고에 보관하는데, 드는 비용을 처리하는 계정이다.

❶ 매출 상품의 반품으로 철도청 창고에 일시 보관을 하고 그에 대한 비용으로 2만 원을 지불한 경우

보관료	20,000	/	현금	20,000

❷ 외부로부터 임차한 창고에 대한 비용 30만 원(부가가치세 별도)을 지급하였다.

임차료	300,000	/	현금	330,000
부가가치세대급금	30,000			

25 견본비(유상으로 제공하는 것과 무상으로 제공하는 것의 차이)

견본비란 상품, 제품 등의 품질향상을 알리기 위해서 해당 상품을 시험용으로 사용할 목적으로 제공하는 데 드는 비용을 말한다.

견본품 1,000개(원가 200원)를 제조하였으며, 이 중 100개를 타지역 거래처에 견본품으로 공급하였다.

❶ 유상으로 제공시

현금	220,000	/	견본품	200,000
			부가가치세예수금	20,000

❷ 무상으로 제공시

견본비	200,000	/	견본품	200,000

26 판매수수료(판매수수료와 지급수수료 차이)

판매수수료는 위탁판매의 경우와 같이 제조회사가 자사 제품의 판매에 대한 대가로 판매자에게 지급하는 수수료를 처리하는 계정을 말한다. 즉, 판매수수료란 상품, 제품의 매출 또는 용역에 의한 수익의 실현에 따라 판매 수탁자, 중개인 등에게 지급하는 판매에 대한 수수료를 말한다.

판매수수료는 판매에 직접적으로 소요된 비용으로 공인회계사, 변호사, 세무사, 관공서 제 신청 수수료 등 지급수수료와 구분해야 한다.

구 분	적격증빙
판매수수료	자사제품의 판매에 대한 대가로 판매자에게 지급하는 수수료
지급수수료	공인회계사, 변호사, 세무서, 관공서 등 용역의 제공대가로 지불하는 비용

(주)케이에프넷은 부산의 한 회사와 대리점 계약을 맺고 보내준 1,000만 원의 물품 중 500만 원어치를 팔았다고 매출계산서를 보내왔다. 그 내역을 보면 다음과 같다.

1. 판매액 : 5,000,000원

2. 수수료(판매가의 10%) : 500,000원

3. 인수운임 : 50,000원

4. 실수령액 : 4,450,000원

현금	4,400,000	/	매출	5,000,000
판매수수료	500,000			
운반비	50,000			
부가가치세대급금	50,000			

판매수수료로서 지급할 금액이 결산일 현재 미지급 상태에 있으면 이를 미지급금으로 계상하는 동시에 당기의 판매수수료로 계상해야 한다.

그리고 판매수수료를 판매장려금과 혼동해서 사용하고 있지 않은지 검토를 해 보아야 한다.

27 외주비(회사 외부에 생산을 맡기고 지급하는 비용)

외주비는 외주용역비와 외주가공비를 지출할 때 사용하는 계정이다.

외주용역비는 제조업체나 건설사의 경우 외부에 하도급을 주어 자사제품의 일정 부분의 공정을 맡기고 지급하는 경비를 말하고 이는 제조원가를 구성하는 항목이다. 즉, 지급수수료는 제조와 관련된 것이 아닌 일반 판매 및 관리 활동과 관련된 수수료 항목(은행수수료, 자문수수료 등)을 처리하는 계정이지만, 외주용역비는 주로 제조 활동과 관련된 수수료 항목을 처리하는 계정이다.

반면, 외주가공비란 하청공장 등 외부 생산자에 재료나 반제품을 공급한 후 가공을 의뢰하는 것을 말하고, 가공을 위해 지급하는 공임이 외주가공비이다. 그리고 외주가공 형태에는 두 가지 형태가 있는데 재료의 무상 지급과 유상 지급이다. 무상 지급의 경우에는 일반적으로 가공을 끝낸 반제품이나 부품을 인수할 때 가공임이 지급되고 그 금액이 외주가공비 계정으로 처리된다. 외주가공비는 통상 가공 대상이 특정되어 있으므로 직접경비로서 취급된다. 유상 지급의 경우에는 일반적으로 가공을 의뢰할 때 재료를 매각하고 가공을 끝낸 반제품이나 부품을 인수할 때 부품 또는 재료를 매입하는 형태를 말한다. 따라서 인수할 때는 매입가격으로 부품이나 재료수납의 기장처리를 행한다.

이것을 소비할 때는 매입부분비 계정 또는 주요 재료비 계정으로 대체 비용화 한다.

외부 하청 업체에 소프트웨어 개발을 의뢰하며, 1,100만 원(부가가치세 포함)을 지급하였다.

외주비	10,000,000	/ 현금	11,000,000
부가가치세대급금	1,000,000		

28 협회비(조직이나 단체에 지출하는 회비)

협회비는 기업의 영업활동과 관련해서 조직된 단체나 협회에 지급하는 회비를 말한다.

조합가입비(협회비)는 추후에 반환받는 것인지 아니면 소멸하는 것인지에 따라서 회계처리 방법이 다르게 된다. 협회비는 소멸하는 경우가 대부분이며, 이 경우에는 세법상 일반기부금으로 규정하고 있다. 소멸하지 않고 반환받는 경우는 투자자산(출자금)으로 계상하는 것이 타당하다.

그리고 매월 지급하는 월 회비는 그 성격에 따라서 지급수수료 또는 협회비 등으로 처리하는 것이 타당하다.

○○협회에 가입하며 가입비로 10만 원을 지불한 후 매달 10,000원씩 지불한다.

❶ 반환 조건의 경우

| 출자금 | 100,000 | / | 현금 | 100,000 |

❷ 비반환 조건의 경우

| 협회비 | 100,000 | / | 현금 | 100,000 |

❸ 매월 지불하는 비용

| 협회비(=지급수수료) | 10,000 | / | 현금 | 10,000 |

구 분	개념	비용인정	적격증빙
협회비	주무관청에 등록된 비영리단체 조합 협회의 회비	법령 정관상 정산 회비 : 손금산입된다. 특별회비는 일반기부금이다.	사업자와의 재화·용역거래가 아니므로 적격증빙이 필요 없고, 영수증, 입금표, 거래명세서 등이면 된다.
특별회비	협회 조합의 정상적 정기회비가 아닌 특별분담금 등	일반기부금으로 보아 일정 범위 내에서는 손금산입되고, 초과하면 부인	일반기부금의 일종이므로 기부금 영수증을 받아야 한다.

구 분	개념	비용인정	적격증빙
임의 단체비	회사의 임의단 체에 시설비 등 의 지출	법인격이 있으면 기업업 무추진비로 보아 한도 계 산하고, 법인격이 없으면 법인 비용 경리로 본다.	해당 지출 비용 구입액에 대한 적격증빙을 받아야 한 다.

29 잡비(특정 계정과목으로 독립시켜 처리하지 않는 비용)

잡비는 판매비와관리비에 속하는 비용항목 중 특정 계정과목으로 독립
시켜 처리하는 것이 불합리하다고 인정되는 비용을 모두 모아 일괄적
으로 처리하는 계정이다. 즉, 적당한 계정과목이 없거나 혹시 있더라
도 그 금액이 워낙 소액이어서 그것을 별도의 계정으로 표시하는 것이
별로 실익이 없는 경우 잡비계정을 이용해서 일괄적으로 처리한다.
사무실에서 사용할 종량제 봉투를 1만 원을 주고 구입했다.

잡비	10,000	/	현금	10,000

잡비의 경우도 확정된 것은 비록 미지급 상태에 있다고 하더라도 이를 당
기의 비용으로 계상하는 동시에 미지급금으로 계상해야 한다.
그리고 잡비계정의 내용을 검토한 후 잡비계정으로 처리해서는 안 될
금액, 즉 잡손실에 해당하는 금액으로 그 금액이 잡비로 처리하기에는
적합하지 않은 금액 등에 대해서는 이를 각 해당 계정으로 대체해야
한다.

영업외수익(금융수익과 기타수익)

1　이자수익(타인에게 돈을 빌려주고 받는 이자)

이자수익은 예금이자, 국채·공채이자 수입, 단기대여금 이자, 대표이사 가지급금 이자, 유가증권이자, 정기예금·정기적금이자, 결산이자와 같이 돈을 빌려주고 받는 이자를 말한다.

(주)대여는 (주)국민은행에 여유자금 6억 원을 8월 5일 예금하고, 이에 대한 이자 1,800만 원 중 이자소득 원천징수액 2,772,000원을 차감한 금액을 받았다.

❶ 예금을 하는 경우

단기금융상품	600,000,000	/	현금	600,000,000

❷ 이자를 받은 경우

현금	15,228,000	/	이자수익	18,000,000
선납세금	2,772,000			

2　배당금수익(타 회사의 주식을 보유함으로써 받게 되는 현금배당)

배당금수익은 현금배당, 건설공제조합 배당금과 같이 타 회사의 주식을 보유함으로써 받게 되는 현금배당을 말한다.

(주)경영이 주주총회에서 200만 원의 현금배당을 결의함에 따라 (주)아이는 200만 원의 현금배당을 받았다.

현금	2,000,000	/	배당금수익	2,000,000

배당금에 대해서는 원칙적으로 결산 정리 사항은 없다.

그러나 기업이 배당을 실제로 지급받는 시점에 당해 수익을 계상하는 방법을 사용한다면 기말결산일 현재 배당이 결의된 것으로서 아직 수령(교부)되지 않은 금액(주식)을 계상하는 회계처리가 필요하다.

미수수익	×××	/	배당금수익	×××

3 임대료(부동산 또는 동산을 빌려주고 받는 대가)

임대료는 부동산 또는 동산을 임대하고 타인으로부터 지대, 집세, 사용료 등의 대가로 받는 금액을 말한다.

❶ (주)한국은 임대업을 주로 하는 사업자로서 (주)아이에 사무실을 임대하고 그에 대한 임대료 1개월분 200만 원을 받았다.

현금	2,000,000	/	매출	2,000,000

🔆 동 부동산 임대소득을 매출로 회계처리 하는 이유는 (주)한국이 부동산임대업을 주업으로 하고 있기 때문이다.

❷ (주)영동은 (주)호남에 건물을 임대하고 10월 1일 이에 대한 6개월분 임대료 600만 원을 받았다.

현금	6,000,000	/	임대료	6,000,000

❸ (주)영동은 12월 결산 시 임대료 기간 경과 분에 대한 적절한 회계

처리를 실시하였다.

임대료	3,000,000	/	선수수익	3,000,000

임대료를 선수취한 경우는 기말결산 시에 결산일 현재 기간이 경과하지 않은 수익을 당기 수익에서 제외하기 위해서 부채계정인 선수수익(임대료/선수수익) 계정으로 대체해야 한다.

반면, 임대료를 6개월 혹은 1년 등의 기간을 정해서 그 기간경과 후에 한꺼번에 받는 경우는 기말결산 시 이미 당기 수익으로 발생하고 있으나 그 받기로 한 날이 도래하지 않았기 때문에 받지 못한 임대료 상당액을 당기의 수익으로 계상하기 위해서 자산계정인 미수수익(미수수익/임대료) 계정에 계상해야 한다.

4 외환차익(외화자산을 상환받을 때 발생하는 이익)

외환차익은 외화자산을 상환받을 때 원화로 받는 가액이 외화자산의 장부가액보다 큰 경우와 외화부채를 원화로 상환하는 금액이 외화부채의 장부가액보다 작은 경우 동 차액을 처리하는 계정을 말한다. 즉, 수입대금 지급 시 외환 이익, 외환 결제로 인한 이익을 말한다.

❶ (주)한국은 미국 (주)수출에 상품 $1,000,000을 수출하고 수출대금은 외화로 받기로 하였다(환율 ₩900).

외화매출채권	900,000,000	/	수출매출	900,000,000

❷ (주)한국은 수출대금 중 $500,000를 회수하였다(환율 ₩980).

현금	490,000,000	/	외화매출채권	450,000,000
			외환차익	40,000,000

5   외화환산이익(기말결산 시 외환시세의 변화로 발생하는 이익)

외화환산이익은 기업이 외국통화를 보유하고 있거나 외화로 표시된 채권·채무를 가지고 있는 경우에 이것을 기말결산 시 원화로 환산 평가하면서 그 취득 당시 또는 발생 당시의 외국환시세와 결산일에 있어서 외국환시세가 변동했기 때문에 발생하는 차익을 말한다. 즉, 외환평가로 인한 이익을 말한다.

❶ (주)한국은 미국 (주)수출에 상품 $1,000,000을 수출하고 수출대금은 외화로 받기로 하였다(환율 920원).

외화매출채권	920,000,000	/	수출매출	920,000,000

❷ 기말결산 시의 환율은 960원이다.

외화매출채권	40,000,000	/	외화환산이익	40,000,000

기업이 외국통화를 보유하고 있거나 외화로 표시된 채권·채무를 가지고 있는 경우에 이것을 기말결산 시 원화로 환산평가 할 때 그 취득 당시 또는 발생 당시의 외국환시세와 결산일의 외국환시세가 변동했기 때문에 발생하는 차익을 외화환산이익으로 처리한다.

6   잡이익(금액적으로 중요하지 않은 수익)

잡이익은 기타수익 중 금액적으로 중요하지 않거나 그 항목이 구체적으로 밝혀지지 않은 수익을 말한다. 예를 들어 각종 공과금(전화요금)이나 세금 납부 시 원 단위 미만 절사금액을 말한다.

❶ (주)한국은 (주)경영과 대리점 계약을 체결하였으나 (주)경영의 계약

위반으로 위약금 100만 원을 받았다.

| 현금 | 1,000,000 | / | 잡이익 | 1,000,000 |

❷ 사무실 정리를 하면서 그동안 모아둔 폐지 등을 처분하고 10만 원을 받았다.

| 현금 | 100,000 | / | 잡이익 | 100,000 |

7 기타의 수익 항목

구 분	해 설
지분법이익	지분법이익은 피투자 회사의 순이익(내부거래 제외)에 대한 투자회사의 지분 취득 시점의 피투자 회사의 순장부가액과 취득원가의 차액으로 투자회사의 내부거래에 따른 손익을 말한다.
투자자산처분이익	투자자산의 처분 시 투자자산의 처분 가액이 장부가액을 초과하는 경우 동 차액을 말한다.
유형자산처분이익	유형자산의 처분 시 유형자산의 처분 가액이 장부가액(취득가액 – 감가상각누계액)을 초과하는 경우 동 차액을 말한다.
사채상환이익	사채의 상환 시 사채의 장부가액에 미달하여 상환 가액을 지급하는 경우 동 차액을 처리하는 계정을 말한다.
자산수증이익	자산수증이익은 대주주나 대표이사 등 외부로부터 자산을 무상으로 증여받는 경우 생기는 이익을 말한다.
채무면제이익	채무면제이익은 채권자로부터 채무를 면제받음으로써 생긴 이익을 말한다.
보험차익	보험차익은 재해 등 보험사고 시 수령한 보험금액이 피해자산의 장부가액보다 많은 경우 그 차액을 말한다.

영업외비용(금융비용과 기타비용)

1 이자비용(타인에게 돈을 빌려주고 지급하는 이자)

이자비용은 단기차입금 이자, 당좌차월이자, 사채이자, 수입이자와 할 인료, 신주인수권 조정계정 상각액, 차량할부금 연체료, 환가료, 대출 이자 등 남에게 돈을 빌려 쓰고 지급하는 이자를 말한다.

(주)한국은 6월에 3,000만 원의 금액을 연이율 12%, 연 1회 이자 지 급조건으로 차입하였다.

현금	30,000,000	/	단기차입금	30,000,000

❶ 12월 31일 결산 시

이자비용	1,800,000	/	미지급비용	1,800,000

㈜ 30,000,000원 × 12% × 6/12 = 1,800,000원

❷ 이자지급 시 : 원천징수 세액 554,000원을 차감하고 지급

이자비용	1,800,000	/	현금	3,045,600
미지급비용	1,800,000		예수금	554,400

㈜ 30,000,000원 × 12% × 6/12 = 1,800,000원

㈜ 3,600,000원 × 15.4% = 554,400원

이자의 지급조건이 선 지급조건 또는 후 지급조건으로 되어있는 경우는 기간손익계산 상 발생주의에 따라 이를 선급비용 또는 미지급비용으로 계상해야 한다.

그리고 할인료의 경우에는 대체로 어음의 할인 대금으로부터 공제되는 것이 보통이므로 기말에 할인기간이 경과하지 않은 부분을 선급비용으로 계상해야 한다. 또한 건설자금이자를 당해 유형자산의 취득원가에 포함하는 회계처리를 하는 경우 지급이자 중에 자산 원가로 계상될 금액이 포함되어 있으면 이를 이자비용에서 공제한 후 자산 원가에 가산하는 회계처리를 해야 한다.

이자비용의 회계처리에 있어서 주의해야 할 회계처리 중의 하나가 소득세와 법인세의 원천징수에 관한 것이다. 즉, 사업자가 이자소득을 지급하는 경우 당해 이자소득에 대해서 소득세와 법인세를 원천징수할 의무가 있는데, 이때 원천징수한 세액은 차후에 세무 관서에 납부할 금액이므로 원천세예수금 계정 등을 설정해 처리해야 한다. 따라서 당해 원천징수세액을 차감한 잔액을 이자비용으로 계상하지 않도록 주의해야 한다.

구 분	적격증빙
금융이자비용	증빙규정의 예외로써 금융기관에서 주는 영수증 정도로 충분하다.
사채이자비용	사채이자의 경우 원천징수 후 원천징수영수증을 증빙으로 보관하면 된다.

2 기부금(타인에게 무상으로 제공하는 금전)

기부금이란 불우이웃돕기 성금, 수재의연금, 장학재단 기부금, 후원금, 경로잔치 지원금(기부금 또는 광고선전비) 등 기업의 정상적인 영업활동과 관계없이 금전, 기타의 자산 등의 경제적인 이익을 타인에게 무상으로 제공하는 경우 당해 금전 등의 가액을 말한다.

(주)한국은 연말에 불우이웃돕기 성금으로 200만 원을 현금으로 지급했다.

기부금	2,000,000	/	현금	2,000,000

3 외환차손(기말결산 시 외환시세의 변화로 발생하는 손실)

외환차손이란 외화자산을 상환받을 때 원화로 받는 가액이 외화자산의 장부가액보다 작은 경우와 외화부채를 원화로 상환하는 금액이 외화부채의 장부가액보다 큰 경우 동 차액을 처리하는 계정을 말한다. 즉, 수입대금 지급 시 외환차손, 외환 결제로 인한 손실을 말한다.

❶ (주)한국은 미국 (주)수출에 상품 $1,000,000을 수출하고 수출대금은 외화로 받기로 하였다(환율 ₩900).

외화매출채권	900,000,000	/	수출	900,000,000

❷ (주)한국은 수출대금 중 $500,000을 회수했다(환율 ₩880).

현금	440,000,000	/	외화매출채권	450,000,000
외환차손	10,000,000			

4 외화환산손실

외화환산손실이란 기업이 외국통화를 보유하고 있거나 외화로 표시된 채권·채무를 가지고 있는 경우에 이것을 기말결산 시 원화로 환산평가 함에 있어서 그 취득 당시 또는 발생 당시의 외국환시세와 결산일에 있어서 외국환시세가 변동하였기 때문에 발생하는 차손을 말한다.

❶ (주)한국은 미국 (주)수출에 상품 $1,000,000을 수출하고 수출대금은 외화로 받기로 하였다(환율 920원).

외화매출채권	920,000,000 /	수출	920,000,000

❷ 기말결산 시의 환율은 880원이다.

외화환산손실	40,000,000 /	외화매출채권	40,000,000

5 잡손실

잡손실은 가산금, 가산세, 건물철거 비용, 경미한 도난 사고, 계약 위반 배상금(지급액), 교통사고 배상금, 보상금 지불, 연체료, 위약금 등 영업외비용 중 금액적으로 중요하지 않거나 그 항목이 구체적으로 밝혀지지 않은 비용을 말한다.

(주)한국은 사무실에 보관하고 있던 현금 5만 원을 도난당했다.

잡손실	50,000 /	현금	50,000

6 기타의 비용항목

구 분	해 설
기타의대 손상각비	기타의 대손상각비는 기업의 주요 영업활동 이외의 영업활동으로 인해서 발생한 채권에 대한 대손상각을 처리하는 계정이다. 즉, 매출채권 이외의 채권인 대여금, 미수금, 미수수익, 선수금 등에 대한 대손액을 처리하는 계정이다.
지분법 손 실	지분법손실은 피투자회사의 순이익(내부거래 제외)에 대한 투자회사의 지분 취득시점의 피투자회사의 순장부가액과 취득원가의 차액. 즉 투자회사의 내부거래에 따른 손익을 말한다.
유형자산 처분손실	유형자산의 처분 시 유형자산의 처분가액이 장부가액(취득가액 − 감가상각누계액)에 미달하는 경우 동 차액을 말한다.
사채 상환손실	사채상환손실이란 사채의 상환 시 사채의 장부가액을 초과해서 상환가액을 지급하는 경우 동 차액을 처리하는 계정을 말한다.
매출채권 처분손실	매출채권처분손실은 가지고 있는 매출채권을 금융기관이나 다른 거래처 등에 할인해서 매각한 경우 발생하는 손실을 말한다. 즉, 일반적으로 어음을 할인하면 어음의 금액보다 적게 현금을 받으니까 그 차이 나는 금액만큼은 매출채권처분손실로 처리하는 것이다.
재고자산 감모손실	재고자산감모손실은 상품을 보관하는 과정에서 파손, 마모, 도난, 분실, 증발 등으로 인해서 회계기말에 재고수불부에 기록된 장부상의 재고수량보다 실제재고수량이 적은 경우에 발생하는 손실을 말한다. 재고감모손실 중 상품의 보관 중에 정상적으로 발생하는 것은 이를 매출원가에 포함시키고 비정상적으로 발생하는 감모손실은 영업외비용으로 처리한다.

회계정책의 변경, 회계추정의 변경, 중대한 오류의 수정

소급법과 전진법, 당기일괄처리법

단순히 세법의 규정을 따르기 위한 회계변경은 정당한 회계변경으로 보지 않으며, 정당한 회계변경을 입증해야 한다.

1 회계변경의 유형

회계정책의 변경

회계정책을 다른 회계정책으로 바꾸는 것을 의미하며, 일반적으로 인정된 회계 원칙(GAAP)에서 또 다른 일반적으로 인정된 회계 원칙(GAAP)으로의 변경을 지칭한다.

회계추정의 변경

새로운 자료나 추가적인 정보의 입수에 따라 회계 추정치를 변경하는 것을 의미한다. 회계 추정의 변경은 처음 추정할 당시 이용가능한 모든 정보를 충분히 이용하여 성실히 수행한 경우에만 해당한다.

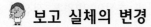
보고 실체의 변경

회계 보고서 작성에 있어서 보고 대상이 되는 기업의 범위가 변경되는 것을 의미한다. 예를 들어, 연결재무제표에 포함되는 연결 회사에 변동이 있는 경우를 말한다.

합리성 향상

새로운 회계정책 또는 추정 방법이 종전보다 더 합리적이라고 판단이 될 경우 회계변경이 정당화된다.

기준 변화 대응

기업회계기준의 제정, 개정 또는 기존의 기업회계기준에 대한 새로운 해석에 따라 회계변경을 하는 경우 정당한 변경으로 인정된다.

기업환경 변화

합병, 사업부 신설 등 기업환경의 중대한 변화로 인해 총자산이나 매출, 제품 구성 등에 현저한 변화가 발생하여 종전의 회계정책을 적용할 경우 재무제표가 왜곡될 우려가 있는 경우 변경이 필요하다.

---

❶ 새로운 회계정책 또는 추정 방법이 종전보다 더 합리적이라고 판단이 될 경우

❷ 기업회계기준의 제정, 개정 또는 기존의 기업회계기준에 대한 새로운 해석에 따라 회계변경을 하는 경우

❸ 합병, 사업부 신설 등 기업환경의 중대한 변화에 의하여 총자산이나 매출, 제품 구성 등에 현저한 변화를 일으킴으로써 종전의 회계정책을 적용할 경우 재무제표가 왜곡될 우려가 있는 경우

❹ 회계정책의 변경은 소급법을 적용하고, 회계 추정의 변경은 전진법을 적용한다.

❺ 오류수정 시 당기 발생 오류는 전진법을 적용하고, 전기 이전 발생한 "중대한" 오류는 소급법을 적용한다.

❻ 회계정책의 변경이 더 신뢰성과 목적 적합성이 있으면 변경이 허용된다.

❼ 회계변경의 속성상 그 효과를 회계정책의 변경 효과와 회계추정의 변경 효과로 구분하기가 불가능한 경우에는 이를 회계추정의 변경으로 본다.

❽ 회계정책의 변경과 회계추정의 변경이 동시에 이루어지는 경우는 회계정책의 변경에 의한 누적효과를 먼저 계산한다.

❾ 전기 이전 기간에 발생한 중대한 오류의 수정은 자산, 부채 및 자본의 기초금액에 반영한다.

❿ 세법의 규정에 따르기 위한 회계변경은 정당한 회계변경으로 보지 않는다.

소급법과 전진법	오류수정 방법
회계정책의 변경은 소급법을 적용하고, 회계 추정의 변경은 전진법을 적용한다. 이는 변경의 성격에 따라 적절한 회계처리 방법을 선택하는 것이다.	당기 발생 오류는 전진법을 적용하고, 전기 이전 발생한 "중대한" 오류는 소급법을 적용한다. 이를 통해 재무제표의 신뢰성을 유지할 수 있다.

변경 허용 기준
회계정책의 변경이 더 신뢰성과 목적 적합성이 있으면 변경이 허용된다. 단, 세법의 규정에 따르기 위한 회계변경은 정당한 회계변경으로 보지 않는다.

구분 불가능한 경우	동시 변경
회계정책의 변경 효과와 회계추정의 변경 효과로 구분하기가 불가능한 경우는 이를 회계추정의 변경으로 본다.	회계정책의 변경과 회계추정의 변경이 동시에 이루어지는 경우는 회계정책의 변경에 의한 누적효과를 먼저 계산한다.
세법 규정 변경	중대한 오류
세법의 규정에 따르기 위한 회계변경은 정당한 회계변경으로 보지 않는다.	전기 이전 기간에 발생한 중대한 오류의 수정은 자산, 부채 및 자본의 기초금액에 반영한다.

2 회계변경의 회계처리 방법

구분	내용	장점	단점
소급법	새로운 회계정책이 처음부터 적용된 것처럼 소급 수정(비교 목적 전기재무제표 재작성)	• 기간 간 비교가능성 제고 • 이익 조작 방지	• 재무제표의 신뢰성 손상 • 노력과 비용이 많이 들어감
전진법	변경 이후의 회계기간부터 새로운 회계정책을 전진적으로 반영함 (전기재무제표의 재작성 불가능)	• 재무제표의 신뢰성 유지 • 회계변경의 영향은 대체로 중요하지 않음 • 경영환경의 변화를 반영	• 기간 간 비교가능성 상실 • 회계변경의 누적효과 파악이 불가능
당기일괄처리법	누적효과를 한 회계연도의 당기손익에 반영	• 재무제표의 신뢰성 유지 • 비용과 노력 절감 • 회계변경의 영향 파악	• 당기손익의 왜곡 (누적효과가 일시에 반영됨) • 기간 간 비교가능성 상실

회계정책의 변경

회계정책의 변경이란 기업이 재무보고를 위해 사용하는 회계기준이나 방법을 변경하는 것을 의미한다. 즉 재무제표의 작성과 보고에 적용하던 회계정책을 다른 회계정책으로 바꾸는 것을 말한다.

기업회계기준 또는 관련 법률의 개정이 있거나 새로운 회계정책을 적용함으로써 회계정보의 유용성을 향상시킬 수 있는 경우에 한하여 허용된다.

1 ─ 새로운 회계기준 도입
K-IFRS 도입 등 새로운 회계기준이 제정되거나 개정되면 기존 회계정책을 변경해야 한다.
한국채택국제회계기준(K-IFRS)의 개정으로 인해 변경이 요구되는 경우

2 ─ 기업환경 변화
기업의 사업 모델, 산업 환경 등이 변화하면 기존 회계정책이 적절하지 않을 수 있으므로 변경이 필요할 수 있다.

3 ─ 회계 오류수정
과거 회계처리에 오류가 발견된 경우 이를 수정하기 위해 회계정책을 변경할 수 있다.

4 ─ 더 나은 정보제공
기업이 더욱 신뢰성 있고 유용한 정보를 제공하기 위해 자발적으로 회계정책을 변경할 수 있다.

1 회계정책의 변경 예시

☑ **재고자산 원가 흐름의 변경**

재고자산의 원가 흐름 가정을 선입선출법(FIFO)에서 가중평균법으로 변경하는 경우가 대표적인 회계정책 변경 사례다.

☑ **유가증권의 취득단가 산정 방법의 변경**

유가증권의 취득단가를 개별법에서 이동평균법으로 변경하는 것도 회계정책의 변경에 해당한다.

☑ **유형자산과 무형자산의 측정 기준 변경**

유형자산의 측정 기준을 원가모형에서 재평가모형으로 변경하는 것은 중요한 회계정책 변경이다.

☑ **투자부동산의 측정 기준 변경**

투자부동산의 측정 기준을 공정가치모형에서 원가모형으로 변경하는 것도 회계정책 변경에 해당한다.

2 회계정책의 변경 회계처리

❶ 변경된 새로운 회계정책은 소급 적용(최초 회계기간이 당기인 경우, 당기부터 전진적으로 적용)한다.

기업이 자발적으로 회계정책을 변경하는 경우는 무조건 소급 적용을 해야 한다.

❷ 소급 적용 누적효과는 '전기이월 미처분이익잉여금'에 반영한다.

❸ 소급 적용 시, 비교 표시되는 과거기간의 재무제표도 새로운 회계정책에 따라 수정해야 한다. 즉 전기 또는 그 이전 재무제표를 비교

목적으로 공시할 경우는 소급 적용에 따른 수정 사항을 반영하여 재작성한다.

소급적용	변경된 새로운 회계정책은 소급 적용
누적효과	소급 적용 누적효과는 '전기이월 미처분이익잉여금'에 반영한다.
비교 재무제표 수정	비교 표시되는 과거기간의 재무제표도 새로운 회계정책에 따라 수정해야 한다.

회계정책 변경 시 최초 회계기간이 당기인 경우는 당기부터 전진적으로 적용한다. 그러나 기업이 자발적으로 회계정책을 변경하는 경우는 무조건 소급 적용을 해야 한다. 이는 재무제표의 비교가능성을 유지하기 위한 중요한 원칙이다.

회계추정의 변경

회계추정의 변경은 기업환경의 변화, 새로운 정보의 획득 또는 경험의 축적에 따라 지금까지 사용해 오던 회계적 추정치의 근거와 방법을 바꾸는 것을 말한다.

회계추정은 기업환경의 불확실성 하에서 미래의 재무적 결과를 사전적으로 예측하는 것을 말한다.

새로운 정보 획득
새로운 정보가 입수되거나 기존 정보가 변경됨에 따라 기존의 추정치가 더 이상 적절하지 않다고 판단될 때

경제 환경 변화
경제 상황, 산업 환경, 법규 등이 변화하여 기존의 추정치가 현실과 괴리될 때

회계기준 변경
회계기준이 변경되면서 기존의 추정 방법이 변경될 때

1 회계추정의 변경 예시

❶ 대손충당금 설정 변경(매출채권의 손실 예상률을 2%에서 1%로 변경)

❷ 재고자산의 진부화 여부에 대한 판단과 평가

❸ 유형, 무형자산의 감가상각방법의 변경

❹ 감가상각자산의 내용연수 또는 잔존가치의 추정

❺ 우발채무의 추정

❻ 무형자산의 내용연수를 비한정에서 유한으로 변경

❼ 제품보증충당부채의 추정치 변경

❽ 상환의무가 발생하게 된 정부 보조금

❾ 가치평가기법의 변경

❿ 퇴직급여 부채 추정 변경

2 회계추정의 변경 회계처리

회계추정 변경은 일반적으로 전진법으로 처리한다. 즉, 변경된 추정치를 변경일 이후 발생하는 거래에 대해서 적용하고, 과거기간에 대한 재무제표는 수정하지 않는다. 다만, 변경된 추정치가 과거기간의 재무제표에 미치는 영향이 중요한 경우에는 과거 재무제표를 수정할 수 있다.

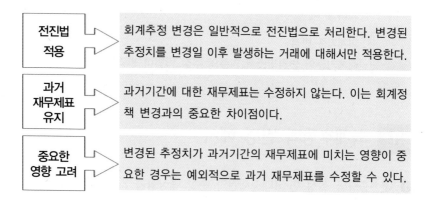

전진법 적용	회계추정 변경은 일반적으로 전진법으로 처리한다. 변경된 추정치를 변경일 이후 발생하는 거래에 대해서만 적용한다.
과거 재무제표 유지	과거기간에 대한 재무제표는 수정하지 않는다. 이는 회계정책 변경과의 중요한 차이점이다.
중요한 영향 고려	변경된 추정치가 과거기간의 재무제표에 미치는 영향이 중요한 경우는 예외적으로 과거 재무제표를 수정할 수 있다.

중대한 오류수정

회계 오류는 계산상의 실수, 회계기준의 잘못된 적용, 사실 판단의 잘
못, 부정, 과실 또는 사실의 누락 등으로 인해 발생할 수 있다.

회계오류는 전기 또는 그 이전의 재무제표에 포함된 오류를 당기에 발
견하여 수정하는 절차다. 오류는 재무상태표와 손익계산서에 모두 영
향을 미칠 수 있으며, 중대한 오류는 재무제표의 신뢰성을 심각하게
손상할 수 있다.

실무적으로는 오류의 영향을 실무적으로 결정할 수 없는 경우를 제외
하고는 과거 재무제표를 소급 재작성으로 수정한다. 또한, 전기오류수
정손익을 법인세 수정신고 없이 당기에 처리하는 경우도 있다. 예를
들어, 전기 수익을 누락하거나 비용을 이중으로 계상한 경우는 전기의
법인세를 과소납부한 것이므로 반드시 전기의 법인세를 수정 신고해야
한다.

1 오류의 유형

구분	오류 유형
자동조정오류	오류의 효과가 두 회계연도에 걸쳐 서로 상쇄되어, 두 회계기간이 지나면 수정분개의 필요성이 없는 오류다.

구분	오류 유형
	예를 들어, 재고자산의 과대계상 오류나 매출채권 대손충당금의 과소계상 오류가 있다.
비 자동조정 오류	오류의 효과가 두 회계연도에 걸쳐 자동으로 상쇄되지 않는 오류다. 예를 들어, 유형자산의 자본적 지출을 수익적 지출로 처리한 오류나 유형자산의 감가상각비 오류가 있다.

2 오류의 수정 방법

구분	오류 유형
전진법	당기 발생 오류는 전진법을 적용한다. 오류의 효과를 오류가 발생한 회계연도부터 기록하는 방법으로, 다양한 오류의 발생으로 인한 누적효과의 영향을 파악하는데 유용한 방법이다.
소급법	전기 이전 발생한 "중대한" 오류는 소급법을 적용한다. 오류가 발견된 과거기간의 재무제표를 소급하여 재작성하는 방법이다. 오류가 전기 이전에 발생한 중대한 오류의 경우는 과거기간의 자산, 부채 및 자본의 기초금액을 재작성한다. 중대한 오류는 재무제표의 신뢰성을 심각하게 손상할 수 있는 중요한 오류로, 전기이월이익잉여금을 수정해야 한다. 중대한 오류는 재무제표의 발행승인일 전에 수정해야 하며, 수정된 후속 기간의 재무제표에 반영되어야 한다.

쉽게 하는 재무제표 분석

안정성 분석

재무제표 안정성 분석은 기업이 외부 자본(부채)에 얼마나 의존하는지, 단기와 장기의 지급 능력이 충분한지를 평가하는 과정이다.

주요 안정성 지표로 유동비율, 자기자본비율, 부채비율, 차입금의존도 등이 있다. 여러 지표를 함께 분석해야 기업의 전반적 재무 건전성을 정확히 파악할 수 있다.

1 자기자본비율(BIS)

자기자본비율은 총자본 중에서 자기자본(자산 - 부채)이 차지하는 비중을 나타내는 대표적인 재무구조 지표이다.

비율의 계산	표준비율
자기자본비율 = $\dfrac{\text{자기자본}}{\text{총자본(= 총자산)}} \times 100$	40% 이상이 양호

● 비율이 높을수록 : 부채에 의존하지 않고, 자체 자본으로 경영하는 비중이 크다는 뜻이다. 이자 부담이 줄고 외부 충격에 대한 안정성이 높다.

자기자본비율이 높은 기업은 재무 건전성, 자금조달과 이자비용 절감, 투자자

비율의 계산	표준비율

신뢰, 경영권 방어, 기업이미지 제고 등 다양한 측면에서 경쟁 우위를 확보할 수 있다.

• 비율이 낮을수록 : 기업이 차입(부채)에 의존하는 경향이 많아, 경제 상황 변화에 더 취약할 수 있다.

자기자본은 이자비용을 부담하지 않고 기업이 운영할 수 있는 자본이므로 이 비율이 높을수록 기업의 안정성이 높다고 할 수 있다. 즉 타인에 대한 빚이 적다는 의미이므로 빚 독촉 시 재무적 위험이 적다는 의미이다.

세금 측면에서 타인자본에 대한 이자비용은 비용으로 인정받아 세금 절감 효과가 있지만, 자기자본에 대한 배당은 비용으로 인정받을 수 없어 세금 절감 효과가 없다. 따라서 기업들은 자기자본보다는 타인자본을 선호하게 된다.

또한, 자기자본이 늘어나면 주주의 투자 금액에 대한 수익성 지표인 자기자본이익률(당기순이익/자기자본 × 100%)이 떨어진다는 점도 자기자본보다 타인자본을 기업이 선호하는 또 하나의 이유이다.

예를 들어 당기순이익 100, 자기자본 10일 때 자기자본이익률은 10%지만 자기자본이 10에서 20으로 늘어나면 자기자본이익률은 5%가 된다.

그러나 자기자본비율이 낮으면 자기자본보다 부채가 많다는 의미이므로 불황이 계속될 경우 순자산이 지속적으로 감소해 도산 위험이 크다. 결과적으로 모든 회사가 지속적으로 수익만을 달성할 수 있다면 굳이 자본비용이 많이 소요되는 자기자본을 사용하지 않아도 된다.

하지만, 현실에서는 그것이 불가능하며, 자기자본비율을 어느 정도 유지하고 있어야 한다.

예를 들어(차입과 외부로부터 자금조달이 없다고 가정) 100억의 자산을 보유하고 있는 갑회사는 모든 자금을 부채로 조달했는데 회사 경영 사정이 나빠져 1억원의 적자를 내면 어떻게 될까? 갑회사는 돈을 갚지 못해 결국 부도처리 될 것이다.

그러나 갑회사가 주식으로 30억 원의 자본을 조달했다면 상황은 달라지는데 채권과 달리 주식은 자본이기 때문에 자본을 1억 원만 차감하면 된다.

위의 예시는 극단적인 가정이지만, 이를 통해 자기자본이 미래에 발생할 수 있는 위험을 어느 정도 흡수할 수 있다는 것은 알 수 있다.

 ### 자기자본 조달비용이 타인자본 조달비용보다 비싼 이유

첫째, 타인자본은 지불한 이자비용에 대해 비용으로 인정되기 때문에 법인세 납부액이 감소하는 반면, 기업이 벌어들인 수익으로 주주들에게 배당하는 자기자본은 배당금에 대해서 비용으로 인정받지 못해 결국 타인자본에 대한 이자비용 만큼 법인세(법인세 = 수익 - 비용)를 더 내게 된다.

둘째, 과도한 주식발행은 주주들의 이해 상충으로 이어지게 되고, 최대주주는 경영권을 보호하기 위해서라도 높은 배당을 줄 수밖에 없다.

셋째, 자본비용은 투자자입장에서 그 투자자본에 대한 요구수익률의 개념을 적용 시켜야 한다. 채권의 경우 지급해야 하는 금액이 정해져 있는, 반면 주식은 만기가 없고 위험성이 높아 주주들은 채권보다 더 높은 요구수익률을 요구할 것이다.

결국, 장기적으로 봤을 때는 자기자본이 부채보다 비용이 크다.

그렇지만, 자기자본은 위기 상황에 충격을 완화하는데, 없어서는 안 될 구성요소이므로 회사는 손실, 충격을 완화할 수 있을 만한 최소의 수준으로 자기자본을 충당해놓는 것이 제일 좋은 전략이라고 할 수 있겠다.

유동비율(단기적인 지급 능력 평가)

유동비율은 기업의 단기채무를 갚을 수 있는 능력을 나타내는 지표로, 유동자산을 유동부채로 나눈 값에 100을 곱해 계산한다. 보통 100% 이상이면 단기지급능력이 양호하다고 판단하며, 높을수록 재무안정성도 좋다. 재무제표 분석 시 단기부채 상환능력과 기업 유동성 판단에 중요한 역할을 한다.

비율의 계산	표준비율
유동비율 = $\dfrac{\text{유동자산}}{\text{유동부채}}$ × 100	100% 이상이 양호

- 100% 이상 : 단기부채를 갚는 데 문제가 없다고 판단하는 일반적인 기준이다.
- 100% 미만 : 단기채무 상환 능력이 약하다는 신호로, 재무 건전성에 주의가 필요하다. 다만, 자산을 처분하거나 추가 자금조달을 할 수 있는 상황이라면 반드시 위기로 보지는 않는다.
- 높을수록 좋음 : 유동비율이 높으면 기업이 단기적으로 현금 유동성에 여유가 있음을 의미하며, 재무안정성이 더 높다고 평가된다. 하지만 너무 과도한 유동자산 보유는 자산 효율성을 저해할 수 있으므로 적정 수준을 유지하는 것이 중요하다.

유동비율이 높은 기업은 단기 채무 상환 능력, 재무적 안정성, 외부 신뢰, 경영 유연성 등에서 경쟁력이 뛰어나 지속적인 성장과 위기 대응이 용이하다.

단기채무 상환 능력을 판단하는 지표이다. 즉, 빌려준 금융기관이나 회사가 상환을 요구할 때 단시간 내에 갚을 수 있는 능력을 나타내는 지표이다. 예를 들어 유동자산 100, 유동부채 200인 경우 유동비율은

50%(100/200)로 일시에 유동부채 200을 갚으라고 하면 유동자산이 100밖에 안되므로 갚을 능력이 없다는 의미이다. 반면, 유동부채가 50인 경우 유동비율은 200%(100/50)로 유동부채보다 유동자산이 2배 많으므로 단기부채를 갚는 데 문제가 없다는 의미다.

유동비율이 높을수록 쉽게 현금화가 가능한 자산이 많다는 의미로 단기에 부채에 대한 지급능력이 양호하다고 볼 수 있으나(채권자 입장), 과다한 유동자산의 보유는 설비투자 등 투자를 위축시켜 자산운용의 효율성이 떨어져 수익성이 상대적으로 저하될 수 있다(경영자 입장).

그리고 유의할 점은 연말에 측정된 유동비율은 연말 시점의 유동성을 나타내는 것이지 연중 유동성을 나타내는 것은 아니라는 점이다.

3 당좌비율(재고자산 과다 업종은 유동비율과 별도로 반드시 고려)

당좌비율은 기업의 단기 유동성을 평가하는 지표로, 즉각적으로 현금화할 수 있는 자산이 단기채무를 얼마나 충당할 수 있는지 측정하는 비율이다. 유동비율보다 더 보수적으로 기업의 안전성을 판단하는 지표다.

비율의 계산	표준비율
당좌비율 = $\dfrac{당좌자산}{유동부채} \times 100$	100% 이상이 양호

일반적으로 당좌비율이 100% 이상인 경우 재무안정성이 양호한 기업으로 평가된다. 100%는 단기채무를 즉시 갚을 수 있다는 의미이다.

당좌비율은 유동부채에 대한 당좌자산의 비율로서 유동자산(당좌자산 + 재고자산) 중 현금화되는 속도가 늦고 현금화의 불확실성이 높은 재고자산 등을 제외(재고자산은 불황기일 때 물건이 팔리지 않아 창고에 재고가 쌓이게 되고 현금화시킬 수 있는 기간이 오래 걸림)한 당좌자산을 유동부채에 대응(당좌자산/유동부채)시킴으로써 초단기 채무에 대한 기업의 지급능력을 파악하는데, 사용된다. 흔히 일상에서 말하는 순수현금만을 가지고 단기지불능력을 파악하는 것이다.

재고자산 과다기업은 조심하라!

지금은 일반 투자자들의 관심권 밖으로 밀려난 섬유회사인 D사는 백화점까지 거느린, 한때 그룹 명칭까지 사용할 정도로 제법 규모가 컸었다. 그런데 이 회사의 재무제표에는 재미있는 내용이 담겨 있었다.

이 회사의 매출액은 3,801억 원이었는데 재고자산이 3,674억 원이나 됐다. 그 중 완제품 재고만도 2,332억 원이나 됐다고 한다.

제조업체의 재고가 1년 동안 팔 만큼 된다면 어딘가 찜찜하지 않을 수 없다. 섬유제품이라도 값이 비싼 것이 있겠지만 평균적으로 1억 원어치면 트럭에 가득 채우고도 남을 것이다. 1억 원당 트럭 1대분이라 할 때 이 회사의 재고자산은 트럭 3,000대분이 넘는다. 회계법인이 실제로 감사를 한다고 할 때 헤아리는데 만도 엄청난 시간이 걸릴 물량이고 누구든 문제가 있다는 점을 바로 알 수 있을 것이다.

그러나 이제까지만 해도 감사보고서에 나타난 의견은 '적정'이었다. 이 회사의 장부는 부도 전까지는 매년 30억 원 대의 이익을 냈고 자본총계도 꽤 있는 것으로 치장됐다.

그러나 재무제표를 제대로 들여다본 사람이라면 재고자산이 이렇게 많으니, 어딘가 잘못됐다는 것을 직감했을 것이다. 투자 결정에 앞서 재고자산의 적정성을 보는 게 얼마나 중요한지를 알려주는 단적인 사례이다.

당기의 재고자산 금액이 전기보다 증가한 경우 재고매입액 또는 생산 물량에 비해 판매 금액이나 판매량이 더 감소한 것을 의미한다. 따라서 생산을 위해 지출된 돈보다 회수된 돈이 적은 것을 의미하므로 현금흐름 상으로는 마이너스이다.

4 고정비율과 고정장기적합률(장기적인 지급 능력 평가)

고정비율은 고정자산(또는 비유동자산과 투자자산)을 자기자본으로 나눈 비율이다.

그리고 고정장기적합율은 고정자산(비유동자산)을 자기자본과 비유동부채(고정부채)의 합으로 나눈 비율이다.

비율의 계산	표준비율
비유동비율 = $\dfrac{\text{비유동자산}}{\text{자기자본}} \times 100$	100% 이내가 양호

- 고정비율 100% 이하 : 자기자본으로 고정자산과 투자자산을 충분히 조달하고 있으므로 재무구조가 건전하다고 평가한다.
- 고정비율 100% 초과 : 고정자산이나 투자자산의 일부를 부채로 조달하고 있어 유동성 위험이 증가한다. 재무구조가 다소 불건전한 것으로 간주되어 재무구조 개선이 필요할 수 있다.

비유동장기적합율 = $\dfrac{\text{비유동자산}}{\text{자기자본 + 비유동부채}} \times 100$	60% 이내가 양호

- 고정장기적합율 100% 이하 : 고정자산의 투자재원이 대부분 장기자본(자기자본 + 장기부채)으로 안전하게 조달되고 있음을 의미한다.
- 고정장기적합율 100% 초과 : 고정자산 투자에 단기부채까지 활용하고 있는 것으로, 재무구조가 다소 불안정하다고 해석된다.

비율의 계산	표준비율

고정비율(고정자산/자기자본)과 달리, 장기성 부채까지 포함하여 계산하므로 현실적인 조달구조를 더 면밀히 반영한다.

주로 기업의 장기적 안정성을 평가할 때 활용되며, 고정비율의 보조지표 역할을 한다.

기업은 비유동자산을 장기간 보유하기 때문에 여기에 드는 자금은 장기자금으로 조달(투자수익률이 이자율보다 높은 경우 갚는 기간을 길게 잡아 유동성 자금을 다른 곳에 운영한다. 지급은 단기에 하고 비유동자산을 이용한 수익은 늦게 발생하는 경우 회사의 수익률이 떨어질 수 있다.)해야 하며, 될 수 있으면 장기차입금보다는 자기자본으로 조달하는 것이 좋은데, 고정장기적합률과 고정비율은 각각 이들을 측정하기 위해서 사용된다. 즉, 고정비율은 기업자산의 고정화 위험을 측정하는 비율로서 운용 기간이 장기에 속하는 유형자산 및 투자자산 등 고정(비유동)자산을 어느 정도 자기자본으로 충당하였는가를 나타내는 지표이다. 장기적으로 자금이 고착되어 있는 고정(비유동)자산은 가급적 자기자본으로 충당하는 것이 기업의 장기 안정성을 위해 바람직하다고 판단하기 때문이다.

고정(비유동)비율이 100% 이하이면 고정(비유동)자산은 자기자본으로 충당한 것이 되며, 잔여분은 운전자본으로 활용되어 지급 능력을 강화하는데, 사용하고 있다는 의미이다. 반면, 고정(비유동)비율이 100% 이상이면 자기자본만으로는 고정자산을 조달할 수 없어 부족분은 타인자본(부채)으로 충당하고 있음을 알 수 있다.

그리고 타인자본에 의해 충당하였다고 해도 부채가 장기부채로써 저리의 부채에 의한 것이라고 하면 운전자본의 부족에 의한 경영상의 곤란한 문제는 어느 정도 피할 수 있으므로 고정비율과 아울러 고정장기적합율을 함께 검토해야 할 것이다.

고정장기적합율은 유동비율이 높고 낮은 정도를 비유동자산과 비유동부채 및 자기자본 비율을 통해 따져보는 것이므로 고정장기적합율이 낮다는 것은 유동비율이 높다는 것을 의미한다. 반면, 이 비율이 높다는 것은 유동비율이 낮다는 것을 의미한다. 따라서 고정장기적합율은 유동비율과 반대이므로 낮을수록 좋다.

고정장기적합율이 100% 이하면 비유동자산에 투자된 자금이 모두 장기성 자금으로 조달되었음을 나타내고, 100%를 초과하는 경우는 일부 자금이 단기성 유동부채에서 조달되었음을 뜻한다. 이 비율은 60% 이상이면 재무 상태가 아주 불량한 것으로 판단할 수 있다.

5 부채비율

부채비율은 기업의 부채총액을 자기자본으로 나눈 후 100을 곱한 비율이다.

이 비율이 높을수록 기업이 외부 자본(빚)에 의존하고 있음을 의미하며, 낮을수록 자기자본으로 운영이 이루어지고 있음을 나타낸다.

비율의 계산	표준비율
부채비율 $= \dfrac{\text{타인자본(유동부채 + 비유동부채)}}{\text{자기자본}} \times 100$	200% 이하면 양호

비율의 계산	표준비율

- 100% 이하 : 재무구조가 양호한 상태.
- 200% 이상 : 재무 건전성에 위험 신호, 신용등급 하락 등 불이익 발생 가능

부채비율이 높을수록 기업이 빚에 많이 의존하여 재무 위험이 커질 수 있다.
경제 상황이 악화되거나 금융비용이 증가할 때 상환 압박이 커진다.
반면 부채비율이 낮을수록 자기자본 중심의 안정적인 경영이 이루어지고 있어
재무구조가 튼튼함을 의미한다.

부채비율은 자기자본비율과 역의 관계에 있어 자기자본비율이 높을수록 부채비율은 낮아지게 된다.

기업의 재무안정성 측면에서는 부채비율이 낮을수록 좋으나 이 비율이 지나치게 낮을 경우는 차입을 통한 적절한 수익투자를 하지 않은 것일 수도 있으므로 기업경영의 수익성이라는 측면에서 문제의 여지가 있을 수 있다. 따라서 부채비율의 적절한 수준은 기업의 업종, 규모, 자본투자수익률 및 부채에 대한 이자율 등을 종합적으로 고려해서 일정한 균형을 유지하는 것이 좋다.

일반적으로 100% 이하를 표준비율로 삼고 있으나 우리나라 기업 중에서 100% 이하인 기업은 좀처럼 찾기가 힘들다. 보통이 300%이고, 심하면 몇천 %가 된다. 쉽게 말해 내 돈은 1억 원인데, 몇십억 원이나 되는 남의 돈을 빌려서 장사를 하고 있다는 이야기이다.

그리고 증권시장에서는 부채비율을 부도기업의 사전 감지에 사용하고 있다. 여기서 주의할 점은 단순히 부채비율이 몇백 %라는 게 중요한 것이 아니라 지난 몇 년간의 흐름이 중요하다는 것이다.

예를 들어 올해의 부채비율이 400%인 기업이 있다고 하자 단순히 부채비율만 보면 위험한 회사이지만 지난 몇 년간의 흐름 속에서 파악해

야 한다. 2022년 1,000%, 2023년 700%, 2024년 500%, 2025년 400%라면 상당히 부채를 줄이기 위해 노력하는 기업이고, 호감을 느끼고 지켜볼 필요가 있다.

반면 올해의 부채비율이 100%인 기업이 있다고 하자 단순히 부채비율만 본다면 초특급 주식이다. 그러나 이러한 주식도 지난 몇 년간의 흐름 속에서 파악해야 한다. 2022년 10%, 2023년 50%, 2024년 90%, 2025년 100%라면 주의를 기울일 필요가 있는 것이다. 또 단순히 부채비율만을 체크하는 것은 부도 기업의 사전 감지에 무리가 있다.

우리나라 기업의 경우 부채비율이 200% 이하이면 양호하고, 400% 이상이면 불량기업이다.

부채비율이 낮으면 도산의 위험은 작아서 채권자들에게는 좋은 상태라고 할 수 있다. 그러나 미래에 경기가 좋을 것이라고 예상이 될 때는 적당한 부채를 도입해서 합리적인 투자도 모색해야 기업이 빨리 성장할 수 있다. 또한, 경영자 입장에서는 단기채무 상환의 압박을 받지 않고 투자수익률이 이자율을 상회하는 한 타인자본을 계속 이용하는 것이 유리하다.

그러나 채권 회수의 안정성을 중시하는 채권자는 부정적일 수 있는데 왜냐하면 기업의 부채비율이 지나치게 높은 경우 추가로 부채를 조달하기가 어려울 뿐만 아니라 과도한 이자비용의 지급으로 수익성도 악화하여 지급불능 상태에 직면할 가능성이 커지기 때문이다.

6 차입금의존도

차입금의존도는 총자산 중 이자를 부담해야 하는 차입금(단기차입금,

장기차입금, 사채 등)이 차지하는 비율이다. 즉, 총자본 중 외부에서 조달한 차입금(단기차입금 + 장기차입금 + 사채) 비중을 나타내는 지표이다.

비율의 계산	표준비율
차입금의존도 = $\dfrac{\text{단기차입금 + 장기차입금 + 사채}}{\text{총자본(총자산)}} \times 100$	30% 이하면 양호

- 30% 이하 : 안전한 수준으로 평가된다.
- 40% 초과 : 기업이 재무적으로 어려움을 겪을 가능성이 크다.

차입금의존도가 높은 기업은 이자비용에 대한 부담이 크므로 수익 창출이 떨어지고 장기적인 지급 능력이 저하되어 안정성을 해치게 된다.

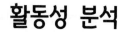

활동성 분석

활동성 분석은 기업이 자산을 얼마나 효율적으로 활용하여 매출을 창출하고 있는지 평가하는 분석 방법이다.

회전율이 높을수록 해당 자산이 효율적으로 사용되고 있음을 의미하며, 일반적으로 회전율은 매출액을 특정 자산으로 나누어 계산한다.

대표적인 활동성 지표로는 총자산회전율, 재고자산회전율, 매출채권회전율, 매입채무회전율 등이 있다.

예를 들어 총자산회전율이 2회라면 총자산이 100인 경우 매출이 최소 200이 되어야 한다는 의미이다.

기업은 수익증대를 목적으로 투하된 자본을 끊임없이 회전시키는데, 이에 따른 성과는 매출액으로 대표될 수 있다. 따라서 회전율을 측정하는 기본항목은 매출액이며, 기업의 활동성은 매출액과 각 자산·부채·자본 항목에 대한 회전 배수로 측정된다.

1 총자산회전율

총자산회전율은 기업의 자산이 매출액을 얼마나 효율적으로 창출하는지 보여주는 활동성 지표다.

비율의 계산	표준비율
총자산회전율 $= \dfrac{\text{연매출액}}{\dfrac{\text{전기말총자산 + 당기말총자산}}{2}}$	1.5회 이상이면 양호
총자산회전기간 $= \dfrac{\dfrac{\text{전기말총자산 + 당기말총자산}}{2}}{\text{연매출액}}$	
자산회수기간 $= \dfrac{1}{\text{총자산회전율}}$	

일반적으로 1.5회전이 적정 수준으로 여겨지며, 회전율이 높을수록 기업의 자산 활용 효율성이 좋다고 평가한다.

• 과거 추세와의 비교 : 특정 기업의 과거 수치와 비교하여 그 수치가 유지되거 나 높아지는 추세라면 활동성에 큰 문제가 없다고 볼 수 있다.

• 산업별 차이 : 산업별로 자산의 구성과 매출액의 수준이 다르므로 총자산회전 율도 산업마다 다르다.

• 기업 간 비교의 한계 : 같은 산업 내의 경쟁업체라 할지라도 자산 구성이 다를 수 있어, 단순히 총자산회전율 수치만을 비교하는 것은 적절하지 않을 수 있다. 소속 업계의 평균 수치는 참고 사항으로만 활용하는 것이 좋다.

총자산회전율은 연매출액을 총자산평균액으로 나눈 비율로서 기업에 투하된 총자산(부채 + 자본)이 회계기간의 매출액에 의해 회수되는 기간, 즉 총자산과 매출액 간의 관계로 분석하는 것이다.

이 비율은 기업이 소유하고 있는 자산들을 얼마나 효과적으로 이용하고 있는가를 측정하는 활동성 비율의 하나로서 기업의 총자산이 1년에 몇 번이나 회전하였는가를 나타낸다.

총자산회전율이 높으면 유동자산·비유동자산 등이 효율적으로 이용되고 있다는 것을 뜻하며, 반대로 낮으면 과잉투자와 같은 비효율적인 투자를 하고 있다는 것을 의미한다.

자산을 회수하는데, 걸리는 기간을 회수기간이라고 하는데 자산의 회수기간은 회전율의 역수가 된다.

총자산회전율은 일정한 표준은 없으나 보통 1.5회전 이상이면 양호한 상태로 보며, 재고자산, 외상매출금, 유형자산의 비율이 높아지면 총자산회전율이 높아지는 것이 일반적이다.

우리나라 기업의 경우 총자산회전율이 1.5회 이상이면 양호하고, 1회 이하면 불량기업이다.

2 자기자본회전율

자기자본회전율은 기업이 주주로부터 받은 투자자금을 얼마나 효율적으로 활용하여 매출을 창출하는지 평가하는 활동성 지표다.

비율의 계산	표준비율
$\text{자기자본회전율} = \dfrac{\text{연매출액}}{\dfrac{\text{전기말자기자본} + \text{당기말자기자본}}{2}}$	3회 이상이면 양호

자기자본회전율이 높다는 것은 일반적으로 자기자본에 대한 활용도가 높다는 것을 의미한다. 즉, 적은 자기자본으로 많은 매출을 올리고 있다고 해석할 수 있다. 그러나 이 지표만으로는 기업의 전체적인 상태를 판단하기 어렵다. 매출액에 비해 자기자본이 적은 경우에도 자기자본회전율이 높게 나타날 수 있는데, 이런 경우는 활동성이 높은 반면, 안정성이 떨어질 수 있다. 따라서 자기자본회전율은 안정성 지표 중 하나인 자기자본비율과 함께 분석하는 것이 중요하다.

자기자본회전율이 높다는 것은 자기자본의 활동상태가 양호하다는 것을 의미할 뿐만 아니라, 수익성 증대의 가능성과 이익배당 및 내부유보의 증대 등을 의미하게 된다.

그러나 자기자본회전율이 현저하게 고율인 경우는 외상매출의 과대 현상 또는 자기자본의 과소 현상의 위험성을 내포하게 되는 경우가 많으므로(자기자본이 적을 경우나 외상매출금(매출채권)이 많은 경우 회전율이 높아지므로) 경계해야 한다. 따라서 매출액과 자기자본과의 사이에는 일정한 상관관계가 있다는 점에 유의해야 한다.

우리나라 기업의 경우 자기자본회전율이 3회 이상이면 양호하고, 2회 이하면 불량기업이다.

구분	재무제표 분석
자기자본회전율이 높고, 자기자본비율도 높은 경우	이상적인 상황으로, 기업이 안정적인 재무구조를 바탕으로 효율적인 자본운용을 하고 있다고 평가할 수 있다.
자기자본회전율이 높지만, 자기자본비율이 낮은 경우	매출액에 비해 자기자본이 적은 경우로, 활동성은 높지만, 안정성이 떨어진다. 이런 경우 외부 충격에 취약할 수 있으며, 높은 부채비율에 따른 이자 부담이 클 수 있다.
자기자본회전율이 낮지만, 자기자본비율이 높은 경우	안정적인 재무구조를 가지고 있지만, 자본 활용 효율성이 떨어지는 상태다. 보유한 자본을 효율적으로 운용하지 못하고 있어 수익성이 낮을 수 있다.
자기자본회전율과 자기자본비율이 모두 낮은 경우	자본 구조도 불안정하고 자본 활용 효율성도 떨어지는 가장 바람직하지 않은 상황이다.

경영자본회전율

경영자본회전율은 연매출액을 경영자본 평균액으로 나누어 산출한다. 여기서 '경영자본'은 총자본에서 영업 외에 해당하는 자산(토지, 건물, 건설중인자산, 투자자산 등)을 제외한 순경영자본을 의미한다.

비율의 계산	표준비율
경영자본회전율 = $\dfrac{연매출액}{경영자본\ 평균액}$ (총자본 − 건설중인자산 − 투자자산)	2.5회 이상이면 양호

경영자본회전율이 높다는 것은 영업에 실제로 사용되는 자본이 활발히 매출로 전환되고 있다는 뜻으로, 자본의 운용 효율성이 높다고 볼 수 있다. 반대로 이 회전율이 낮다면, 영업활동에 투입된 자본의 활용도가 떨어진다고 볼 수 있다.

이 비율은 일정한 표준비율은 없으나 보통 2.5회전 이상을 양호한 상태로 본다.

365일/회전율 = 회전일수가 되며, 경영자본이 1회전 하는데, 필요한 일수가 나온다. 빠른 쪽이 효율적 경영이라고 할 수 있는 것은 말할 필요가 없다.

4 **유형자산회전율**

유형자산회전율은 매출액을 유형자산으로 나눈 비율로서 매출에 대해 유형자산의 활용도를 나타내는 비율이다. 즉, 유형자산을 이용해서 1

년간 매출을 얼마나 창출했는가를 나타내는 비율이다. 따라서 이 비율에 의해서 유형자산의 활용도 또는 과대 투자 여부를 판단할 수 있다. 제조업, 유통업, 수주산업 등처럼 유형자산 비중이 큰 업종에서 기업의 활동성과 효율성을 평가하는 데 매우 효과적인 지표다. 반면, 유형자산이 거의 없는 서비스업이나 지주사의 경우는 이 지표의 의미가 크지 않다.

비율의 계산	표준비율
유형자산회전율 = $\dfrac{\text{연매출액}}{\text{유형자산}}$	3회 이상이면 양호

- 유형자산회전율이 높으면 : 유형자산에 대한 투자액이 매출을 통하여 보다 빠르게 회수되고 있다는 뜻이다. 즉, 유형자산이 효율적으로 사용되고 있음을 의미한다.
- 유형자산회전율이 낮으면 : 유형자산의 활용이 부족하거나, 유형자산에 대한 투자가 과도하다는 의미일 수 있다. 업계 환경 변화나 과잉투자 등이 원인이 될 수 있다.

유형자산회전율이 높으면 높을수록 유형자산에 투자한 기업자본이 효율적으로 운용되었다는 것을 의미(유형자산 1원당 매출의 증대효과가 크다는 것)하기 때문에, 유형자산과 관계되는 고정비, 예를 들면 감가상각비, 이자, 보험료, 수선비 등의 부담이 절감된다.

따라서 제품 단위당 원가절감으로 인해서 경쟁시장에서 유리한 입장에 서게 되므로, 기업의 수익성을 증대시키게 된다.

그러나 반대로 이 비율이 저율인 경우는 설비 운용의 비능률 또는 유형자산에의 과대 투자를 의미하기 때문에, 고정비의 증가로 인해서 수익성과 유동성이 저하되어 재무적 위험성을 초래하게 될 것이다.

우리나라 기업의 경우 유형자산회전율이 3회 이상이면 양호하고, 2회
이하면 불량기업이다.

5 재고자산회전율

재고자산회전율은 기업이 평균적으로 재고자산의 몇 배에 해당하는 매
출액을 가졌는지 또는 재고자산이 1년 동안 얼마나 빠르게 판매되고
있는지를 나타내는 활동성 지표다.

이 지표가 높을수록 재고관리가 효율적이며, 제품이 빠르게 판매되고
있다는 의미다.

비율의 계산	표준비율
재고자산회전율 = $\dfrac{연매출액}{\dfrac{전기말재고자산 + 당기말재고자산}{2}}$	6회 이상이면 양호

• 높은 재고자산회전율

재고자산이 빠르게 판매되고 있음을 의미

효율적인 재고관리를 나타냄

불필요한 재고 보유로 인한 비용 감소

• 낮은 재고자산회전율

재고가 느리게 판매되고 있음을 의미

과잉 재고 보유 가능성

창고 비용 증가 및 제품 진부화 위험 증가

이 비율에 의해서 재고자산의 적정도를 파악할 수 있는데 회전율이 높을수록 재고기간이 짧고, 재고자산의 현금화 속도가 빠르며, 투하된 자금은 감소해서 자본의 운용 효율은 높아진다. 즉, 매입채무가 감소하며, 상품의 재고 손실을 막을 수 있고, 보험료·보관료를 절약할 수 있어 기업 측에 유리하게 된다.

그러나 과다하게 높을 경우는 원재료 및 제품 등의 부족으로 계속적인 생산 및 판매 활동에 지장을 초래할 수도 있는 반면, 재고자산회전율이 낮아지게 되면 그만큼 재고 보유기간이 길어진다는 것을 의미하므로 이에 대한 손실이 증대해서 유동성과 수익성이 낮아지게 된다. 재고자산회전율은 보통 6회전 이상이면 양호한 상태로 본다.

우리나라 기업의 경우 재고자산회전율이 6회 이상이면 양호하고, 4회 이하면 불량기업이다.

재고를 정상적인 영업활동에 필요한 적정수준 이하로 유지해서 수요변동에 적절히 대처하지 못하는 경우에도 적은 재고자산으로 인해 이 비율은 높게 나타날 수 있으므로 해석 시 유의해야 한다.

또한, 원재료의 가격이 상승추세에 있는 기업이나 재고자산의 보유 수준이 크게 높아지는 기업들의 경우에는 주로 후입선출법에 의해 재고자산을 평가함으로써 재고자산회전율이 높게 나타나는 경우가 있다.

따라서 재고자산회전율에 대한 상대적인 차이에 대해서는 실제로 재고자산이 효율적으로 관리되는지, 생산기간이 단축되어 재공품이 감소하였는지, 또한 재고자산평가 방법을 바르게 채택하고 있는지를 비교·분석해서 판단해야 한다.

재고자산회전율과 함께 자주 사용되는 지표로 재고자산회수기간이 있다.

$$\text{재고자산 평균회수기간} = \frac{365일}{\text{재고자산회전율}}$$

이 지표는 재고자산이 판매되기까지 평균적으로 소요되는 일수를 나타낸다. 예를 들어, 재고자산회전율이 10.11이라면 재고자산회전기간은 약 36일로, 재고를 구매해서 판매하기까지 평균 36일이 소요됨을 의미한다.

6 매출채권회전율

매출채권회전율은 매출액을 1년간의 매출채권의 평균액으로 나눈 비율로서 기업이 1년 동안 매출채권을 현금으로 얼마나 효율적으로 회수하는지 보여주는 지표다.

비율의 계산	표준비율
$\text{매출채권회전율} = \dfrac{\text{연매출액}}{\dfrac{\text{전기말매출채권} + \text{당기말매출채권}}{2}}$ 매출채권은 대손충당금을 차감하기 전의 금액을 말한다.	6회 이상이면 양호

• 높은 매출채권회전율 : 매출채권이 빠르게 현금으로 전환됨을 의미하며, 기업의 채권 회수 정책이 효율적임을 나타낸다.
• 낮은 매출채권회전율 : 미수금 회수가 비효율적임을 의미하며, 현금 유동성 문제가 발생할 수 있다.

이 비율이 높을수록 매출채권의 현금화 속도가 빠르다는 것을 의미한다.

매출채권회전율은 매출채권에 투하된 자산이 많지는 않은가? 능률적으로 운용되고 있는가? 회수 상황이 어떤가를 알 수 있다.

이는 회전율이 높을수록 회수기간이 짧고 투하된 자금은 감소하며, 자본의 운용 효율은 높아진다.

이 비율의 대소는 매출채권에 소요된 비용으로서 금리, 수금비, 대손, 관리 비용에도 영향을 주며, 일정한 표준비율은 없으나, 보통 6회전 이상을 양호한 상태로 보고 이를 표준비율로 삼고 있다.

우리나라 기업의 경우 매출채권회전율이 6회 이상이면 양호하고, 4회 이하면 불량기업이다. 365/매출채권회전율은 매출채권회수기간이 된다.

한편 1년 즉, 365일을 매출채권회전율로 나누면 매출채권이 한번 회전하는데 소요된 기간 즉 매출채권 평균회수기간을 나타낸다.

$$\text{매출채권 평균회수기간} = \frac{365일}{\text{매출채권회전율}}$$

예를 들어, 매출채권회전율이 2회라면, 매출채권회수기간은 182.5일 (365일 ÷ 2)이 된다. 이는 기업이 외상 판매 후 평균적으로 약 183일 후에 현금을 회수한다는 의미다.

이 기간이 짧을수록 매출채권이 효율적으로 관리되어 판매 대금이 매출채권에 오래 묶여 있지 않음을 의미한다.

그러나 기업이 시장점유율 확대를 위해 판매 전략을 강화하는 경우 매출채권회전율이 낮게 나타날 수 있으므로 기업의 목표 회수기간이나 판매 조건과 비교해서 평가해야 한다.

재고자산의 회수기간과 매출채권의 회수기간을 더하면 재고자산이 판매되어 매출채권으로 바뀐 후 매출채권이 최종적으로 현금으로 회수될 때까지의 기간이 산출된다.

재고자산 평균회수기간 + 매출채권 평균회수기간 = 평균 영업주기

$$\frac{365일}{재고자산회전율} + \frac{365일}{매출채권회전율}$$

7 매입채무회전율

매입채무회전율은 기업이 외상으로 구매한 물품이나 서비스에 대한 대금을 얼마나 신속하게 지급하는지 나타내는 활동성 지표다.

매입채무회전율은 매출액을 1년간의 매입채무의 평균액으로 나눈 비율로서 매입채무의 지급 속도를 측정하는 지표이다. 즉, 기업의 부채 중에서도 특히 매입채무가 원활히 결제되고 있는가? 여부를 나타낸다.

비율의 계산	표준비율
매입채무회전율 = $\dfrac{연매출액}{\dfrac{전기말매입채무 + 당기말매입채무}{2}}$	8회 이상이면 양호

• 높은 매입채무회전율 : 매입채무를 신속하게 지급하고 있음을 의미하며, 기업의 지급능력이 양호함을 나타낸다.
• 낮은 매입채무회전율 : 기업이 매입채무 지급을 지연하고 있을 가능성이 있으며, 이는 현금 유동성에 문제가 있거나 공급자로부터 더 긴 결제 기간을 허용받고 있음을 시사할 수 있다.

매입채무회전율은 매입채무에 투하된 부채가 많지는 않은가, 능률적으

로 운용되고 있는가, 지급 상황이 어떤가를 알 수 있다.

이는 회전율이 높을수록 기업의 단기적 지급능력이 양호함을 의미하나 회사의 신용도가 저하되어 신용 매입 기간을 짧게 제공받는 경우에도 이 비율이 높게 나타날 수 있다는 점에 유의해야 하며, 매출채권회전율과 함께 분석함으로써 자금압박 가능성 등을 검토해야 한다.

반면, 회전율이 낮을수록 지급기간이 길고 지급하는 자금은 감소하며, 부채의 운용 효율은 높아진다. 이 비율은 보통 8회전 이상을 양호한 상태로 보고 이를 표준비율로 삼고 있다.

우리나라 기업의 경우 매입채무회전율이 8회 이상이면 양호하고, 6회 이하면 불량기업이다.

8 타인자본회전율

타인자본회전율은 연매출액을 타인자본 평균금액으로 나눈 값으로, 타인자본이 일정기간 중 몇 번 회전했는지를 보여주는 지표다.

이 지표가 높을수록 타인자본의 활용도가 높으며, 매출액 1단위에 대한 고정금리 부담이 경감되어 수익성이 향상될 수 있다.

비율의 계산	표준비율
타인자본회전율 = $\dfrac{\text{연매출액}}{\dfrac{\text{전기말타인자본 + 당기말타인자본}}{2}} \times 100$	높을수록 양호

• 높은 타인자본회전율
타인자본의 이용도가 높다는 것을 의미한다.

비율의 계산	표준비율
매출액 1단위에 대한 기업 고정금리의 부담이 경감되므로 수익성이 향상될 수 있다. 기업이 차입한 자금을 효율적으로 운용하고 있다는 것을 나타낸다. • 낮은 타인자본회전율 타인자본회전율이 낮다면 기업이 차입한 자금을 효율적으로 활용하지 못하고 있을 가능성이 있으며, 이는 재무 부담으로 이어질 수 있다.	

이 비율은 높을수록 양호하며, 부채의 변제가 확실하고 신속하게 이루어지고 있음을 나타낸다. 매출 1단위에 대한 이자 부담률도 낮아져 이익도 커지게 된다. 타인자본회전율은 내부보다도 외부 채권자가 관심 있게 다루며, 일정한 표준비율은 없고 높을수록 타인자본 이용도가 좋다고 본다.

성장성 분석

성장성 분석은 기업이 얼마나 빠르게 성장하고 있는지 평가하는 것으로, 매출액증가율과 영업이익증가율이 대표적 지표다.
순이익증가율, 시장점유율 확대, 고객 확보율 등 다양한 정량·질적 지표를 함께 분석하면 더욱 입체적인 평가가 가능하다.

1 총자산증가율

총자산증가율은 기업의 전체 자산이 전기에 비해 얼마나 증가했는지를 백분율로 나타내는 성장성 지표다.

비율의 계산	표준비율
총자산증가율 $= \dfrac{\text{당기말총자산}}{\text{전기말총자산}} \times 100 - 100$	20% 이상이면 양호

- 총자산증가율이 높은 경우 : 기업의 규모가 확장되고 있다는 의미로, 외부 투자를 유치하거나 내부유보를 확대하는 등 자산이 꾸준히 증가하고 있음을 시사한다.
- 총자산증가율이 낮거나 음수인 경우 : 기업의 외형 확장세가 약하다는 뜻이며, 자산 매각이나 영업 부진 등이 원인일 수 있다.

총자산증가율이 높을수록 기업의 외형 성장세가 양호함을 의미하며, 매출액증가율과 함께 비교하면 성장의 질도 평가할 수 있다.

총자산증가율이 높다는 것은 투자활동이 적극적으로 이루어져 기업 규모가 빠른 속도로 증가하고 있다는 것을 의미한다.

그러나 자산재평가가 이루어진 경우는 새로운 자산의 취득이 없이도 재무상태표의 자산규모는 증가하게 되므로 특히 주의해야 한다.

우리나라 기업의 경우 총자산증가율이 20% 이상이면 양호하고, 10% 이하면 불량기업이다.

2 유형자산증가율

유형자산증가율은 전기 대비 당기 유형자산이 얼마나 증가했는지를 백분율로 나타내는 성장성 지표다. 즉 토지, 건물, 기계장치 등의 유형자산에 대한 투자가 당해 연도에 얼마만큼 활발하게 이루어졌는가를 나타내는 지표로서 기업의 설비투자 동향 및 성장잠재력을 측정할 수 있다.

비율의 계산	표준비율
유형자산증가율 = $\dfrac{\text{당기말 유형자산}}{\text{전기말 유형자산}} \times 100 - 100$	20%이상이면 양호

• 유형자산증가율이 높다 : 기업이 설비투자 등에 적극적으로 나서고 있어, 미래의 수익창출 기반이 확대되고 있음을 의미한다.

유형자산은 제조, 유통, 운송, 수주업 등 여러 업종에서 수익의 원천이 되는 자산이므로, 해당 비율 상승은 장기적으로 기업의 성장잠재력이 커졌음을 뜻한다.

• 유형자산증가율이 낮거나 마이너스 : 투자활동이 부진하거나 자산 처분이 이루어지고 있을 수 있다.

통상 기업의 설비투자를 유형자산으로 볼 수 있는데, 유형자산이 증가했다는 것은 건물 토지 공장 기계 등에 대한 기업의 투자 규모가 늘어났음을 의미한다.

이러한 유형자산은 일시에 거액이 투입되고 회계상으로 장기간에 걸쳐 감가상각에 의해 소액 단위로 회수된다. 설비투자가 경기 상황에 따라 적절하게 이루어진 경우는 호황 시 추가 투자가 없어도 미래 수익창출 능력이 높아지며 성장성이 높아진다.

⊚ 유형자산 공정가치와의 차이가 크면 유의해서 볼 필요가 있다.
⊚ 인플레이션이나 수요급증으로 공장 신설 비용이 급증하는 경우 기존공장의 대체원가가 급상승하며, 기업가치가 높아진다.
⊚ 유형자산의 규모가 크면 경기 하락 시 위험하다.
⊚ 유형자산의 감가상각방법은 가속상각법을 사용하는 기업이 우수하다.

제조업 등 자본집약적 산업에서는 유형자산증가율을 통해 설비투자 추이와 향후 성장 여력을 점검하는 데 매우 중요한 지표로 활용된다.

단, 단기적으로 투자 부담이 크거나 효율 없는 투자일 경우 수익성에 부담이 될 수 있으므로, 매출액·이익 증가율 등과 함께 종합적으로 해석해야 한다.

우리나라 기업의 경우 유형자산증가율이 20% 이상이면 양호하고, 10% 이하면 불량기업이다.

3 유동자산증가율

유동자산증가율은 회사의 유동자산(현금, 예금, 매출채권, 재고자산 등)

이 전년 대비 얼마나 증가했는지를 나타내는 지표다. 즉 당기 말 유동 자산을 전기 말 유동자산으로 나눈 비율로서 기업의 경상적인 영업활동을 위해서 소유하는 유동자산이 당해 연도에 얼마나 증가하였는가를 나타내는 지표이다.

비율의 계산	표준비율
유동자산증가율 = $\dfrac{\text{당기말 유동자산}}{\text{전기말 유동자산}} \times 100 - 100$	20% 이상이면 양호

- 정상적 상태 : 매출액이 증가하면서 유동자산도 함께 늘어난다면 이는 기업이 성장하고 있다는 긍정적인 신호다. 매출 증가는 곧 매출채권, 재고자산 등이 자연스레 증가하기 때문이다.
- 비정상적 상태 : 만약 매출 증가 없이 유동자산만 증가한다면, 이는 매출채권 회수 지연이나 재고 증가 등 기업 운영에 문제가 발생하고 있을 가능성도 있다.

유동자산증가율을 볼 때는 반드시 유동부채와의 관계(유동비율)도 함께 분석해야 기업의 단기 재무 건전성을 정확히 평가할 수 있다.
우리나라 기업의 경우 유동자산 증가율이 20% 이상이면 양호하고, 10% 이하면 불량기업이다.

4 재고자산증가율

재고자산증가율은 기업이 보유한 재고자산이 전년도 대비 얼마나 증가 하였는지를 나타내는 지표다. 즉 재고자산증가율은 당기 말 재고자산 을 전기 말 재고자산으로 나눈 비율로서 기업이 판매 또는 제조를 목적으로 보유하는 상품, 제품, 원재료, 재공품 등의 재고자산이 얼마나 증가하였는가를 나타내는 지표다.

비율의 계산	표준비율
재고자산증가율 = $\dfrac{\text{당기말 재고자산}}{\text{전기말 재고자산}} \times 100 - 100$	20% 이상이면 양호

- 매출 증가와 함께 재고자산이 증가 : 기업이 성장하면서 자연스럽게 재고자산이 증가하는 경우로 볼 수 있다.
- 매출 증가 없이 재고자산만 증가 : 이는 재고관리에 문제가 있을 가능성을 시사한다. 재고가 쌓이고 있으나 판매가 원활하지 않은 상황일 수 있다.

매출과 재고자산이 동시에 증가하는 것이 일반적인 상황이다. 매출은 감소하나 재고자산이 증가하는 경우 위험신호라 볼 수 있다.

재고자산 가격이 급등하는 종목의 재고자산 보유 규모도 유의해서 봐야 한다. 변화가 심한 산업에서는 재고자산 규모와 진부화 정도를 체크해야 한다(의류업, 첨단업종 등).

우리나라 기업의 경우 재고자산증가율이 20% 이상이면 양호하고, 10% 이하면 불량기업이다.

재고자산증가율은 재고자산회전율과 함께 평가하는 것이 중요하다.

재고자산증가율은 기업의 재고자산이 전년 대비 얼마나 증가했는지 보여주는 성장성 지표인 반면, 재고자산회전율은 재고자산이 얼마나 효율적으로 판매되고 있는지를 나타내는 활용 효율성 지표다.

두 지표는 상반된 관계를 가질 수 있으며, 재고자산이 증가하면 재고자산회전율이 하락할 가능성이 높다.

자기자본증가율

자기자본증가율은 전년도와 비교하여 기업의 자본총계가 얼마나 증가했는지를 보여주는 성장성 지표다.

자기자본증가율은 당기 말 자기자본을 전기 말 자기자본으로 나눈 비율로서 내부유보 또는 유상증자 등을 통해서 자기자본이 당해 연도에 얼마나 증가하였는가를 나타내는 지표이다.

비율의 계산	표준비율
자기자본 증가율 $= \dfrac{\text{당기말 자기자본}}{\text{전기말 자기자본}} \times 100 - 100$	20% 이상이면 양호

- 높은 자기자본증가율의 의미

자기자본증가율이 높다는 것은 다음과 같은 의미를 갖는다.

사업 규모의 확대 : 기업의 사업 밑천 규모가 큰 폭으로 성장하고 있음을 의미한다.

주주 가치 증가 : 자기자본증가율이 10%라면 주주의 몫이 매년 10%씩 늘고 있다는 뜻이며, 연평균 투자수익률은 10%가 된다.

내부유보 증가 : 영업활동을 통해 창출된 이익 중 내부에 쌓이는 잉여금이 증가하고 있음을 보여준다.

- 낮거나 마이너스 자기자본증가율

자기자본이 증가하지 못하고 오히려 감소했을 경우, 자기자본증가율은 마이너스 값을 가지게 된다. 이는 기업 소유의 자본이 더 이상 성장하지 못하고 감소하고 있다는 적신호로 볼 수 있다.

자기자본증가율의 원인을 유상증자, 자산재평가, 그리고 손익규모와 관련해서 파악한다.

우리나라 기업의 경우 자기자본 증가율이 20% 이상이면 양호하고, 10% 이하면 불량기업이다.

이상적인 기업 성장은 영업이익증가율을 상회하는 자기자본증가율을 보이는 것이다. 이는 기업이 창출한 이익이 효과적으로 내부 자본 확충에 기여하고 있음을 의미한다.

자기자본이익률(ROE)은 기업이 투자한 자본에 대한 수익률을 나타내는 지표로, 자기자본증가율과 함께 분석하면 자본 효율성을 더 정확히 평가할 수 있다.

6 매출액증가율

매출액증가율은 기업이 일정 기간(주로 1년) 동안 영업활동을 통해 발생시킨 매출액이 전년도에 비해 얼마만큼 증가했는지를 나타내는 비율이다. 즉 전년도 매출액에 대한 당해연도 매출액의 증가율(당기말 매출액/전기말 매출액)로서 기업의 외형적 신장세를 판단하는 대표적인 지표이다.

비율의 계산	표준비율
매출액증가율 $= \dfrac{\text{당기말 매출액}}{\text{전기말 매출액}} \times 100 - 100$	20% 이상이면 양호

매출액증가율이 높은 경우 기업의 사업 규모가 크게 성장하고 있음을 의미한다. 반대로 매출액증가율이 마이너스라면 사업 규모가 축소되고 있다는 해석이 가능하다. 다만, 매출이 증가했다고 해서 반드시 수익성까지 좋아졌다고 단정할 수는 없다. 매출액이 늘었더라도 원가나 비용이 더 많이 증가했다면 실제 이익은 줄어들 수 있다. 따라서 매출액증가율은 영업이익증가율 등 다른 수익성 지표와 함께 종합적으로 분석하는 것이 바람직하다.

경쟁기업보다 **빠른** 매출액증가율은 결국 시장점유율의 증가를 의미하므로 경쟁력 변화를 나타내는 척도의 하나가 된다.

매출액증가율을 관찰할 때는 물가상승률과 경쟁기업 또는 산업 전반의 매출액증가율과 비교해야 한다. 명목적인 매출액증가율이 물가상승률보다 낮으면 오히려 (-)의 실질적 매출액증가율을 보인다고 판단할 수 있다.

그리고 매출액증가율이 경쟁기업이나 동종산업 전반의 매출액증가율보다 낮다면 이것은 시장점유율이 오히려 하락하고 있음을 나타내며, 매출액증가가 제품 수요의 전반적 상승추세에 기인한 것이지 그 기업의 성공적 영업활동에 기인한 것이 아님을 의미한다.

매출액증가율이 높게 나왔다고 반드시 영업활동을 잘한다고는 볼 수 없는데 재무제표상의 실적을 부풀리기 위해서 이른바 밀어내기 매출을 하는 회사들이 있기 때문이다.

밀어내기 매출을 하게 되면 재무제표상의 계정 및 지표는 아래와 같다.

(+) 증가 : 매출액, 매출채권, 매출액증가율

(-) 감소 : 재고자산, 총자산증가율

따라서 매출과 관련된 지표는 증가하였지만, 자산과 관련된 항목이 감소하게 되는데, 이러한 항목들이 위와 같이 회계연도 말 급변을 하거나 월별 손익계산서에서 매출이 늘어났음에도 영업이익률이 떨어진다면 이는 밀어내기 매출을 의심해 볼만 하다.

우리나라 기업의 경우 매출액증가율이 20% 이상이면 양호하고, 10% 이하면 불량기업이다.

수익성 분석

수익성 분석은 일정기간동안 기업의 경영성과를 측정하는 비율로서 투자된 자본 또는 자산, 매출 수준에 상응해서 창출한 이익의 정도를 나타내므로 자산 이용의 효율성, 이익창출 능력 등에 대한 평가는 물론 영업성과를 요인별로 분석, 검토하기 위한 지표로 이용된다.

참고로 저량 개념의 재무상태표 항목과 유량개념의 손익계산서 항목을 동시에 고려하는 혼합비율의 경우에는 재무상태표 항목은 기초잔액과 기말잔액을 평균해서 사용한다.

1 총자산세전순이익률

총자산세전순이익률은 기업이 보유한 총자산을 활용해 세전 이익을 얼마나 효율적으로 창출했는지 나타내는 수익성 지표다.

비율의 계산	표준비율
총자산세전순이익률 = $\dfrac{\text{세전순이익}}{\dfrac{\text{기초총자산} + \text{기말총자산}}{2}} \times 100$	10% 이상이 면 양호

비율의 계산	표준비율

수치가 높을수록 자산을 효율적으로 운용하여 많은 이익을 내고 있다는 뜻이다. 일반적으로 같은 산업군 내에서 비교하거나, 한 기업의 과거와 현재를 비교해 성장성과 효율성의 변화를 판단하는 데 활용된다.

업종이나 산업에 따라 적정 수치가 다르므로 다른 산업에 속한 기업끼리 비교하는 것은 바람직하지 않다.

한편 이 비율의 변동요인을 구체적으로 파악하기 위해서는 이 지표를 매출액세전순이익율과 총자산회전율의 곱으로 분해해서 볼 수 있다.

총자산세전순이익율 = 매출액세전순이익률 × 총자산회전율

$$\text{총자산세전순이익률} = \frac{\text{세전순이익}}{\text{매출액}} \times \frac{\text{매출액}}{\text{총자산}}$$

예를 들어 매출액세전순이익률은 높으나 총자산회전율이 낮은 경우에는 판매마진은 높았으나 기업의 판매 활동이 부진했음을 나타낸다.

매출액세전순이익률이 높아지면, 동일한 매출에서 더 많은 세전이익이 발생해 총자산세전순이익률이 높아진다.

총자산회전율이 높으면, 같은 자산으로 더 많은 매출을 발생시켜 역시 총자산세전순이익률을 높이는 효과가 있다.

즉, 총자산세전순이익률을 개선하려면 매출액대비 세전이익률(수익성)을 높이거나 자산을 효율적으로 운용해 매출액 대비 자산회전율(활동성)을 높이는 방법이 있다.

총자산이익률(ROA)

총자산이익률(ROA)은 기업의 자산을 얼마나 효율적으로 활용하여 이익을 창출했는지를 평가하는 주요 재무지표 중 하나다. 이 비율은 기업의 경영진이 자본(자기자본 및 부채)을 어떻게 활용하여 수익성을 높이고 있는지를 파악하는 데 유용하다. 여기서 총자산이란 타인자본(부채)과 자기자본(자본)의 합계를 말한다.

비율의 계산	표준비율
총자산이익률 = $\dfrac{당기순이익}{\dfrac{기초\ 총자산\ +\ 기말\ 총자산}{2}} \times 100$	10% 이상이 면 양호

ROA는 기업이 보유한 자산으로 얼마나 많은 이익을 창출했는지를 나타내며, 자산을 효율적으로 사용하는 기업은 ROA가 높다.

동일한 순이익을 내기 위해 더욱 적은 자본이 투자되는 기업이 효율적이며, 수익성이 좋은 기업이다. 이 비율이 높을수록 수익성이 양호하다는 것을 의미하며, 자산규모가 다른 기업의 경영성과를 평가하는 유용한 수단이다.

반면 이 비율이 낮은 경우 회사에 투자된 총자산 대비 순이익이 너무 적거나 총자산 규모가 불필요하게 많은 경우이다. 따라서 각 자산의 수익성을 따져보고 수익이 나지 않는 자산에 대해서는 과감한 구조조정이 필요하다.

총자산액은 당해 연도 중에 실제로 투하된 자산액으로 해야 하므로 기초 총자산액과 기말 총자산액을 합계해서 2로 나눈 평균액을 사용한다.

특히 내부분석을 하는 경우 월차 재무상태표를 작성하고 있을 때는 각 월의 총자산액을 평균한 금액을 총자산액으로 한다.

이 비율은 기업 전체의 포괄적인 수익성과를 표시하는 기본적인 비율이지만, 투하자본의 경영활동과 운용의 효율성에 대해서는 엄밀히 나타내지 못한다. 왜냐하면 총자본 중에는 경영활동에 직접 참여하지 않은 자본도 포함되어 있기 때문이다.

원칙적으로 높을수록 수익률이 높은 것이므로 양호한 것으로 평가되며, 동일업종의 평균비율 또는 학자에 따라서는 10% 이상을 표준비율로 삼기도 한다.

분석에 있어 분석자가 유의해야 할 점은 보유하고 있는 자산의 시가가 상승한 경우 총자산이익률은 실제보다 과다하게 나타난다. 왜냐하면, 이 비율의 분자인 당기순이익은 대체로 현행원가로 측정되고 분모인 자산은 현행원가보다 낮은 취득원가로 측정되기 때문이다. 따라서 현행원가와 취득원가의 차이가 큰 자산을 보유하고 있는 기업(= 과거에 취득한 자산이 많은 기업)은 이와 같은 점에 유의해서 해석해야 한다.

3 자기자본이익률(ROE)

자기자본이익률은 기업이 주주가 투자한 자본을 얼마나 효율적으로 활용하여 이익을 창출하고 있는지를 보여주는 중요한 지표다. 즉 기업의 주주가 투자한 돈에 대한 성과를 표시하는 비율로서 주주는 이 비율에 의해서 자기가 투자한 돈에 대해서 얼마의 이익이 발생하였는가를 알 수 있다.

여기서 자기자본은 자본과 잉여금의 합, 즉 총자본에서 부채를 뺀 금액이다. 이 비율도 연율로 계산하기 때문에 당기순이익은 1년, 자기자본은 연평균액으로 계산한다.

비율의 계산	표준비율
자기자본이익률 = $\dfrac{\text{당기순이익(지배기업소유주지분)}}{\dfrac{\text{기초자기자본금 + 기말자기자본금}}{2}} \times 100$	20% 이상이면 양호

- 주주 자본의 효율성 : ROE는 주주가 투자한 자본이 얼마나 효율적으로 이익 창출에 사용되었는지 보여준다.
- 투자 수익률 지표 : 주주입장에서는 기업에 투자한 자본 대비 얼마만큼의 수익을 얻을 수 있는지를 판단하는 기준이 된다.
- 경영 효율성 평가 : 높은 ROE는 기업 경영진이 주주 자본을 효과적으로 활용하고 있음을 시사한다.
- 배당 및 주가 상승 가능성 : 높은 ROE는 주주에게 더 높은 배당금이나 주가 상승의 가능성을 제공할 수 있다.

투자자들이 기업의 수익성을 평가할 때 가장 많이 참고하는 지표 중하나로 사용된다.

예를 들어 자기자본이익률이 10%라면 주주가 연초에 1,000원을 투자했더니 연말에 100원의 이익을 냈다는 뜻이다.

주주는 이를 통해 자기가 투자한 자본에 대해서 이익이 어느 정도 발생하며, 배당금과 적립금이 자기에게 얼마만큼 귀속되는가를 알 수 있다.

그리고 자기자본이익률이 높다는 것은 주주가 투자한 돈에 대해 높은 수익을 올리고 있다는 것을 나타내므로 많은 투자가 이루어질 것이다. 반면 투자자 입장에서 보면 자기자본이익률이 시중금리보다 높아야 투자자금의 조달 비용을 넘어서는 순이익을 낼 수 있으므로 기업투자의 의미가 있다. 시중금리보다 낮으면 투자자금을 은행에 예금하는 것이 더 낫기 때문이다.

자기자본이익률과 총자산이익률의 관계

ROA는 총자산(자기자본+부채) 대비 이익을 측정하며, 기업이 전체 자산을 얼마나 효율적으로 활용하고 있는지를 보여준다.

ROE는 부채를 제외한 순수 자기자본만을 기준으로 이익을 측정하므로, 주주 입장에서 실제 투자한 자본이 얼마나 효율적으로 사용되고 있는지를 더 정확히 보여준다.

자기자본이익율이 주주에게 중요한 지표라면 총자산이익율은 경영자에게 중요한 지표가 된다. 총자산이익율이 경영자에게 중요한 지표인 이유는 경영자는 자기자본뿐만 아니라 타인자본에 의해 조달된 모든 자산을 효율적으로 조달·운용해야 하는 책임이 있기 때문이다.

일반적으로 총자산이익률은 자기자본이익률보다 낮은 편이며, 타인자본과 자기자본과의 자본구성비율이 같다면, 총자산이익률이 높을수록 자기자본이익률도 높아지는 것이 보통이다.

총자산이익률이 낮고 자기자본이익률이 높은 것은 자본구성에서 타인자본의 비율이 크기 때문이며, 이것은 기업의 안전도가 약하다는 것을 의미한다. 그러나 총자산이익률이 높을 때, 즉 기업의 수익력이 타인자본의 이자율을 상회하는 때에는 가능한 한 타인자본을 이용하는 것이 좋을 것이다.

4 | 기업세전순이익률

기업세전순이익률(총자산세전순이익률)은 기업이 보유한 총자산을 활용하여 얼마나 효율적으로 세전 이익을 창출하는지 평가하는 중요한 수익성 지표다.

세전순이익에서 차입금에 대한 이자비용을 차감하기 전의 금액을 총자본과 대비한 것이다. 따라서 기업가의 경영능력을 측정하는 지표로 사용되고 있다.

비율의 계산	표준비율
기업세전순이익률 $= \dfrac{\text{세전순이익 + 이자비용}}{\dfrac{\text{기초총자산 + 기말총자산}}{2}} \times 100$	10% 이상이 면 양호

5 | 기업순이익률

기업순이익률(당기순이익률)은 기업이 일정 기간(보통 1년) 동안 영업 및 비영업 활동을 통해 창출한 최종 이익(순이익)이 매출액 대비 어느 정도인지를 나타내는 대표적인 수익성 지표다. 즉, 기업이 상품이나 서비스를 판매하여 발생한 매출에서 각종 비용(원재료비, 인건비, 이자, 세금 등)과 손실을 모두 차감한 뒤, 실제로 남는 이익이 전체 매출의 몇 %인지를 보여준다.

비율의 계산	표준비율
기업순이익률 $= \dfrac{\text{당기순이익}}{\dfrac{\text{기초총자산 + 기말총자산}}{2}} \times 100$	5% 이상이면 양호

- 기업순이익률이 높다. : 매출액 중 실제로 남는 이익이 많다는 뜻으로, 기업의 경영 효율성과 수익구조가 건전하다는 신호다.
- 반대로 순이익률이 낮다. : 매출은 큰데 각종 비용이나 손실로 인해 실질적으로 남는 이익이 적음을 의미한다.

투자자, 경영진 등은 이 지표를 활용해 기업의 수익성, 경쟁력, 비용 관리 능력 등을 종합적으로 평가할 수 있다.

6 자기자본세전순이익률

자기자본세전순이익률은 기업이 주주로부터 조달한 자본(자기자본)을 활용하여 세금을 납부하기 전 얼마나 효율적으로 이익을 창출했는지를 측정하는 수익성 지표다.

비율의 계산	표준비율
자기자본세전순이익률 $= \dfrac{\text{세전순이익}}{\dfrac{\text{기초자기자본금 + 기말자기자본금}}{2}} \times 100$	20% 이상이면 양호

이 지표는 ROE(자기자본이익률)와 유사하지만, ROE가 세후순이익을 사용하는 반면 자기자본세전순이익률은 세전순이익을 사용한다는 점에서 차이가 있다. 이를 통해 세금 효과를 배제하고 기업의 실질적인 운

영 효율성을 평가할 수 있다.

ROE(자기자본이익률)가 10%라면, 주주가 연초에 1억 원을 투자했을 때 연말에 1천만 원의 이익을 냈다는 의미다. 자기자본세전순이익률은 이와 유사하지만 세금 효과를 고려하지 않은 지표로, 순수한 운영 효율성을 평가하는 데 유용하다.

자기자본세전순이익률은 다음과 같은 요소들로 분해할 수 있다.

매출액순이익률 × 총자본회전율 × (1 + 부채비율)

이는 기업의 수익성, 활동성, 재무 레버리지가 모두 자기자본세전순이익률에 영향을 미친다는 것을 보여준다.

자기자본세전순이익률이 높은 기업은 주주의 자본을 효율적으로 활용하여 많은 이익을 창출하는 기업으로, 투자 가치가 높다고 평가받을 수 있다.

7 자본금세전순이익률

자본금세전순이익률은 기업이 보유한 자본금 대비 세금을 납부하기 전의 순이익 비율을 나타내는 지표다.

앞에서 설명한 자기자본세전순이익률 산출을 위한 자기자본에는 납입자본금 외에도 잉여금을 포함하고 있으므로 출자자의 지분에 상응하는 정확한 이익률의 산정이 어렵다. 따라서 자본금세전순이익률은 이에 대한 보조지표로 널리 이용되고 있다.

여기서 세전순이익은 법인세비용차감전순이익을 의미하며, 모든 비용(이자비용 등의 금융비용 포함)을 제외하고 법인세만 차감하기 전의 이익을 말한다.

비율의 계산	표준비율
자본금세전순이익률 $= \dfrac{\text{세전순이익}}{\dfrac{\text{기초자본금 + 기말자본금}}{2}} \times 100$	20% 이상이면 양호

8 자본금순이익률(경영자본이익률)

자본금순이익률은 기업이 자본금 대비 얼마나 많은 당기순이익을 창출했는지 보여주는 중요한 수익성 지표다. 이는 투자자들이 기업에 투자한 자본금이 얼마나 효율적으로 이익으로 전환되었는지를 평가하는 데 활용된다.

비율의 계산	표준비율
자본금순이익률 $= \dfrac{\text{당기순이익}}{\dfrac{\text{기초자기자본금 + 기말자기자본금}}{2}} \times 100$	10% 이상이면 양호

자본금순이익률이 높다는 것은 주주들이 투자한 자본금 대비 높은 수익을 창출하고 있음을 의미한다.
기업의 영업 효율성과 자본 활용 능력이 우수하다고 볼 수 있다.

예를 들어, 자본금이 1억원인 기업이 2천만원의 당기순이익을 냈다면 자본금순이익률은 20%가 된다. 이는 투자된 자본금 1원당 0.2원의 순이익을 창출했다는 의미다.
자본금에 대한 당기순이익의 비율로서 영업활동에 사용된 경영자본과 영업이익과의 관계이다. 기업의 배당능력 판단을 위한 기초자료로 중요시되고 있어 투자자들의 투자결정 시에 참고 지표로 널리 이용되고 있다.

자본금순이익률은 일반적으로 ROE보다 높게 나타난다.

9 매출액영업이익률

매출액영업이익률은 기업이 영업활동을 통해 벌어들인 이익(영업이익)이 전체 매출액에서 차지하는 비율을 의미한다. 이 지표는 기업의 본업에서 얼마만큼의 이익을 올리고 있는지를 보여주며, 원가 관리 능력과 경영 효율성 평가에 매우 중요한 역할을 한다

비율의 계산	표준비율
매출액영업이익률 $= \dfrac{\text{영업이익}}{\text{매출액}} \times 100$	20% 이상이면 양호

• 매출액영업이익률이 높을 경우 : 기업이 매출에서 원가와 판관비를 효과적으로 통제하여 높은 이익을 내고 있음을 뜻한다.
• 매출액영업이익률이 낮을 경우 : 원가 구조나 판관비 부담이 크거나, 전반적인 영업 효율성이 떨어지고 있음을 나타낼 수 있다.
동종 업계의 경쟁사와 비교함으로써 한 기업의 수익구조와 경영 효율성을 객관적으로 평가할 때 주로 활용된다.

제조 및 판매 활동과 직접 관계된 순수한 영업이익만을 매출액과 대비한 것으로 영업 효율성을 나타내는 지표이다.

이 비율은 매출액과 영업비용에 의해서 좌우되므로 비율의 고저는 매출액과 영업비용에 원인이 있게 된다. 따라서 매출액과 영업비용 그 자체의 증감 원인을 분석할 필요가 있다. 뚜렷한 표준비율은 없으나 높을수록 영업활동의 운용이 합리적이라는 것을 나타낸다. 따라서 영업자의 입장에서는 어느 비율보다도 매출액영업이익률이 기업 수익성을 판단하기에 적합한 비율이라고 할 수 있다. 만약 매출액영업이익률이 매출총이익률(매출총이익/매출액)보다 현저히 낮다면 판매비와관리비에 문제가 있다는 것을 나타낸다.

10 매출액세전이익률

매출액세전이익률은 기업의 총매출액 대비 세전이익(법인세 차감 전 이익, 즉 법인세비용차감전순이익)이 차지하는 비율을 의미한다.

비율의 계산	표준비율
매출액세전순이익률 $= \dfrac{\text{세전순이익}}{\text{매출액}} \times 100$	10% 이상이면 양호

• 매출액세전이익률이 높다. : 기업이 매출을 통해 영업비용, 이자, 기타 비용 등을 모두 커버하고, 실질적으로 많은 이익을 남긴다는 의미다.
• 매출액세전이익률이 낮다. : 매출은 많으나 각종 비용이나 이자부담 탓에 실질적으로 남는 이익이 적음을 뜻한다.
이 수치는 기업의 전체적인 수익구조와 사업 효율성을 평가하고, 동종 업종 기업과 비교하여 경영 성과를 판단할 때 활용된다.

이 지표는 기업이 영업활동을 포함하여 재무활동 등에서 발생한 모든 수익과 비용을 반영한 후, 전체 매출에서 실제로 얼마만큼의 이익을 세금 납부 전까지 확보했는지 보여준다.

기업의 주된 영업활동뿐만 아니라 재무활동 등 영업활동 이외의 부문에서 발생한 경영성과를 동시에 측정할 수 있다.

11 매출액순이익률

매출액순이익률은 기업의 전체 매출에서 최종적으로 얼마만큼의 이익(당기순이익)이 남았는지를 보여주는 대표적인 수익성 지표다. 즉, 기업이 벌어들인 매출 중에서 각종 비용(원가, 판관비, 영업외비용, 세금 등)을 모두 차감한 후 실제로 남는 이익의 비율을 나타낸다.

비율의 계산	표준비율
매출액세전순이익률 $= \dfrac{\text{당기순이익}}{\text{매출액}} \times 100$	5% 이상이면 양호

이 비율이 높을수록 기업이 전반적으로 비용을 효율적으로 관리하고 있다는 뜻이며, 수익 구조가 튼튼하다고 평가할 수 있다.

12 매출원가 대 매출액순이익률

매출원가 대 매출액은 매출액 중 매출원가가 차지하는 비중을 나타내는 비율로서 기업원가율 또는 「마진」율을 측정하는 지표이다.

비율의 계산	표준비율
매출원가 대 매출액 = $\dfrac{\text{매출원가}}{\text{매출액}} \times 100$	특정기준이 없음

13 이자보상비율

이자보상비율은 기업이 당해기간에 창출한 영업이익으로 이자비용을 얼마나 충당할 수 있는지를 나타내는 대표적인 재무 건전성 지표다.

비율의 계산	표준비율
이자보상비율 = $\dfrac{\text{영업이익}}{\text{이자비용}} \times 100$	2배 이상이면 양호

이자보상비율이 1 미만이면, 영업이익으로 이자도 감당하지 못해 재무위험이 크다고 평가된다.
2 이상이면 기본적인 이자 지급능력이 양호하다고 여겨진다.
값이 높을 수록 기업의 이자 지급 능력이 우수함을 의미한다.

예를 들어, 영업이익이 1,000억 원이고 이자비용이 500억 원이면, 이자보상비율은 2가 된다. 즉, 영업이익으로 이자비용을 2번 갚을 수 있다는 뜻이다.

1배 이하면 당해연도 영업에서 벌어들인 이익으로 그해 이자도 다 못 갚는다는 것을 의미한다. 이런 기업의 경우에는 투자를 위한 부채조달은 두 번째치고, 우선 부도가 나지 않으려면 또 다른 차입을 통해 기존의 차입금 이자를 갚아나가야 하는 악순환에 직면하게 된다. 특히 이자보상배율이 2~3년간 1배 이하(기업구조조정 부실기업 판정기준 : 3년 연속 이자보상비율 1배 미만)에 머무르면 해당 기업이 도산의 위기에 직면해 있음을 알 수 있다.

이러한 점에서 이자보상배율은 기업의 재무 건전성에 이상을 알리는 최후의 적신호라고 할 수 있다.

14 배당률

배당률(배당수익률)은 주식투자에서 중요한 지표로, 현재의 주가 대비 투자자가 받는 배당금의 비율을 의미한다. 이는 투자자가 주식을 통해 얼마나 안정적인 현금수익을 얻을 수 있는지 보여주는 핵심 지표다.

비율의 계산	표준비율
배당률 $= \dfrac{\text{배당금}}{\text{자본금}} \times 100$	특정기준은 없다.

배당수익률이 높은 주식은 안정적인 현금 흐름을 원하는 투자자, 특히 은퇴 후 꾸준한 수익을 원하는 투자자들에게 중요하다.

배당금은 이를 현금으로 받는 경우는 실제로 기업의 자금이 사외로 나가는 것이 되나, 주식으로 받는 경우는 결국 재투자한 것과 같은 결과가 되어 기업의 잉여금이 자본으로 그 형태만을 바꾸는 것에 불과한 것이 된다. 따라서 기업으로써는 자본이 튼튼해지는 효과를 기대할 수 있으나 주주로서는 별다른 실익이 없을 수도 있다는 것이다.

그리고 배당금을 결정하는 것은 주주총회이며, 상법에서는 그 지불한도를 정해 놓고 있다.

기업은 배당금을 제외한 모든 자산을 기업에 준비금 또는 적립금의 형식으로 남겨두게 되는 데 이때 유의해야 할 점은 이 모든 내역이 반드시 현금의 보유로 이어지는 것은 아니라는 점이다. 즉, 장부상의 조작일 수도 있다는 점에 유의해야 한다.

배당수익률을 평가할 때는 절대적인 배당금 액수보다 비율을 확인하는 것이 중요하다. 예를 들어

주가 10만 원의 기업이 1만원 배당 시 배당수익률 : 10%

주가 5만 원의 기업이 1만원 배당 시 배당수익률 : 20%

같은 배당금이라도 주가에 따라 수익률은 크게 달라질 수 있다.

배당수익률은 투자자에게 현재 주가로 주식을 매수할 경우 배당만으로 얻을 수 있는 수익의 정도를 보여주므로, 장기 투자 및 안정적인 현금 흐름을 원하는 투자자들에게 특히 유용한 지표다.

15 배당 성향

배당 성향은 기업이 해당 회계연도에 벌어들인 당기순이익 중에서 얼마만큼을 주주에게 배당금으로 지급했는지를 백분율로 나타내는 대표적인 투자 지표다.

비율의 계산	표준비율
배당 성향 $= \dfrac{\text{배당금}}{\text{당기순이익}} \times 100$	특정 기준은 없다.

비율의 계산	표준비율

• 배당 성향이 높은 경우 : 회사가 벌어들인 이익 중 많은 부분을 주주에게 배당으로 돌려주며, 주주 친화적인 기업으로 평가받는다.

• 배당 성향이 낮은 경우 : 회사가 이익 중 일부만 배당하고 나머지는 사내 유보금(재투자, 부채 상환 등)에 사용한다는 뜻이다.

기업의 배당정책이나 주주 환원 의지를 판단하는 중요한 지표로 활용되며, 장기간 배당 성향의 추이를 보면 기업의 배당 정책 방향성도 파악할 수 있다.

기업의 배당률만으로는 배당금 지급 능력의 대소를 알 수 없으므로 배당률의 보조지표로 이용된다.

배당은 이익이 나야 주주총회의 결의로 상법상의 한도 내의 금액에서 배당이 이루어지는 것이다.

그래서 얼마의 배당이 가능하고 얼마의 배당이 적당한가를 판단하는 수단으로 흔히 배당 성향을 활용하는데 배당 성향(배당금/당기순이익)이란 당기순이익 중 배당금으로 얼마를 지급하였느냐를 나타낸다.

일반적으로 배당 성향이 낮으면 기업의 배당에는 여유가 생기고 내부에 남아있는 돈이 늘어나므로 자산의 내용이 좋아진다. 따라서 기업의 배당 성향이 낮다는 것은 장래에 높은 배당을 기대할 수도 있다는 것이고 배당 성향이 높다는 것은 장래에 배당을 줄이거나 배당이 없을 가능성이 크다는 것이다.

기업의 성장 단계에 따라 배당 성향은 다를 수 있다. 신성장 기업은 재투자를 위해 배당 성향이 낮은 경우가 많고, 안정적이고 성숙한 기업은 배당성향이 높은 경향이 있다.

생산성 분석

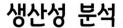

생산성 분석은 기업이나 조직이 투입한 자원 대비 창출된 가치의 비율을 측정하고 평가하는 체계적인 과정이다. 기본적으로 "출력/입력"의 관계를 분석하여 자원 활용의 효율성을 파악하는 것을 목적으로 한다 이는 경영합리화의 척도라고 할 수 있으며, 생산성 향상으로 얻은 성과에 대한 분배 기준이 된다. 근래에는 기업경영의 성과를 부가가치 생산성이란 개념으로 측정하는 것이 일반적이다. 또한, 최근에 임금은 업적에 따라 주고받아야 한다는 풍토로 바뀌어 가고 있는 것이 현실이다. 따라서 업적의 평가에 앞서 생산성 분석이 선행되어야 한다. 즉, 경영자에게는 생산성 향상이 임금 상승을 상회하고 있는가가 커다란 관심사가 된다.

운영자가 수익의 증대만을 도모할 때는 노동자의 생산의식은 감퇴되어 오히려 수익성을 저하시키는 결과가 되므로 생산이 합리적으로 이루어지도록 해서 출자자에게는 타당한 배당을 하고 노동자에게는 적정한 임금을 지급해야 한다. 또한, 소비자에게는 정당한 경로로 제품을 제공함으로써 성과를 거둘 수 있도록 해야 한다. 즉, 생산이 합리적으로 행해져서 생산성이 향상되었는가, 그 성과가 이해관계자 집단에 적정히 배분되었는가의 검토가 중요하게 된다.

1 노동장비율

노동장비율(Labor Equipment Ratio)이란, 생산 현장에서 종업원 한 사람이 작업에 실제로 사용할 수 있는 설비자산(유형자산 중 건설 중인 자산 제외)이 얼마나 많은지를 나타내는 지표다.

이 수치는 기업이 자본 집약적 구조를 갖추고 있는지, 혹은 노동집약적 구조에 머물러 있는지를 가늠하는 데 중요한 역할을 한다. 즉 이 지표가 높을수록 자본집약적인 생산 구조로, 노동생산성 향상과 밀접한 관련이 있다.

일반적으로 중공업은 노동장비율이 높아 자본 집약적 성격을 갖은 데 비해, 경공업의 경우 노동장비율이 낮아 노동집약적인 성격을 갖는다. 즉, 일반적으로 노동장비율이 높아질수록 노동생산성은 올라간다.

$$\text{노동장비율} = \frac{\text{유형자산} - \text{건설중인자산}}{\text{종업원수}}$$

2 자본집약도

자본집약도는 기업이나 산업이 생산활동에서 노동력 대비 얼마나 많은 자본을 사용하는지를 나타내는 지표다. 즉 자본집약도는 종업원 한 사람이 어느 정도의 자본액을 보유하고 있는가를 나타내는 지표로서 노동장비율의 보조지표로 이용된다. 일반적으로 노동자 1인당의 자본량, 즉 자본집약도가 커지면 한 사람의 노동자가 만들어내는 산출량의 크기, 즉 노동생산성이 상승하는 경향이 있다.

$$자본집약도 = \frac{총자본}{종업원수}$$

기술이 발전하고 기계화가 진전됨에 따라 노동자 1인당 사용하는 고정자본량이 증가하면서 자본집약도는 높아지는 경향이 있다.

경공업이 상대적으로 자본집약도가 낮은 경향이 있으며, 중화학공업은 대규모 설비와 장비가 필요하므로 자본집약도가 높게 나타난다.

자본집약적 산업의 예로는 자동차 제조업을 들 수 있으며, 이러한 기업들은 공장, 기계, 조립라인 등에 대한 막대한 투자가 필요하다.

3 종업원 1인당 부가가치

종업원 1인당 부가가치는 노동자 1명이 일정 기간 동안 창출한 부가가치의 금액을 의미하며, 노동생산성을 나타내는 대표적 지표다. 즉 종업원 한 사람이 창출한 부가가치를 산출한 지표로써 임금 결정의 기준이 되기도 한다. 여기서 부가가치는 매출액에서 원재료비와 외주가공비 등 외부 구입품 비용을 제외한 실질적인 기업의 순부가가치를 말한다. 이를 종업원 수로 나누면 노동자 1인당 얼마만큼의 부가가치를 창출했는지 알 수 있다.

$$종업원 1인당 부가가치 = \frac{부가가치}{종업원수}$$

노동생산성이 높다는 것은 기업이 보유노동력을 효율적으로 이용해서 더욱 많은 부가가치를 창출했음을 의미한다.

이 수치가 높을수록 종업원 1명이 상대적으로 많은 가치를 창출한다는 의미이므로, 기업의 노동생산성과 경영 효율성을 평가하는 데 매우 중요한 기준이 된다.

종업원 1인당 부가가치의 증가율을 분석하면 직원당 생산성이 전년 대비 얼마나 성장했는지, 경영 개선 효과가 있었는지 진단할 수 있다.

구 분	내 용
영업잉여	영업손익에 대손상각비를 가산하고 금융비용을 차감한 잔액을 말한다.
인건비	판매비와 관리비 중 급여, 퇴직급여, 복리후생비 항목과 제조원가 명세서 중 노무비, 복리후생비 항목의 합계액을 인건비로 한다.
금융비용	차입금이나 회사채 발행 등에 대한 대가로 지급되는 이자비용을 말한다.
조세공과	판매관리 부문과 제조 부문에서 발생된 제세금과 공과를 말한다.
감가상각비	판매관리 부문과 제조 부문에서 발생된 감가상각비를 말한다.

4 부가가치율

$$부가가치율 = \frac{부가가치}{산출액} \times 100$$

* 산출액 = 매출액 + 제품 재고 증감 ** - 외주가공비
** 제조비용 - 매출원가

부가가치율(부가율)은 기업 또는 사업장에서 일정 기간 동안 올린 매출액 가운데 실제로 얼마만큼의 부가가치(이익, 순수창출가치 등)가 발생했는지를 백분율로 나타내는 지표다.

부가가치율이 높다는 것은 같은 매출에서도 더 많은 부가가치를 창출하고 있어, 이익률이 높고 경영 효율성이 크다는 뜻이다.

국세청은 업종별, 지역별 평균 부가가치율을 참고하여 사업체의 성실신고 여부 및 과세자료로 활용한다.

5 노동소득분배율

노동소득분배율은 한 경제 내에서 생산활동을 통해 창출된 소득 중 노동이 차지하는 소득의 비율을 백분율로 나타내는 지표다. 즉, 임금·급여와 복리후생비 등 노동의 대가로 지급된 금액이 전체 소득에서 얼마만큼 차지하는지를 보여준다.

$$\text{노동소득분배율} = \frac{\text{인건비}}{\text{요소비용 부가가치}} \times 100$$

* 요소비용 부가가치 = 영업 잉여 + 금융비용 + 인건비

노동소득분배율이 높으면 임금·근로소득 등 노동의 몫이 커지고, 낮으면 자본(이자·배당 등)의 몫이 상대적으로 커진다는 뜻이다.

이 지표는 임금수준, 노동의 상대적 지위, 분배구조의 변동, 경제성장과 소득 불평등 변화 등 경제 구조를 평가할 때 핵심적으로 활용된다.

예를 들어, 노동소득분배율이 60%라면 소득의 60%가 근로소득(임금 등)으로 분배된다는 의미다.

현금흐름표를 이용한 재무분석

현금흐름표는 영업활동, 투자활동, 재무활동별 현금유출·입액의 분석을 통한 기업의 부문별 성과평가 및 효율성을 제고하고 기업의 유동성 파악에 가장 중요한 정보를 제공하며, 기업의 부실 및 도산과 관련해서 현금흐름 분석의 중요성이 계속 증대되고 있다.

1 현금흐름과 주가 비율

주당 현금흐름비율(CPS)

주당 현금흐름은 기업의 영업현금흐름을 총발행주식수로 나눈 수치다. 이는 주식 1주당 회사가 실제로 창출한 현금의 금액을 나타내며, 재무 건전성과 수익성을 평가하는 주요 지표다.

CPS는 기업의 현금창출 능력, 배당여력, 투자여력 등을 판단할 때 활용한다.

보통주 1주당 귀속되는 영업활동으로 인한 현금흐름으로 많을수록 주주의 부가 크다.

CPS는 일반적으로 분기 또는 연간 기준의 현금흐름표(재무제표)에서

영업현금흐름 항목을 사용하며, 발행주식수는 유통주식수를 기준으로
한다.
EPS(주당순이익)와 함께 비교하면 기업의 자본수익력뿐 아니라 실제
현금창출력까지도 함께 진단할 수 있다.

$$주당현금흐름 \ = \ \frac{(영업활동으로 \ 인한 \ 현금흐름 \ - \ 우선배당금)}{총유통보통주식수}$$

주가현금흐름비율(PCR)

주가현금흐름비율(PCR)은 주가를 주당현금흐름(CPS)으로 나누어 계산
한 투자 지표로, 현재 주가가 기업의 현금창출 능력 대비 어떻게 평가
되고 있는지 보여준다.

$$주가현금흐름비율 \ = \ \frac{보통주 \ 1주당 \ 시가}{주당현금흐름(CPS)}$$

현금흐름은 장부상 이익이 아닌 실제 기업이 사용할 수 있는 자금을
기준으로 하므로, 기업의 실질적 자금력과 재무 건전성을 평가하는 데
유용하다.
주가현금흐름비율은 주당현금흐름비율과 마찬가지로 기업의 성장 가능
성을 가늠하는 지표로 사용되며, 주식투자에서는 PCR이 낮은 기업의
주식을 사도록 권유하는 경향이 있다. 즉, 보통주 주가가 1주당 현금
흐름의 몇 배인지를 평가하는 상대적 가치비율로 낮을수록 주식가치가

저평가, 높을수록 주식가치가 고평가되었음을 의미한다.

PCR이 낮다는 것은 회사가 영업활동에서 현금을 창출하는 능력에 비해서 주가가 상대적으로 낮다는 것을 의미하므로 장기적으로는 주가의 상승이 기대된다는 주장이다.

• 낮은 PCR : 주가가 기업의 현금창출 능력에 비해 저평가되었다고 볼 수 있다.

• 높은 PCR : 주가가 기업의 현금창출 능력에 비해 고평가되었다고 볼 수 있다.

🧑 배당지급 능력 배수

배당지급 능력 배수는 기업이 벌어들이는 수익(영업현금흐름 또는 당기순이익 등)에 비해 얼마나 안정적으로 배당금을 지급할 수 있는지 나타내는 지표다. 비율이 높을수록 배당지급능력이 우수하다는 것을 의미한다.

$$배당지급능력배수 = \frac{영업활동으로\ 인한\ 현금흐름}{배당금}$$

배수가 1보다 높으면, 기업이 벌어들이는 이익이나 현금흐름이 배당금 지급액을 충분히 초과하여 배당지급이 안정적임을 의미한다.

배수 값이 낮거나 1에 가까워지면, 배당지급에 무리가 있거나 향후 배당금 삭감 위험이 커질 수 있다.

현금흐름과 장단기 지급능력 비율

현금흐름 대 단기차입금 비율

현금흐름 대 단기차입금 비율은 기업이 영업활동을 통해 창출한 현금흐름으로 단기차입금을 얼마나 충당할 수 있는지를 측정하는 지표다. 이 비율은 기업의 단기부채 상환능력과 재무 건전성을 평가하는 데 사용되며, 계산 결과가 높을수록 단기채무를 갚을 수 있는 현금 창출 능력이 높다는 것을 의미한다.

$$\text{현금흐름 대 단기차입금 비율} = \frac{\text{영업활동으로 인한 현금흐름}}{\text{단기차입금}}$$

비율이 1보다 크면 영업현금흐름만으로 단기차입금을 모두 상환할 수 있다는 의미이며, 1보다 작으면 단기차입금 전체를 상환하기 위해서는 추가적인 자금조달이 필요하다는 것을 의미다.

현금흐름 대 총부채 비율

현금흐름 대 총부채 비율은 기업이 영업활동을 통해 벌어들이는 현금흐름으로 전체 부채(단기와 장기 모두)를 얼마나 충당할 수 있는지를 보여주는 대표적인 재무안정성 지표다.

비율이 높을수록 기업이 단기·장기 채무 상환에 충분한 현금창출 능력을 가지고 있으며, 재무안정성이 높다는 의미다.

비율이 낮을수록 현금흐름으로 전체 부채를 감당하기 어렵다는 뜻으로, 재무위험이 높아지고, 외부 충격(경기침체 등)에 취약할 수 있다.

해당 비율은 부채의 단기성과 장기성을 모두 고려하므로 유동성뿐 아니라 기업의 '지속적 상환능력'을 평가하는 데 효과적이다

$$현금흐름\ 대\ 총부채\ 비율 = \frac{영업활동으로\ 인한\ 현금흐름}{총부채}$$

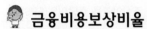 금융비용보상비율

금융비용보상비율은 이자보상비율이라고도 불리며, 기업이 영업활동을 통해 창출한 이익으로 금융비용(주로 이자비용)을 얼마나 감당할 수 있는지 나타내는 지표다

$$금융비용보상비율\ =\ \frac{(영업활동으로\ 인한\ 현금흐름 + 금융비용)}{금융비용}$$

비율이 높은 경우 기업이 영업을 통해 벌어들인 이익으로 금융비용을 충분히 감당할 수 있음을 의미하며, 채무상환 능력이 양호함을 나타낸다.

비율이 낮은 경우 금융비용을 감당하기 어려운 상황으로, 기업의 재무적 위험이 높다고 볼 수 있다.

비율이 1인 경우 영업이익이 이자비용과 정확히 같아 이자만 갚을 수 있는 상태다.

주가 관련 비율분석

구 분	산 정	의 미	분 석
주가수익 비율	주식가격 주당순이익	주가수익비율(PER)은 현재의 주식가격을 주당이익(EPS)으로 나눈 비율로 현재의 주식가격이 주당이익의 몇 배로 형성되고 있는지를 나타낸다. 주식가격에는 미래 수익성과 위험에 대한 시장의 평가가 반영되어 있다. 표준비율 대비 낮은 PER은 투자자들이 기업의 미래 이익 창출 능력을 비관적으로 본다는 것을 의미할 수도 있지만 역으로 주가가 저평가 되어있을 수도 있다. 낮은 PER : 주식이 상대적으로 저평가되어 있을 가능성이 높다. 높은 PER : 주식이 상대적으로 고평가되어 있을 가능성이 높다.	
주가순자 산비율	주식가격 주당순자산	주가순자산비율(PBR)은 현재의 주식가격이 순자산(자기자본) 장부가치의 몇 배로 형성되고 있는지를 나타낸다. 시장에서 기업의 수익성이 필요 수익률(자기자본비용)보다 높을 것으로 전망한다면 주식가격은 순자산 장부가치보다 크게 되어 PBR 이 1보다 높아진다. PBR이 1보다 높은 3.4배로 측정되면 주주의 자본투입액 1원에 2.4원의 프리미엄이 붙어 있음을 의미한다. 표준비율에 비하여 낮은 비율이면 향후 주가의 상승이 예견된다.	

구 분	산 정	의 미	분 석
주가매출 액비율	주식가격 주당매출액	일반적으로 창업 초기의 벤처 회사 등은 순이익을 올린 것이 없어 PER을 사용하기 어렵다. 그뿐만 아니라 이들은 아이디어 위주의 회사로 시설투자가 많지 않아 순장부가액도 음의 값을 갖는 경우가 적지 않다. 이때 활용하는 비율이 주가매출액비율(PSR)이다. 이익과 순자산은 감가상각 방법이나 회계처리 방법의 영향을 받지만, 매출액은 회계방법의 영향이 제한적인 장점으로 사용된다.	

회계 용어 쉽게 찾기

처음보는 회계용어 재무제표 회계상식

지은이 : 손원준

펴낸이 : 김희경

펴낸곳 : 지식만들기

인쇄 : 해외정판 (02)2267~0363

신고번호 : 제251002003000015호

제1판 1쇄 인쇄 2025년 06월 02일

제1판 1쇄 발행 2025년 06월 09일

값 : 27,000원

ISBN 979-11-90819-49-7 13320

K.G.B
지식만들기

이론과 실무가 만나 새로운 지식을 창조하는 곳

서울 성동구 금호동 3가 839 Tel : 02)2234~0760 (대표) Fax : 02)2234~0805